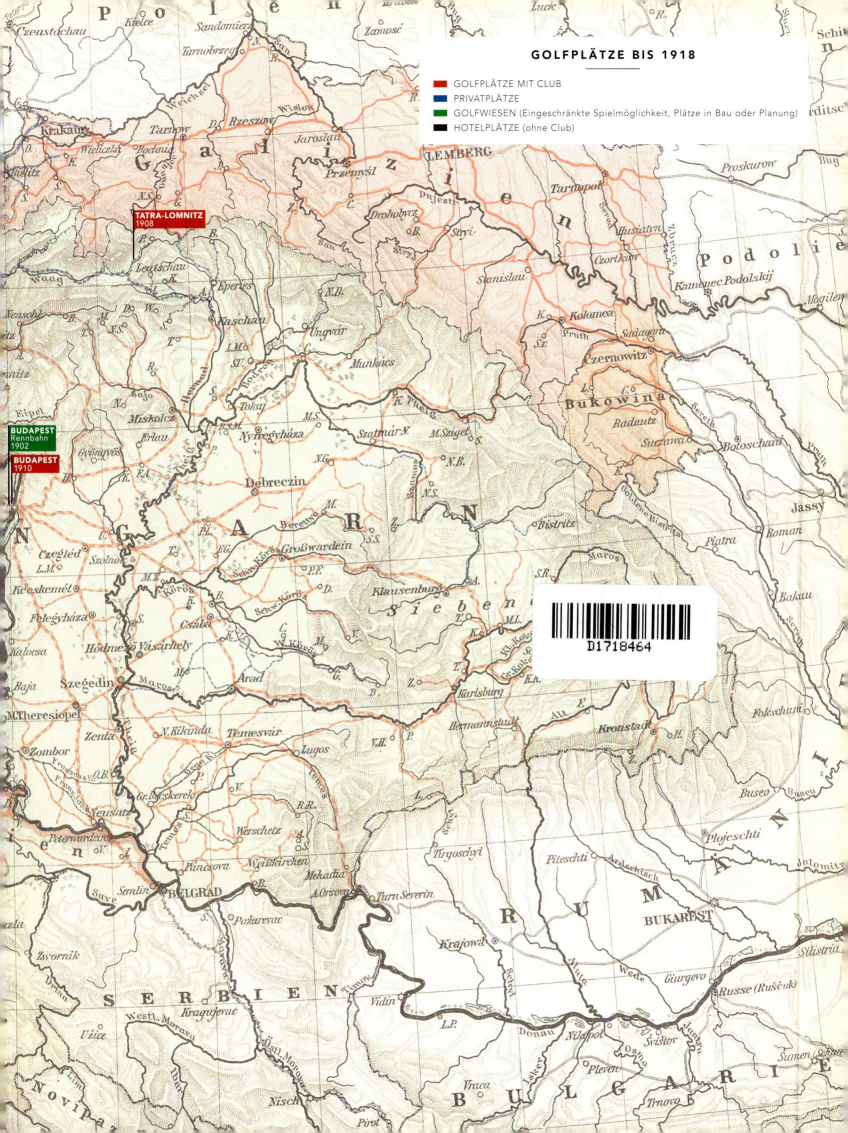

TATRA-LOMNITZ
1908

BUDAPEST
Rennbahn
1902

BUDAPEST
1910

Christian Arnoldner

GOLF

Bibliografische Information der Deutschen Nationalbibliothek
Die Deutsche Nationalbibliothek verzeichnet diese Publikation in der Deutschen Nationalbibliografie;
detaillierte bibliografische Daten sind im Internet über http://dnb.d-nb.de abrufbar.

1. Auflage
Graphische Gestaltung: Peter Manfredini
Lektorat: Wolfgang Straub
Reprografie: Grasl Druck & Neue Medien sowie Pixelstorm, Kostal & Schindler OEG; Wien
Druck: Grasl Druck & Neue Medien, Bad Vöslau

Copyright © 2007 by Christian Brandstätter Verlag, Wien

ISBN 3-902510-32-3

Christian Brandstätter Verlag
GmbH & CoKG
A-1080 Wien, Wickenburggasse 26
Telefon (+43-1) 512 15 43-0
Telefax (+43-1) 512 15 43-231
E-Mail: info@cbv.at
www.cbv.at

Christian Arnoldner

GOLF

The Royal and Ancient Game: Geschichte des Golfsports in Österreich und den ehemaligen Kronländern von 1901 bis zur Gegenwart

CHRISTIAN BRANDSTÄTTER VERLAG

Inhalt

GOLFPIONIERE IN ÖSTERRREICH
VON 1901 BIS HEUTE

Die aristokratische Entdeckung (1901–1918) 13
Großbürgerliches Zwischenspiel (1919–1945) 21
Wiederaufbau durch das Bürgertum (1946–1965) 33
Die Ruhe vor dem Sturm (1966–1985) 45
Mit Drive zum Breitensport (1986–2006) 51

TRADITIONSCLUBS IN ÖSTERREICH
VOM PRATER BIS IGLS

Wiener Golf Club k. k. Prater 61
Golf Club Semmering 67
International Country Club Wien-Lainz 70
Kärntner Golf Club Dellach 74
Golf Club Achensee 78
Golf Club Innsbruck-Igls 82
Salzkammergut Golf Club 85
Golf Club Kitzbühel-Mittersill 89
Golf und Country Club Schloß Kleßheim 94
Golf Club Gastein 97
Golf Club Linz 99
Steiermärkischer Golf Club Murhof 101
Golf und Country Club Schloß Fuschl 103

CLUBS IN DEN EHEMALIGEN KRONLÄNDERN
VON KARLSBAD BIS ABBAZIA

Golfsport in den ehemaligen Kronländern 107

TSCHECHOSLOWAKEI
Internationaler Sportklub Karlsbad 115
Golf Club Marienbad 117
Golf Club Pistyan 120
Golf Club Prag 121

UNGARN
Magyar Golf Club Budapest 123

SÜDTIROL
Golf Club Karersee 126
Golf Club Mendelpaß 128
Golf Club Meran 128

ISTRIEN UND ADRIATISCHE KÜSTE
Golf Club Brioni 130

Golf Club Crikvenica 133
Golf Club Abbazia & Laurana 133

JUGOSLAWIEN

Golf Club Zagreb 134
Golf Club Belgrad 135
Golf Club Bled 136

DIE INSTITUTIONEN
VERBÄNDE UND PRÄSIDENTEN

Der Österreichische Golfverband und seine Präsidenten 139
Dr. Richard von Stern 141
Heinrich von Kuh 141
Dr. Hugo von Eckelt 142
Prof. Manfred Mautner Markhof 142
Prof. Heinrich Harrer 143
Fritz Jonak 144
Johannes Goess-Saurau 145
Franz Wittmann 145
Die Stützen des Verbandes 146
Europäischer Golfverband (EGA) 147
Andere Golfverbände in Österreich 147

AUF DEM PLATZ
VON ARCHITEKTEN, LEHRERN UND CRACKS

Die Schöpfer der grünen Paradiese MITTELEUROPAS GOLFPLATZARCHITEKTEN 151
Trainer, Coaches, Unternehmer GOLFLEHRER IN MITTELEUROPA 153
Spitzenamateure und ihre Stärken DAS WUNDER HANDICAP 166

DIE WETTKÄMPFE
MEISTERSCHAFTEN UND ERFOLGE

Die Internationalen Österreichischen Meisterschaften 167
Österrreichs Amateurgolfer im Ausland 174
Offene Meisterschaften 177
Canada Cup 179

ANHANG

Österrreichische Golfpioniere 182
Tschechoslowakische Golfpioniere 189
Ungarische Golfpioniere 190
Alle Meisterschaften 191
Handicap-Listen 199
Verweise 200
Bildnachweis 204
Quellenverzeichnis, Danksagung 206

Vorwort

Als ich vor 50 Jahren in den USA zum ersten Mal Kontakt mit dem Golfsport hatte, konnte ich nicht ahnen, welchen ungeheuren Aufschwung dieser damals in Österreich nahezu unbekannte Sport eines Tages durchmachen würde. Es gab sieben Plätze mit weniger als 500 Spielern. Heute haben wir fast 150 Plätze und die Anzahl der Golfer steuert auf 100 000 zu. Einige unserer Plätze gehören zu den schönsten und attraktivsten in Europa. Die Spielstärke unserer Spieler steigt ständig.

Golf in Österreich hat eine mehr als 100jährige Geschichte hinter sich. Sie begann in der Wiener Krieau und den damals noch zu Österreich gehörenden weltberühmten Kurorten Meran, Karlsbad und Marienbad. Während in den Kurorten der Spielbetrieb nahezu zur Gänze von Kurgästen aus Amerika und England geprägt war, dominierten in Wien und in Budapest die Hocharistokratie und ausländische Diplomaten. Der 1. Weltkrieg hatte kaum Auswirkungen auf die Entwicklung von Golf in Österreich, abgesehen davon, daß die berühmten Plätze in den Ländern der ehemaligen Monarchie verloren gegangen waren. In der Zwischenkriegszeit kam sogar so etwas wie ein kleiner Golfboom zum Blühen. Neue Plätze in Dellach am Wörthersee, am Semmering, in Pertisau am Achensee, in Igls und in Ischl entstanden. Und der legendäre International Country Club im Lainzer Tiergarten, zur damaligen Zeit einer der besten Golf Clubs am Kontinent.

Der Neubeginn nach dem 2. Weltkrieg war schwierig. Nur mit großer Hilfe einiger Enthusiasten, die oft große Entbehrungen hinnahmen, konnte der Spielbetrieb in Dellach und Pertisau, dann endlich wieder in Wien und auch am Semmering aufgenommen werden. 1955 folgten schließlich die neuen Plätze in Kitzbühel, Igls und Salzburg.

Auch die nächsten Jahre und Jahrzehnte waren mühsam, bis Ende der 1980er Jahre der große Aufschwung einsetzte. Die steten Bestrebungen, aus dem Elitesport einen Breitensport zu formen, waren von Erfolg gekrönt. Die vormals nahezu geschlossene Gesellschaft wurde eine offene. Die großen Protagonisten der vergangenen Jahre waren aber in der Masse in Vergessenheit geraten.

Es soll ein Anliegen der jetzigen österreichischen Golfgemeinschaft sein, mit diesem Buch den damaligen Pionieren des Golfsports in unserem Land ein literarisches Denkmal zu setzen.

PROF. HEINRICH HARRER †
Ehrenpräsident des Österreichischen Golfverbandes

Vorwort

Der österreichische Golfsport erlebte während der letzten Jahre und Jahrzehnte eine äußerst erfreuliche Entwicklung, die ihn weg vom elitären Sport hin zum Breitensport führte.

Auch wenn für uns weiterhin die Zukunft, d. h. die Förderung der Jugend und die Hinführung zum Spitzensport im Mittelpunkt unserer Bemühungen stehen wird, so ist es trotzdem angebracht, einmal einen Blick in die Vergangenheit zu werfen. Gerade im Jahr des 75jährigen Jubiläums des Österreichischen Golfverbandes ist es Zeit, auf die mehr als hundertjährige Geschichte des Golfsports in Österreich zurück zu blicken.

Die strukturellen Änderungen von Golf in Österreich während dieser Zeitspanne sind bemerkenswert. Die Durchbrechung gesellschaftlicher Schranken, die allmähliche Anerkennung in der Medienlandschaft, die Hingabe zur Natur und ihren Reizen bei gleichzeitiger Berücksichtigung ökologischer Gesichtspunkte, die immer größer werdende Attraktivität von Golf für die Jugend, die Schaffung aufsehenerregender architektonischer Leistungen im Golfplatz- und sogar Clubhausbau ebenso wie die Schaffung von kostengünstigen Plätzen für die breiten Bevölkerungsschichten und vieles mehr haben insbesondere während der letzten 20 Jahre beeindruckende Ausmaße angenommen.

Gerade im Lichte dieser Entwicklung ist es amüsant, lehrreich und informativ, über die Anfangsjahre von Golf in Österreich und den Nachbarländern mehr zu erfahren.

Auch sollen die Pioniere von Golf in Österreich, die die Entwicklung oft unter mühseligen Umständen und gegen viele Widerstände mit großem persönlichen Ehrgeiz vorangetrieben haben und über die wir – in unseren steten Gedanken an die Zukunft – so wenig wissen, in Erinnerung gebracht werden.

In diesem Sinne wünsche ich allen Interessierten ein vergnügliches Lesen.

FRANZ WITTMANN
Präsident des Österreichischen Golfverbandes

Eine schlagkräftige
Lady aus 1927

Einleitung

Niemand hätte diese Rasanz der Entwicklung vorausgesehen: Nachdem der Golfsport in Österreich über achtzig Jahre lang einem kleinen Kreis von Enthusiasten vorbehalten blieb, sprießten ab Ende der 1980er Jahre die Golfplätze förmlich aus dem Boden. Jeder Ort, der etwas auf sich hält, verfügt über einen Golfplatz oder plant, einen zu errichten. Dabei spielt die Attraktivitätssteigerung des Ortes im touristischen Sinn eine entscheidende Rolle.

Wir werden die jüngere Geschichte nicht außer Acht lassen, aber unser Hauptaugenmerk gilt der Entwicklung bis in die sechziger Jahre, über die es wenig Überlieferung gibt. Erst mit dem großen Boom ab Mitte der 80er Jahre ging ein Anwachsen der Golf-Publizistik einher, entdeckten auch verschiedene Wissenschaftssparten Golf als Untersuchungsgegenstand.

Reiter vor dem Clubhaus des International Country Clubs in Wien Lainz, 1928

Wer waren die Golfpioniere in Österreich? Im Mittelpunkt dieses Buches stehen Menschen – wobei kein simples name dropping vorgenommen wird. Das Buch versteht sich als Würdigung von Personen, die sich um den Golfsport in Österreich und in Mitteleuropa verdient gemacht haben, sie sollen nicht in Vergessenheit geraten.

Die Golfpioniere haben Golfplätze geschaffen und Clubs gegründet. So ist es naheliegend, die Entstehungsgeschichte der ältesten Golfclubs in Österreich zu durchleuchten. Bei der limitierten Anzahl von Clubs während der drei ersten Entwicklungsphasen gestaltet sich dies übersichtlich, von den Clubs, die seit 1966 entstanden sind, werden nur die wichtigsten, d.h. jene, die durch ihre Konzeption Pioniercharakter aufweisen, vorgestellt. Aber nicht nur Clubfunktionäre prägten den Golfsport, genauso wichtig waren naturgemäß die Spieler. So werfen wir einen Blick auf Pioniere unter den aktiven Spielern, seien es nun Amateure oder deren berufsmäßige Lehrer.

Gerne wird Golf als das „Royal & Ancient Game" bezeichnet. Für Österreich trifft dies allerdings nicht zu. Zum einen wurde Golf in Österreich später als in anderen westeuropäischen Ländern entdeckt, zum anderen war es hier nie „royal". Obwohl Golf in Österreich gemeinsam mit englischen Diplomaten durch die Hocharistokratie eingeführt worden war, zeigten die Mitglieder des österreichischen Kaiserhauses nie besonderes Interesse an diesem Sport. Das begann mit Kaiser Franz Joseph. Als Graf Althann bei ihm vorsprach, um die dem Kaiser gehörenden Gründe für den ersten Platz in der Wiener Krieau zu pachten, und ihm den Sport erklärte, antwortete Franz Joseph: „Das muß aber ein langweiliger Sport sein."

OBEN: Vom Traben zum Galopp: Galopper bei der Morgenarbeit auf der Galopprennbahn Freudenau vor dem Clubhaus des Wiener Golf Clubs
UNTEN: Der Prince of Wales auf dem Golfplatz in Wien-Lainz, 1935

Anders als Franz Joseph begeisterten sich viele Monarchen in Österreich für das Golfspiel: König Edward VII. von England war ein leidenschaftlicher Golfer und 1905 Mitbegründer des damals noch österreichischen Golf Clubs Marienbad. Sein Enkel Edward VIII. war ein ebenso begeisterter Golfer und wurde Österreichs „Golfkönig". Er spielte als Prince of Wales und als Herzog von Windsor sowohl vor als auch nach seinem königlichen Intermezzo unzählige Male auf hiesigen Plätzen und ist noch heute in manchen Clubs und Hotels ein willkommener Werbeträger. König Alfonso XIII. von Spanien wohnte eine Zeitlang am Wörthersee und spielte regelmäßig Golf in Dellach. Auch König Leopold III. von Belgien golfte gerne in Österreich, etwa in Salzburg und Kitzbühel. Er war ein hervorragender Spieler mit einem sehr niedrigen Singlehandicap und beteiligte sich an Internationalen Meister-

Die Damen erobern die Männerdomäne Golf:
Inseratmotiv eines Pelzhauses und Ansichtskarte
einer golfenden Schönheit aus den 1930er Jahren

schaften. Er war oftmaliger Spielpartner von Heinrich Harrer, in Österreich und im Ausland, wohin er Harrer auf Expeditionen – und zu Besuchen von Golfplätzen – begleitete. Auch die griechische Ex-Königin Friederike spielte 1972 in Ischl. Und der König von Malaysia 1992 auf Gut Altentann. – Also tatsächlich ein „Royal Game".

War vor dem Ersten Weltkrieg die Hocharistokratie tonangebend, so setzte sich während der Zwischenkriegszeit die „Golferfamilie" zusehends aus kleinem Landadel und Großbürgertum zusammen. Eine große Zahl von „vons" bevölkerte die damaligen Golfplätze in Österreich und den ehemaligen Kronländern. Erst in den 1960er Jahren verschwanden die Adelstitel, das „gewöhnliche" Bürgertum setzte sich durch.

Anfänglich wurde Golf hauptsächlich von „Herrengolfern" betrieben. Eng verbunden waren damit andere Sportarten wie Tennis, Automobilrennen, Hockey, Polo oder Reiten, wobei Golf und Pferdesport eine besondere Beziehung verband. Der Wiener Golf Club entstand in der unmittelbaren Nähe der Trabrennbahn in der Krieau. Und der jetzige Wiener Platz ist eingebettet in die nicht weit davon entfernte Galopprennbahn Freudenau, das jetzige Clubhaus ist das ehemalige Clubhaus des Wiener Poloclubs. Auch in Meran, Budapest und Prag begann der Golfsport auf Pferderennbahnen.

Die „Herrengolfer" dominierten das Clubgeschehen, zu Beginn war der Golfclub in der Krieau nur von Männern frequentiert. Vereinzelt kamen zwar Damen hinzu, ihr Anteil blieb aber in der Entwicklungsperiode bis 1918 unter 10 %. In der Zwischenkriegszeit erlebte der Golfsport nicht nur eine allgemeine Blüte, auch die Damen spielten eine wesentlich größere Rolle, ihr Anteil kann mit ca. 40 % angenommen werden. Zu dieser Zeit waren die Damen in Österreich und Ungarn leistungsmäßig den Herren mindestens ebenbürtig, wenn nicht überlegen – vor allem dank zweier sehr schlagkräftiger Damen, Madeleine von Kuh und Erszebet von Szlávy. Die Stärke der golfenden Damen während der Zwischenkriegszeit manifestiert sich auch in der Grafik und Kunst der 1920er und 1930er Jahre, die sich intensiv mit Darstellungen von Damengolf beschäftigte.

Nach dem Zweiten Weltkrieg erlebte das Damengolf einen Rückschlag. Es gibt zwar keine Statistiken über die damaligen Zahlen, aber bis 1965 dürfte Schätzungen zufolge der Anteil der Damen nicht mehr als 20–25 % betragen haben. Heute liegt der Anteil der weiblichen (Amateur-)Golfer bei 38 %.[1] Die Nachfolgerinnen der ersten Proette in Österreich, Nadja Steiner, sind hingegen spärlich gesät: Nur 5 % der Berufsgolfer sind weiblich.[2]

GOLFPIONIERE IN ÖSTERRREICH

Von 1901 bis heute

„*Das muß aber
ein langweiliger Sport sein.*"

KAISER FRANZ JOSEPH

DIE ARISTOKRATISCHE ENTDECKUNG

(1901–1918)

Die aristokratische Pionierphase begann mit der Gründung des Wiener Golf Clubs Krieau im Jahre 1901, der bis 1926 der einzige Golfclub im heutigen Österreich blieb. Es sind allerdings Berichte überliefert, daß es bereits davor Österreicher gab, die dem Golfsport nachgingen. Die Zeitung „St. Moritz Post" aus dem Jahre 1895 gibt einen Hinweis: „Interessanterweise hat das Wirken des Golfclubs St. Moritz doch so weitreichende Folgen, daß einige Amerikaner, Österreicher und Italiener, die das Spiel hier zum ersten Mal kennen- und schätzenlernten, es mit sich nach Hause genommen und dort selbst Golfplätze und Golfclubs eröffnet haben."[1]

Wer waren diese Österreicher? Waren es die Rothschilds, die, so sagt man, um die Jahrhundertwende einen Golfplatz in Enzesfeld anlegen ließen (obwohl es wahrscheinlicher ist, daß dieser erst in den 1920er Jahren errichtet wurde)? Oder waren es die Grafen Larisch, die sich damals im Engadin für den Golfsport einsetzten und vielleicht als erste Österreicher Golf spielten? Auf jeden Fall wissen wir von den Grafen Goess, daß sie sich bereits anfangs des Jahrhunderts auf der Hebalm in Kärnten am Golfspiel erfreuten.

Nach neuesten Erkenntnissen stand die Wiege des Golfsports in der k. u. k. Monarchie nicht in Wien, sondern – in Südtirol. Auf Veranlassung der russischen Zarenfamilie, die ihre Sommer teilweise in Meran verbrachte, wurde in den 1890er Jahren in Meran ein Golfplatz gebaut oder zumindest der Golfsport auf Wiesen betrieben. Der große Golfer in der Zarenfamilie war Großfürst Michael von Rußland, der 1891 nicht nur den berühmten Golfplatz in Cannes-Mandelieu gründete, sondern im selben Jahr auch den Spielbetrieb in Meran initiierte.[2] Der „Platz" befand sich auf der Hofwiese beim Hotel Meraner Hof und erstreckte sich nach Untermais zum Pferderennplatz, allerdings in einer sehr einfachen Form, ohne präparierte Greens und Klubeinrichtungen.[3]

Die Verankerung des Golfsports in Südtirol geht aber noch viel weiter zurück. Es gibt Aufzeichnungen der Gemeindeschreiber der Gemeinden Taufers und Trafoi, wonach schon im 16. Jahrhundert im Vintschgau ein dem Golf ähnliches Spiel betrieben wurde. Es hieß Kolbnen (= Schläger). Vier Spieler schlugen einen Ball mit den Kolbnen bis ins andere Dorf, wobei die Distanz mit bis zu sechs Kilometern ungefähr der Länge eines heutigen Golfplatzes entsprach. Sie war außerdem in mehrere Stationen („Lege") eingeteilt, was den Löchern entspricht. Es gewann derjenige, der am wenigsten Schläge benötigte. Das Spiel fand regen Anteil in der Bevölkerung und man schloß sogar Wetten ab. Als es zu einer Streiterei mit Totesfolge kam, wurde das Spiel fortan verboten. Das Kolbnen kam, so nimmt man an, durch Söldner aus Holland, die über den Reschenpaß auf dem Weg in die Lombardei waren, nach Südtirol.[4]

Trotz dieser Vorgeschichte gilt offiziell das Jahr 1901 als Beginn der Zeitrechnung im österreichischen Golf, jenes Jahr, in dem der Wiener Golf Club gegründet wurde. Zu dieser Zeit gab es auf dem europäischen Kontinent bereits um die 30 Golfclubs, davon jedoch nur wenige in Großstädten, die meisten in Kur- und Badeorten.

Golf war auf dem Kontinent bis zum Beginn des 20. Jahrhunderts ein reiner Urlaubssport, erst langsam kam man auf die Idee, Golf auch als Freizeitbetätigung für Großstädter anzubieten. Wien hatte hier eine Vorreiterrolle und bekam als eine der ersten Großstädte Europas einen Golfplatz. Der Wiener Golf Club war zwar der einzige Club im Gebiet des heutigen Österreich, im damaligen Österreich-Ungarn wurden jedoch bis zum Ausbruch des Ersten Weltkrieges insgesamt sieben Golfclubs gegründet: 1901 Golf Club Wien, 1904 Internationaler Sportclub Karlsbad, 1905 Golf

KOLBNEN

Vier Spieler schlugen einen Ball mit den Kolbnen bis ins andere Dorf, wobei die Distanz mit bis zu sechs Kilometern ungefähr der Länge eines heutigen Golfplatzes entsprach. Sie war außerdem in mehrere Stationen („Lege") eingeteilt, was den Löchern entspricht. Es gewann derjenige, der am wenigsten Schläge benötigte.

Club Marienbad, 1908 Golf Club Tatra-Lomnitz, 1910 Magyar Golf Club Budapest, 1913 Golf Club Pistany, 1914 Golf Club Karersee (einen Golfplatz gab es dort wahrscheinlich schon seit 1904).

Die Gründung des ersten Golfclubs in Österreich löste eine kleine Euphorie unter den betuchten neuen Golfern aus, und manche wollten wohl zuhause heimlich üben. So etwa Graf Althann, der sich 1901 von Willie Park, dem Architekten des ersten Platzes in der Krieau, in Zwentendorf auf seinen Besitzungen einen 9-Loch-Platz ausstecken ließ.[5] Ebenfalls als Privatvergnügen ließ sich Fürst Kinsky bereits 1901 auf seinem Gut in Pardubitz einen Platz errichten, Planer des Platzes war der Golflehrer des Wiener Clubs, James Stagg.[8] In Kottingbrunn wurde im Jahre 1903 auf Initiative des Bankiers August Wärndorfer, eines eifrigen Mitglieds des Wiener Clubs, ein Golfplatz gebaut.[6] Auch die Rothschilds besaßen einen privaten Platz im Park ihres Schlosses Enzesfeld, der bereits um die Jahrhundertwende gebaut worden sein soll.

Golfplätze – oder als solche benützte Wiesen – gab es aber auch anderswo in der Monarchie: neben dem erwähnten Platz in Meran etwa seit 1905 in Franzensbad und vermutlich in Brioni seit ca. 1911. 1906 soll es einen Golfclub in Prag gegeben haben, er dürfte jedoch eher privater Natur gewesen sein, da er über keinen eigenen Platz verfügte.[7] Umgekehrt verhielt es sich mit dem Privatgolfplatz Ringhoffer in Volesovice bei Prag. Der seit 1913 bestandene Platz hatte am Anfang keinen Club, sondern diente vorerst nur dem Privatvergnügen der Familie Ringhoffer.

Einer Person gilt die Bezeichnung eines Begründers des Golfsports in Österreich vor allen anderen: dem Engländer A. Percy Bennett (1866–1943). Er initiierte zusammen mit seinem Chef, dem britischen Botschafter Sir Francis Plunkett, nicht nur die Gründung des Wiener Golf Clubs, sondern war auch an der Gründung des Marienbader Clubs 1905 federführend beteiligt.[9] Somit hatte er bei der Entstehung von zwei der drei ersten Clubs in der österreichisch-ungarischen Monarchie die Hände im Spiel.

Über Bennetts Leben ist nicht mehr viel bekannt. Er war Absolvent der Universität Cambridge, trat nach 1891 in den diplomatischen Dienst ein und war Vizekonsul in Manila (1893), in Galatz (Rumänien, 1895), Konsul, später Generalkonsul in New York (1896–1898). Anschließend wurde er Legationsrat an der britischen Botschaft in Wien, Rom, Athen und Bukarest und von 1899 bis 1918 „Her Majesty's Consul General" in Zürich. Von 1919 bis 1927 war er im diplomatischen Dienst in Mittelamerika tätig, 1927 wurde er in den Ruhestand versetzt.

Besonders in Wien dürfte er es als geradezu demütigend empfunden haben, als Scratchspieler in eine Stadt versetzt zu werden, in der es keinen Golfplatz gab. Bennett war anfänglich Mitglied des „Executiv-Comités" im Wiener Golf Club und wurde 1909 wegen seiner Verdienste damals einziges Ehrenmitglied. In sportlicher Hinsicht zeigte er sein großes Können, als er 1913 Internationaler Österreichischer Meister wurde.

Auch über Sir Francis Plunkett (1835–1907), den königlich-großbritannischen Botschafter, ist nicht viel bekannt. Plunkett trat 1855 in den diplomatischen Dienst ein und wurde Attaché in München (1855), es folgten verschiedene Stationen in Europa. Von 1883–1887 war er als Botschafter in Japan, danach in Stockholm (1888–1893) und Brüssel (1893–1900). Von 1900 bis 1905 hatte er dieses Amt in Österreich inne – sein letzter Posten als aktiver Diplomat. Plunkett war einer der zentralen Initiatoren des Wiener Golf Clubs und von 1901 bis zum Ende seines Wien-Aufenthaltes Ehrenpräsident.

Man könnte diese Anfangsperiode auch die „britische Phase" nennen. Denn Bennett und Plunkett waren nicht die einzigen Vertreter von den britischen Inseln, die sich um das Entstehen des Golfspiels in Österreich verdient machten. Zahlreiche in Wien lebende Briten, aber auch Amerikaner, hauptsächlich Botschaftsangehörige, bildeten neben dem Hoch- und Geldadel die wichtigste Gruppe der Golfpioniere in Österreich.

Als Plunkett 1905 in Pension ging, engagierte sich auch sein Nachfolger als britischer Botschafter, Sir William Edward Goschen, im Golfgeschehen. Er wurde zwar nicht Präsident des Wiener Clubs, war aber im Vorstand vertreten. Unter Goschens Botschaftsleitung befand sich mit dem Ersten Botschaftssekretär, dem 35jährigen Dayrell Crackenthorpe, ein wahrer Golfcrack, der während seiner Tätigkeit in Wien (1906–1910) zahlreiche Turniere in Wien und Karlsbad gewann.

Auch der Zweite Botschaftssekretär, der 32jährige Lord Richard Acton, der 1902 nach Wien kam, war ein Golfer und im Vorstand des Wiener Clubs. Ebenso sein Nachfolger, der damals 28jährige Lord Victor Alexander Kilmarnock, der 1904 als Chargé d'Affaires aus Brüssel nach Wien kam und dort zum Zweiten Botschaftssekretär befördert wurde, bevor er 1907 zum Foreign Office nach London zurückkehrte.

♀ ♀ ♀

Der Wiener Golf Club hatte im ersten Jahr seines Bestehens 75 Mitglieder, darunter so illustre Namen wie Adolf Loos und Djemil Pascha. Die Mitglieder waren in drei Kategorien eingeteilt: Die Gründungsmitglieder mit einem Jahresbeitrag von 500 Kronen – sie firmieren in der österreichischen Golfgeschichte als der „legendäre 20er Club" –, Mitglieder mit einem Jahresbeitrag von 100 Kronen und schließlich jene Mitglieder, die 75 Kronen einbezahlt hatten (Mitgliederliste siehe S. 61/62). Welche Vergünstigungen mit den einzelnen Mitgliedskategorien verbunden waren, ist nicht mehr bekannt. Nur so viel, daß sich die Gründungsmitglieder mit ihren 500 einbezahlten Kronen eine Mitgliedschaft für zehn Jahre gesichert hatten. Die Entwicklung des Mitgliederstandes war für kontinentaleuropäische Verhältnisse als gut zu bezeichnen, hatte doch der sechs Jahre früher gegründete Golf Club in Berlin zu diesem Zeitpunkt, also Anfang 1902, nur 82 Mitglieder.[10]

Graf Althann (1854–1919) war der erste österreichische Golfpionier, und das, obwohl sein großes Hobby die Jagd war. Seine Leidenschaft für den Golfsport dürfte er bei seinen zahlreichen

Golf in Wien vor dem Ersten Weltkrieg: (V. LI.) erstes Clubhaus in der Krieau, Dr. Richard von Stern, Heinrich von Kuh, Gräfin Ella Festetics

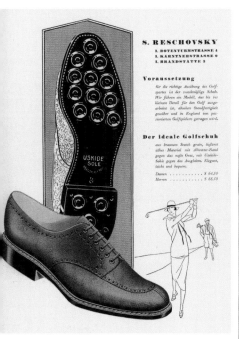

S. RESCHOVSKY

OBEN: Inserat im Almanach des International Golf & Country Club Lainz
RECHTS: Michael Robert Graf Althann mit unbekannter Golfpartnerin in Cannes

Aufenthalten in England und nicht zuletzt durch seine Tätigkeit im diplomatischen Dienst an der österreichischen Botschaft in London entdeckt haben. Daher rührt auch der Bezug zu seinen Mitgründern Bennett und Plunkett. Bennett hatte die Idee, Plunkett hatte als Botschafter die Möglichkeiten des Vermarktens, um möglichst viele in Wien lebende Diplomaten zu gewinnen, und Althann hatte die Kontakte zur zweiten Finanziersgruppe, den österreichischen Aristokraten. Als Mitglied des Hochadels wurde er auserkoren, den Kaiser aufzusuchen, um die Genehmigung für das ausgewählte Gelände in der Krieau, das in kaiserlichem Besitz war, einzuholen – was ihm gelang. Von 1903 bis 1919 war er Präsident des Wiener Golf Clubs.

Althanns Liebe zum Golfsport wurde so stark, daß er sich seinen kleinen Privatgolfplatz in einer Au nahe seinem Schloß in Zwentendorf anlegen ließ. Ca. 30 damals gesetzte Kastanienbäume lassen die Spielbahnen von damals noch erahnen.[11]

Auch Graf Heinrich Larisch-Moennich (1850–1918) zählte zu den Pionieren in Österreich, er war Gründungsmitglied des Wiener Golf Clubs und dessen erster Präsident von 1901 bis 1903. Larisch war Bergwerks-, Industrie- und Großgrundbesitzer in Schlesien, Mitglied im Herrenhaus des Reichsrates und Landeshauptmann von Schlesien (1886–1918). Er war der Bruder von Graf Georg Larisch (1855–1928), der Marie-Louise in Bayern, die Lieblingsnichte von Kaiserin Elisabeth, ehelichte und sie somit zu „jener Gräfin Larisch …" machte, die in die Affäre von Mayerling verwickelt war.

Sein Sohn, Johann „Hans" Larisch (1872–1962), war seit 1901 ebenfalls Mitglied im Wiener Golf Club. Er ging später in die Schweiz und wurde Mitglied im Dolder Golf Club in Zürich. Er machte sich um den Golfsport im Engadin verdient und wurde schließlich 1913 Vorsitzender des Schweizerischen Golfverbandes.

nfänglich war der Wiener Golf Club nur für Herren bestimmt: „Für Sportsmen, die dem Club beizutreten wünschen, sei hier vermerkt, daß Anmeldungen an Herrn Carl Heisig, Wien III, Beatrixgasse 26, zu richten sind. Diejenigen Herren, welche dem Club noch in diesem Jahr beitreten, genießen den Vortheil, daß sie die Einschreibegebühr, welche mit 1. Jänner nächsten Jahres eingeführt wird, nicht zu entrichten brauchen", schrieb die „Allgemeine Sportzeitung" 1901.[12]

Als erstes weibliches Mitglied Österreichs kann eine gewisse Ilona Fischl angesehen werden, die im Mitgliederverzeichnis 1903 als erste und einzige Dame aufschien. Ob sie nur zahlendes Mitglied oder auch aktive Spielerin war, kann wie bei allen übrigen Mitgliedern nicht mehr mit Sicherheit gesagt werden. Die beiden nächsten Golferinnen in Österreich waren Gräfin Coudenhove-Kalergi und Gräfin „Franz" Larisch.

Nicht als Mitglieder, aber als aktive Spielerinnen traten bereits 1903 die Gattinnen des Amerikaners Dr. Otis und des österreichischen Bankiers Wärndorfer auf. Sie beteiligten sich 1903 als erste Damen an einem Golfturnier in Österreich. Es war ein Foursome, und bezeichnenderweise spielten schon damals die Damen nicht mit ihren ebenfalls angetretenen Ehemännern. Oder war es umgekehrt? Frau Otis spielte mit Dr. Symington und Frau Wärndorfer mit – Herrn Dr. Otis.[13]

Adrienne Wärndorfer (1876–1960), Tochter von Berta Porges und dem aus Ägypten stammenden Bankier Giacomo Hakim, dürfte somit die erste aktive Golfspielerin in Österreich gewesen sein. Ihr Gatte August Wärndorfer (1865–1940) entstammte einer jüdischen Industriellenfamilie, die einen der größten Textilbetriebe in Österreich-Ungarn besaß. In Kottingbrunn soll er einen eigenen Golfplatz errichtet haben.

Die erste österreichische Golfspielerin, die Golf im Ausland praktizierte, war wahrscheinlich Gräfin „Hans" Larisch, die sich mit ihrem Mann Hans Larisch bevorzugt im Engadine Golf Club

Golfpartie in der Krieau Anfang der 1930er Jahre, ganz links Dr. Richard von Stern und Alfred Ellissen

LINKS: Abend am Golfplatz Brioni
UNTEN: Inserat der Firma Karl Wilhelm

in St. Moritz-Samaden aufhielt. Auch Baronin Heine-Geldern zählte zu den ersten österreichischen Spielerinnen im Ausland, sie war Mitglied im Pariser Club La Boulie und spielte auch in Cannes und Montreux.

Die erste österreichische Golferin, die ein höheres Spielniveau erreichte, war Ella Gräfin Festetics. Sie begann mit Golf noch vor dem Ersten Weltkrieg und wurde nach dem Krieg 1925 erste Österreichische Meisterin. Karola Friederike Marie, wie sie mit wirklichem Namen hieß, heiratete Dr. Oskar Freiherr von Gautsch-Frankenthurn (1879–1958), Sohn von Paul Freiherr von Gautsch-Frankenthurn, der während der Monarchie drei Mal Ministerpräsident war. Ella Festetics (1888–1951) lebte abwechselnd in Wien, in Strobl und im ungarischen Stammschloß Keszthely. Golf lernte sie in der Krieau und möglicherweise auch in Budapest. Ihr Vater, Tassilo Festetics, zählte zum legendären „20er Club".

John Standish (IM VORDERGRUND), der Sieger der Championship of Austria in Karlsbad 1908

Ella Festetics, die kinderlos starb, war jahrelang Österreichs beste Golferin, bis sie Ende der 1920er Jahre von Madeleine von Kuh, der Tochter Heinrich von Kuhs, eines ihrer Spielpartner, als Österreichs Nr. 1 abgelöst wurde.

Zum ersten Auftreten eines Weltklassespielers in Österreich kam es bereits 1901. Der für den Bau des Platzes in der Krieau zuständige Schotte Willie Park jun., seines Zeichens British Open Champion 1887 und 1889, sowie der mitgereiste Golflehrer James Stagg, ebenfalls ein Schotte, bestritten am 26. April 1901 das erste Vorführungsmatch in der österreichischen Golfgeschichte. Die wenigen Zuschauer sind namentlich bekannt, es waren Graf und Gräfin Althann, Graf Hans und Harry Larisch, Graf und Gräfin Ahlefeldt, Baron und Baronin Frankenstein sowie M. und Mme. Le Ghait. Willie Park zog durch seine langen Drives die Bewunderung der Zuseher auf sich und gewann letztendlich das Spiel überlegen.[14]

Auch die internationale Turnierszene startete im ersten Jahrzehnt des 20. Jahrhunderts. Aber nicht die ersten, 1909 vom Österreichischen Golfverband offiziell geführten Internationalen Österreichischen Meisterschaften in der Krieau waren der Beginn, sondern die „Championship of Austria" 1906 in Karlsbad. Sieger wurde der Amerikaner S. B. Whitehead. 1907 wurde das Turnier von dem erst 16jährigen John Standish aus Detroit gewonnen, der mit seinen Eltern auf Kur in Karlsbad weilte. Er konnte den Sieg 1908 wiederholen.

DIE ERGEBNISSE DES KARLSBAD CUP 1907:

1. Oakland 132
2. Karlsbad 139
3. Wien 142
4. Paris 145
5. New York 159

Abgerundet wurde die „Amateur Championship of Austria" durch weitere Turniere wie den Karlsbad Cup („Scratch Competition Match Play für Equipen"), der Fürst Fürstenberg Trophy, Isabella Price (nur für Damen gespendet von Erzherzogin Isabella), ein Foursome und ein Mixed Foursome. Der Karlsbad Cup war eine Teammeisterschaft, wobei jedes Team aus drei Spielern bestand. 1907 nahmen Mannschaften aus Wien, Karlsbad, Paris, New York und Oakland teil.[15] Die Wiener Mannschaft bestand aus Dayrell Crackenthorpe (engl. Gesandtschaft in Wien), Prinz Demidoff (ein in Wien geborener russischer Magnat) und Nelson O'Shaugnessy (ein in Wien lebender amerikanischer Diplomat). 1908 wurde der Karlsbad Cup vom Detroit Country Club gewonnen, weitere Teilnehmer waren das Carlsbad Club Team und das Uncle Sams Team.[16]

Einer der umtriebigsten Golfpioniere Österreichs mit internationaler Erfahrung war Baron Heinrich „Henri" Heine-Geldern (1880–1952), auch „Baron Heini" oder schlicht „Golf Heini" genannt. In den 1920er Jahren war Heine-Geldern Sekretär des Wiener Golf Clubs, aufgrund seiner großen Erfahrung wurde er eingeladen, den Bau des neuen Golfplatzes in Wien-Lainz zu organisieren. Bis zum Oktober 1927 wurde er vom Golf Club in der Krieau beurlaubt, und er verpflichtete sich, für die gesamte Zeit dem International Country Club, für den er nicht nur Mitglied im Ausschuß war, sondern auch Mitglied im sogenannten Green-Komitee, zur Verfügung zu stehen.[17] Die in Lainz gesammelten Erfahrungen konnte er einige Jahre später beim Bau des Platzes des Salzkammergut Golf Clubs gut einsetzen, der nach seinen Plänen errichtet wurde.

Der Baron, ein ehemaliger Marienoffizier aus wohlhabender Familie und ein Großneffe des Dichters Heinrich Heine, verfügte über eine lange Vorgeschichte in Sachen Golf. Bereits im Jahre 1912 war Heine-Geldern Captain des Golf Clubs Aigle, des ältesten Golfclubs in der französischen Schweiz. Eine zeitgenössische Quelle lieferte eine Beschreibung des Platzes: „Die Greens und die Spielbahnen sind in hervorragendem Zustand, und es verwundert nicht, daß der Platz, mit seinem gastfreundlichen Captain, dem beliebten Sportler Baron Heine-Geldern, zu den meistbesuchten des Kontinents gehört."[18] Es war daher keine Überraschung, als in der Generalversammlung des Schweizerischen Golfverbandes im Jahre 1913 Baron Heine-Geldern in das Exekutivkomitee gewählt wurde.[19]

Die Familie Heine-Geldern spielte oft an der Cote d'Azur, wo sie herrliche Trophäen gewann, darunter Preise gestiftet vom damaligen englischen Premierminister Sir Arthur Balfour, mit dem Alice Heine-Geldern (1882–1958) viele Golfpartien spielte, und vom Präsidenten des Golf Clubs Cannes, Großfürst Michael Michailowitsch. Daß das Ehepaar Heine-Geldern so oft in Cannes weilte und auch in Paris-La Boulie spielte, könnte darin begründet sein, daß eine Tante von Alice mit Fürst Albert von Monaco, dem Großvater des 2005 verstorbenen Prinz Rainier, verheiratet war.[20]

Die große internationale Erfahrung von Heine-Geldern fand auch auf internationaler Verbandsebene eine Würdigung, indem er 1933 als Vertreter Österreichs eine Berufung in das Komitee der International Golf Association erhielt. Henri Heine-Geldern und seine Gattin Alice, wegen ihrer grellen Stimme „Baronin Grammophon" genannt, verstarben kinderlos nach dem Zweiten Weltkrieg.

Internationale Österreichische Meisterschaften, Wien-Lainz 1933; VON LINKS: Lord Newport (der spätere Sieger), Baron Heine-Geldern, Karl Hammes und Prinz Rohan

LINKS: Inserat der Firma Zwieback UNTEN: Inserat der österrreichischen Tabakregie im Clubalmanach des International Country Clubs 1931

„Als man beim Golfen noch Krawatten trug."

GROSSBÜRGERLICHES ZWISCHENSPIEL

(1919–1945)

Unmittelbar nach dem Ende des Ersten Weltkriegs ging die Entwicklung des Golfsports in Österreich und den ehemaligen Kronländern mit Ausnahme Ungarns vorerst nur zögerlich voran. Erst Mitte der 1920er Jahre kam Bewegung in die Golfwelt: Um den Anforderungen, die man damals an einen guten Golfplatz stellte, gerecht zu werden, entschloß sich der Wiener Golf Club, seinen Platz in der Krieau auf 18 Löcher zu erweitern. Die ersten neun Löcher konnten im Frühjahr 1924 bespielt werden, die zweiten neun folgten im Herbst desselben Jahres – so besagt zumindest das „Sporttagblatt".[1] Nach anderen Meldungen erfolgte der Ausbau erst 1931 im Zuge des Platzumbaus wegen der Errichtung des Wiener Praterstadions.

Das Interesse an Golf nahm rasch zu, und ein neues Projekt für einen zweiten Golfplatz im Raum Wien sorgte für Gesprächsstoff. Man plante 1924 einen neuen Golfplatz auf den Gründen des Schlosses Schwarzau. Gedacht war der Platz hauptsächlich für die internationalen Gäste in Baden, Bad Vöslau und auf dem Semmering, aber natürlich dachte man auch an das Interesse der Wiener und der dort lebenden Ausländer. Schloß Schwarzau gehörte der Herzogin von Parma, der Mutter der Exkaiserin Zita, war aber an ein Konsortium verpachtet, das dort einen Pensionsbetrieb führte. Das Projekt wurde letztendlich nicht verwirklicht.

Die Existenz des Platzes in der Krieau hatte sich inzwischen in ganz Österreich herumgesprochen, der Club erhielt Anfragen für einen möglichen Platzbau aus Salzburg, Velden, Gastein, Baden und St. Pölten. Keines dieser Projekte konnte zum damaligen Zeitpunkt in die Tat umgesetzt werden. Hauptgrund waren vermutlich die Kosten.[2] Verwirklicht wurde hingegen der Plan von Baron Rothschild, in seinem Schloßpark in Enzesfeld einen richtigen Golfplatz anzulegen. Kosten spielten hier keine Rolle, Hauptsache war, daß seine Gattin, eine gebürtige Amerikanerin und begeisterte Golferin, ihrem Hobby nachgehen konnte.[3]

Erst zwei Jahre später, 1926, gelang es, den zweiten Golfplatz in Österreich auf dem Semmering zu etablieren. Auf österreichischem Terrain folgten 1927 der International Country Club Wien-Lainz und der Kärntner Golf Club Dellach am Wörthersee.

Mit dem Vorführspiel von Walter Hagen gelang dem Wiener Golf Club 1928 ein großer Coup, hatte dieser doch eine Woche vor seinem Auftreten in Wien die Britische Offene in Sandwich gewonnen. Es kam somit der aktuell weltbeste Golfer nach Wien. Und noch heute zählt er zu den Weltbesten in der Geschichte des Golfsports. Bis zu seinem Auftreten in Wien hatte er schon zehn seiner elf Major-Titel gewonnen. Er war zweifacher US Open-Champion (1914, 1919), dreifacher British Open-Champion (1922, 1924, 1928) – ein vierter Titel sollte 1929 noch folgen – und fünffacher US PGA-Champion (1921, 1924–1927).

Das Spiel in Wien hatte man so eingerichtet, daß beide Clubs, in der Krieau und in Lainz, zum Zug kamen. Jeweils 18 Holes wurden am Vormittag (10 Uhr) und am Nachmittag (15 Uhr) gespielt. Die Spielpartner waren der erste und beste österreichische Pro, Josef Petras (Krieau), sein englischer Clubkollge Harry Brown (Krieau) sowie der gebürtige Hamburger und soeben aus Amerika zurückgekehrte Pro in Lainz, Karl Schmidt.[4]

OBEN: Prospekt des Kärntner Golf Clubs aus den 1930er Jahren
UNTEN: Die Zeitschrift „Golf" widmet Österreich eine eigene Ausgabe

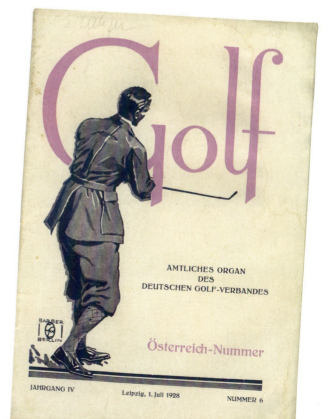

OBEN: Walter Hagen in
Wien-Krieau am 19. 5. 1928
RECHTS: Joe Kirkwood,
hier in Berlin

Der International Country Club engagierte 1931 den australischen Berufsspieler Joe Kirkwood zu einem Exhibitionmatch gegen zwei heimische Professionals (die Namen sind nicht mehr bekannt, aber bei einem könnte es sich um Josef Petras gehandelt haben) und den britischen Spitzenamateur W. W. Sharpe. Sharpe war übrigens der Ehemann der österreichischen Meisterspielerin Madeleine von Kuh.

Im Anschluß an das Match führte Kirkwood seine weltberühmten Golftricks vor.[5] Kirkwood war eher als Trickgolfer denn als Turnierpro bekannt und tourte mit seinen Exhibitions bis in die 1960er Jahre durch ganz Europa.

Im Golfplatzbau in den Nachbarländern machte 1922 Meran den Anfang mit der schon lange geplanten Errichtung eines „echten" Golfplatzes, es folgte 1926 der Golf Club Prag mit einer Neugründung und der Magyar Golf Club Budapest mit einem Umbau. Ungarn erlebte in den 1920er Jahren eine wahre Blütezeit, die es bis heute nicht wieder erreicht hat. Es zählte zu den spielstärksten Ländern auf dem Kontinent, obwohl es damals nur über einen einzigen Club, Budapest, verfügte. Es betrieb einen regen „Länderspielverkehr" mit Deutschland, das immerhin nach Frankreich die zweitstärkste Nation auf dem Kontinent war.

1923 wurde der Golf Club Brioni gegründet. Im Winter, besonders zu Weihnachten, hielt sich die elegante Golfgesellschaft aus Böhmen, Budapest und Wien gerne auf der der Halbinsel Istrien vorgelagerten Insel Brioni auf. Dort konnte man nach Herzenslust Golf und Polo spielen. 1925 folgte der Golf Club Crikvenica, 1928 der Golf Club Lisnice (Tschechoslowakei), 1929 der Golf Club Abbazia & Laurana, 1930 der Golf Club Zagreb und 1931 der private Golfclub des Großindustriellen Baron Ringhoffer in der Nähe von Prag.

Obwohl nach dem Ersten Weltkrieg die Nachbarländer unabhängig wurden, blieb in golferischer Hinsicht das Gebiet der k. u. k. Monarchie nahezu bestehen. Es gab enge Verbindungen zu den Clubs in Böhmen, der Slowakei und Ungarn und einen regen Spielerverkehr zwischen diesen Clubs, sofern es die damaligen politischen und wirtschaftlichen Verhältnisse zuließen.

Nachdem 1931 durch die vier ältesten Clubs (Wien-Krieau, Semmering, Wien-Lainz und Dellach) der Österreichische Golfverband (Austrian Golf Union) gegründet worden war, folgte am 20. und 21. November 1937 der Schritt in die Internationalität. An diesen beiden Tagen wurde in Luxemburg von elf nationalen Verbänden der Europäische Golfverband gegründet. Der Österreichische Golfverband wurde durch seinen Ehrensekretär Bela Kutschera (Strobl) repräsentiert. Adalbert Bela Freiherr von Kutschera-Lederer (1893–1961) war in der Zwischenkriegszeit Sekretär des International Country Club in Wien-Lainz und ebenso im Golf Club Semmering sowie im Vorstand des Österreichischen Golfverbands. Nach dem Krieg war er einer der Gründer des Salzkammergut Golf Clubs. Eine besondere Bedeutung kam Kutschera als verantwortlicher Redakteur der „Mitteleuropäischen Golfrevue", der ersten österreichischen Golfzeitung in den 1930er Jahren, zu.

Anfang der dreißiger Jahre wurden in Österreich drei weitere Clubs gegründet: 1931 der Golf Club Pertisau (ab 1934 Golf Club Achensee), 1933 der Salzkammergut Golf Club und 1933 der Golf Club Igls. Im Jahre 1936 gab es in Österreich ungefähr 800 Golfer:[6] Davon entfielen allein 400 Mitglieder auf den Golf Club Wien und

OBEN, V. LI.: Familie Gross, die „bekannteste Golfer-Familie in Mitteleuropa": Tochter Mia, Mutter Maryla, Sohn Fritz jun. und Vater Fritz Gross
UNTEN: Titti und Max Altmann, Wien-Lainz 1933

300 auf den International Country Club Wien-Lainz. Dellach zählte 60 Mitglieder und Ischl 40. Die Mitgliedszahlen der Clubs am Semmering, in Igls und in Pertisau sind nicht bekannt, man kann aber davon ausgehen, daß sie ungefähr auf gleichem Niveau oder etwas darunter lagen wie diejenigen in Dellach und Ischl. Dies würde auf eine Gesamtzahl von ca. 900 Golfern schließen lassen, es ist jedoch anzunehmen, daß es zahlreiche Doppelmitgliedschaften der wohlhabenden Wiener Golfer gab.

In Ungarn verfügte der Magyar Golf Club Budapest über 200 Golfer. Schätzungsweise 300–350 Golfer gab es in der Tschechoslowakei, davon etwas mehr als 200 im Golf Club Prag. Der Golf Club Lisnice war ein Privatunternehmen einiger weniger golfbegeisterter Familien und hatte nur 28 Mitglieder.[7] Der Ringhoffer Golf Club gehörte einer einzigen Familie, so daß die Zahl der Spieler vernachlässigbar war. Die Clubs in Karlsbad, Marienbad und Pistyan waren hauptsächlich Touristenplätze mit sehr wenigen einheimischen Spielern.

Ein Blick über die Grenzen unseres Betrachtungsgebietes zeigt, daß auch in anderen Ländern Mitteleuropas in der der Zwischenkriegszeit intensiv Golf gespielt wurde: In Rumänien gab es bei nur zwei Clubs damals bereits 550 Golfer, in Kroatien zählte der Golf Club Zagreb 84 Mitglieder, und auch in Polen gab es ca. 150 Golfer.[8]

Als die bekannteste Golferfamilie in Mitteleuropa wurde in dieser Zeit die tschechisch-wienerische Familie Gross angesehen (zuerst Wiener Golf Club und später International Country Club). Sie bestand aus vier erstklassigen Golfern, die eine Bereicherung jedes Turniers darstellten. Fritz Gross wurde 1925 und 1930 Internationaler Österreichischer Meister und Maryla Gross 1934 und 1935 Internationale Österreichische Meisterin.

Über das Leben Fritz Gross' ist leider nur mehr wenig bekannt. Er wurde um 1880 geboren und wuchs in Prag als Sohn eines Direktors einer Zuckerfabrik auf. Anfang des 20. Jahrhunderts kam er nach Wien, vermutlich zu Studienzwecken oder auch um zu arbeiten. Er hielt sich aber weiterhin viel in Böhmen auf. Um 1907 erlernte er in Franzensbad das Golfspiel.[9] Zusammen mit Maximilian Penizek engagierte er sich 1908 im Marienbader Golf Club.[10] Gross war einer der ersten, der nach dem Ersten Weltkrieg schnell eine gewisse Spielstärke erreichte, er war in den 1920er Jahren wahrscheinlich der beste in Österreich ansässige Golfer.

Ab Ende der 1920er Jahre, als er nicht mehr ganz vorne mitmischen konnte, engagierte Goess sich stark für die Verbreitung des Golfsports und war maßgeblich an der Gründung des zweiten Golfclubs in Wien, des International Country Clubs in Lainz, beteiligt. Beim Platzbau in Lainz hatte er die technische Oberaufsicht inne. Im später gegründeten ÖGV besetzte er die Position des stellvertretenden Präsidenten. Zur Eröffnung des neuen Golfplatzes in Karlsbad 1935 wurde er als offizieller Vertreter des ÖGV entsandt.

Die Geschichte des Golfsports in der Zwischenkriegszeit wurde auch stark durch die Familien Altmann und Bloch-Bauer geprägt, die zahlenmäßig zu den größten Golferfamilien zählten und jeweils einen Vertreter in der Familie hatten, der zu den besten Golfspielern in Österreich zählte. Max Altmann (1896–1965) stammte aus dem Hause einer bekannten Strickwarenfabrik. Seine Gattin Antonia (1902–1958), genannt Titti, war ebenfalls eine Golferin und zählte zwar nicht zu den allerbesten, aber doch zum „gehobenen Mittelfeld". Neben den Brüdern Bernhard, Fritz und Julius, die allesamt zwar Golf spielten, aber nicht mit der Begeisterung und Regelmäßigkeit wie

Max und Titti Altmann, waren der Neffe Hans und die Nichte Trude nahezu ebenso regelmäßige Spieler wie ihr Onkel Max.

Max und Titti Altmann mußten 1938 aus Österreich fliehen, zuerst nach England, von wo sie 1941 nach Brasilien weiterzogen. Während der Zeit in Brasilien von 1941 bis 1946 war Altmann Mitglied in einem Golfclub in São Paulo. Nach dem Umzug nach New York erlaubten es die Umstände nicht mehr, seinem liebsten Hobby nachzugehen. Max Altmann war ebenso wie sein Bruder Bernhard mit dem Wiederaufbau der Textilfirma in New York und Österreich stark engagiert, war deshalb in den 50er Jahren öfters in Österreich, aber zum Golfspielen kam er praktisch nicht mehr. Gesundheitliche Gründe beendeten schlußendlich seine lange Golfkarriere. Das golferische Erbe wurde nicht an seine Tochter Carry Kyzivat weitergegeben, schlicht und einfach deshalb, weil sie schon als kleines Kind immer auf den Golfplatz mitgehen und dort still sein mußte, was eine große Aversion gegenüber Golf bewirkte.[11] Fritz Altmann heiratete 1937 Maria Bloch-Bauer, und so waren nicht nur zwei große Industriellen-, sondern auch zwei große Golferfamilien vereinigt.

Bei den Bloch-Bauers waren die Geschwister Maria, Karl und Leopold sowie deren Verwandte Pick und Schlesinger aktive Golfer und Mitglieder im Wiener Golf Club. Leopold Bloch-Bauer (1905–1986) wanderte 1938 nach Montreal aus und zog kurz darauf nach Vancouver weiter. Er nahm den Namen Bentley an und spielte in der neuen Heimat weiterhin viel Golf. Anders als bei Max Altmann wurde das golferische Erbe an seinen Sohn Peter Bentley weitergegeben. Bentley wurde in Kanada nicht nur ein begeisterter, sondern auch ein hervorragender Golfspieler. Er zählte zu den besten Spielern in British Columbia, wenn nicht in ganz Kanada. 15 Jahre lang war er Scratchspieler.

Bentley stand in der Senioren-Nationalmannschaft von Kanada und spielte gegen die USA und Großbritannien. Zehn Jahre lange war er auch Chairman der Canadian Open. Seit 1968 ist Peter Bentley, der seine ersten Golfstunden im Wiener Golf Club in der Krieau unter Hans Ströll bekam, Mitglied im Royal & Ancient Golf Club of St. Andrews.

Der damalige Präsident des Österreichischen Golfverbandes und Vizepräsident des Wiener Golf Clubs, Heinrich von Kuh, war ebenfalls Mittelpunkt einer Golferfamilie. Seine Tochter Madeleine von Kuh wurde Internationale Österreichische Meisterin 1930 und 1931. Nach ihrer Heirat mit dem britischen Spitzenamateur W. W. Sharpe zog sie allerdings nach England und kam als Mrs. Sharpe nur mehr gelegentlich auf Besuch nach Wien, wo sie sich am Turniergeschehen nicht mehr beteiligte.

Zu den besten Spielern zählte der Staatsopernsänger Karl Hammes (1896–1939), zeitweise hatte er Handicap 4. 1935 übersiedelte der Bariton aus beruflichen Gründen nach Berlin, was seinen golferischen Ambitionen keinen Abbruch tat. Er verbesserte sich vielmehr auf Handicap 2 und wurde Mitglied der deutschen Nationalmannschaft – eine besondere Leistung, bedenkt man, daß Hammes nach einer Verwundung im Ersten Weltkrieg an der rechten Hand beeinträchtigt war. Zur Deutschen Wehrmacht eingezogen, fiel der nun „nur" mehr Handicap 6 Spielende beim Polenfeldzug 1939.[12]

Besuche von Mitgliedern von Herrscherhäusern waren in den 1930er Jahren, einer Zeit der gegenseitigen Abschottung der Länder, zur Seltenheit geworden. Um so bedeutungsvoller war der Besuch des Prinzen of Wales, der am 19. September 1935 den International Country Club in Wien-Lainz besuchte und damit zum ersten Mal einen österreichischen Golfplatz bespielte. Seine Äußerung nach dem Spiel, daß der Lainzer Platz einer der schönsten und bestgepflegten Plätze auf dem Kontinent sei[13], durfte wohl nicht nur eine Höflichkeitsgeste gegenüber den Gastgebern gewesen sein, denn schließlich kehrte er später noch viele Male auf diesen Platz zurück.

Kurz nach seinem Besuch in Wien spielte Edward auch in Ischl und fand ebenfalls lobende Worte für den Platz. Auch hier dürfte gleiches wie für Lainz gelten, denn auch

Rolf A. Saal (LI.) und Leopold Bloch-Bauer

UNTEN: Heinrich von Kuh (LI.) und Maximilian Penizek (RE.) erklären dem Wiener Vizebürgermeister Dr. Kresse (MITTE) die Anlage des Wiener Golf Clubs in der Krieau
DARUNTER: Madeleine von Kuh, die österreichische Meisterspielerin in den 1920er und 30er Jahren

LINKS: König Edward VIII., hier noch als Prince of Wales, auf dem Golfplatz in Wien-Lainz, 1935
MITTE: König Edward VIII. mit Lord Selton nach dem Lunch auf der Clubhausterrasse des International Country Clubs in Wien-Lainz
RECHTS: Der Herzog von Windsor, aufgenommen in Enzesfeld kurz nach seiner Abdankung 1936, gemeinsam mit Baron Pantz (LI.) und Wallis Simpson

nach Ischl kehrte er mehrmals zurück. Am 20. 1. 1936 bestieg er als Edward VIII. (1894–1972) den englischen Thron. Das Golfspielen, zumindest das Touren von Golfplatz zu Golfplatz durch Europa, sollte der Vergangenheit angehören. Doch das war ein großer Irrtum: Schon im Spätsommer desselben Jahres erschien vor den Toren des International Country Clubs ein großes dunkelblaues Auto und ihm entstieg, ohne große Formalität und sogar ohne Begleitung – der regierende König von Großbritannien. Er spielte eine Runde und kam am nächsten Tag mit großem Gefolge wieder. Im Gästebuch trug er sich als Edward R. I. ein.[14]

Dies war jedoch nicht genug der Ehre. Einige Wochen später wurde Edward VIII. für den österreichischen Golfsport unsterblich: Auf Ersuchen der Klubverantwortlichen übernahm er die Patronanz des International Country Clubs. Die wahre Bedeutung dieser Auszeichnung wird erst klar, wenn man bedenkt, daß sich bis dahin kein anderer Golfclub auf dem Kontinent oder der Überseestaaten mit dieser Ehre schmücken durfte. Die Übernahme der Ehrenpatronanz stellte einen einzigartigen Akt dar, denn selbst in England übernahm er nur bei denjenigen Golfclubs die Pratronanz, wo er ständig als Golfspieler zu sehen war.

Am 11. 12. 1936 dankte Edward VIII. ab, und schon am 13. 12. 1936 trat er sein freiwilliges Exil auf Schloß Enzesfeld in Niederösterreich an. Er war Gast von Baron Eugen von Rothschild und verbrachte dort ungefähr vier Monate. Vielleicht hatte die Wahl von Schloß Enzesfeld auch ein klein wenig damit zu tun, daß es im Park noch immer den alten Golfplatz der Rothschilds gab. Erwiesen ist, daß er, obwohl er zu einer etwas unwirtlichen Zeit in Enzesfeld war, viel Golf spielte, mit seinen Begleitern, den Rothschilds, und mit Franz Ströll, dem Golf-Hauslehrer der Rothschilds.

Bereits im März 1937 traf man den Herzog auf dem Platz in Lainz, wo er regelmäßig spielte. Im April 1937 schlug er sein Quartier in Bad Ischl auf. Er hielt also sein Versprechen von 1935, bald wieder zu kommen, tatsächlich ein. Er muß seinen Aufenthalt im Salzkammergut genossen haben, spielte er doch einen ganzen Monat lang fast täglich auf dem Platz in der Aschau bei Ischl.

Am 5. 6. 1937 war der Herzog erneut in Österreich. Inzwischen hatte er Wallis Simpson in Frankreich geheiratet und verbrachte anschließend seine Flitterwochen in Kärnten, auf Schloß

Zusage der Übernahme der Ehrenpatronanz des International Country Clubs durch das Büro König Edward VIII.

Privy Purse Office
Buckingham Palace, S. W.
15. October 1936

Amt der Privatschatulle
Buckingham Palace, S. W.
15. Oktober 1936

Dear Sir,

I am commanded by the King to inform that His Majesty is very glad to accede to your request and will with much pleasure grant his patronage to the Lainz Golf Club.

Geehrter Herr,

Ich wurde vom König beauftragt, Sie zu benachrichtigen, daß Se. Majestät sehr erfreut ist, Ihrer Bitte zuzustimmen und mit viel Freude dem Lainzer Golf Club seine Patronanz gewährt.

Yours truly

Alexander
Keeper of the Privy Purse.

Ihr ergebener

Alexander
Privatschatullen Verwalter.

The Secretary the Lainz Golf Club.

An den Sekretär des Lainzer Golf Club.

Wasserleonburg. Es gehörte von 1925 bis 1939 Graf Paul Münster, einem anglophilen Deutschen mit Doppelstaatsbürgerschaft. Münsters Frau, Margaret (Peggy) Ward, war nicht nur Engländerin, sondern auch verwandt mit Edwards früherer Mistress, Mrs. Dudley Ward.[15]

Graf Münster war ein hervorragender Golfer, mit Handicap −1! Ob sich die beiden manchmal auf den Golfplatz von Dellach zurückgezogen haben? Zeit hatten beide genug. Erst nach drei Monaten, im September 1937, erfolgte die Abreise nach Budapest.[16]

Gesichert ist, daß sich im August beide an der Sweepstake Bogey Competition in Dellach beteiligten. Der Herzog spielte mit Handicap 12, Paul Münster mit Handicap 1! Gewonnen haben aber beide nicht.[17] Bis 1939 arbeitete sich der Herzog übrigens mit Hilfe des bekannten Professionals Archie Compston bis auf Handicap 6 herunter.[18]

Edward begann schon als 14jähriger, also 1908, mit dem Golfspiel. Sein damaliger Lehrer war der berühmte James Braid[19], bis dahin schon dreifacher British Open Champion. Es war jener James Braid, der 20 Jahre später beim Bau des Platzes im Lainer Tiergarten in Wien eine Art Konsulentenrolle innehatte. Vielleicht gab Edward sein ehemaliger Lehrmeister den Tip, daß Wien einen tollen neuen Golfplatz hatte. Braid mußte es schließlich wissen.

Der Herzog von kam nach dem Krieg noch viele Male nach Österreich zurück, bevorzugte Plätze waren Dellach und Kitzbühel. Einer der Lieblingsgolfpartner des Herzogs von Windsor war Maximilian Penizek. „Du Max" wurde ein geflügeltes Wort, weil es die bevorzugte Anrede des Herzogs war.[20]

Maximilian Penizek (1883–1961), der in Böhmen geborene Begründer des Pelzhauses Penizek & Rainer, kam in den weltberühmten böhmischen Kurorten erstmals in Berührung mit dem Golfspiel. So soll er gemeinsam mit Fritz Gross beim Bau (oder Umbau?) des Platzes in Marienbad 1908 beteiligt gewesen sein. Auch beim späteren Neubau des Platzes in Karlsbad soll er ebenso mitgewirkt haben wie beim Bau in Prag.[21] In Österreich machte er sich um den Bau des Platzes in Bad Ischl und nach dem Krieg um den Neubau in der Freudenau und in Kitzbühel verdient.[22] Penizek wollte ursprünglich Medizin studieren, erlernte aber dann von einem Onkel in Wien die Kürschnerei. Als er nach Wien kam, konnte er noch gar nicht Deutsch, er ließ sich die Sprache von einem Burgschauspieler beibringen.[23]

Maximilian Penizek zählte durch fast 30 Jahre zu den markantesten Gestalten in der österreichischen Golfgeschichte. Sowohl vor als auch nach dem Zweiten Weltkrieg war er Vizepräsident des ÖGV.

Auch die Familie des Hutfabrikanten Peter Habig spielte eine große Rolle im Wiener Golfleben. Der Vater, Peter Fritz Habig (1836–1916), war nicht nur der Eigentümer der Firma P. & C. Habig, „k.k. apost. Majestät Kaiser Franz Joseph I. Kammerlieferant und Hutfabrikant", sondern auch Hoflieferant des deutschen Kaiserhauses sowie der Höfe von England, Serbien und Griechenland. Seit 1909 war er Mitglied im Wiener Golf Club, er war Vorstandsmitglied des Wiener Golf Club und des ÖGV. Der Sohn, Peter Habig (1886–1963), war Funktionär im International Country Club. Im ersten Vorstand des ÖGV im Jahre 1931, in dem Dr. Richard von Stern Vorsitzender war, bekleidete Habig die Funktion eines Verbandskapitäns, die er bis zum Zweiten Weltkrieg innehatte. Während dieser Zeit war er auch im Vorstand des Wiener Golf Clubs in der Krieau. Nach dem Krieg von 1950 bis 1959 Präsident des Golf Clubs Wien-Freudenau. Seine Tochter Maria heiratete den italo-österreichischen Grafen Attilio Smecchia, der später Mitglied der legendären ersten österreichischen Nationalmannschaft war, die

Der Herzog von Windsor auf dem Golfplatz Dellach Ende der 50er Jahre

Peter Habig jun. (LI.) und Prinz Charles Rohan, ebenfalls ein Pionier des Golfsports in Österreich, vor dem Clubhaus in der Krieau 1935

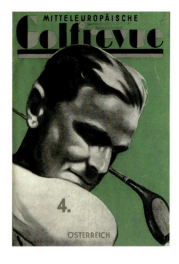

Mitteleuropäische Golfrevue,
1933–1938

1958 unser Land bei den Amateurweltmeisterschaften vertrat. Maria Smecchia war ebenfalls eine Spitzenspielerin und wurde 1955 und 1958 Österreichische Meisterin.

Es war Peter Habig, der 1945 im Namen des provisorischen Vorstandes an die Stadt Wien den Antrag stellte, die 1938 erlassene Anordnung der Auflösung des Verbandes außer Kraft zu setzen, was auch gelang. Für den später gewählten ordentlichen Vorstand stand er jedoch nicht mehr zur Verfügung. Dafür blieb er auf Clubebene ein führender Funktionär und war von 1950 bis 1959 zweiter Nachkriegspräsident des Golf Club Wien-Freudenau.

Intellektuelle und Künstler waren unter den Golfern stets eine rare Spezies. Neben dem Opernsänger Karl Hammes, den Schauspielern Käthe Gold und Conrad Veidt war der akademische Maler Rolf A. Saal (1892–1960) einer der wenigen dieser „Zunft". Trotz einer schweren Kriegsverletzung, die ihm ein Bein kostete, gehörte er zu den besten Spielern des Landes.

In den Jahren nach dem Zweiten Weltkrieg bemühte sich Rolf A. Saal um den Wiederaufbau des Österreichischen Golfverbandes, dessen Vizepräsident er bis zu seinem Ableben war. Auch beim Bau des neuen Platzes in der Wiener Freudenau war er federführend tätig, zusammen mit Dr. Hugo Eckelt vermaß er höchstpersönlich den Platz.

Während bei den Damen Maryla Gross und ihre Tochter Mia die stärksten waren, konnte sich Anfang der 30er Jahre bereits eine weitere junge Dame in den Vordergrund spielen, die dem österreichischen Golfsport noch lange erhalten bleiben sollte: Mimi Strauss. Schon 1933 lieferte sie im Halbfinale der Internationalen Meisterschaften gegen die deutsche Spitzenspielerin Alice Weyhausen (Bremen) einen tollen Kampf, den sie zwar letztendlich verlor, aber durch ihre Leistung trotzdem zu großen Hoffnungen für die Zukunft Anlass gab.

Auch Rega von Pollack-Parnau (1910–1974) zählte zu den besten Spielerinnen der 1930er Jahre. Die Tochter eines wohlhabenden Textilindustriellen gewann die Österreichische Meisterschaft 1932. Ihr Vater, Bruno von Pollack-Parnau, besaß Textilfabriken, Spinnereien und Webereien in Österreich, Ungarn, Tschechien und Rumänien. Er war vermutlich kein Golfer, sehr wohl aber seine Schwestern Käthe, verehelichte Pick, die später den Namen Prentice annahm, und Mancy, verehelichte Schlesinger, die später Stevens hieß. Von Bruno Pollack-Parnaus drei Kindern war einzig Regina (oder Rega) eine Sportlerin, eine gute Reiterin und ausgezeichnete Golferin. In erster Ehe war sie mit Baron Kubinzky verheiratet, in zweiter mit dem englischen Nichtgolfer Carcassone. Zum Golf kam sie vermutlich durch die Familie Kubinzky bereits vor ihrer Verehelichung. Ein Neffe, Frederick Kubinzky, und dessen Gattin Vera zählten in den 50er Jahren, wenn sie aus ihrer kanadischen Wahlheimat zu Besuch in der alten Heimat waren, zu den eifrigsten golfenden Sommergästen in Dellach.[24]

Interessante Golfer-Persönlichkeiten waren auch die beiden Tennisasse Graf Otto Salm und Paul Brick, beide Daviscupspieler, die einige Jahre nach ihrem „Tennishoch" 1924/25 noch ein „Golfhoch" zu verzeichnen hatten: Salm wurde 1932 als erster Österreicher Internationaler Österreichischer Meister[25], Brick gelang das gleiche Kunststück 1934.

In der zweiten Hälfte der 1930er Jahre traten die Brüder Schwitzer als neue Spitzenspieler ins Rampenlicht. Geerbt hatten sie die Golfleidenschaft von ihren Eltern. Vater Alfred Schwitzer, der eine Fabrik für Lampen und Radioröhren in Wien besaß, spielte mit seiner Gattin Elisabeth fast täglich in der Krieau. Er verstarb 1937. Die Söhne Georg und Hans Schwitzer mußten 1938 Österreich verlassen, zogen im Oktober 1938 nach England und im Juni 1939 nach Kanada, wo sie sich in Vancouver niederließen.

Hans Schwitzer (geb. 1919) nahm den Namen Hans Swinton an, studierte an der University of British Columbia Jus und war bis 2004 als Rechtsanwalt tätig. Er blieb auch in Kanada ein eifriger Golfspieler und hatte von 1948 bis 1950 Handicap 0. Vermutlich war er damit der erste österreichische oder zumindest in Österreich geborene Scratchspieler. Hans Swinton hat drei Söhne, von denen einer ebenfalls ein ausgezeichneter Golfer ist (Handicap 2).

Graf Otto Salm und Georg Schwitzer beobachten das Spiel von Henry Cotton in der Wiener Krieau 1937

Nicht ganz so enthusiastisch wie sein Bruder Hans war Georg Schwitzer (1917–2003). Unter dem neuen Namen George Swinton machte er sich in Kanada als Kunstexperte einen Namen. Als Professor für Kunstgeschichte an der University of Manitoba beschäftigte er sich mit der Kunst der Inuit, über die er einige Bücher schrieb. Swinton wurde einer der weltweit angesehensten Inuitexperten.[26]

Als Golf-Enthusiasten machten sich Captain George Wood und seine Gattin Rosa Wood-Lonyay einen Namen. George Jervis Wood, britischer Staatsbürger, kam als Militärattaché nach Österreich und war nicht nur ein guter Golfer, sondern auch ein bekannter Großwildjäger.[27] Die Tochter der Woods, Marie-Therese, heiratete Ernst Fürst Hohenberg, einen der Söhne von Thronfolger Franz Ferdinand und Sophie von Chotek. In dieser Generation machte der Golfsport Pause, aber George und Rosa Woods Enkel, ebenfalls ein Ernst Hohenberg, ist eines der Gründungsmitglieder des Golf Clubs Weißenbach.

Persönlichkeiten der bürgerlichen Pionierphase: (V. LI.) Baron Heinrich Heine-Geldern, Mrs. Rosa Wood-Lonyay, Botschafter Sir Walford Selby, der Präsident des ÖGV Heinrich von Kuh, Captain George Wood

1937 war ein lehrreiches Jahr für die Wiener Golfer, kam es doch zum zweiten großen Vorführspiel seit Bestehen des Golfsports in Österreich. Ein ähnlicher Coup, wie der Magyar Golf Club im Jahr 1936 mit Bobby Jones landen konnte, war 1937 dem Wiener Golf Club mit Henry Cotton vergönnt. Im diesem Jahr hatte Cotton die British Open, die German Open und die Tschechoslowakische Offene Meisterschaft gewonnen. Ein Jahr davor, 1936, gewann er die Italian Open, 1934 zum ersten Mal die British Open (1948 zum dritten Mal).

Für die österreichischen Golfer war seine Exhibition *das* Ereignis schlechthin. In einem Vierball-Match spielte Cotton zusammen mit dem amerikanischen Spitzenamateur C. Heminway gegen Graf John Bendern, seines Zeichens englischer Amateurmeister 1932, und den Professional des Wiener Golf Clubs, Ronald Blackett.

Es erübrigt sich zu erwähnen, daß das Spiel Cottons die Zuseher sehr beeindruckte, wenngleich er den Platzrekord von 70 nur einstellen, aber nicht verbessern konnte (Scratch Score damals 74). Leider konnte er sich mit den Greens nicht gleich anfreunden, aber insbesondere seine zweiten Schläge hinterließen bei den Zuschauern starke Eindrücke. Auch die Mitspieler zeigten ausgezeichnetes Golf, insbesondere die beiden Amateure, während der Platzpro Blackett etwas nervös wirkte und nicht ganz so hervorragend spielte wie sonst.[28]

Quasi eine Mitteleuropäische Meisterschaft stellte der Interclub Wanderpreis dar. Die besten und größten Clubs in Mitteleuropa entsandten jeweils ein Team bestehend aus den zwei besten Spielern. Vielleicht diente der schon vor dem Ersten Weltkrieg ausgetragene Karlsbad Cup als Vorbild. Nach 1937 wurde dieses interessante Turnier nicht mehr ausgetragen.

Bester Österreicher kurz vor dem Krieg dürfte der Greenkeeper von Lainz, Fritz Eckelsdorfer (Handicap 4), gewesen sein.[29] Neue Namen, die zu dieser Zeit auftauchten, waren u. a. Paul Kyrle, Christine Maresch, Ruth Richter und Henriette Habig-Thun. Mit Annemarie und Maria Kupelwieser wurde jetzt auch in Wien ein Familienname repräsentiert, der schon einige Jahrzehnte davor in der Geschichte des Golf Clubs Brioni eine große Rolle gespielt hatte.[30] Die beste Dame war sicherlich Ruth Richter mit Handicap 6 vor Mimi Strauss (Handicap 10).

Nach dem „Anschluß" 1938 wurden die beiden Wiener Golfclubs zusammengelegt und firmierten nur mehr unter dem Namen Wiener Golf & Land Club. Der Reichssportführer Tschammer und Osten bestellte als kommissarischen Leiter Dr. Martin Winkler. Der neue Club war dem Deutschen Golfverband unterstellt. Als 1938 der Präsident des DGV, Karl Henkell, in Wien

DIE SIEGER DES MITTELEUROPÄISCHEN INTERCLUB WANDERPREISES:

1933 Golf Club Prag
1934 International Country Club Wien-Lainz
1935 Golf & Country Club Bukarest
1936 Golf & Land Club Berlin-Wannsee
1937 Wiener Golf Club

Exhibition von Henry
Cotton in der Krieau, 1937:
GANZ OBEN: Aquarell von Manfred
Markowski 2006, nach Vorlage
eines S/W-Fotos von 1937 (V. LI.)
C. Heminway, New York, Graf
John de Bendern, Henry Cotton,
Ronald Blackett, der Wiener Pro)
OBEN: Cotton beim Bunkerschlag

weilte, überreichte er die vom Reichssportführer unterzeichnete Urkunde an Dr. Winkler. 1939 übernahm Generalmajor Teophil Gautier die Vereinsführerschaft des Wiener Golf & Land Club.

Der Golfplatz in der Krieau wurde 1938 geschlossen. Im Winter 1939 wurde dem Wiener Golf und Land Club noch einmal die Möglichkeit gegeben, den Platz im Prater zu benutzen.[31] 1940 kündigte man die Pachtverträge für den Platz in Lainz. Ungeachtet dessen ging hier der Spielbetrieb in beschränktem Umfang während der Kriegsjahre weiter, mußte aber gegen Kriegsende endgültig eingestellt werden.

Die politischen Ereignisse gingen natürlich an den Golfern und der Golfberichterstattung nicht spurlos vorüber. Die neuen Plätze der „Ostmark" und im Sudetenland sowie in Böhmen, Mähren und der Slowakei wurden unter den Golfern Deutschlands euphorisch willkommen geheißen und in der „Deutschen Golfzeitung" ausführlich beschrieben und gelobt. Auch die Terminologie änderte sich, Club- oder Verbandspräsidenten wurden zu Club- oder Verbands„führern" „befördert".

Das neue „Golfdeutschland" wurde in acht Gau-Gruppen eingeteilt. Jede dieser Gau-Gruppen organisierte eine Meisterschaft, die alle gleichzeitig ausgetragen wurden. Für jede Gruppe wurde ein Obmann bestimmt, der für die Austragung der Gau-Meisterschaft verantwortlich war. Österreich befand sich in Gau-Gruppe 8, Austragungsort der Gau-Meisterschaft war 1939 Wien-Lainz. Gau-Obmann war Dr. A. Walz vom Golf Club Feldafing in Bayern.[32]

Trotz des Krieges konnte zumindest punktuell gespielt werden. Bis ca. 1943 konnte man noch in Igls und am Semmering spielen, bis 1945 war dies nur in Dellach und Pertisau möglich. Bester

Der Golfplatz in Innsbruck-Igls, 1941

Spieler war der nun für Wien spielende Deutsche Franz Gautier (Handicap 3) sowie sein Bruder Georg (Handicap 6). Franz Gautier wurde auch Gaumeister 1939 im Finale gegen Dr. Hugo von Eckelt, der damals zum ersten Mal eine Meisterschaft spielte und immerhin bis ins Finale kam.[33]

Die Tschechoslowakei war der Anzahl der Plätze nach das führende Land in unserem Betrachtungsgebiet, wenngleich sie damals nicht als selbständiges Land geführt wurde. Die acht tschechischen Clubs wurden unterschiedlich zugeordnet. Mitglied des DGV und somit reichsdeutsche Clubs waren Karlsbad (18 und 9 Löcher) und Marienbad (18 Löcher), im „Protektorat Böhmen und Mähren" lag Prag-Klanovitz (18 Löcher) und in der Slowakei Pistyan (9 Löcher). Dazu kamen folgende vier Privatplätze, die ebenfalls dem „Protektorat Böhmen und Mähren" zugerechnet wurden: Brünn, Lisnice, Tremsin und Volesovice. Der 9. Platz in Prag-Motol hatte bereits den Betrieb eingestellt. Größenmäßig lagen die beiden Wiener Clubs im mittel- und osteuropäischen Raum im absoluten Spitzenfeld.

Interessant ist, daß der Golfsport noch immer fast ausschließlich durch die städtische Bevölkerung geprägt war. Die vielen Clubs in den Kurorten hatten zwar einen großen Zuspruch an Greenfee-Spielern, aber permanente Mitglieder hatten sie kaum. So zählte vor dem Zweiten Weltkrieg der Kärntner Golf Club Dellach 33 Mitglieder, der Salzkammergut Golf Club hatte 15 Mitglieder, ebenso Marienbad, und Karlsbad hatte gar nur 13.[35]

ANZAHL DER GOLF-PLÄTZE AM EUROPÄISCHEN FESTLAND IM JAHR 1939[34]:

1.	Frankreich	83
2.	Deutschland	55
	(ohne die „angeschlossenen" Clubs aus Österreich und Böhmen/Mähren)	
3.	Schweiz	27
4.	Italien	23
	(ohne Abbazia, Brioni und Rhodos, damals zu Italien gehörig)	
5.	Schweden	18
6.	Niederlande	17
7.	Spanien	13
8.	Belgien	11
9.	Dänemark	9
10.	Tschechoslowakei	8
11.	Österreich	6
	(ohne Wiener Golf Club, der nicht mehr in Betrieb war; alle übrigen Clubs gehörten offiziell zu Deutschland)	
12.	Portugal	5
13.	Jugoslawien	3
14.	Rumänien	3
15.	Ungarn	3
16.	Polen	2
17.	Bulgarien	1

GOLFCLUBS IN MITTEL-/OSTEUROPA IM JAHR 1939:
(NACH MITGLIEDERZAHL)

1.	Berlin-Wannsee	1000
2.	Wien-Krieau	400
3.	Bukarest	400
4.	Wien-Lainz	300
5.	Hamburg-Falkenstein	300
6.	Frankfurt	265
7.	Genf	250
8.	Krefeld	240
9.	Hamburg-Groß-Flottbek	220
10.	Köln	220
11.	Prag-Klanowitz	210
12.	Budapest	200
13.	Zürich-Zumikon	200

„*Vom Traben zum Galopp.*"

WIEDERAUFBAU DURCH DAS BÜRGERTUM

(1946–1965)

Von den rund 800 österreichischen Golfern, die vor dem Zweiten Weltkrieg die Plätze bevölkerten, waren es vielleicht zehn bis zwanzig, die überlebten und das Land nicht verlassen mußten. Diese begannen nach dem Krieg mit dem Wiederaufbau des Golfsports in Österreich. Zu ihnen zählten Hugo Eckelt, Kitty Schanz, Mimi Strauss, Rolf A. Saal, Peter Habig, Maximilian Penizek, Paul Kyrle und Ruth Richter. Auch die Pros Franz und Hans Ströll sowie der zurückgekehrte englische Pro Ronald Blackett waren dabei.

Überlebt haben österreichische Golfer aber auch anderswo: Die nach British-Columbia ausgewanderte Familie Bloch-Bauer spielte in ihrer neuen Heimat weiterhin begeistert Golf. Auch die Brüder Hans und Georg Schwitzer waren nach Vancouver in British-Columbia emigriert. Doch beide jüdischen Familien hatten ihre Namen geändert: Die Bloch-Bauers nannten sich von nun an Bentley und die Schwitzers hießen Swinton. Im Finale der Clubmeisterschaft des Jerico Golf Clubs in Vancouver 1941 stand Swinton niemand Geringerem als Leopold Bloch-Bauer alias Bentley gegenüber. Zwei Ex-Österreicher zählten jetzt zu den besten Spielern Kanadas! Das Zentrum des österreichischen Golfs hatte sich vorübergehend an die Pazifikküste verlagert![1]

Der Sohn von Leopold Bloch-Bauer, Peter Bentley (geb. 1930), war der einzige, der Swinton die Ehre des ersten österreichischen Scratchspielers streitig machen konnte: Auch er erspielte sich dieses Traumhandicap Ende der 1940er Jahre und behielt es über 15 Jahre hindurch.

In Mitteleuropa forderte der Zweite Weltkrieg unter den Golfclubs bzw. Golfplätzen zahlreiche Opfer. In Österreich waren die Plätze im Prater, in Ischl, in Igls und am Semmering „abhanden" gekommen.

Polen, Rumänien und die anderen osteuropäischen Länder verschwanden komplett von der Golflandkarte, Ungarns Golfer kämpften tapfer bis 1956, dann kam auch dort das Aus, nur in der Tschechoslowakei konnten sich die Plätze in Marienbad und Karlsbad mehr schlecht als recht behaupten. Die Plätze auf „altösterreichischem" Gebiet in Abbazia, Brioni, Zagreb und Bled waren ebenfalls nicht mehr vorhanden.

In Südtirol bestand der Platz am Mendelpaß bei Bozen nicht mehr. Der Platz am Karersee, ebenfalls in der Nähe von Bozen, überlebte und existiert heute noch.

Die Wiederaufbauphase begann mit dem Kärntner Golf Club Dellach, der bis zum Sommer 1946 soweit instand gesetzt war, daß im Juli 1946 bereits Wettspiele stattfinden konnten.[2] In den folgenden Jahren beschränkte sich deshalb das Spielgeschehen ausschließlich auf diesen Platz. 1947 wurden nach zehnjähriger Pause in Dellach wieder Internationale Österreichische Meisterschaften ausgetragen. Während diese Meisterschaften noch recht bescheiden waren, konnte man 1948, wieder in Dellach, schon eine deutliche Steigerung ausmachen. Um 1949 konnte der Platz in Pertisau wieder spielbar gemacht werden, so daß es nun zwei bespielbare Plätze in Österreich gab.

Clubs gab es allerdings drei, denn der Wiener Golf und Land Club existierte noch, er verfügte aber über keinen geeigneten Platz. Denn der Platz im Lainzer Tiergarten war Übungsplatz einer Besatzungsmacht. Es war nicht möglich, ihn freizubekommen. Aber immerhin fand man in der Nachbarschaft auf einem neu errichteten 5-Loch-Platz eine Übungsmöglichkeit. Wehmütig mußten die Wiener Golfer nun von ihrem Provisorium auf ihren alten Platz hinüberblicken, wo die Russen Schießübungen veranstalteten.

Leopold Bloch-Bauer (LI.), der Vater von Peter Bentley, und Hans Schwitzer, hier noch auf dem Platz des Wiener Golf Clubs nach den Clubmeisterschaften 1937, die Schwitzer im Finale gegen Bloch-Bauer gewann

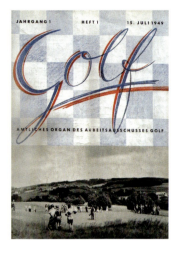

Golf, 1. Jahrgang 1949

Ruth Richter (LINKS) mit der deutschen Spitzenspielerin Monika Möller bei den Internationalen Österreichischen Meisterschaften 1959 in Wien

Ebenso gelang es nicht, ein anderes Projekt zu verwirklichen: Es handelte sich um einen 9-Loch-Platz in Neuwaldegg, er scheiterte an den Kosten. Neben dem ÖGV hatte sich auch der Internationale Österreichische Meister 1948, Robert Baird, ein Offizier der amerikanischen Besatzungsmacht, für dieses Projekt stark engagiert, aber leider ohne Erfolg.[4]

Die drei bestehenden Golfclubs waren im Österreichischen Golfverband vereinigt, dessen Geschäftsführung in den Händen von Dr. Hugo Eckelt lag.[3]

Den nächsten Schritt des Wiederaufbaus kennzeichnete die Neugründung des Wiener Golf Clubs, der jedoch seine Heimstatt nicht mehr in der Nähe des Trabrennplatzes in der Krieau finden konnte. Nach langen Bemühungen um ein geeignetes Gelände wurde man wieder im Wiener Prater, unweit der Krieau, auf den ehemaligen Pologründen in der Freudenau fündig, der neue Wiener Golf Club wurde 1949 gegründet. Allerdings konnte man zu diesem Zeitpunkt noch nicht spielen. Erst 1950 war es möglich, wenigstens auf provisorischen Grüns ein wenig die Schläger zu schwingen. Der Umzug vom Traben zum Galopp war aber vollzogen, denn der neue Platz, der die Geschichte des Golfsports im Österreich der Nachkriegszeit dominieren sollte, war von der Galopprennbahn Freudenau umgeben.

1950 wurde der Platz am Semmering, der zum Südbahnhotel gehörte, wieder in Betrieb genommen. Auch der Platz in Pertisau wurde so instand gesetzt, daß man wieder an Wettspiele denken konnte. Doch die Golfer mußten sich weiterhin in Geduld üben. Alles konzentrierte sich auf den Platz in Dellach. Geführt wurde der Platz gemeinsam vom Kärntner Golf Club und der „British Troops Austria Golfing Society" (BTAGS).[5]

Sportlich gesehen wurden die 1950er Jahre durch zwei Persönlichkeiten geprägt: Bei den Herren durch Hugo Hild und bei den Damen durch Ruth Richter. Ruth Richter gewann die Österreichische Staatsmeisterschaft vier Mal (1953, 1954, 1957, 1964), aber anders als Hugo Hild, der die Internationale Meisterschaft nie gewinnen konnte, schlug sie bei diesem Großereignis insgesamt sechs Mal zu (1947, 1948, 1951, 1952, 1954, 1962). Ihre größten Konkurrentinnen aus österreichischer Sicht waren Mimi Strauss, Maria Smecchia und Kitty Schanz. Ruth Richter hatte bereits vor dem Krieg Golf zu spielen begonnen, wobei sie jahrelang Mitglied in Berlin-Wannsee, Nedlitz und Kitzeberg gewesen war.[6]

Hugo Hild repräsentierte Österreich auch im Ausland, indem er 1951 sowohl an den Internationalen Deutschen Amateurmeisterschaften als auch an der anschließenden Offenen Deutschen Meisterschaft in Hamburg-Falkenstein teilnahm. Hild schaffte bei den Offenen immerhin den Cut, und das, obwohl er erst zwei Jahre zuvor mit dem Golfspiel begonnen hatte.[7]

Zum Golfspielen verführt wurde der spätere fünffache Staatsmeister Hugo Hild (1925–1982), Generalkonsul von Monaco und Inhaber einer Flugzeugvertretung, von seinem Onkel, dem legendären Prof. Manfred Mautner Markhof, der Hild 1949 nach Dellach einlud, um ihm das Golfspielen zu zeigen. Mautner Markhof drückte seinem Neffen, der zuvor noch nie einen Golfschläger gesehen hatte, ein Holz in die Hand und sagte, „wenn du den Ball triffst, bekommst du 100 Schilling". Hild traf und Mautner Markhof war um 100 Schilling ärmer, was ihn aber vermutlich nicht wirklich tangierte.[8]

Nach diesem ersten Erlebnis lernte Hild, bis dahin begeisterter Tennisspieler und Sportflieger, wahrlich schnell und wurde in den 50er Jahren Österreichs bester Golfspieler. Er wurde Staatsmeister 1952, 1953, 1954, 1956 und 1957, unterbrochen wurde diese Serie nur von einem Sieg seines alten Rivalen Paul Kyrle, der den Titel 1955 holen konnte. Hild war auch Mitglied der Nationalmannschaft und vertrat Österreich bei den Weltmeisterschaften 1958 (St. Andrews/Schottland) und 1960 (Philadelphia/USA) sowie bei den Eu-

Familie Mautner spielte zünftig
Golf in Dellach 1950.
Hugo bestaunte Onkel Manfred's Schwung
behauptete dann frech und jung,
er könnt' das auch, es ist ja nicht schwer,
worauf es hieß, na komm' mal her.
Onkel Manfred spendierte in mäzenhafter Güte
100 Schilling, worauf den Ball er dann teete.
Das Geld sei dein, so sprach er vergnügt,
wenn's dir gelingt, daß der Ball nunmehr fliegt,
Hugolein fand, da sei nichts dabei,
rief dies provokant zu Ostern im Mai
und schlug daraufhin, als sei's keine Kunst,
tatsächlich den Ball in der Landschaft Dunst.
Der Ball, er flog, der Onkel erbleichte,
weil der Ball den Wald erreichte,
was sonst nur zu sehen, trotz Routine und Kraft,
in Wettspielen oder Meisterschaft.
So begann das Golf mit Onkel Manfreds Moneten,
Hugo's Karriere gleich der von Kometen.
Er legte beiseite für immer das Racket,
nahm Stunden um Stunden beim Trainer, dem Blackett.
Er übte am Green, am Fair Way, im Bunker,
kein Wunder, daß damals gegen heute er schlanker.

Dr. Otto Jaschke

ropameisterschaften 1961 (Brüssel), 1963 (Falsterbo/Schweden), 1965 (Sandwich/England), 1967 (Turin) und 1969 (Hamburg). Bei den Weltmeisterschaften 1960 hatte Hugo Hild die Gelegenheit, bei einer Übungsrunde mit Jack Nicklaus zu spielen, und siehe da, Nicklaus spielte angeblich nur eine 80 und Hild knöpfte ihm fünf Dollar Siegesgeld ab. Diese fünf Dollar führte Hild von nun an immer in seiner Geldbörse mit.

Als Funktionär engagierte er sich für den Golf Club Wien, für den er von 1961 bis zu seinem Tod als Vizepräsident tätig war. Sowohl seine Gattin Isabelle als auch seine Kinder wurden begeisterte Golfer.

Hilds „Lieblingsgegner" war Univ. Prof. Dr. Paul Kyrle (1915–1979), der bereits um 1937 mit dem Golfspiel begonnen hatte. Er war Staatsmeister 1955, Seniorenmeister 1974 und stand zwischen 1960 und 1963 fünf Mal in der Nationalmannschaft, davon vier Mal in Länderkämpfen und einmal als Teilnehmer an der Europameisterschaft 1961.

Von 1975 bis 1979 war er Präsident des Wiener Golf Clubs. Auf dem Gebiet der Medizin hatte der Primarius an der Rudolfstiftung durch die Laserchirurgie, die er in Österreich einführte, weltweite Anerkennung. Kyrle wurde Begründer einer Golferdynastie, deren weitere Erfolge sich durch die beiden Söhne Dr. Johannes Kyrle und Dr. Paul Alexander Kyrle sowie auch durch deren Kinder manifestierten.

Johannes Kyrle startete seine Golferlaufbahn 1956, wurde wie sein Vater fünf Mal in die Nationalmannschaft berufen, davon drei Länderkämpfe und zwei Teilnahmen an Europameisterschaften (1969 und 1971). Da Familie Kyrle einen Besitz am Wörthersee hatte, sah man den Platz in Dellach als zweiten Heimatplatz an. Paul Kyrles Schwester Christine hatte in Dellach kurz vor dem Zweiten Weltkrieg mit Golf begonnen und dort ihren Ehemann Hans Maresch kennengelernt. Maresch wurde nach dem Krieg einer der wesentlichen Pioniere und Langzeitpräsident des Dellacher Clubs. In diesem Amt folgte ihm seine Gattin Christine nach. Auch Paul Kyrle war viele Jahre Vizepräsident des Kärntner Golf Clubs.

Die Besatzung Österreichs hatte für den Golfsport gewissermaßen auch ihre guten Seiten, denn unter den in Salzburg stationierten amerikanischen Soldaten befanden sich sehr spielstarke Golfer. Sie beteiligten sich regelmäßig an den Internationalen Deutschen Meisterschaften und spielten unter der Flagge Salzburgs. 1955 z.B. waren der oftmalige Meister von Österreich, Robert Baird, und Gray Madison unter „Salzburg, Österreich" gemeldet, ebenso der Pro Pat Gardner. Die Salzburger Soldaten hatten also sogar ihren eigenen Golflehrer.

Bedauerlich war aber, daß ausgerechnet der beste von allen, der amerikanische Walker Cup-Spieler, Gewinner zahlreicher amerikanischer Meisterschaften und spätere Sieger der Deutschen Meisterschaft 1955, Ken Venturi, der auch in Salzburg stationiert war, nicht unter Österreich, sondern unter „San Francisco, USA" spielte.

Der Dienst in Salzburg ließ Venturi wenig Zeit, sich um europäische Golfmeisterschaften zu kümmern. Bevor er aber aus Europa abzog, wollte er noch ein Golf-Souvenir mitnehmen und beteiligte sich an den Internationalen Deutschen Meisterschaften in Hamburg. Obwohl er „nur" Scratchspieler und somit einer von mehreren war, demolierte er dort die Konkurrenz. Im Finale entledigte er sich seiner Aufgabe mit einem 8+7 Rekordsieg über einen anderen amerikanischen Scratchspieler.[9] Venturi behauptet in seinen Memoiren, daß er neben der deutschen auch die „Austrian Amateur" gewonnen hat, was nicht stimmt.[10] Welches Turnier er wohl damit gemeint hat, bleibt offen. Bei einem Besuch in Dellach am 26. Juni 1955 trumpfte er aber groß auf und spielte die sagenhaften Runden von 33+31+29 (natürlich für jeweils neun Löcher).[11] Bei seiner Exhibition in Wien lief es allerdings nicht ganz so prächtig, da er sich seinem Mitspieler, dem „Hausherrn" Ronald Blackett, mit 3+2 geschlagen geben mußte.[12]

UNTEN: Ken Venturi bei einer Exhibition in der Freudenau 1956
DANEBEN: Scorekarte von Ken Venturi, 1955

Neue Golferpersönlichkeiten gaben zu dieser Zeit dem Golfsport in Österreich innovative Impulse. Das etwas verstaubte Image des Sports, insbesondere die öffentliche Meinung, Golf sei hauptsächlich für reiche und alte Leute, bedurfte dringend einer Änderung. Heinrich Harrer, der Abenteurer und Tibetforscher, begann Mitte der 50er Jahre Golf zu spielen, zeitgleich mit dem damaligen österreichischen Nationalhelden schlechthin, Toni Sailer. Leider blieb Sailer lange Zeit (fast) der einzige Star aus einer anderen Sportart, der Golf spielte. Einzig Skiweltmeister Christian Pravda – wie Sailer aus Kitzbühel stammend – fröhnte ebenfalls dem Golfsport. Ein weiterer Prominenter, der Golf hin und wieder in die Schlagzeilen brachte, war Alfi Prinz Auersperg. Es war im Schloß Mittersill, damals ein exklusiver Club für reiche Amerikaner(innen) und weniger reiche europäische Aristokraten, die im Club des exzentrischen Baron Hubert Pantz oft als Sportlehrer arbeiteten, als die Amerikanerin Sunny Crawford bereits an ihrem ersten Abend in Mittersill Alfi Auersperg kennen- und lieben lernte. Auch Bob Hope und Bing Crosby waren Gäste in Mittersill, wobei sich ersterer zur Eröffnung des Kitzbüheler Golfplatzes zur Verfügung stellte.

Bob Hope beim Eröffnungsdrive des Kitzbüheler Golfplatzes 1956

Toni Sailer (geb. 1935) war auch ein begeisterter Tennisspieler. Als er eines Tages, 1956, vom Kitzbüheler Tennisplatz kam, ganz in Weiß, in kurzer Hose, ging er zum eben erst neu eröffneten Golfplatz, um zu sehen, wie es dort so zugeht. Auf der Driving Range sah er Prinz Anton Croy beim Üben. Croy forderte Sailer auf, doch ein paar Schläge zu probieren. In Tennisschuhen machte Sailer nach den Anweisungen von Croy die ersten Schwünge und Schläge seines Lebens, und – wie oft bei Anfängern – er traf alle Bälle, und sie flogen weit. „Jetzt gehen wir gleich auf die Runde, du triffst eh alles", meinte Croy und Sailer ging – noch immer in Tennishose und Tennisschuhen – mit Croy auf die Runde. Am 5. und am 8. Loch spielte Sailer, kaum zu glauben, jeweils ein Birdie. Freudenstrahlend erzählte Croy im Clubhaus vom größten Golftalent aller Zeiten.

Daß es nicht ganz so war, zeigten dann die folgenden Jahre. Zuerst mußten eigene Schläger her. Sailer und Hermann Thurnher wollten sich je ein halbes Set kaufen, aber die hätte man nicht gut weiterverkaufen können. Schließlich dachten die beiden an die Zukunft und wollten, wenn sie Handicap 18 erreichen, jeder ein eigenes Set haben. Und so kauften sie sich gemeinsam ein ganzes Set, Sailer benützte die geraden Schläger, Thurnher die ungeraden.

Aber Handicap 18 wollte und wollte nicht kommen. Es war schon 1960, Sailer hielt sich zu Filmdreharbeiten in Berlin auf, als er kurzentschlossen nach London flog, um sich ein Golfset zu kaufen. Das neue Set mußte natürlich sofort ausprobiert werden, aber die Filmaufnahmen ließen Sailer tagsüber keine Zeit. Die einzige Möglichkeit: Um 5 Uhr aufstehen und nach Wannsee fahren, um vor der Arbeit ein paar Löcher zu spielen. Der erste Abschlag am damals noch zweigeteilten Wannsee-Golfplatz war ein mächtiger Slice über das Clubhaus. Macht nichts, es gibt ja Mr. Mulligan. Zweiter Abschlag: wieder ein gewaltiger Slice. Nun kam aber eine wirklich schlechte Nachricht: Sailer mußte feststellen, daß das sein letzter Ball gewesen war. Woher Bälle nehmen? Es war 5.30 Uhr morgens, keine anderen Spieler am Platz, kein Clubhaus offen. So suchte Sailer die beiden Bälle – oder auch andere, egal, Hauptsache sie fliegen. Aber keiner ließ sich finden. Um 6.30 Uhr mußte er ins Filmstudio. Über den ersten Abschlag kam er nicht hinaus.

Lernen und Üben hieß die Devise. Irgendwo organisierten sich Sailer und seine Freunde ein – natürlich in englischer Sprache geschriebenes – Golflehrbuch. Englischkenntnisse waren zwar vorhanden, aber sie reichten nicht aus, um die schwierige Golfterminologie zu verstehen. So wurden einige Seiten aus dem Buch herausgerissen und einer Lehrerin, der „Traunsteiner Moid", zum Übersetzen gegeben. Mit den neuen Erkenntnissen ging man ins Clubhaus und belehrte die anderen Golfer, wie man richtig einen Pitch, Chip etc. schlagen muß und wie man einen Slice korrigiert. Leider waren die Übersetzungen der Traunsteiner Moid, die selber keine Golferin war, nicht immer ganz richtig, so daß das Korrigieren eines Slice nicht immer erfolgreich war – Wörter wie „Slice" oder „Socket" haben im alltäglichen Leben doch eine etwas andere Bedeutung.

OBEN: Horst Ostermann,
Toni Sailer und Heinrich
Harrer in Sotogrande 1963
RECHTS: Aufbruchstimmung
am Wiener Golfplatz in der
Freudenau 1958: Alexander
Maculan und Senta Rinesch,
links Caddie Christl Holzer

Auch wenn sich die ersten Jahre der Golfkarriere etwas dahinzogen, es wurde schließlich doch noch etwas daraus: 30 Jahre lang hatte Toni Sailer Handicap 4. 1976 heiratete er Gaby Rummeny, die Nichte des langjährigen Präsidenten des Deutschen Golfverbandes, Heinz O. Krings. Sie war deutsche Jugendmeisterin und spielte später in der österreichischen Nationalmannschaft. Mit Handicap 4 war sie auch in Sachen Golf eine ideale Partnerin für Toni Sailer. Sailer war über 25 Jahre hindurch Vorstandsmitglied des ÖGV und trug wesentlich zur Popularisierung des Golfsports in Österreich bei. Von 1978 bis 1993 war er Präsident des Golf Clubs Kitzbühel.

Die lange Jahre dominierenden Hild und Kyrle wurden gegen Ende der 1950er Jahre allmählich durch zwei neue, aufstrebende Talente an der Spitze abgelöst: Fritz Jonak und Alexander Maculan (der golfende Werdegang von Fritz Jonak wird ebenso wie jener von Heinrich Harrer im Kapitel über die Präsidenten des ÖGV beschrieben).

Durch seine Mutter golferisch belastet, begann Alexander Maculan (geb. 1941), der Erbe eines großen Bauunternehmens, 1954 mit dem Golfspiel und galt bald als kleines Wunderkind. 1957, mit 16 Jahren, stand er erstmals im Finale der österreichischen Staatsmeisterschaften, in dem er allerdings (noch) Hugo Hild unterlag. In den Jahren 1959, 1963 und 1965 holte sich Maculan drei Staatsmeistertitel, denen er noch vier Titel eines Internationalen Meisters von Österreich (1960, 1963, 1964 und 1971) hinzufügen konnte.

Was internationale Turniere betrifft, schrieb Maculan wie wohl kein anderer Österreicher Golfgeschichte. Maculan stand 1958 im legendären Team, das zum ersten Mal an der Amateurweltmeisterschaft in St. Andrews teilnahm. Mit 17 Jahren war er der jüngste Teilnehmer, was zusammen mit seinem Teamkollegen Smecchia, der der älteste war, dem österreichischen Team neben anderen Vorkommnissen eine beachtliche Medienpräsenz einbrachte.

Schließlich vertrat Maculan zusammen mit Klaus Nierlich Österreich zum ersten Mal beim damaligen Canada Cup 1963 bei Paris. Dies war ein bedeutender Schritt, nicht nur für Österreich, sondern für die Golfwelt allgemein, weil zum ersten Mal bei diesem nur für Berufsspieler gedachten größten Golfturnier der Welt Amateure an den Start gehen durften.

1963 war wahrscheinlich für Alexander Maculan das aufregendste Jahr, was Golf betrifft, denn neben seinen Siegen bei der Nationalen und Internationalen Meisterschaft von Österreich und der Canada Cup-Teilnahme stand er noch einmal im Mittelpunkt des medialen Golfinteresses, allerdings bei einem ganz anderen Ereignis: In Crans-sur-Sierre in der Schweiz wurde zu einer großen Golfshow geladen, und Maculan war dabei – aber als Spieler, nicht als Zuseher.

1958 war ein denkwürdiges Golfjahr: Zum ersten Mal fanden die Nationalen Österreichischen Meisterschaften nicht in Wien, sondern in Kitzbühel statt. Österreichische Meister wurden Heinrich Harrer und Maria Smecchia. 1958 wurden zum ersten Mal die Amateur-Weltmeisterschaften um die Eisenhower Trophy ausgetragen. Austragungsort war das berühmte St. Andrews in Schottland, und auch Österreich war mit einer Mannschaft bestehend aus Alexander Maculan, Heinrich Harrer, Hugo Hild und Attilio Smecchia, dabei.

Im Juli 1960 fuhr die österreichische Nationalmannschaft nach Köln, beteiligte sich dort an der Internationalen Deutschen Meisterschaft, um dann nach Luxemburg weiterzureisen und dort den ersten Länderkampf in der Geschichte des österreichischen Golfsports auszutragen. Nicht nur, weil die Österreicher in Köln recht gut abschnitten (Fritz Jonak erreichte sogar die 4. Runde, in der er der deutschen Golflegende Erik Eellschopp 4+2 unterlag), erwar-

Maria Smecchia, Österreichische Meisterin 1958, erhält aus den Händen von Dr. Hugo Eckelt, dem Präsidenten des ÖGV, den Meisterschaftspokal. Links im Hintergrund der Bürgermeister von Kitzbühel, Baron Dr. Camillo Buschmann; Kitzbühel 1958

US-Präsident Eisenhower im Kreise der Delegierten der Golfverbände bei der ersten Besprechung über die Amateur-Weltmeisterschaften in Washington; Eisenhower in der ersten Reihe 4. v. re., in der zweiten Reihe links hinter Eisenhower Österreichs Vertreter Dr. Hugo von Eckelt (mit Brille), ein persönlicher Freund des Präsidenten

Länderkampf gegen Luxemburg
1960: (V. LI.) Wolfgang Pollak,
Klaus Nierlich, Paul Kyrle,
Hugo Eckelt (Kapitän), Alexander
Maculan, Hugo Hild, Dieter
Usner, Fritz Jonak

Klaus Nierlich in Aktion

tete man sich einen überlegenen österreichischen Sieg. Schlußendlich waren beide Mannschaften zufrieden: Österreich holte sich zwar den Sieg, aber viel knapper als gedacht, und Luxemburg kam mit einem blauen Auge davon.

Anfang der 1960er Jahre tauchte wieder ein neuer Stern am österreichischen Golferhimmel auf: Klaus Nierlich, der schon 1961 als 16jähriger die nationalen und internationalen Meisterschaften gewinnen konnte und zwei Jahrzehnte lang Österreichs Amateur-Aushängeschild werden sollte.

Klaus Nierlich (geb. 1945) ist, was die sportlichen Erfolge betrifft, eine Legende. Er wurde vier Mal Internationaler Österreichischer Meister und 15 Mal Staatsmeister. Zu den Lorbeeren der Lochwettspiel-Staatsmeisterschaften kamen noch weitere fünf Titel bei den Staatsmeisterschaften im Zählwettspiel hinzu. Damit nicht genug, es folgten noch Gewinne bei den Juniorenmeisterschaften, Mannschaftsmeister-schaften, Internationalen Vierermeisterschaften, Internationalen Gemischten Vierermeisterschaften. Insgesamt sollen es 61 Österreichische Meistertitel gewesen sein.

Auch international steht Nierlich allein auf weiter Flur: Je zwei Berufungen in die Kontinentalauswahl gegen Großbritannien, wobei er beim ersten historischen Sieg des Kontinents dabei war, und in die europäische Jugendauswahl; und Gewinner der Internationalen Meisterschaften von Deutschland (1971), der Schweiz (1967, 1971), Luxemburg (1967) und Jugoslawien (1979, 1980).

Um all dies zu erreichen, braucht man zuerst viel Talent – im Falle Nierlichs kam ein ehrgeiziger Vater dazu, der den Sohn förmlich zum Golfspielen zwang. Klaus spielte lieber Fußball oder las Karl May, Vater Dr. Kurt Nierlich, ein Radiologe, wollte aber, daß er Golf spielte, weil das später, nach amerikanischem Vorbild, gut für das Berufsleben sein könnte. Als sich Klaus weigerte, Golf zu spielen, sperrte ihm der Vater das Taschengeld. Sechs Monate dauerte der Kampf zwischen Vater und Sohn, dann hatte der Vater gewonnen.

Klaus Nierlich wurde, wie viele andere österreichische Golfpioniere vor ihm, in der Tschechoslowakei geboren, aber das war nur Zufall. Ersten Kontakt mit Golf hatte die Familie aber ebenfalls in der Tschechoslowaki: Der Großvater, ein ehemaliger Offizier, arbeitete für die Kurverwaltung in Bad Pistyan, wo dessen Sohn Kurt sich öfters am dortigen Golfplatz aufhielt, aber nicht spielen durfte. Im Geburtsjahr von Klaus, 1945, mußte Kurt Nierlich (1920–1997) mit Familie aus Prag flüchten und siedelte sich in Wien an. Der begeisterte Schwimmer hatte im Krieg ein Bein verloren und konnte seinen Lieblingssport nicht mehr wie gewohnt ausüben. Eines Tages las Nierlich in einem Artikel über seinen Arztkollegen Dr. Paul Kyrle, daß dieser in der Freudenau Golf spiele. Erinnerungen an seine Zeit in Pistyan und die unerfüllten Wünschen nach Golf kamen hervor. So begann Nierlich 1955 in der Freudenau Golf zu spielen. Zwei Jahre später, mit 12 Jahren, begann auch Junior Klaus Nierlich unfreiwillig mit dem Golfspiel. Spätestens mit 13 Jahren, als Nierlich seinen ersten Pokal gewann, hatte er aber sicher seinen Spaß. Pro Mike Ferguson und Headpro Douglas Stonehouse waren seine Trainer, während Jungpro Ossi Gartenmaier eher zu seinen Partnern zu zählen war.

Fulminant ging es weiter, insbesondere im Jahr 1961, als Nierlich als 16jähriger die Jugendmeisterschaft, die Staatsmeisterschaft und die Internationale Meisterschaft gewann. In diesem Alter spielte Nierlich bereits ein Handicap –1, mit 18 Jahren Scratch und mit 23 Jahren, 1968, als die Vorgaberegelungen noch anders als heute waren, wurde der ÖGV „gezwungen", ihn auf +1 zu setzen. Was für ein Golfer wäre aus ihm geworden, hätte er sich nicht auf einen „bürgerlichen" Beruf, sondern auf eine Golfkarriere konzentriert?

Vater Dr. Kurt Nierlich hatte neben seinem Hobby des Trainierens seiner Söhne (der zweite Sohn Peter, geb. 1948, wurde ebenfalls österreichischer Spitzenspieler) noch ein zweites: Den Golf Club Hainburg, an dessen Gründung er maßgeblich beteiligt war und durch den er sich ebenfalls zum Golfpionier machte.

Flory van Donck-Kurs in Salzburg 1962: (STEHEND, V. LI.) Hermann W. Pollak, Klaus Nierlich, Alexander Maculan, Thomas Csernohorzky, Wolfgang Pollak, Peter Nierlich, Cary von Rohrer, Dr. Kurt Nierlich; (SITZEND, V. LI.) Fritz Jonak, Flory van Donck, Christa von Leixner, Dieter Usner, Margret Ostermann, Frau Pollak

Nachdem es jetzt schon zwei, drei Spieler von internationaler Klasse sowie einige hoffnungsvolle Nachwuchsspieler gab, war es an der Zeit, diese Spieler auch zu fördern. Dem rührigen Verbandskomitee-Mitglied Hermann W. Pollak war es zu verdanken, daß der zu dieser Zeit begehrteste europäische Golflehrer, der Belgier Flory van Donck, zu einem Trainingskurs für die österreichische Nationalmannschaft und für einige Nachwuchsspieler verpflichtet werden konnte. Pollak stellte sich nicht nur als Organisator zur Verfügung, sondern übernahm auch die gesamte Finanzierung des Trainingskurses.

Ab 1955 ging der Wiederaufbau der Golfplätze zügig weiter. Die beiden anderen Pionierclubs Igls (1956) und Ischl (1958) wurden wieder zu neuem Leben erweckt, folgende neue Clubs kamen hinzu: Golf Club Kitzbühel-Mittersill (1955), Golf und Country Club Salzburg-Kleßheim (1955), Golf Club Gastein (1960), Golf Club Linz-Puchenau (1960), Steiermärkischer Golf Club (1963), Golf und Country Club Schloß Fuschl (1964). Somit gab es bis 1965 in ganz Österreich bereits ein Dutzend Golfplätze bzw. Golfclubs. Weiters gab es den Privatgolfplatz der Familie Renaud bei Schloß Feistritz in der Steiermark. Die Gesamtzahl der damaligen Golfer in Österreich betrug ca. 700 Spieler.[13] Man hatte also in den 15 bis 20 Jahren des Wiederaufbaus das Vorkriegsniveau noch nicht ganz erreicht.

Szene auf dem Privatgolfplatz Renaud in der Steiermark, ca. 1961; links Hausherrin Isa Renaud mit K. T. Del Fabro, in der Mitte (ohne Schläger) Christian Renaud

Europäisches Juniorenkriterium, Krefeld 1963; (V. LI.) Eberl, Reichel (VORNE), Nierlich, Pollak, Rohrer, Kyrle, Dr. Peter Stoi (Kapitän)

1963 beteiligte sich Österreich am Internationalen Europäischen Juniorenkriterium in Krefeld, wo die besten Junioren Europas gekürt wurden. Österreich stellte mit Johannes Kyrle, der am Eröffnungstag seinen 14. Geburtstag feierte, den jüngsten Teilnehmer. Kyrle wurde unter starkem Applaus vom Präsidenten des Deutschen Golfverbandes beglückwünscht. Ein weiteres Mitglied der österreichischen Mannschaft, Hellmuth Reichel, war nur unwesentlich älter. Trotz der extrem jungen Mannschaft konnte Österreich ehrenvoll abschneiden und den 8. Platz belegen. Einer der Teilnehmer in Krefeld war Wolfgang Pollak (geb. 1944). Er begann 1954 in der Freudenau, wo Karl Michalke sein Trainer war, mit dem Golfspiel. Einer der Patenonkel war kein Geringerer als Douglas Steiner, ein Freund von Vater Hermann Pollak, ab 1955 Pro in Salzburg und später in Kitzbühel. 1977 ging Pollak in die Schweiz, wo er heute noch lebt.

1963 wurde zum ersten Mal nach dem Krieg ein Österreicher zu einer Exhibition eingeladen und das sogar im Ausland: Die Amerikanerin Patty Berg, damals die weltweit bekannteste Berufsspielerin, war auf Europa-Tournee und hatte auch einen Auftritt in Crans-sur-Sierre. Und in diesem Schweizer Golf-Mekka wurde der damals regierende Nationale und Internationale Meister von Österreich, Alexander Maculan, auserkoren, im Anschluß an die Clinic von Patty Berg eine Exhibition zu spielen: Zusammen mit dem Schweizer Meister und Nachwuchsstar Olivier Barras gegen Patty Berg und die vielfache Französische Meisterin Lally de Saint-Sauveur. Damen- gegen Herrengolf!

Hunderte Zuschauer verfolgten das Match, das anfangs einseitig zu verlaufen schien: Nach vier Löchern lagen die Damen bereits 3 down. Dann aber drehten sie mächtig auf, und schlußendlich konnten die Herren froh sein, ein harmonisches „all square" zu retten.

OBEN, V. LI.: Alexander Maculan, Patty Berg, Lally de Saint-Sauveur, Olivier Barras, Crans-sur-Sierre 1963
UNTEN: Alexander Maculan und Klaus Nierlich beim Canada Cup auf Hawaii 1964

1964 beteiligte sich Österreich zum zweiten Mal am Canada Cup, diesmal in Maui auf Hawaii, erneut mit den beiden Amateuren Nierlich und Maculan. Auch hier berichtete die lokale Presse ausführlich über die beiden Österreicher, die in zweierlei Hinsicht als „unique team" bezeichnet wurden: Erstens als die einzigen Amateure und zweitens, weil sie die mit Abstand Jüngsten waren: Maculan 23 und Nierlich nicht einmal 20 Jahre alt. Sie waren natürlich auch ein Jahr vorher in Frankreich die Jüngsten, aber die amerikanische Presse verstand es besser, diese „Sensation" medienwirksam zu vermarkten. Auch die Tatsache, daß die Österreicher die größeren amerikanischen Bälle nicht gewöhnt waren, löste Erstaunen in der Fachpresse aus.

Das Jahr 1964 ging auch aus organisatorischen Gründen in die Annalen ein: In diesem Jahr wurde die Österreichische Golf-Senioren-Gesellschaft gegründet.

Einen Seltenheitswert hatten die Internationalen Österreichischen Meisterschaften 1965, nicht nur, weil sie zum ersten Mal in Kitzbühel ausgetragen wurden, sondern vielmehr deshalb, weil dadurch eine internationale Meisterschaft auf einem 9-Loch-Platz stattfand. Die Beteiligung war trotzdem sehr stark. Mit dem Iren W. E. McCrea, der das Finale gegen den Deutschen Günter Krause gewann, war ein Mitglied jener irischen Equipe am Start, die einige Wochen später die Mannschaftseuropameisterschaft gewinnen konnte.

Um 1965 begann ein Mann Golf zu spielen, dem später für die Entwicklung und vor allem Popularisierung des Golfsports in Österreich große Bedeutung zukommen sollte. Als die kleine, für den Aktuellen Dienst und Sport zuständige ORF-Redaktion die Neuigkeit erreichte, daß am nächsten Samstag am Semmering ein Golfturnier stattfinden soll, schlug man dem vom Semmering stammenden Lucky Schmidtleitner (geb. 1931) vor, er könne doch nicht nur vom Turnier berich-

Organ des Österreichischen
Golf-Verbandes, 1965

ten, sondern auch gleich mitspielen. Der sportliche Schmidtleitner, Stabhochsprungmeister, Fuß-baller, Handballer und bis dahin Nichtgolfer fand wenig Interesse, an diesem „langweiligen" Sport teilzunehmen. Erst die Nachricht, daß der erste Preis eine 25-Liter-Whisky-Flasche sei, ließ ihn hellhörig werden. Die Woche war schon fortgeschritten, es blieb nicht mehr viel Zeit. Am Don-nerstag und Freitag nahm Schmidtleitner schnell noch Stunden bei Ossi Gartenmaier, dem damali-gen Trainer am Semmering. Dessen Tip für das Turnier am darauf folgenden Samstag war ebenso einfach wie erfolgreich. „Nimm nur das 7er-Eisen und den Putter." Schmidtleitner gewann das Turnier, über den Verlauf und die Folgen des gemeinsamen Verzehrs der Whiskyflasche in der nur sechs Mann umfassenden ORF-Redaktion ist nichts überliefert.

Schmidtleitner war auf den Geschmack gekommen und wurde durch seinen Kollegen Dr. Kurt Jeschko bald in den Wiener Golf Club in der Freudenau eingeführt. Im ORF kämpfte er lange ei-nen einsamen Kampf, fast alle waren gegen mehr Golf im Fernsehen, weil sie nicht einsehen woll-ten, daß Golf eines Tages im Kommen sein würde.

„Als Nagellack noch eine andere Bedeutung hatte."

DIE RUHE
VOR DEM STURM

(1966–1985)

Diese Entwicklungsphase von 1966 bis 1985 brachte zwar einen Aufschwung auf 27 Golf-clubs und auf etwas mehr als 5000 Golfer[1], trotzdem hinkte Österreich im internationalen Vergleich weiterhin erheblich hinterher. In der Mitte dieser Phase, 1976, hatte Österreich noch bescheidene 2600 Golfer.[2] 15 neue Plätze während einer Periode von 20 Jahren waren, aus heutiger Sicht, keine große Leistung.

Es war eine eher beschauliche Phase, die Golfer in Österreich waren noch immer eine große Familie. Prestigedenken spielte zwar auch damals schon eine Rolle, es hielt sich aber in Grenzen. Wie wäre es sonst zu erklären, daß man noch bis Mitte der 1970er Jahre die Golfbälle mit Nagellack markierte? Jeder hatte sein Zeichen aufgemalt, und wenn man einen gezeichneten fremden Ball fand, gab man ihn artig dem Besitzer zurück. Man kannte sich, jeder wußte, wer seine Bälle wie markiert hatte.

Nicht nur zahlenmäßig waren die österreichischen Golfplätze im Vergleich zu anderen Ländern in der Unterzahl, auch qualitativ verfügte unser Land bis dahin nur über wenige Spitzenplätze. 1966 gab es mit dem Wiener Golfplatz nur einen 18-Loch-Platz, bis 1985 erhöhte sich diese Zahl immerhin auf elf. Zu den ersten Plätzen, die während dieser Periode mit internationalem Niveau neu gebaut wurden, gehörten die Anlagen in Seefeld, Enzesfeld und Zell am See.

Eine besondere Bedeutung kommt dem Club in Wiener Neustadt zu, der als der erste „Billig-club" in Österreich bezeichnet werden kann und eine Vorreiterstellung auf dem Weg zum Breiten-sport einnimmt. Bis zur Schaffung des Golfplatzes in Wiener Neustadt gab es nur zwölf Plätze in ganz Österreich, was an den hohen Kosten und der fehlenden Investitionsbereitschaft lag. Die Ge-meinde Wiener Neustadt schenkte einigen Golfenthusiasten um Dr. Wolfgang Paul Gehör und un-terstütze ein Projekt, das damals in Österreich und Mitteleuropa einmalig war: ein leistbarer Golf-platz. So entstand der „Club der glücklichen Hacker" mit einer einmaligen Eintrittsgebühr von öS 2000,- (EUR 145,-) und einem Jahresbeitrag von öS 1500,- (EUR 109,-).[3]

In diese Periode fällt die Übersiedlung des Golf Clubs Linz vom 9-Loch-Platz in der Puchenau nach St. Florian, wo mit dem neuen 18-Loch-Platz bei Schloß Tillysburg ein großer Gewinn für den österreichischen Golfsport zu verzeichnen war.

1970 bekam Österreich mit dem Golf Club Schloß Enzesfeld neben dem Club in Fuschl eine zweite Einrichtung, der gleichermaßen ein Golfclub wie ein Gesellschaftsclub war. In Enzesfeld hatte sich ja ein Privatgolfplatz der Rothschilds befunden, der anfänglich nur drei oder vier Löcher hatte, später aber auf neun Löcher ausgebaut worden war.

Es war der Unternehmer, Playboy und Jet-Setter Baron Hubert Pantz, der auf den historischen Gründen des alten Rothschild-Schlosses wieder einen Golfplatz errichtete. Damit verwirklichte sich Pantz einen weiteren seiner Träume, nachdem er in den 1930er Jahren auf Schloß Mittersill ei-nen exklusiven Gesellschaftsclub eingerichtet und in den 1940er Jahren in den USA sein eigenes Skiresort aufgebaut hatte.

Das erste Mal hatte Pantz Schloß Enzesfeld bereits 1937 auf Einladung der Hausherrin Kitty Rothschild und zu Ehren des damaligen hohen Gastes, des frisch abgedankten englischen Königs Edward VIII., betreten. Damals hatte er sich wohl noch nicht gedacht, daß er gut dreißig Jahre später dieses Schloß besitzen würde.

Enzesfeld war einige Zeit „in", und es dauerte etwa zwanzig Jahre, bis zum Beginn der großen

DIE ZWISCHEN 1968 UND 1985 ERRICHTETEN GOLFPLÄTZE:

1968 Wiener Neustadt-Föhrenwald, Seefeld
1970 Enzesfeld
1972 Schloß Pichlarn, Ernegg-Steinakirchen (ab 1989 Amstetten-Ferschnitz)
1977 Hainburg, Weißen-bach-Ennstal
1981 Wels, Zell am See, Wienerwald-Klausen-leobersdorf
1983 Brandlhof-Saalfelden
1984 Bad Kleinkirchheim, Fürstenfeld
1985 St. Anton, Bad Gleichenberg

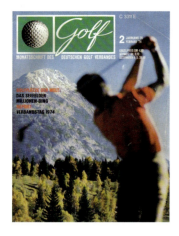

Golf, Deutschland, 1974

Zeitungsausschnitt aus einer
irischen Tageszeitung

CORK'S FLEURY IS AUSTRIA'S STAR !

By JOHN REDMOND

HE PLAYER to benefit most in Leinster's 9½ matches to 2½ win over Austria at Grange yesterday was,
dly enough, a Corkman! Dick Fleury, a Dublin-based company sales area manager who plays at Portmarnock,
asked to guest for the visitors when they travelled a man short — and he marked the unusual experi

Mannschaftseuropameisterschaf-
ten 1969 in Hamburg-Falkenstein,
die österreichische Mannschaft;
(V. LI.) Fritz Jonak, Coach Mike
Ferguson, Alexander Maculan,
Johannes Kyrle, Klaus Nierlich
und Rudolf Hauser

Boomphase, als es durch die Schaffung neuer Eliteclubs im Großraum Wien wie die Clubs von Schloß Schönborn, Schloß Ebreichsdorf, Gutenhof und nicht zuletzt von Fontana abgelöst wurde.

Als Pionier der österreichischen Golf-Publizistik machte sich der gebürtige Berliner Horst T. Ostermann (1916–2004) verdient. Er kam mit Golf zum ersten Mal 1927 als Schüler des Internats Nordsee-Pädagogium auf der Insel Föhr in Berührung. Dort hatte inzwischen Carl Mensendieck für sein Sanatorium einen Golfplatz gebaut, und in den Turnstunden des Internats wurde auch Golf angeboten. 1949 reiste Ostermann ohne Arbeit, aber mit vielen Ideen nach Amerika und sah in Augusta die US Masters. Weitblickend wie er war, schickte er fortan Berichte über das Golfgeschehen in den USA nach Deutschland zu Herbert Gärtners Zeitschrift „Golf". In der Folge gab es auch einen redaktionellen Teil, der sich dem Golfsport in Österreich widmete.

Als Herbert Gärtner 1957 starb, kaufte Ostermann den Verlag. 1974 wurde die Zeitschrift an den Jahr-Verlag verkauft. In diesem Jahr wurde die Österreich-Beilage vorübergehend sehr vereinfacht und als Einlegeblätter, manchmal nur aus zwei Seiten bestehend, geführt. Kosten und Aufwand des fixen Bestandteils der Zeitschrift waren inzwischen zu hoch geworden. Die redaktionellen Beiträge der österreichischen Clubs waren äußerst spärlich, die Zeitschrift hatte nur 140 Abonnenten in ganz Österreich![4]

Die „Ruhe vor dem Sturm" brachte keine Innovationen im Golfplatzbau oder in der Turnierszene. Zwei Ereignisse unterbrachen allerdings die beschauliche Zeit, das eine mit bizarrem Charakter: 1974 trug Österreich in Irland ein „Ländermatch" gegen die irische Grafschaft Leinster aus. Österreich trat ohne Klaus und Peter Nierlich, Alexander Maculan und Johannes Kyrle an. Acht Spieler wurden mit Mühe zusammengestellt. Als letztendlich der achte ausfiel, entschied man sich nach einem Ersatz Ausschau zu halten. Man fand einen irischen Spitzenspieler aus einer anderen Grafschaft, der bereit war, auf Österreichs Seite gegen seine Landsleute zu spielen. Der Ire Dick Fleury wurde Österreichs bester Spieler und schlug im Spitzenspiel den Irischen Meister! Auch am zweiten Tag holte er im Spitzeneinzel wieder einen der wenigen Punkte für Österreich, das zwei Mal 9,5:2,5 verlor.

Das zweite Ereignis war 1976 die erstmalige Betrauung Österreichs mit der Austragung einer Europäischen Meisterschaft. Möglich gemacht wurde dies durch die steigende Attraktivität und Qualität des Platzes in Murhof in der Steiermark. Der Steiermärkische Golf Club Murhof wurde Austragungsort der 16. Europäischen Jugendmannschafts-Meisterschaft. Zwölf Nationen fanden sich am Murhof ein und sorgten so dafür, daß diese Veranstaltung das bis dahin größte und sportlich bedeutendste Golfereignis für unser Land wurde.

Die österreichische Mannschaft bestand aus Johannes Goess-Saurau, Franz Laimer, Christoph Prasthofer, Kurt Schwaiger, Florian Stolz und Michael Wewalka und galt naturgemäß als krasser Außenseiter. Um so erfreulicher war es, daß die Österreicher nach dem ersten Qualifikationstag auf dem überraschenden 5. Rang lagen. Leider konnten sie das hohe Niveau nicht halten und fielen am zweiten Tag auf den undankbaren 9. Rang zurück. Nur um einen einzigen Schlag verfehlten die Österreicher die Qualifikation für den ersten Flight.

In sportlicher Hinsicht wurde diese Periode zwar weiterhin von Klaus Nierlich, dem überragenden Amateurspieler in der Geschichte des österreichischen Golfsports, und von Alexander Maculan dominiert. Mit Max Lamberg war jedoch ein weiterer internationaler Spitzenspieler herangewachsen, der die Internationalen Österreichischen Meisterschaften gewinnen konnte (1980) und dessen Karriere sensationell im Sieg der Internationalen Meisterschaft von Italien gipfelte

Daß Österreich mit Max Lamberg (geb. 1945) einen seiner besten Amateure bekommen sollte, war anfangs alles andere denn selbstverständlich, auch wenn er wie kaum ein anderer den Vorteil hatte, vor der Haustüre einen Golfplatz zu besitzen. Sein Vater, Dr. Carl Graf Lamberg, Erbauer des Golfplatzes in Kitzbühel-Kaps und Gründungsmitglied des damaligen Golf Clubs Kitzbühel-Mittersill, war über die mangelnde Unterstützung der Mitglieder des Golf & Shooting Clubs Schloß Mittersill, von denen die Idee des Baus eines neuen Golfplatzes ursprünglich ausging, so enttäuscht, daß er von Golf nichts mehr wissen wollte. Und so wollte er auch nicht, daß sein Sohn Max das Golfspiel erlernen sollte.

Durch Lady Luisa Abrahams kam er dennoch zum Golf. Der 10jährige Max ging 1955 zuerst Caddie und spielte in der Folge mit ihr (und ihren Schlägern). Daß er dabei viel lernte, war nicht verwunderlich. Abrahams, eine Britin tschechisch-jüdischer Abstammung mit Mitgliedschaft im noblen Golfclub von Sunningdale, war Tschechoslowakische Meisterin 1938, spielte das unglaubliche Handicap +2 und wurde später, 1960, auch Internationale Meisterin von Österreich, wo sie im Finale das damalige österreichische Aushängeschild unter den Damen, Ruth Richter, mit 10+9 demolierte.

Die Früchte dieses Trainings konnten sich durchaus sehen lassen: 1970 und 1980 wurde Lamberg österreichischer Staatsmeister sowie 1983 und 1985 Zählwettspielmeister. 1980 machte er es seiner Lehrmeisterin nach und gewann die Internationale Meisterschaft von Österreich. Der Höhepunkt seiner sportlichen Laufbahn war aber der Gewinn der Internationalen Meisterschaft von Italien 1979 auf dem berühmten Platz der Villa d'Este nahe Mailand. Im Finale besiegte er den Franzosen Le Breton 8+7. Vier Jahre später stand er wieder im Finale dieser prestigeträchtigen Meisterschaft, verlor jedoch gegen einen Spieler, der einige Jahre danach zu den Besten der Welt zählen sollte, aber unter den Pros wohlgemerkt: José Maria Olazabal.

Das beste Handicap, das Lamberg erreichte, war +1, dieselbe Vorgabe, die auch sein Bruder Johannes, der später die Profilaufbahn einschlug, erspielen konnte. Lambergs Schwester, die leider früh verstorbene Dorothea „Pumpi" Lamberg, war anfänglich ein hoffnungsvolles Nachwuchstalent, 1976 Finalistin bei den Staatsmeisterschaften, bis ihr Lebensweg eine andere Richtung einschlug.

Neben seiner Karriere als aktiver Spieler war Lamberg viele Jahre Vorstandsmitglied des Kitzbüheler Golf Clubs, mit 18 Jahren war er bereits Sportwartstellvertreter. In jüngster Zeit wandte sich Lamberg dem Golfplatzdesign zu und war Architekt der Plätze in Mondsee, Lienz, Haugschlag (2. Platz), Waidhofen, Zwickau u.a. Und natürlich war er auch der Planer seines eigenen neuen Platzes in Kitzbühel-Kaps, der 2006 nach einem Totalumbau eröffnet wurde.

Bei den Damen war die Dominanz stärker aufgeteilt. Ruth Strasser dominierte Ende der 1960er Jahre mit drei Staatsmeistertiteln en suite. Es folgte Sissy Rutkowski mit zwei Staatsmeistertiteln sowie mit zwei Siegen in der Internationalen und sogar einem Sieg bei der Internationalen Meisterschaft von Luxemburg. Maxi Hueber holte sich fünf Staatsmeistertitel und gewann zwei Mal die Internationale. Martina Franz schließlich gewann gleich sechs Staatsmeistertitel und feierte auch Erfolge bei ausländischen Internationalen Meisterschaften (Deutschland, Schweiz).

Unter den Berufsspielern hatte Österreich für mitteleuropäische Verhältnisse zwei starke Eisen im Feuer: Oswald Gartenmaier und Rudolf Hauser zählten zu den stärksten Pros. Beide schnitten mehrmals glänzend beim Canada Cup ab, der damaligen Team-Weltmeisterschaft der Berufsspie-

OBEN: Klaus Nierlich spielte bei den Staatsmeisterschaften 1973 in Wien eine sagenhafte Runde von 64 Schlägen
UNTEN: Max Lamberg, Internationaler Meister von Italien 1979

Sissy Rutkowski, jeweils zweifache Nationale und Internationale Meisterin von Österreich

ler, wobei sich 1974 und 1975 besonders Rudi Hauser hervortat und in der Einzelwertung jeweils als bester Mitteleuropäer einen hervorragenden 18. (1974) und 24. Platz (1975) belegte.

Beim deutschen Dunlop-Pokal, dem wichtigsten deutschen Golflehrerturnier auf nationaler Ebene, belegten 1976 in Hanau der Wiener Gartenmaier den 5. Platz und der für Duisburg spielende Salzburger Hauser den 8. Rang. Erst auf Rang 12 plazierte sich das damalige aufstrebende Wunderkind Bernhard Langer, der dank eines Sponsors erstmals als Playing-Pro von Turnier zu Turnier reiste.[5] Das damalige private Sponsoring eines deutschen Funktionärs hat sich vielfach bezahlt gemacht.

Oswald Gartenmaier, Mitteleuropas bester Golfspieler in den 1970er Jahren, hier 1973 in der Freudenau

Eines der bedeutendsten Turniere Deutschlands auf nationaler Ebene (Ranglistenspiel des DGLV) war in den 70er Jahren das Ratinger Pro-Am und der Arag-Preis in Düsseldorf-Ratingen. Ossi Gartenmaier aus dem fernen Wien gewann dieses Turnier 1973, 1974, 1975, 1978 und 1979. In den Jahren dazwischen, 1976 und 1977, belegte er jeweils „nur" den dritten Rang, wobei 1977 der Sieger kein Geringerer als Bernhard Langer war, der Gartenmaier um nur zwei Schläge besiegen konnte. Durch seine Erfolge beim Canada Cup, vor allem aber bei den deutschen Ranglistenturnieren bewies Gartenmaier, daß er in den 70er Jahren der beste Profigolfer und somit der beste Golfer überhaupt im deutschsprachigen Raum war.

Wäre damals in Österreich ein ähnliches Sponsoring wie heute möglich gewesen, das so talentierten Spielern wie Gartenmaier und Hauser die finanzielle Rückendeckung hätte geben können, hätte Österreich viel früher über Pros mit internationaler Bedeutung verfügt.

Ossi Gartenmaier (geb. 1948) begann seine Golflaufbahn 1955 als Caddie in der Freudenau. Mit 14 Jahren beschloß er, Golfprofessional zu werden und begann seine Lehre beim damaligen Wiener Headpro John Freeman. Da die Pros in der Freudenau oft wechselten, kam Gartenmaier in den Genuß von mehreren Lehrherren, von denen er sich immer das Beste und Wichtigste abschauen konnte. Zu diesen Ideenlieferanten zählten auch William Allan und Mike Ferguson. Auch Karl Michalke, der damalige Senior unter den österreichischen Golflehrern, versprach, ihn in alle Geheimnisse des Golfspiels einzuweihen. Dazu kam es aber nicht mehr, Michalke erkrankte 1962 und verstarb bald darauf.

1970 legte Gartenmaier die Assistentenprüfung des Deutschen Golflehrerverbandes (DGLV) ab, der 1971 die Golflehrerprüfung des DGLV in Frankfurt folgte. Die Stationen seiner Trainertätigkeit waren nach Wien-Freudenau 1966/67 der Semmering, 1969/70 Murhof und von 1971 bis 1987 wieder Wien-Freudenau. Seit 1988 ist Gartenmaier in Schönborn als Headpro tätig. Wäre für Gartenmaier eine internationale Karriere durch Sponsoring umgesetzt worden, hätten sich die

RECHTS: Das österreichische Team bei den 11. Amateurweltmeisterschaften 1978 auf Fiji: (V. LI.) Hansi Lamberg, Klaus Nierlich, Rudi Bodenseer, Max Lamberg
GANZ RECHTS: Europameisterschaften der Damen in Dublin 1979: (STEHEND V. LI.) Gabi Sailer, Monika Stolz, Doris Derntl, (SITZEND V. LI.) Diana Ehrenwerth, Kapitän Katrin Wahl, Gabi Grömmer und Martina Franz

Amerikaner und Briten endlich an einen österreichischen Namen gewöhnen müssen – denn so, als Gartenmaier 1980 in Edmonton bei der Canadian Open am ersten Tag sensationell Vierter war, firmierte er unter „Ossi Gordon Meyer".[6]

1980 konnte Österreich wieder international zuschlagen, diesmal bei den Damen in der Schweiz: Martina Franz gewann die Internationale Meisterschaft der Schweiz gegen so starke Konkurrentinnen wie die Lokalmatadorin Regine Lautens und die Deutsche Legende Marietta Gütermann.

Ein letzter Höhepunkt dieser Periode war 1980 der Besuch des besten Berufspielers der Welt, Jack Nicklaus. Schon 1960 bei den Mannschaftsweltmeisterschaften der Amateure in den USA hatten ihn die Mitglieder der damaligen österreichischen Mannschaft Fritz Jonak, Hugo Hild, Alexander Maculan und Klaus Nierlich kennengelernt. Die beiden letzteren hatten ihn auch 1964 beim Canada Cup auf Hawaii getroffen.

Jack Nicklaus in Salzburg 1980. Unter den Zusehern Heinrich Harrer (MI.) und Werner Grissmann (GANZ RE.)

Und so war es logisch, anläßlich des Besuches von Jack Nicklaus in Salzburg, der von Klaus Zyla und Karl Hofer eingefädelt worden war, ein „Memorial" zu veranstalten. Wer will nicht mit Nicklaus einmal einige Löcher spielen? Viele prominente Österreicher boten sich an, und so mußte das Gedränge so gelöst werden, daß jeder eben nur einige Löcher und nicht 18 Löcher spielen durfte. Die ersten neun Löcher spielte Nicklaus mit Heinrich Harrer, Bernhard Russi, Hugo Hild, Alexander Maculan, Fritz Jonak und Lucky Schmidtleitner.

Auf den zweiten neun Löchern war das Gedränge auf den Abschlägen nicht mehr ganz so groß: Klaus Nierlich, Max Lamberg und Stefan Vargha begleiteten den Star aus Amerika. Der ließ sich durch das ständige Wechseln der Mitspieler und das häufige Händeschütteln nicht aus der Ruhe bringen. Ohne den Platz vorher bespielt zu haben, lieferte er einen Platzrekord von 67 Schlägen (3 unter Par) ab.

Im Sommer 1981 kam der „Goldene Bär" Jack Nicklaus auch nach Wien. Er spielte in der Freudenau eine Runde von 69, was 1 unter Par bedeutete. Ausgeputtet wurde dabei zwar nicht, aber das hätte bei einem Spieler wie Nicklaus keinen nennenswerten Einfluß auf den Score gehabt.

Den in einigen Jahren losbrechenden Golf-Boom erkannte Michel Payer zusammen mit seinem Bruder Peter bereits frühzeitig und gründete Ende 1978 die „Golf Gazette", die erste österreichische Golfzeitschrift nach dem Zweiten Weltkrieg. Damit wurde Payer zum wegweisenden Pionier der Golfpublizistik in Österreich.

„*Der große Boom.*"

MIT DRIVE ZUM BREITENSPORT

(1986–2006)

D im Jahr 2006 verfügte Österreich über 147 Golfplätze und 150 Golfclubs mit knapp 90.000 Golfern.[1] Wie groß der Boom seit 1986 war, wird deutlich, wenn man sich vergegenwärtigt, daß es innerhalb einer Zeitspanne von 20 Jahren ungefähr eine Verfünffachung der Clubs und eine Versiebzehnfachung der Mitgliederzahlen gab. Auch ein rückblickender Vergleich mit der Schweiz macht die außerordentliche Expansion in Österreich deutlich.

Was waren die Gründe für die zunehmende Beliebtheit von Golf? Einer dürfte mit Bernhard Langer zusammenhängen. Sein Aufstieg zum Weltstar brachte eine Popularisierung des Golfsports in Deutschland mit sich, und etwas zeitverzögert griff diese auch in Österreich. Golfer wie Langer konnten plötzlich medienwirksam „verkauft" werden, und auf diesen Zug sprang auch Österreich auf: Ab 1987 gaben sich die Weltstars in Österreich die Klinke in die Hand.

Der „Golf Gazette" war es zu verdanken, daß mit einer Exhibition von Langer und einem „Duell" mit dem damaligen österreichischen Jungstar Franz Laimer in Pichlarn kräftig die Werbetrommel für den Golfsport gerührt werden konnte. Das Treffen wurde mit zwei anderen Spitzenspielern aus Deutschland (Postiglione) und Österreich (Posch) zu einem Länderkampf Österreich-Deutschland hochstilisiert.

Ungefähr 500 Zuschauer waren gekommen, um Bernhard Langer zu sehen. Er erwies sich erwartungsgemäß als wahrer Gentleman. Angeblich soll er gesagt haben: „Ich habe schon bei Hunderten solcher Veranstaltungen teilgenommen, Pichlarn zählt zu meinen drei schönsten ..." Wenn das nur annähernd stimmt, dann war das wirklich ein Fest. So war es natürlich leicht, nur 66 Schläge zu benötigen, was 6 unter Par und so nebenbei Platzrekord bedeutete. Übrigens: Laimer und Postiglione spielten je 71 und Posch 74. Gewertet wurde je ein Matchplay zwischen Langer und Laimer einerseits und zwischen Postiglione und Posch andererseits und ein Zählwettspielaggregat zwischen den Deutschen und Österreichern. Langer schlug Laimer, Postiglione schlug Posch, das bedeutete 2:0 für Deutschland. Das Aggregat ging auch an Deutschland, und somit war das Ländermatch mit 0:3 verloren.

Mit diesem Schaukampf wurde der Startschuß für laufende Besuche von Weltstars gegeben. Nun kamen fast jedes Jahr ein oder mehrere Weltklassespieler nach Österreich, die Golf immer populärer machten. Zu verdanken war dies engagierten Organisatoren wie Michel Payer und der „Golf Gazette" sowie Christine Vranitzky und dem nach ihr benannten „Charity Cup".

Nach dem großen Erfolg der Exhibition von Bernhard Langer in Pichlarn hatte Organisator Michel Payer Hunger nach mehr, und es gelang ihm tatsächlich, noch ein bißchen zuzulegen.[5] Für das Golf Gazette Pro-Am 1988 konnte der Weltbeste und frisch gebackene German Open-Sieger Severiano Ballesteros gewonnen werden. Diesmal waren es bereits 1500 Zuschauer, die den Platz des Salzkammergut Golf Clubs säumten, um die Clinic von Ballesteros und das anschließende Turnier zu genießen.

Ballesteros kam direkt von seinem Sieg bei der German Open, die er mit 21 unter Par beendet hatte. In Ischl tat er sich

ANZAHL DER GOLFCLUBS IN DER SCHWEIZ UND ÖSTERREICH:

	SCHWEIZ[2]	ÖSTERREICH[3]
1920	11	1
1939	24	6
1945	18	2
1965	27	12
1985	30	24
1995	51	77
2000	70	108
2004	83	128
2005	85	138
2006	87	147

MITGLIEDERSTÄNDE:

1931	3300	800
1945	560	20
1957	2500	500
1965	3500	700
1985	11.771	5024
1995	23.688	28.588
2000	34.153	54.703
2004	44.696[4]	81.572
2005	46.414	86.366
2006	48.442	89.812

Das „Duell" auf Schloß Pichlarn: (V. LI.) Franz Laimer und Didi Posch gegen Antonio Postiglione und Bernhard Langer

OBEN: Severiano Ballesteros
bei seiner Clinic vor der
Ischler Bergkulisse 1988

UNTEN: Payne Stewart und
Bernhard Langer bei ihrer Clinic
in Kitzbühel-Schwarzsee 1989
DARUNTER, V.L.: Franz Laimer,
Johannes Lamberg, Bernhard
Langer, Payne Stewart

nicht ganz so leicht, die Strapazen des vorangegangenen Turniers waren zu spüren. Nach einem 30minütigen Pressegespräch begann die Clinic, die wegen zahlreicher Ovationen der Zuschauer verlängert werden mußte. Dann begann das Turnier mit den drei Amateurpartnern Alexander Maculan, Peter Neubauer und Jörg Zumtobel. Leider wurde das Wetter immer schlechter, und ein heftiges Sommergewitter zwang zum Abbruch des Turniers. Zu diesem Zeitpunkt hatte Ballesteros 12 Löcher gespielt und lag 1 unter Par.

Im Herbst desselben Jahres gab es unweit von Ischl noch einmal zwei Weltstars zu bewundern: In Henndorf in der Nähe von Salzburg bekam Jack Nicklaus die Gelegenheit, seinen ersten Meisterschaftsplatz auf dem europäischen Kontinent zu eröffnen. Das war ein Meilenstein in der österreichischen Golfgeschichte, denn von der Konzeption übertraf er das bisher Dagewesene in Österreich. Mit einer symbolischen Eröffnungsrunde weihte er seinen Platz selbst ein, wozu er nicht nur seine Frau Barbara mitbrachte, sondern gleich auch seinen wichtigen Mitspieler: Tony Jacklin, den damaligen Kapitän des europäischen Ryder Cup-Teams. Da Nicklaus Kapitän des amerikanischen Teams war, standen sich also die zwei wichtigsten Golfer dies- und jenseits des Atlantiks in Salzburg gegenüber.[6]

1989 war die nächste Golfshow angesagt, diesmal in Kitzbühel, mit anderen Organisatoren und Sponsoren. Der Amerikaner Payne Stewart gab sich die Ehre und spielte mit Bernhard Langer gegen Johannes Lamberg und Franz Laimer. Stewart, berühmt für seine Kleidung, meist mit Knickerbockern, hielt sich mit seiner Leistung bescheiden zurück, spielte „nur" eine 74 und erlaubte so den Österreichern, den Vergleichskampf knapp zu gewinnen.

„Die Farbe meiner Knickerbocker richtet sich immer nach der Clubfarbe meines favorisierten Footballclubs", ließ Payne Stewart wissen. Es hätte die Show des modebewußten Amerikaners werden sollen oder jene von Bernhard Langer, geworden ist es aber die von Hansi Lamberg, der sich in die Herzen der rund 3000 Zuschauer spielte. Die beste Runde lieferte zwar Langer mit einer 69 (3 unter Par) ab, dann folgte aber schon Lamberg mit 70. Laimer mit 72 und dann erst Stewart mit 74, der mit den Grüns haderte („the greens are a joke"). Das bedeutete, daß die Österreicher im Aggregat mit 142 zu 143 die Nase knapp vorne hatten.[7]

Nach der Exhibition von Seve Ballesteros mit zehn weiteren EPGA-Pros 1988 gab es in Ischl ein Jahr später ein großes Event. „That's quite normal", meinte Gordon Brand nach seiner Platzrekordrunde von 66 Schlägen (bei Standard 71), die ihm auch den Sieg beim Creditanstalt Pro-Am am 26. Juni 1989 in Bad Ischl einbrachte.

Dieses Turnier brachte eine weitere Sensation, die als Pionierleistung für Österreich Geltung erlangte: Zum ersten Mal konnte man Damen-Weltklasse in Österreich beobachten. Neben dem Engländer Gordon Brand und dem zweiten Weltklassespieler bei den Herren, Mark McNulty, wurden drei der weltbesten Damen, Europas Nr. 1 Marie-Laure Lorenzi de Taya (Frankreich), Alison Nicholas (England) und Corinne Dibnah (Australien), verpflichtet.

1989 brachte noch weitere große Namen nach Österreich: Mark Calcavecchia (regierender British Open-Sieger), Fred Couples und Tom Purtzer spielten in Bad Kleinkirchheim.[8] Zu verdanken war dies der Skilegende Franz Klammer, die – als Golfnarr bekannt – in den USA Bekanntschaft mit dem berühmten Golflehrer Peter Kostis machte. Und Kostis brachte seine Schützlinge nach Kärnten.

1990 war ein historisches Jahr für den Golfsport in Österreich. Zum ersten Mal gelang es, eine Austrian Open auszutragen. Die Umstände, daß Österreich einen neuen, ansprechenden Turnierplatz hatte, bescherte uns wieder einige Weltklassespieler wie Bernhard Langer, Lanny Wadkins und – Jack Nicklaus. Während Nicklaus nur phasenweise sein Können zeigte und schlußendlich nur 14. wurde, wurden die

beiden anderen Topstars ihrem Ruf gerecht und dominierten das Turnier vom An-fang bis zum Schluß. Letztendlich kam es zu einem Stechen, aus dem Langer als glücklicher Sieger hervorging – ganz nach dem Geschmack der 2000 Zuseher!

Von 1993 bis 2002 machte die Austrian Open eine wechselvolle Geschichte durch, Sponsoren und Plätze änderten sich ständig, 2000 konnte das Turnier gar nicht ausgetragen werden. 1995 gab es einen sentimentalen Sieg: Er ging an Alex Cejka, der zwar Deutscher ist, aber aus dem angrenzenden Böhmen, genauer aus Marienbad stammt. In Haugschlag, nahe der Grenze zu seiner alten Heimat, spielte Cejka in der ersten Runde eine sensatio-nelle 61er-Runde, was 11 unter Par bedeutete. Sentimental auch, daß sein Vater, aus der böhmischen Heimat gekommen, ihm Caddie ging.

Große Erleichterung war in der österreichischen Golfwelt zu spüren, als Markus Brier 2002 nicht nur sein erstes großes Pro-turnier gewann, sondern auch die heimische Austrian Open. Er reihte sich damit würdevoll hinter Lynette Brooky, Marina Ar-ruti und Patricia Meunier in die Siegerliste ein. Sind das nicht Damen? Richtig. Brier wurde der Damenpokal der Ladies Open 2000 überreicht, weil der richtige vergessen worden war.

Seit 2003 bestand wieder Hoffnung, aus dem Wellental her-auszukommen. Im Golf Club Fontana fand die BA-CA Golf Open statt: 7000 Zuseher verfolgten das Spiel von Colin Mont-gomery, Nick Faldo und dem Schweden Niclas Fasth.

2006 war der absolute Höhepunkt für Markus Brier: Die nun wieder zur European Tour zäh-lende Austrian Open (BA-CA Golf Open Presented by Telekom Austria) wurde eine Beute des Wieners – und das gegen Mitbewerber wie Colin Montgomery, Thomas Björn oder Miguel Angel Jimenez.

Ein ähnliches Schicksal wie bei den Herren erlitt die Austrian Open der Damen, die 1995 ihre Premiere hatte (Siegerin die berühmte Laura Davies), aber in den Jahren 1997 und von 2001 bis 2004 nicht ausgetragen werden konnte. Erst 2005 und 2006 rettete der Großsponsor Siemens diese Meisterschaft mit einer Neuaustragung in Wiener Neustadt.

Die Glashütte Austrian Ladies Open 1996, ausgetragen im Colony Club Gutenhof in Himberg, gewann Martina Koch. Damit gab es erstmals eine österreichische Siegerin auf einem European-Tour-Event – denn die für Deutschland startende Koch besitzt einen österreichischen Paß. Vater Horst Koch war in den 1960er Jahren am Murhof Golflehrer, in der Steiermark lernte er auch seine spätere Frau kennen. Die „richtige" Steirerin Natascha Fink lieferte 36 Löcher lang eine feine Vorstellung ab, verpatzte aber das Finish und wurde nur 36., aber immerhin schlaggleich mit der berühmten Australierin Corinne Dibnah.

Nach einigen Jahren Pause machte die European Ladies Tour 2005 wieder in Österreich Station, diesmal im Golf Club Föhrenwald Wiener Neustadt. Insgesamt sollen mehr als 5000 Besucher während der Turnierwoche gezählt worden sein. Als Siegerin konnte die Italienerin Federica Piovano nach Hause fahren, allerdings erst nach harter Mühe und einer Platzrekord-runde von 62 Schlägen. Die Österreicherinnen enttäuschten, Eva Steinberger landete als Beste an 52. Stelle.

Ein wichtiger Event der Challenge Tour war die Bank Austria Open, die 1992 den österreichi-schen Spitzengolfern neben der Austrian Open ein zweites Mal Gelegenheit gab, sich mit ausländi-schen Golfern, wenn auch der zweiten Kategorie, zu messen. Austragungsort war der junge Platz in Donnerskirchen, und der Veranstalter „Pin Position" heimste großes Lob für die Organisation ein,

OBEN: Lanny Wadkins (USA) und Bernhard Langer (Deutschland), die Dominatoren der 1. Austrian Open in Altentann 1990
DARUNTER: Austrian Open Champion 1995 Alexander Cejka (Deutsch-land) mit seinem Vater als Caddie

Golf-Revue, Österreich, 1994

die angeblich die beste während der Challenge Tour gewesen sein soll. Auch 1993 und 1994 war Donnerskirchen der Schauplatz dieser Veranstaltung, die der Schweden Klas Eriksson bzw. der Neuseeländer Michael Campbell, der später ein Weltklassespieler wurde, gewann.

Österreich ist auch Teil der Alps Tour, die vorwiegend auf Plätzen in Frankreich, Italien, der Schweiz und Österreich ausgetragen wird. Die Telekom Golf Tour soll ebenso wie die Alps Tour dem Nachwuchs eine Chance geben, aber mehr auf nationaler Ebene. Einige der Alps Tour-Turniere werden auch für die Telekom-Tourwertung herangezogen.

Der ultimative Höhepunkt der jüngsten Golfgeschichte in Österreich dürfte der „Christine Vranitzky Charity Cup" gewesen sein. Christine Vranitzky war es zu verdanken, daß mit der Inflation im Platzbau und Turnierreigen auch eine Zunahme an Besuchen von Weltklassespielern einherging. Nachfrage und Interesse, auch von den Medien, war inzwischen genug vorhanden. Der „Christine Vranitzky Charity Cup" brachte die Crème de la Crème der Golfpros nach Österreich, und das für einen guten Zweck. Durch diese Veranstaltung erreichte Golf in Österreich eine neue Dimension des Profi-Sports.

Die Veranstaltung 1990 stand im Zeichen des Aufbaus eines Informationszentrums für Organspenden in Österreich, dem fast vier Millionen Schilling zugeführt werden konnten.[9] Die Werbewirksamkeit für den Golfsport in Österreich war ebenfalls beachtlich, u.a. brachte die auflagenstärkste Zeitung Österreichs ein Foto auf der Titelseite.

4000 Zuschauer genossen 1991 in Ebreichsdorf die Anwesenheit solcher Kapazunder wie Greg Norman (Australien) und die Amerikaner Tom Watson, Lee Trevino, Tom Kite und Fuzzy Zoeller. Fünf Millionen Schilling wurden bei diesem Turnier für die Sozialmedizinische Initiative Österreich erwirtschaftet. Das war der Kernpunkt dieses Turniers.

Was die Qualität der neuen Plätze betraf, kam es in dieser Boomphase zu einer deutlichen Verbesserung gegenüber der vorangegangenen Periode. Mit den Plätzen in Henndorf bei Salzburg (Gut Altentann), Schloß Schönborn, Waldviertel-Haugschlag, Ebreichsdorf, Himberg (Colony Club Gutenhof) und Oberwaltersdorf (Fontana) hatte sich das Niveau der Plätze sehr stark gehoben, Österreich verfügt seither über zahlreiche Meisterschaftsplätze.

1993 war ein besonders gutes Jahr für die Amateurin Natascha Fink: Siegerin bei den Internationalen Österreichischen Meisterschaften und den Internationalen Schweizer Meisterschaften. Die hervorragenden Leistungen beflügelten die in New York geborene Steirerin 1994, den Sprung ins kalte Wasser zu wagen: Als erste Österreicherin ging sie als Playing Pro auf Tour. So wurde sie eine Pionierin des österreichischen Damengolfs. Ihre größten Erfolge waren ein geteilter dritter Rang bei der Irish Open 1996 und ein zweiter Platz bei der Open de France 2004.

Katharina Poppmeier löste das Ticket für die Tour erstmals 2001. 2003 folgten Tina Schneeberger und 2005 Eva Steinberger.

Eine weitere Premiere gab es während dieser Phase: Mit Markus Brier schaffte 2000 endlich auch bei den Herren ein Österreicher die Karte für die European Tour, die er Gott sei Dank bis heute nicht verloren hat. 2004 hatte er mit Martin Wiegele einen Landsmann auf der Tour, 2005 war es Niki Zitny.

Die Tatsache, als erster Österreicher auf der European Tour zugelassen worden zu sein und damit regelmäßig an den größten Proturnieren in Europa

**„CHRISTINE VRANITZKY CHARITY CUP"
ERGEBNIS PROFESSIONAL-WERTUNG
36 LÖCHER, WIEN 1990:**

1. Ronan Rafferty	69	69	135
2. Mark McNulty	69	67	136
3. Bernhard Langer	67	69	136
4. José Maria Olazabal	72	65	137
5. Johannes Lamberg	72	67	139
6. Ian Woosnam	68	71	139

**„CHRISTINE VRANITZKY CHARITY CUP"
ERGEBNIS EBREICHSDORF 1991:[10]**

1. Tom Kite	71	64	135
2. Lee Trevino	71	66	137
3. Tom Watson	72	67	139
4. Greg Norman	71	69	140
5. Fuzzy Zoeller	69	72	141

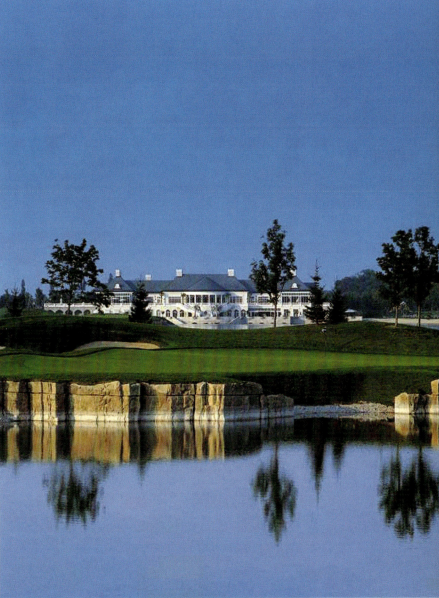

Die neue Club-Generation: (VON LINKS OBEN) Clubhausareal und 18. Grün des Westkurses des Colony Clubs Gutenhof, Himberg, NÖ; der Golf Club Fontana in Oberwaltersdorf, NÖ; Markus Brier vor der Kulisse des Clubhauses des Golf Clubs Schönborn; das Designerclubhaus des Golf Clubs Schloß Ebreichsdorf, entworfen von Hans Hollein

Markus Brier und
Natascha Fink in Aktion

teilzunehmen, wäre an sich Grund genug, Brier als Golfpionier in Österreich zu bezeichnen. Durch seinen ersten Sieg auf der European Tour 2006 hat er sich diese Position endgültig gesichert.

Mit Golf begonnen hat Markus Brier (geb. 1968) Mitte der 1970er Jahre in Hainburg, dem Heimatplatz seiner Eltern, später spielte er für den Golf Club Wien-Freudenau. Nach einer erfolgreichen Amateurlaufbahn stieg Brier, der nebenbei auch ein abgeschlossenes Studium der Betriebswirtschaft vorweisen kann, 1996 ins Profilager ein und spielte bis 1999 auf der (kleinen) Challenge Tour. Die Aussichten auf eine erfolgreiche Karriere waren rosig, als er 2000 sich für die (große) European Tour qualifizierte und bei der Spanischen Offenen mit dem zweiten Platz als erster Österreicher auf dem Podest eines European Tour-Turniers landete. Dann kam eine Durststrecke, zwar unterbrochen von einigen schönen Erfolgen bei Ausflügen zur Challenge Tour, auf der er zwei Mal die Austrian Open gewann (2002 und 2004) und bei der Russian Open Zweiter wurde (2004). Die Durststrecke hatte endgültig ein Ende mit dem grandiosen Erfolg bei der Austrian Golf Open 2006 in Fontana, mit dem er österreichische Golfgeschichte schrieb. In weiser Voraussicht wurde ihm bereits vorher eine Briefmarke gewidmet, die ihm einen Platz in der österreichischen Golfewigkeit einbrachte.

Die Öffnung hin zum Breitensport wurde durch zwei neue Ideen weiter betrieben: die Gründung des GC 2000 und der Golf-Handelsakademie im burgenländischen Stegersbach. Daß die Golf-HAK unschätzbaren Wert für die Entwicklung des Golfnachwuchses in Österreich darstellt, versteht sich von selbst. Der GC 2000 wiederum war als Anfängerclub gedacht, um neuen Interessenten den Einstieg in den Golfsport zu erleichtern. Da die Einschreibgebühren der meisten Clubs beträchtlich hoch waren, stellte für finanzschwächere Interessenten der Einstieg ein gewisses finanzielles Risiko dar. Die Gründer, Alexander Paul und sein Vater Dr. Wolfgang Paul, hatten in dieser Hinsicht schon Erfahrung mit dem ersten leistbaren Club in Wiener Neustadt gesammelt.

Der Club 2000 konnte mit seinem Konzept die Hemmschwelle des Einstiegs abbauen. Anfänglich wurden seine Mitglieder von den anderen, „richtigen" oder „noblen" Clubs belächelt oder waren gar unerwünscht. Dies war aber wohl das letzte Aufbegehren einer Sportart und seiner Proponenten, die nach mehr als hundert Jahren Suche ihren Platz inmitten der Sportgesellschaft gefunden haben.

Von der Hocharistokratie zu den „gewöhnlichen" Bürgern: Weit ist der Weg, den Golf in Österreich durchschritten hat. Auch der viel zitierte Vergleich mit Tennis kann der Entwicklung des Golfsports in Österreich nicht standhalten. Die Rückschläge zweier Weltkriege wirkten sich fataler aus als bei anderen Sportarten, waren doch die verloren gegangenen Sportstätten nicht so leicht wiederherzustellen wie andere. Als das nach und nach gelang, war aber noch immer eine soziale Kluft zwischen den Golfspielern und den „anderen" erkennbar. Es dauerte lange, bis die österreichische Fremdenverkehrswirtschaft die Bedeutung von Golf entdeckte, etwas, was in Frankreich, Italien und der Schweiz schon seit Jahrzehnten selbstverständlich war.

Golfer der Heeressport- und Nahkampfschule (HSNS) 1995: (V. LI.) Brier, Pilgramer, Sailer, Wittmann, Zitny

Diese neuentdeckte wirtschaftliche Komponente half z.B. mit, gegenüber den öffentlichen Stellen, die man für den Grunderwerb und die Finanzierung benötigte, erfolgreicher argumentieren zu können. Und so wurden aus vielen Lokalpolitikern und Managern, die dem Golfsport anfänglich negativ gegenüberstanden, begeisterte Golfer ohne Gewissensbisse.

Die Vermarktung des Golfsports erfuhr eine neue Dimension. Golfplätze, Golfhotels, einzelne Orte, ganze Regionen schlossen sich aus Marketinggründen zusammen. So entstanden etwa die „Golfarena Baden", das „Golferlebnis Waldviertel", „Golf Alpin" oder die „Leading Golf Courses Austria". Die Idee der Vereinigung der besten Golfplätze Österreichs, derzeit bestehend aus zwölf Clubs, hat sogar Nachahmer in Deutschland gefunden („Leading Golf Courses Germany").

Neben dem Marketing hielt noch ein beliebtes neudeutsches Wort aus der Wirtschaft Einzug in die Welt des Golfsports: Sponsoring. Ohne Sponsoring geht heute nichts mehr. Keine großen Turniere wären möglich, kein Spitzenspieler käme nach Österreich, und kein heimisches Talent könnte auch nur ansatzweise den Versuch unternehmen, Anschluß an die internationale Spitze zu bekommen, wenn nicht ein oder mehrere tatkräftige Sponsoren Rückendeckung geben würden.

Großsponsoren in Österreich sind hauptsächlich Banken wie Bank-Austria, Raiffeisen oder die Privatbank AG, die sich hauptsächlich bei Turnieren engagieren. Die Telekom Austria wiederum hat sich der direkten Förderung österreichischer Spitzenspieler angenommen und finanziert neben der Telekom-Tour für Nachwuchspros seit 2001 das Telekom Austria-Pro-Team. Nur in kleinem Rahmen gab es Ähnliches auch schon früher, wie z.B. das Denzel Pro-Am in Enzesfeld 1971.

Vom Mäzenatentum der Hocharistokraten zum Sponsoring internationaler Großkonzerne – auch hier hat Golf einen weiten Weg zurückgelegt, der in den letzten Jahren eine rasante Beschleunigung erfuhr.

Und wohin führen Breitensport, Marketing und Sponsoring letztendlich? Die Erfolge sind unübersehbar, weniger im Profigolf, dafür aber um so mehr bei den Amateuren. Eine Auswahl: Bei den Amateurweltmeisterschaften 2002 belegte Österreich den sensationellen 5. Platz; Eva Steinberger gewann die Slowenische Meisterschaft 2004 und wurde Zweite der Deutschen Meisterschaft; im wohl besten Jahr bisher, 2005, gingen die Internationalen Damenmeisterschaften von Italien (Stefanie Michl), Griechenland (Nicole Gergely), Luxemburg (Michl) und der Schweiz (Stefanie Endstrasser) an Österreicherinnen, bei der British Amateur scheiterte eine Österreicherin erst im Finale (Gergely), die In-

„LEADING GOLF COURSES AUSTRIA":

Golfclub Adamstal
Golf & Country Club
  Gut Altentann
Colony Club Gutenhof
Golf & Country Club Dachstein
Kärntner Golf Club Dellach
Golf- und Sportclub Fontana
Golfressort Haugschlag
Golfclub Linz-St.Florian
Golfclub Schloß Schönborn
Golfclub Seefeld
Golfclub Velden-Köstenberg
Golfclub Zell am See-Kaprun

Stefanie Endstrasser, Gewinnerin des Sherry Cups 2005 in Sotogrande/Spanien und „Golferin des Jahres" 2004 und 2006

ternationale Herrenmeisterschaft der Schweiz gewann Florian Prägant, in Frankreich wurde Bernd Wiesberger Zweiter, und bei der Einzeleuropameisterschaft der Herren belegte ein Österreicher den vierten Rang (Prägant). Die 36. Auflage des berühmten Sherry Cups, des bedeutendsten Amateurturniers auf dem Kontinent, ausgetragen in Sotogrande, ging 2005 auch an Österreich: Bei den Damen gewann Stefanie Endstrasser die Einzelwertung, Nicole Gergely wurde Dritte, Österreich gewann die Mannschaftswertung vor Schottland.

Und Markus Brier gewann bei den Pros 2006 als erster Österreicher ein Turnier der European Tour (BA-CA Austrian Open).

Schöne Plätze und große Erfolge brauchen auch Medien. Die pionierhafte „Golf Gazette" gibt es inzwischen zwar nicht mehr, an ihre Stelle trat die seit 1994 erscheinende Nachfolgezeitschrift „Golf Revue" unter der Führung von Robert Sperl. Dazu gibt es noch Michel Payers neue Zeitschrift „GolfExtra" sowie die „Golf Week", die erste österreichische Wochenzeitung für Golf.

Golf hat seinen Platz in der Gesellschaft gefunden: In der Sportgesellschaft als anerkannte Sportart, die nicht nur alte Herren betreiben. In der Wirtschaftsgesellschaft als eine Branche, in der man viel Geld verdienen kann. Aber auch in der Spaßgesellschaft, denn in kaum einer Sportart sind die Sportler so kreativ wie beim Golf.

TRADITIONSCLUBS IN ÖSTERREICH

Vom Prater bis Igls

WIENER GOLF CLUB
K. K. PRATER

Treibende Kraft hinter der Gründung des Wiener Golf Clubs war der Legationssekretär der englischen Gesandtschaft, A. Percy Bennett[1], ein Golfenthusiast der besten Sorte, zusammen mit seinem Chef, Botschafter Sir Plunkett. Mit Hilfe einflußreicher österreichischer Freunde machte Bennett sich auf die Suche nach einem geeigneten Gelände, das er schließlich in den im Privatbesitz des Kaisers befindlichen, auch als Truppenübungsplatz verwendeten Krieauwiesen, ein ehemaliges Reiterterrain der Kaiserin, fand. Nun galt es, von Franz Joseph die Einwilligung zu erreichen. Diese Aufgabe übernahm der spätere Präsident des Clubs, Robert Graf Althann, der bei seiner Audienz beim Kaiser überzeugend zu argumentieren verstand. Dem Wiener Golf Club wurde ein Gelände für neun Löcher in Pacht überlassen. Die Pacht war an die Bedingung geknüpft, das Spiel nicht vor 11 Uhr vormittags zu gestatten, da der Platz bis dahin für Übungen des Militärs reserviert bleiben müsse.[2]

Das alte Clubhaus der Firma Schönthaler

Architekt Willie Park jun., der rund 170 Plätze im Laufe seines Lebens plante[3], nahm seinen Neffen, James Stagg aus Musselburgh in Schottland, mit, der der erste Trainer des Clubs und somit der erste Golflehrer in Österreich wurde.[4] Im Jahre 1902 wurde der Platz seinen Mitgliedern zur Benützung übergeben. Präsident wurde als Vorsitzender des „Executiv-Comités" Heinrich Graf Larisch-Moennich.

GRÜNDER MIT EINEM BEITRAG VON 500,- KRONEN AUF ZEHN JAHRE – DER LEGENDÄRE „20er CLUB":

Exzellenz Graf Michael Robert Althann
Fürst Franz Auersperg
Exzellenz Graf Franz Clam-Gallas
Anton Dreher
Exzellenz Graf Tassilo Festetics
Fürst Max Fürstenberg
Fürst Ferdinand Kinsky
Fürst Karl Kinsky
Exzellenz Graf Heinrich Larisch-Moennich
Prinz Rudolf Liechtenstein

Exzellenz Graf Heinrich Lützow
Exzellenz Robert S. McCormick
Andor von Péchy
Sir Francis Plunkett
Baron Albert Rothschild
Baron Alfons Rothschild
Baron Nathaniel Rothschild
Paul Ritter von Schoeller
Graf Leopold Sternberg
Prinz Alexander Thurn und Taxis

MITGLIEDER MIT EINEM JAHRESBEITRAG VON 100,- KRONEN:

Exzellenz Graf Karl W. Ahlefeldt-Laurvig
Dr. Karl Bailey-Hurst
Esq. A. Percy Bennett
Dr. Georg W. Crary
Esq. Hale Chandler
Graf Otto Czernin
Louis Ph. Friedmann
Graf Ferdinand Kinsky
Graf Franz Larisch
Rarimond Le Ghait

Adolf Loos
Fürst Paul Metternich-Winneburg
Fürst Alfred Montenuovo
Dr. W. J. Otis
Exzellenz Markgraf Alexander Pallavicini
Dr. Richard Ritter von Stern
Oberst Frederic Wardrop
August Wärndorfer
Baron W.B.R. van Welderen-Rengers

MITGLIEDER MIT EINEM JAHRESBEITRAG VON 75,- KRONEN:

Lord Acton	Graf Elie de Lastours
Prinz Vinzenz Auersperg	Fürst Heinrich Liechtenstein
Esq. Georges Barday-Rives	Manuel de Lizardi
Dr. R. C. Bryan	Esq. Ralph Milbanke
Réné Cremers	Dr. Charles Miller
Dr. Rudolf Ritter von Czyhlarz	J. C. Parrish
Rev. Thos. Davidson	Pauspertl von Drachenthal
Moritz Ehrenreich	Dr. J. M. Polk
Dr. Oskar Fischl	Dr. Arthur de Pury
Leopold Fischl	Dr. Alfred von Rapoport
Hugh Gurney	Esq. Ernest A. Rennie
Capt. Floyd W. Harris	Esq. Edward Root
Paul von Herz-Hertenried	Hon. Odo W. T. V. Russel
Esq. Cecil Higgins	Dr. James Symington
Hans Holdorf	Pàscha Djemil
Graf Alexander Hoyos	A. de Vermandois
Graf Ladislaus Hoyos	Edmund Freiherr von Würzburg
Graf Dr. Hans Larisch	

DER ERSTE VORSTAND 1901:[5]

EHRENPRÄSIDENT: Exzellenz Sir Francis Plunkett , königl. großbritannischer Botschafter
EXEKUTIV-KOMMITEE: Exzellenz Heinrich Graf Larisch-Moennich, Präsident
A. Percy Bennett Esq., Hon. Sec., Michael Robert Graf Althann, Franz Fürst Auersperg,
Exzellenz Heinrich Graf Lützow, Exzellenz Robert McCormick, Herr Paul von Schoeller
SEKRETÄR UND KASSIER: Carl Heisig

DIE DAMALIGEN BEZEICHNUNGEN DER NEUN LÖCHER:

Nr. 1:	Avenue	310 yds.
Nr. 2:	Hauptallee	300 yds.
Nr. 3:	Edgewood	246 yds.
Nr. 4:	The Bend	300 yds.
Nr. 5:	Long Acres	270 yds.
Nr. 6:	Crosslands	180 yds.
Nr. 7:	Bellevue	130 yds.
Nr. 8:	Dyke	212 yds.
Nr. 9:	Home	200 yds.

Da das Militär den Platz mitbenützte, war es notwendig, die primitiven, flachen und viereckigen Greens an allen vier Ecken mit Pflöcken zu versehen. Diese Pflöcke sollten die Rasenflächen vor der Beschädigung schützen, das Militär hatte den Auftrag, die durch Pflöcke markierten Flächen nicht zu betreten. Da das übrige Gelände, also die Fairways, jedoch nicht geschützt war, mußte der Golfclub in seine Regeln die Bestimmung aufnehmen, daß Bälle, die auf einer Hufmarke zu liegen kamen, herausgenommen und gedroppt werden konnten.[6] Von Anbeginn wurden bereits Scorekarten angefertigt, um den Spielern die Distanzen der Löcher bekanntzugeben.

Ein Clubhaus gab es damals noch nicht, man hat „das in der Meierei Kriau im Vorgarten befindliche Jagdhaus gemietet, um es als Garderobe für die Mitglieder und als Aufbewahrungsort für die Spielgeräthe etc. zu benützen."[7]

In der Jahreshauptversammlung 1902, die in einem Appartement im Hotel Bristol stattfand, wurde der vorjährige Vorstand wiedergewählt. Zusätzlich gab es noch einen Ausschuß mit folgenden Mitgliedern: Odo Russell, Herz von Hertenried, Dr. Richard von Stern, Dr. James Symington, Dr. W. J. Otis und Raimond Le Ghait.[8]

Bis 1903 erhöhte sich die Mitgliederzahl nur um zwei Personen auf 77. Ausgeschieden waren Adolf Loos und Djemil Pascha. Zu den neuen Mitgliedern gehörten so klingende Namen wie Fürst Montenuovo, Fürst Alois Schönburg-Hartenstein und Prinz Miguel von Braganza. Zu den neuen Mitgliedern zählte auch bereits die erste Dame, Ilona Fischl.

Die Jahreshauptversammlung 1903 im damaligen Hotel Krantz brachte erste Veränderungen im Vorstand: Graf Michael Robert Althann, bisher Vizepräsident, wurde Präsident des Exekutivkomitees und löste damit Graf Larisch-Moennich ab. Der ehemalige amerikanische Botschafter McCormick wurde im Vorstand durch den neuen Botschafter Storer Belamy abgelöst, und Moritz Ehrenreich wurde neu hineingewählt.[9] In der Jahreshauptversammlung 1904 im Hotel

Erzherzog Karl wurde Fürst Alois Schönburg-Hartenstein in das Exekutivkomitee gewählt. Dazu wurde ein Subkomitee bestehend aus Hans Holdorff, Moritz Ehrenreich und Hale Chandler gebildet.[10]

Plan für das zweite Clubhaus des Wiener Golf Clubs in der Krieau, errichtet 1913 von der Firma Schönthaler

DER VORSTAND 1908:

PRÄSIDENT: Michael Robert Graf Althann
EXEKUTIVKOMITÉE: Dayrell Crackenthorpe, Sir Edward Goschen, Fürst Karl Kinsky, Heinrich Graf Larisch, Paul von Schoeller, Fürst Alois Schönburg-Hartenstein

Bis 1909 erhöhte sich die Mitgliederzahl auf 87. Zu den Neuen gehörte ein gewisser Heinrich Ritter von Kuh, der mehr als 20 Jahre später Vizepräsident des Clubs und Präsident des Österreichischen Golfverbandes werden sollte. A. Percy Bennett, der Begründer des Golfsports in Österreich, wurde in der Zwischenzeit erstes Ehrenmitglied. Und immerhin kamen wieder zwei Damen hinzu: Gräfin Coudenhove-Kalergi und Gräfin Larisch.

Im Jahre 1909 wurden zum ersten Mal in der Krieau Internationale Österreichische Meisterschaften ausgetragen. Gewonnen hat das Clubmitglied Robert Everts, sein Clubkollege Nelson O'Shaugnessy, ein amerikanischer Diplomat, gewann diese Meisterschaft 1910. Und Ehrenmitglied Bennett trug sich 1913 ebenfalls in die Siegerliste dieser Meisterschaft ein.

1924 wurde Dr. Richard von Stern als Nachfolger des verstorbenen Grafen Althann zum Präsidenten, Peter Habig zum Ehrensekretär gewählt. Habig löste Herrn von Ehrenreich in dieser Funktion ab. Drei Jahre später nahm Baron Heinrich Heine-Geldern Habigs Stelle ein, 1928 wurde er zum Generalsekretär ernannt.

Nach der Errichtung des zweiten Wiener Platzes im Lainzer Tiergarten, der über 18 Löcher verfügte, ging man auch in der Krieau daran, den Platz auf einen richtigen 18-Loch-Platz zu erweitern. Architekt war der Franzose C. Noskowski. 1929/30 wurde ein neues Clubhaus gebaut, das zwar mit dem Ende des Golfbetriebes 1938 seine Funktion verlor, aber noch bis 1945 bestand. Während der Besatzungszeit funktionierten es russische Soldaten in einen Pferdestall um, später wurde es eine Baustoffquelle für die Schrebergärtner, die sich inzwischen auf dem Gelände des Golfplatzes niedergelassen hatten. Die übriggebliebene Ruine wurde 1945 abgerissen. Zur Finanzierung des Ausbaus auf 18 Löcher und des Baus des neuen Clubhauses hatte man eine 8%ige Bauanleihe mit 248 Stück zu je 1000,- Schilling und vier Stück zu je 500 Schilling aufgelegt.

Kurz vor der Errichtung des Praterstadions 1931 gelang es den Clubverantwortlichen, die bis dahin jährlich abgeschlossene Pacht längerfristig zu fixieren. Dadurch konnte der durch den Stadionbau verursachte Verlust von sechs Löchern mehr als wettgemacht werden. Sie konnten nicht nur an anderer Stelle wieder dazugewonnen werden, es war auch die Erweiterung auf 18 Löcher möglich geworden.

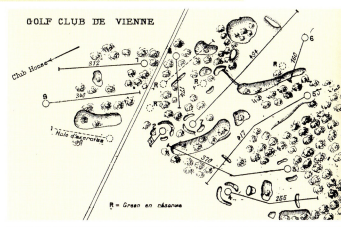

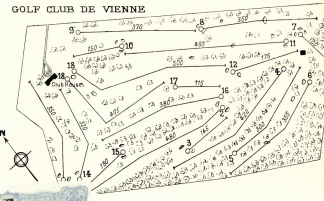

OBEN: Plan des alten 9-Loch-Platzes, Anfang der 1920er Jahre
DARUNTER: Plan des neuen 18-Loch-Platzes nach dem Ausbau
LINKS: Teilschuldverschreibung der 8%-igen Bauanleihe zur Errichtung der zweiten 9 Löcher und eines neuen Clubhauses. ausgestellt auf Emy von Tolnay, 1930

Unbekannter Golfer in der Krieau, ganz rechts als Zuschauerin Madeleine von Kuh sowie Peter Habig (3. V. RE); Aufnahme aus den 1920er Jahren

DER VORSTAND 1931:[11]

VORSITZ: Dr. Richard von Stern
SCHATZMEISTER: Harry Brunner
SEKRETÄR: Heinrich Baron Heine-Geldern, W. Weissmayr
SPORTLICHE LEITUNG: Heinrich von Kuh
WEITERE VORSTANDSMITGLIEDER: M. Altmann, Commander Dillon, A. Ellisen, Dr. A. Fried, P. J. MacGarvey, P. Habig, Redlich und A. Schneider

Bis 1931, bis zur Gründung des ÖGV, war der Wiener Golf Club ebenso wie der GC Semmering Mitglied des DGV. Die Mitgliederzahl 1931 betrug 379 Personen, somit war der Wiener Golf Club hinter Berlin-Wannsee und vor Hamburg-Falkenstein und Frankfurt der zweitgrößte Club im DGV. Um diese stattliche Anzahl von Mitgliedern kümmerten sich bereits vier Trainer: die Golflehrer H. G. Brown und Josef Petras sowie die Assistenten Otto Närr und Douglas Steiner. Es gab auch einen Caddiemeister namens H. Troch, Platzmeister war L. Kozlik.[12] Im Jahre 1933 frequentierten bereits mehr als 15.000 Spieler den Krieauer Platz.[13]

Das dritte Clubhaus des Wiener Golf Clubs, Wien-Krieau

1936 trat der neue Trainer Ronald Blackett seinen Dienst an und löste damit James Goodwillie ab, der ein Engagement in Warschau annahm. Bereits am zweiten Tag nach seiner Ankunft spielte er am 7. Loch ein As, was durchaus als gutes Omen für seine Tätigkeit bezeichnet werden durfte.[14]

DER VORSTAND 1936:[15]

PRÄSIDENT: Dr. Richard von Stern
VIZEPRÄSIDENT: Heinrich von Kuh
SEKRETÄR: Henri Heine-Geldern
MITGLIEDER: H. Altmann, H. Brunner (Schatzmeister), Dr. A. Fried, H. Friedlander, Dr. H. Friess, F. J. MacGarvey, P. Habig, Dr. O. von Inwald-Waldtreu, M. Penizek, Ing. O. Pick

1937 wurde der Gesandte von Großbritannien, Sir Walford Selby, zum Präsidenten gewählt. Vizepräsident blieb Heinrich von Kuh. Selby wurde kurz nach seiner Bestellung zum Präsidenten als britischer Botschafter abberufen, das Präsidentenamt blieb vakant. Vizepräsident Heinrich von Kuh führte die Geschäfte weiter. Die übrigen Vorstandsmitglieder mit Ausnahme des verarmten Richard von Stern blieben vorerst unverändert. Das große „Saubermachen" kam ein Jahr später.

1938 hatte der Wiener Golf Club den Platz und Club in Lainz übernommen und nannte sich von da an „Wiener Golf- und Land-Club E.V." Das Gelände in der Krieau wurde 1939 aufgelassen, mit dem Platz in Lainz verfügte man aber über Ersatz. Hatte der Wiener Golf Club 1931 379 Mitglieder, 1937 an die 400 (die ca. 300 „Lainzer" nicht mitgezählt), so schrumpfte der „neue", gemeinsame Club 1939 auf 122 Mitglieder. Die Nationalsozialisten hatten ganze Arbeit geleistet, wobei insbesondere unter den Mitgliedern in Lainz gewütet worden war. Die Club„führung" übernahm 1939 Generalmajor Theophil Gautier, Sekretär war Baron Bela Kutschera[16], Golflehrer waren Josef Petras und Karl Michalke, Assistent Otto Beyer.

Der britische Botschafter Sir Walford Selby, Präsident des Wiener Golf Clubs 1937

Nach dem Krieg machte sich eine Handvoll Enthusiasten, zu denen Dr. Hugo Eckelt und Kitty Schanz gehörten, auf die Suche nach einem neuen Gelände, da das alte in der Krieau besetzt war. Die erste logische Lösung wäre der alte Platz in Lainz gewesen, obwohl die sowjetischen Besatzer dort einen Schießstand eingerichtet hatten. Man konnte tatsächlich dort kurzfristig spielen, allerdings nur auf fünf Löchern. Die Gemeinde Wien als Grundbesitzer wollte das Gelände der Öffentlichkeit zugänglich machen.

Im Winter 1948/49 reifte der Gedanke, in der Freudenau einen Platz zu schaffen, dort wo bis zum Krieg der Poloverein seine Heimstatt hatte. Jetzt war der Pächter der Wiener Rennverein, mit dem die kleine Gruppe von Golfern, die Herren Dr. Eckelt, van Sickle, Habig und Saal sowie Frau Kitty Schanz und noch einige andere, einen Pachtvertrag als Subpächter abschlossen. Das verwilderte Gelände wurde liebevoll verschönert, und im Frühjahr 1949 gab es tatsächlich etwas, das man Golfplatz nennen konnte. Vorerst hatte er nur neun Löcher, aber bereits 1950 begann man mit dem Bau der zweiten neun Holes.

Luftaufnahme des Golfplatzes Wien-Krieau mit dem neuen Praterstadion rechts oben

Das wunderschöne, aber desolate Clubhaus des alten Polovereins wurde gleich mitübernommen und in mühevoller Kleinarbeit benutzbar gemacht. Es war 1902 anläßlich einer Jagdausstellung als Pavillon gebaut worden, und seit damals wurden nur die dringendsten Renovierungsarbeiten durchgeführt. Eine Generalsanierung war daher dringend vonnöten, die nach langen Nachdenkphasen erst im Herbst 1983 in Angriff genommen und im Frühjahr 1984 abgeschlossen wurde.

Szene am Platz in Wien-Freudenau, im Hintergrund die Tribüne der Galopprennbahn

Der Platz in der Freudenau ist ein wesentlicher Teil der geschichtlichen Entwicklung des Golfsports in Österreich. Er war viele Male Austragungsort der Nationalen und Internationalen Österreichischen Meisterschaften und des „Christine Vranitzky Charity Cups", der internationale Stars anlockte. Viele spätere österreichische Topspieler wie Alexander Maculan, Klaus Nierlich oder der Pro Ossi Gartenmaier erlernten hier das Spiel.

**DIE PRÄSIDENTEN DES WIENER GOLF CLUBS BZW.
DES GOLF CLUBS WIEN-FREUDENAU:**

1901–1903	Heinrich Graf Larisch-Moennich
1903–1919	Michael Robert Graf Althann
1924–1937	Dr. Richard von Stern

Wiener Golfprominenz aus den 1960er und 1970er Jahren: (V. LI.) Die Vorstandsmitglieder Dr. Hans Rutkowski, Dr. Viktor Stehno und Hans Jandl

OBEN: Die Mannschaft des Golf Clubs Wien als Österreichischer Mannschaftsmeister 1973; (V. LI.) Klaus Müllersen, Gerhard Stehno, Hugo Hild, Klaus Nierlich, Peter Nierlich, Sven Berlage
UNTEN: Golf Club Wien, Österreichischer Damen-Mannschafts-meister 2006: (STEHEND V. LI.) Marie-Therese Kinsky, Catharina Mädel und Laura Nierlich; (HOCKEND V. LI.) Xenia Maculan, Alexandra Reich, Nicole Ehrlich-Adam und Betreuer Tom Rogerson

1937–1937	Sir Walford Selby
1946–1950	Dr. Ing. Manfred Mautner Markhof
1950–1959	Peter Habig
1959–1961	Gen. Dir. Karl Weninger
1961–1975	Gen. Dir. Heinrich Stahl
1975–1979	Univ. Prof. Dr. Paul Kyrle
1979–1988	Dr. Hans Igler
1988–1999	KR Herbert Rast
1999–2001	Helmut Schellenberger
2001–2003	Dr. Heinrich Schuster
2004–	Helmut Schellenberger

WIENER MEISTERTITEL:

INTERNATIONALE MEISTER VON ÖSTERREICH
Nelson O'Shaugnessy (1910)
Percy Bennett (1913)
Alexander Maculan (1960, 1963, 1964, 1971)
Klaus Nierlich (1961, 1970, 1973, 1974)
Niki Zitny (1993)

INTERNATIONALE MEISTERIN VON ÖSTERREICH
Ruth Richter (1947, 1948, 1951, 1952, 1954, 1962)
Mimi Strauss (1953)
Betty C. Alexander (1958, 1961, 1963)
Sissy Rutkowski (1970, 1972)
Jacky Orley (1982)
Alexandra Rast (1990)

NATIONALE ÖSTERREICHISCHE MEISTER (MATCHPLAY)
Hugo Hild (1952, 1953, 1954, 1956, 1957)
Paul Kyrle (1955)
Alexander Maculan (1959, 1963, 1965)
Fritz Jonak (1960, 1962)
Klaus Nierlich (1961, 1964, 1966, 1967, 1968, 1969, 1971, 1972, 1973, 1974, 1975, 1976, 1978, 1984, 1986)
Michael Gohn (1979)
Eduard Posamentir (1982)
Christian Czerny (1983, 1985)
Markus Brier (1988, 1989)
Nikolaus Zitny (1996)

NATIONALE ÖSTERREICHISCHE MEISTERIN (MATCHPLAY)
Mimi Strauss (1952, 1956)
Ruth Richter (1953, 1954, 1957, 1964)
Ruth Strasser (1966, 1967, 1968)
Sissy Rutkowski (1969, 1970)
Alexandra Rast (1992)

MANNSCHAFTSMEISTER (HERREN)
1962, 1964, 1969, 1970, 1971, 1972, 1973, 1979, 1980, 1981, 1983, 1985, 1987, 1988

MANNSCHAFTSMEISTER (DAMEN)
2006

GOLF CLUB SEMMERING

Der Golf Club Semmering ist der zweitälteste Golfclub auf heutigem österreichischen Staatsgebiet, der Platz ist jedoch der älteste noch im Urzustand befindliche in Österreich. Es handelte sich um einen kurzen 9-Loch-Platz von 2299 Yards mit Par 33, der zum legendären Südbahnhotel gehörte und auf dem zum Hotel gehörenden Gelände der Meierei angelegt worden war.

Die Geschichte des Golf Clubs Semmering ist somit untrennbar mit der Entstehung des Südbahnhotels verbunden. 1882 wurde von der k.k. priv. Südbahngesellschaft unter deren energiegeladenem Generaldirektor Friedrich Schüler mitten in den „Dschungel" der Semmeringer Wälder die erste Phase des Südbahnhotels gebaut. Geplant wurde das Hotel von Hochbaudirektor Franz Wilhelm 1881/1882.[1] 1903 wurde an den ursprünglichen Bau ein neues, sechsstöckiges Palasthotel, geplant von den jungen Architekten Alfred Wildhack und Robert von Morpurgo, angefügt, das bis 1932 ständig erweitert wurde.

Mit dem Aufschwung des Hotels am Semmering entwickelte sich auch die umliegende Infrastruktur, und die Hotelgäste entdeckten bald das in der Einsamkeit gelegene Anwesen des Bauern Brosch. Bald war der Brosch'sche Meierhof ein beliebter Treffpunkt der Städter, mit Vergnügen trank man dort die stallfrische Milch. 1885 übernahm die Südbahngesellschaft auch den Hof und richtete einen einfachen, kleinen Kaffeehausbetrieb in der Meierei ein, der sich zu einem beliebten Ausflugsziel entwickelte Im Zuge eines Neubaues der Meierei 1901 erhielt das Haus seine heutige Gestalt, das bis heute als Clubhaus Verwendung findet.

Und immer noch zu besichtigen ist neben dem Stallgebäude, das zum Caddie-Raum umfunktioniert wurde, die alte Meierwohnung des Bauern Brosch. Ebenso erhalten – zwar etwas kriegsbeschädigt – ist das erste Waschhaus des Südbahnhotels, das seit dem Bau der großen Dampfwäscherei Wohnzwecken dient.

Das beschauliche Landleben im Meiereigelände wurde schließlich durch eine sensationelle Neuigkeit im Jahre 1926 beendet, als sich die Leitung des Südbahnhotels entschloß, hier einen Golfplatz zu errichten. Gründungsjahr des Golf Clubs Semmering soll nach anderen Quellen bereits das Jahr 1924 gewesen sein[2] – was nicht stimmen dürfte. Architekt des Golfplatzes war diesmal kein Engländer, sondern der Ungar Desider Lauber. 1925 betraute ihn der damalige Direktor des Südbahnhotels, Herr Seibt, mit der Planung.[3] Der treibende Gedanke beim Bau soll angeblich der Wunsch des Südbahnhotels gewesen sein, einen

OBEN: Plakat von Hermann Kosel (1896–1983) „Der kleine Golfer", 1933
UNTEN: Das Südbahnhotel mit dem Golfplatz im Hintergrund

OBEN: Der Originalplan des Golfplatzes am Semmering
UNTEN: Inserat in Golf 2/1930

Platz für den Herzog von Windsor zu errichten, der als fanatischer Golfer sicherlich Gegenden mit Golfplätzen als Urlaubsdomizile bevorzugte.

1927 wurde der Platz eröffnet. Schon zu den ersten Wettspielen kamen viele Spieler aus Wien, Deutschland, Ungarn und England, die sich am Semmering vermutlich einer weltweiten Novität erfreuen durften: Die damalige steile Spielbahn Nr. 3 (heute Nr. 7) diente nicht nur als Abschlag und Fairway, sondern im Winter auch als Sprungschanze[4]: Abschlag als Schanzentisch und Grün als Auslauf! Unbestätigten Gerüchten zufolge war die Angst der Golfer am Abschlag nicht geringer als die der Springer am Start.

Bis zur Gründung des ÖGV 1931 war der Club Mitglied des Deutschen Golfverbandes. Da es sich um einen reinen Hotelplatz handelte, gab es wie bei allen Fremdenverkehrsplätzen kaum eigene Mitglieder und auch keinen richtigen Vorstand. Die Leitung des Clubs oblag dem Hoteldirektor Kurt Seibt.[5]

Zu den berühmtesten Spielern in der Zwischenkriegszeit gehörte auch hier der Herzog von Windsor. 1935 spielte der ungarische Meister und Architekt Desider Lauber auf „seinem" Platz eine 31 und stellte damit einen neuen Platzrekord auf.[6] Dieser wurde dann vom Platzpro Leopold Heran eingestellt.[7]

1936 gab es einen kleinen „Pseudo-Vorstand":[8]

EHRENKAPITÄN: E.O. Rossauer
EHRENSEKRETÄR: Baron Bela Kutschera
CLUB MANAGER: Egon Fischer
PROFESSIONAL: Leopold Heran

Das Greenfee betrug 8, für Gäste des Südbahnhotels 5 Schilling. Eine Woche kostete 40 (Hotelgäste 25), ein Monat 128 Schilling (Hotelgäste 80). Das Mieten eines Caddies kostete 1,50 Schilling, wobei das Trinkgeld inkludiert war.

Einheimische Spieler gab es fast keine. Die einzigen echten Semmeringer, die Golf spielten, waren die Cousins Adolf und Albert Tonn, die das Spiel als Caddies erlernten.

1937 zog der Architekt des Platzes, der ungarische Golfpionier Desider Lauber, in den Zweier-Vorstand, neben Direktor E.J. Metzger, ein.[9] Professional war weiterhin Leopold Heran, für den Platz war Greenkeeper R. Wanke zuständig.

Es gab aber auf dem Semmering noch ein zweites legendäres Hotel, das heute noch in Betrieb stehende Hotel Panhans. 1888 errichtete der damalige Pächter der Restauration im Südbahnhotel, Vincenz Panhans, ein eigenes Hotel, das sich im Laufe der Jahre zu einem riesigen Hotelkomplex mit 400 Zimmern entwickelte. Die beiden Luxushotels standen in ständigem Wettstreit um den Titel des „ersten Hauses am Platz", und da das Südbahnhotel einen eigenen Golfplatz besaß, durfte das Panhans nicht nachstehen.

Im Jahre 1935 begann man deshalb mit dem großen Projekt, einen 18-Loch-Platz, vermutlich für das Hotel Panhans, zu bauen. Als Clubhaus war der Alpenhof vorgesehen. Die Bauarbeiten an der nach Spital führenden Straße wurden schon im Herbst 1935 begonnen, man wollte den Platz im Frühjahr 1936 eröffnen.[10] Dazu ist es aber letztendlich nie gekommen, vermutlich wegen der sich abzeichnenden politischen Veränderungen. Die Planung war in Händen des bekannten Golfplatzarchitekten Noskowski[11], der bereits den Platz in Dellach entworfen hatte.

Während des Zweiten Weltkrieges wurde der Golfplatz landwirtschaftlich genutzt. Auch nach dem Krieg, von 1946 bis 1955, gab es wegen der russischen Besatzung keinen Golfbetrieb. Die Südbahngesellschaft, die nach dem Krieg in die Donau-Save-Adria AG eingebunden wurde, stellte unter großem Aufwand erst in den späten 50er Jahren den Platz wieder in seiner ursprünglichen Anlage her.

Das Südbahnhotel selbst konnte bereits 1948 wieder seine Pforten öffnen. Die Zeiten waren aber für ein Großhotel nicht mehr so wie früher, und nach schweren Verlustjahren in den frühen 70er Jahren wurde das Hotel 1973 verkauft und 1976 geschlossen.

New Semmering Course

Eintragung im Guide Plumon, 1936

1964 brach auch auf dem Semmering das neue Golfzeitalter an. Unter der Initiative des ersten Präsidenten Dkfm. Günther Jungk wurde der Golf Club Semmering neu gegründet. Zu den zwölf Gründungsmitgliedern gehörten auch die beiden Semmeringer Albert und Adolf Tonn. Bald stieß der gebürtige Semmeringer Lucky Schmidtleitner zur golfenden Runde hinzu und sorgte durch seine Tätigkeiten beim Fernsehen für Werbung.

Auch Dkfm. Jungk war nicht nur für den Golf Club Semmering ein erfolgreicher Funktionär, er erwarb sich darüber hinaus aus gesamtösterreichischer Sicht große Verdienste um den Golfsport, als Honorary Secretary des ÖGV, als Kapitän der österreichischen Nationalmannschaft und als Mitglied des Vorstandes des Europäischen Golfverbandes.

Über eine kurze Periode ab 1974 sollte der Club, der bis dahin nur 60 Mitglieder hatte, in einen mondänen Golf & Country Club verwandelt werden, 1978 reaktivierte man aber wieder den bis dahin ruhend gestellten alten Club und benützte wieder den alten Namen: Golf Club Semmering.

Beim neuerlichen Verkauf des Südbahnhotels 1994 wurde der Golfplatz herausgelöst, er befindet sich nun vom Hotel getrennt in Privathänden.

DIE PRÄSIDENTEN DES GOLF CLUB SEMMERING:

1964–1975	Dkfm. Günther Jungk
1975–1978	Siegfried Petritz
1978–1982	Dr. Julian Uher
1982–1987	Dkfm. Zvonimir Hauser
1987–1991	Dr. Georg Krasser
1991–2000	Dkfm. Dr. Karl Merk
2000–2003	KR Karl Fürnkranz
2003–	Dr. Werner Past

INTERNATIONAL COUNTRY CLUB WIEN-LAINZ

Das 11. Grün mit Blick auf die Hermesvilla in Wien-Lainz

Der Club und der Platz des ICC hatten in mancher Hinsicht Seltenheitswert. Welcher Golfclub konnte etwa von sich behaupten, daß seine Spielbahnen in einem Wildpark von 25 Quadratkilometern Größe, der mit einer Mauer von 80 Kilometern Länge umgeben ist, angelegt sind?[1] Und das nur ca. 30 Minuten Fahrzeit vom Stadtzentrum einer Millionenstadt entfernt.

Der am 12. März 1927 gegründete International Country Club lag im sogenannten k.k. Saugarten, einem streng abgeschirmten Jagdgebiet der Habsburger, in dem die jungen Erzherzöge den Umgang mit der Waffe erlernten und Hunderte Stück Wild an einem Tag erlegen konnten, ohne von der Bevölkerung behelligt zu werden. Die Bezeichnung „Saugarten" kam auf, als Kaiserin Maria Theresia 1772 die Umzäunung zum Halten von Wildschweinen errichten ließ. Als auch andere Tierarten hinzukamen, entstand die Bezeichnung „kaiserlicher Tiergarten bei Wien".[2]

Nach dem Zusammenbruch der k. u. k. Monarchie ging der Tiergarten 1919 in das Vermögen des Kriegsgeschädigtenfonds (K.G.F.) über. Die wirtschaftlichen Leistungen des K.G.F. waren immer bescheiden, wenngleich man anfänglich sogar Gewinn machte, was sich in den 1930er Jahren änderte. Das Bekenntnis zum Naturschutz stand im scharfen Kontrast zu wirtschaftlichen Überlegungen, um das Überleben zu sichern. Da kam die Idee der Errichtung eines Golfplatzes und der damit verbundenen Verpachtung größerer Grundflächen gerade recht.

Während der Club in der Krieau noch von der Hocharistokratie gegründet und dominiert wurde, etablierte sich in Lainz – es waren ja inzwischen ein Vierteljahrhundert und ein Weltkrieg vergangen – eher das jüdische Großbürgertum als Klientel.

DER VORSTAND IM GRÜNDUNGSJAHR 1927:[3]

PRÄSIDIUM: Julius Priester (Präsident)
Exzellenz P.V. Bigler (Vizepräsident)
Graf Ferdinand Colloredo-Mannsfeld (Vizepräsident)
Generaldirektor Erwin Philipp (Vizepräsident)

AUSSCHUSS:

Ing. Hans Altmann	Josef von Flesch	Ing. Otto Pick
Camillo Castiglioni	Baron Henri Heine-Geldern	Architekt Michael Rosenauer
Direktor Otto Deutsch	Präsident Oskar Kaufmann	Dr. Heinrich Schuloff
Arthur Drach	Frau Helene Karpeles-Schenker	Baron Louis Sonnenberg
Dr. Hans Friess	Maximilian Kraus	Arthur Spitzer (Paris)
Ing. Fritz Gross	Robert Lichtschein	Rudolf Stiassni
Hans von Gutmann	Alfred Mayer	Felix Wolf
Peter Habig	Wilhelm von Ofenheim	

Begonnen hatte alles an einem trüben Spätherbstnachmittag des Jahres 1926, als der königlich dänische Gesandte, Exzellenz P.V. Bigler, gemeinsam mit Ing. Fritz Gross und dessen Gemahlin den Lainzer Tiergarten besuchte. Die drei Besucher hatten die weithin gebreiteten Wiesen, die romantischen Parkszenerien, die ansteigenden Hügel und die dunklen Waldberge voll Entzücken betrachtet, als sie zu einem Punkte gelangten, an dem sich plötzlich der Ausblick öffnet und ein bezauberndes, schier endlos anmutendes Gelände sichtbar wird. Die drei Betrachter wurden an den Norden Europas, an Irland, an Schottland, an England erinnert. Sie mußten daran denken, wie herrlich dieses Terrain als Golfplatz wäre.

Die Begeisterung war stärker als alle Bedenken. Der Wunsch wurde zum planvollen Gedanken, der Gedanke zum Beschluß. Die Verwaltung des Tiergartens war einsichtsvoll, und letztendlich konnte das Gelände auf 15 Jahre gepachtet werden mit einer Option auf weitere 15 Jahre. Erreicht hatte all dies das Gründerkomitee bestehend aus Ing. Hans Altmann, P. V. Bigler, Ferdinand Colloredo-Mannsfeld, Ing. Fritz Gross, Peter Habig, Erwin Philipp und Julius Priester. Statt der ursprünglich vorgesehenen 38 Hektar wurden insgesamt 50 Hektar gepachtet. Interessanterweise existiert ein weiterer Plan zur Errichtung des Platzes, der eine völlig andere Lochreihenfolge aufweist und den Großteil der späteren Fairways auf der Penzinger Wiese nicht inkludiert. Vermutlich kam dieser Plan nicht zur Ausführung.

1927 wurde das im englischen Landhausstil gehaltene Clubhaus fertiggestellt. Mit seiner behaglichen Einrichtung, seinen Gesellschaftsräumen, einer gemütlichen Bar und fabelhaften Garderoben war das Gebäude am Kontinent angeblich ohne Konkurrenz.[4]

Am 5. Mai 1928 wurde der Platz mit einem Professional-Exhibition-Match, an dem Josef Petras, Mr. Brown und Karl Schmidt teilnahmen, den Spielern übergeben. Am 31. Mai 1928 fand die feierliche Eröffnung statt. Knapp 300 Gäste aus der Wiener Gesellschaft und des diplomatischen Korps folgten der Einladung.

Der Platz wurde Austragungsort zahlreicher namhafter und beliebter Turniere. Schon im ersten Jahr wurde die Internationale Österreichische Meisterschaft in Lainz ausgetragen. Gewinner waren bei den Herren Clubmitglied Baron Louis Sonnenberg (Handicap 9) und bei den Damen die ungarische Meisterin Erzebet von Szlávy (Handicap 0).

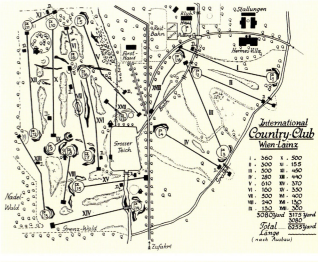

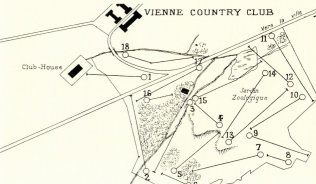

OBEN: Der Platzplan des International Country Club Wien-Lainz
DARUNTER: Plan des Lainzer Platzes mit geänderter Spielbahnreihenfolge

---

DER VORSTAND 1931:[5]

PRÄSIDENT: Julius Priester
KOMMITÉE: Baron Sonnenberg, Fritz Gross, Peter Habig
SEKRETÄR: Baron Bela Kutschera

Zuschauer beim Exhibition-Match 1928

OBEN: Das Clubhaus des International Country Clubs in Wien-Lainz
DARUNTER: Die Clubräumlichkeiten

Der Club zählte 1931 bereits 300 Mitglieder, um die sich drei Pros, E. Warren, C. Warren und G. Chalkley, kümmerten. Greenkeeper war ebenfalls ein Brite: Hamilton White.

Der Golfclub florierte, er war ein gesellschaftlicher Mittelpunkt geworden, für die Golfer war die Welt scheinbar in Ordnung, auch wenn die wirtschaftlichen und politischen Verhältnisse alles andere als rosig waren. Im Tiergarten selbst waren die Golfer nicht immer willkommen, wenn man von den Pachtzahlungen absieht. Die Tiergartenverwaltung beklagte sich über die Golfer, die das Wild beunruhigten. Die Golfer wiederum beklagten sich über die Wildschweine, die die Grüns beschädigten. Der Autoverkehr störte die Besucher des Tiergartens, weil täglich zehn, fünfzehn, zwanzig, ja mitunter auch fünfzig Automobile zum Clubhaus fuhren. Der ICC wollte daraufhin eine eigene Buslinie einführen, die täglich sechs Mal von der Wiener Ringstraße zum Clubhaus fährt. In Ermangelung einer entsprechenden Gewerbeberechtigung wurde dieses Ansinnen vorerst vom zuständigen Bundesministerium abgelehnt, 1930 aber durch einen privaten Unternehmer in die Realität umgesetzt.

Der Berliner Unternehmer Ludwig Katzenellenbogen, Besitzer der damals größten Lagerbierbrauerei der Welt (Schultheiss-Patzenhofer) und ab 1930 mit der aus Wien gebürtigen Schauspielerin Tilla Durieux verheiratet, wollte 1929 in der Hermesvilla sogar ein Golfhotel einrichten. Die Idee wurde vom Bundesdenkmalamt angelehnt.[6]

Die heile Welt der Golfer wurde 1930 erstmals gestört, als der Club den Pachtzins schuldig blieb. Ein Raubmord im Saulackenmais und ein Überfall auf das Clubgebäude schädigten zusätzlich den Ruf des ICC. Der Club beantragte eine Reduktion des Zinses von öS 21.000 auf öS 8000, was der K.G.F. genehmigte.[7]

Am 19. September 1935 kam der Prince of Wales inkognito als Earl of Chester zu Besuch. Der populärste Engländer seiner Zeit wurde aber auch in Österreich überall erkannt. Sein beabsichtigtes Spiel in Lainz wurde vorerst nicht angekündigt, und es war ein freudiges Ereignis, als im Clubsekretariat das Telefon läutete und die Direktion des Hotels Bristol mitteilte, daß der Prinz mit seinem Gefolge weggefahren sei und Golfschläger habe mitnehmen lassen. Man nahm daher an, daß ein Besuch im International Country Club geplant ist. Und tatsächlich fuhr wenige Minuten später „ein großer Humberwagen" vor, dem Seine Königliche Hoheit entstieg.[8] Er spielte mit einem Herrn seiner Begleitung eine Runde und äußerte sich wiederholt in anerkennenden Worten über den tadellosen Zustand des Platzes. Nach Beendigung der Runde besichtigte Seine Königliche Hoheit das im englischen Stil erbaute Clubhaus, das ihm außerordentlich gefiel. Zur Erinnerung an seinen Aufenthalt und sein Spiel am Lainzer Platz überreichte das Komitee des Clubs dem englischen Thronfolger eine silberne Plakette, die er mit großer Freude entgegennahm.[9]

Im gleichen Monat besuchten auch Prinz Friedrich Leopold von Preußen und der Infant von Spanien, Prinz Alfonso de Bourbon-Orleans, den Lainzer Platz.[10]

Zu Ostern 1936 stattete Sir Austin Chamberlain mit Familie in Begleitung des englischen Gesandten Sir Walford Selby und Lord Newport dem Platz einen Besuch ab. Es schwärmte in höchsten Tönen von Platz und Clubhaus und interessierte sich naturgemäß sehr für das Bild des nunmehrigen Königs Edward VIII., das den Prince of Wales im Vorjahr in Lainz zeigte.[11]

Und dieser König Edward kam unglaublicherweise im selben Jahr, also in seinem ersten (und auch letzten) Regierungsjahr, 1936, wieder. An einem trüben Herbsttag zeigte er erneut seine Golfkünste im International Country Club. Man sagte, daß es in Wien nur wenige Amateure gegeben habe, die es mit dem König hätten aufnehmen können.[12]

Im September des Jahres besuchten zwei weitere interessante Persönlichkeiten den Platz: Der Maharadscha von Kapurthala und der französische Spitzenspieler Jaques Leglise. Er war Zweiter der französischen Rangliste und hatte Handicap 0. Bereits bei seinem ersten Auftreten spielte er eine 72, wobei der Scratch Score damals bei 76 Schlägen lag.[13]

Bald darauf erhielt der ICC die wohl wichtigste Post seiner Clubgeschichte: Ein mit 15. Oktober 1936 datiertes Schreiben vom Buckingham-Palast in London, in dem sich Seine Majestät König Edward VIII. bereit erklärte, dem Ansinnen des Clubs zu entsprechen und die Patronanz des I. C. C. zu übernehmen. Den Lainzern wurde diese Ehre als erstem Golfclub außerhalb des Vereinigten Königreichs zuteil!

Für 1937 gab es einen Wechsel in der Präsidentschaft des Clubs. Gen. Dir. Erwin Philipp wurde zum Präsidenten und Nachfolger von Gen. Dir. Priester, Ferdinand Colloredo-Mannsfeld zum Vizepräsident gewählt. Priester und Sir Walford Selby vom „Konkurrenzclub" in der Krieau wurden zu Ehrenmitgliedern ernannt. Letzterer erwarb sich vor allem Verdienste um die Übernahme der Ehrenpatronanz durch Edward VIII.

Julius Priester (1870–1954) war Präsident einer Mineralölgesellschaft und Direktionsmitglied in weiteren Industriebetrieben, vor allem aber war er ein Kunstliebhaber mit einer beträchtlichen Sammlung italienischer und niederländischer Meister.[14] Er und seine Frau Camilla mußten 1938 nach Mexiko fliehen, die Kunstsammlung wurde 1944 von der Gestapo beschlagnahmt. Jahrzehntelang versuchten er und seine Erben erfolglos, die wertvollen Gemälde zurückzubekommen. Erst 2004, 50 Jahre nach seinem Tod, konnte das Holocaust Claims Processing Office in New York die Zurückerstattung eines Gemäldes erreichen, das in einem Museum in Virginia (USA) entdeckt worden war.

DER VORSTAND 1937:[15]

PRÄSIDENT: Gen. Dir. Erwin Philipp
KOMMITÉE: Graf Colloredo-Mannsfeld
SEKRETÄR: Baron Bela Kutschera

Gen. Dir. Julius Priester, Präsident des International Country Clubs Wien-Lainz

Die bis 1937 tätig gewesenen ausländischen Golflehrer und Greenkeeper wurden nach und nach durch Österreicher ersetzt: Professionals waren jetzt Karl Michalke, Otto Beyer und Franz Kallina, Greenkeeper Franz Wojtech. Kurze Zeit später wurde in den Vorstand ein gewisser Dr. Hugo von Eckelt gewählt, ein Name, der in der weiteren Entwicklung des Golfsports von Bedeutung war.[16]

Nach dem „Anschluß" nahte bald das – zumindest offizielle – Ende des Klubs in Lainz, wenn auch etwas später als beim Club in der Krieau, der schon 1938 seine Pforten schließen mußte. 1940 konnte der inzwischen zum Vereins„führer" bestellte Generalmajor Theophil Gautier bei der am 23. April 1940 abgehaltenen Hauptversammlung sogar darauf hinweisen, daß der Club trotz des Krieges eine leichte Zunahme an Mitgliedern verzeichnete.[17] Weitere Vorstandsmitglieder zu dieser Zeit waren Dr. Anton Piech, Vizebürgermeister SA-Brigadeführer Thomas Kozich und Korvettenkapitän Dr. Wilhelm Richter als Sportwart.[18]

Artikel in der „Neuen Wiener Tageszeitung" vom 16. Februar 1954

1940 wurden die Pachtverträge für den Platz gekündigt, inoffiziell spielte man aber noch während und nach dem Krieg auf einem Provisorium von vier, später fünf Löchern in der Gegend um die Hermes-Villa. Und das trotz der Anwesenheit eines Schießstandes der sowjetischen Besatzungsmacht.

Nach dem Ende des Krieges hatten sich russische Soldaten im feudalen Clubhaus einquartiert. Sie sorgten für das endgültige Ende des legendären International Country Clubs. Am 15. Februar 1954 wurde eine Filmvorführung für die Soldaten veranstaltet. Plötzlich geriet eine Filmrolle in Brand. Die Flammen breiteten sich so rasch aus, daß Panik unter den Soldaten ausbrach. Da die Feuerwehr viel zu spät gerufen worden war, war das Clubhaus nicht mehr zu retten.[19]

KÄRTNER GOLF CLUB
DELLACH

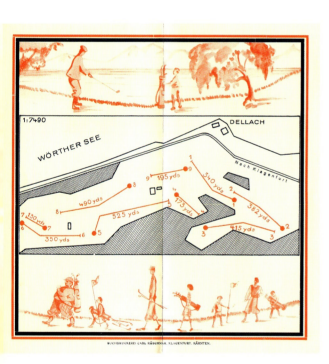

Plan des Platzes des Kärntner Golf Clubs, Prospekt aus den 1930er Jahren

D ie Entstehung dieses „Lake of Woerth Golf Course", wie er anfangs in den englischsprachigen Golfführern und Zeitschriften genannt wurde, ist Graf Ladislaus Hoyos und dem englischen Major Foster sowie Baron Knorring zu verdanken, die, unterstützt durch das Land, die Wörtherseekurorte und Private, einen Platz erstehen ließen, der damals laut Sachverständiger der „schönste Europas, ja der zweitschönste der ganzen Welt" gewesen sein soll.[1]

Die Idee zur Gründung des Clubs hatte Mr. Foster, und wie meistens in solchen Fällen benötigte er einen kongenialen Partner zur Durchführung. Das war Ladislaus „Lato" Hoyos, ein Villenbesitzer in Pörtschach. Gegründet wurde der Club 1927.

„Jimmy" Foster kam durch seine enge Freundschaft mit der Familie Windisch-Grätz, die in Sekirn die Schloß-Villa besaß, nach Kärnten. Die Windisch-Grätz verkauften einen Teil ihres Besitzes an Foster, der sich dort die Carinthia-Hütte baute. Foster – ein reicher Junggeselle, der schon vor dem Ersten Weltkrieg Golf spielte, im Krieg aber ein Bein verlor und somit für den Sport beeinträchtigt war – zog zahlreiche junge wohlhabende Engländer an und wurde zusammen mit den Windisch-Grätz der Mittelpunkt der schicken Gesellschaft am Wörthersee der 30er Jahre.

Erbauer des Platzes war der aus Polen stammende französische Golfarchitekt C. Noskowski[2], der auf Einladung von Foster an den Wörthersee kam, um ein geeignetes Gelände ausfindig zu machen. Er fand es am Südufer des Sees in Dellach, wo Bauern Heu und Getreide ernteten. Da dies kein besonders einträgliches Geschäft war, schlugen die Bauern ein, als ihnen Foster als Jahrespacht einen Waggon Getreide anbot. 1929 konnte bereits gespielt werden. Damen-Tees hatte allerdings auch Herr Noskowski beim Bau nicht berücksichtigt, die wurden erst 1933, sechs Jahre nach der Gründung des Clubs gebaut, allerdings nur bei besonders schwierigen Löchern.[3]

Zahlreiche berühmte Persönlichkeiten besuchten den Platz: Ex-König Alfonso XIII. von Spanien war hier, der König von Siam kam mit dem Motorboot von Pörtschach herüber, und natürlich, wie konnte es anders sein, spielte auch der Herzog von Windsor oftmals auf dem Dellacher Platz. Alfonso von Spanien wurde durch ein Mitglied der Familie Hohenlohe nach Kärnten geholt und wohnte vorerst auf Schloß Niederosterwitz, das Hohenlohe für den Ex-König anmietete.

DER ERSTE VORSTAND 1927:[4]

EHRENPRÄSIDENT: Baron V. Franckenstein
PRÄSIDENT: Graf Ladislaus Hoyos
VIZEPRÄSIDENTEN: Prinz Orsini-Rosenberg, M.J. von Ehrfeld
GENERALSEKRETÄR: Baron C. von Knorring

DAS KOMMITEE 1931:

Dr. H. Bercht, Graf Z. Goess, Dr. Goetz, J. Günzl, K. Gunzer, R. Heinzl, W. von Kleinmayer, Dr. E. von Poiger, H. Sattler, L. Schauer und W. Schmidhammer[5]
ADMINISTRATEUR: R. Mathe
PLATZWART: J. Krobat
1937 wurde das Gründungsmitglied Major Foster zum Präsidenten des Clubs gewählt.[6]

DER VORSTAND 1938:[7]

PRÄSIDENT: Major Arthur William Foster
VIZEPRÄSIDENT: E. von Poiger
GENERALSEKRETÄR: Baron Constantin von Knorring
KOMMITEE: Graf Paul von Münster, Prinz Charles Rohan, Georges Bergate, Graf Anton Goess, Graf Zeno Goess, Graf Thurn-Valsassina, Graf Lato Hoyos

UNTEN: Am 6. Abschlag des Kärntner Golf Clubs: (V. LI.) Graf Paul Münster, Baron Knorring, Graf Goess, der spanische Exkönig Alfonso XIII., Prinz Charles Rohan und Graf Hoyos
DARUNTER: Deutsche Golfer putten auf dem 18. Grün mit dem Clubhaus im Hintergrund

Der Club hatte 50 Mitglieder, um die sich Karl Sündermann als Pro kümmerte. Die Platzpflege lag in den Händen von Greenkeeper Otto Krobath-Horwath.

Eine besondere Persönlichkeit in den ersten Jahren des Bestehens des Clubs war Baron Knorring. Knorring stammte aus einem baltischen Adelsgeschlecht und kam durch die Familie Hoyos nach Kärnten, Gräfin Hoyos war eine geborene Knorring. Der Baron selbst war ein äußerst resoluter Mann, der unmittelbar an den Platz angrenzend wohnte und so alle Arbeiten streng überwachen konnte. Er besaß zwei scharfe Hunde, vor denen sich nicht nur alle Spieler fürchteten, sondern auch die damals 12 Frauen, die angestellt waren, um das Unkraut auf den Grüns zu zupfen.[8]

Constantin Knorring, der nicht nur Generalsekretär des Kärntner Golf Clubs, sondern in den letzten Jahren auch Direktor im Golfhotel Dellach war, verstarb nach kurzem Leiden 1939.[9]

Major Foster wiederum war Getreidehändler und Besitzer einer Brauerei in England. Auf Betreiben der Windisch-Grätz baute er 1935 das Golfhotel, ursprünglich sollte es nur als Unterkunft für seine persönlichen Gäste dienen, die so zahlreich waren, daß er sie nicht mehr in seinem eigenen Haus unterbringen konnte. Geplant wurde das Haus übrigens von Gräfin Hoyos, der Gattin des Mitbegründers, eingerichtet wurde es von Peggy Münster.

Auch die Carinthia-Hütte vererbte Foster an die Windisch-Grätz, die sie später zusammen mit ihrem eigenen Besitz an den deutschen Kaufhauskönig Helmut Horten verkauften. Horten selber und seine Witwe waren Jahre später mit dem Golf Club ebenfalls eng verbunden.

Eine wesentliche Rolle bei der Entstehung des Golf Clubs Dellach spielte auch die Familie Goess, die ebenfalls mit der Familie Windisch-Grätz befreundet war und so zum Golfsport kam. Es waren Graf Zeno Goess und dessen Bruder Anton, die zu den Mitgründern des Clubs zu zählen sind. Das spätere langjährige Vorstandsmitglied Leopold Goess, Sohn von Zeno Goess, ging seinem Vater anfänglich Caddie und lernte so das Golfspiel.

Eine illustre Persönlichkeit in diesen Tagen war Graf Paul Münster. Durch seine Frau Peggy Ward befreundet mit dem Herzog von Windsor, der auch 1937 auf Münsters Schloß Wasserleonburg die Flitterwochen verbrachte, war Münster ein Herr der internationalen Gesellschaft. Neben Schloß Wasserleonburg besaß er in England eine größere Farm. Um auch im Winter Golf spielen zu können, kaufte er sich auch einen Palazzo in Venedig.[10]

Ende der 30er Jahre ereilte dem Kärntner Golf Club das Schicksal praktisch aller österreichischen Clubs, nämlich die Schließung. Aber Golfer sind ein findiges Volk, wenn es um die Erhaltung ihres geliebten Sports geht, und so gab es keine komplette Schließung, und man konnte auch in den 40er Jahren, mehr schlecht als recht, Golf spielen. Die Bauern hatten Anweisung, auf der Golfanlage Kartoffel anzubauen, aber sie hielten immer einen kleinen Grünstreifen frei, der bespielbar war.

1938/39 gab es keinen Vorstand mehr, die Zahl der Mitglieder betrug bescheidene 33.[11]

Nach dem Zweiten Weltkrieg waren praktisch alle österreichischen Golfplätze entweder aufgelassen oder unbespielbar. Die einzige Ausnahme war der Platz des Kärntner Golf Clubs, auf den sich die ganze Tätigkeit des Golfsports in Österreich konzentrierte. Da Kärnten unter britischer Besatzung war, wirkte sich dies günstig auf den Sportbetrieb aus, denn unter den Besatzungsoffizieren befanden sich viele begeisterte Golfer.

Der Platz wurde in ungetrübtem Einvernehmen vom einheimischen Club und der BTAGS, der „British Troops Austria Golfing Society", geführt. Die einheimischen Mitglieder mußten sich zwar meistens eine Spielerlaubnis erbetteln, aber irgendwie klappte das immer.

DER VORSTAND IM JAHRE 1950:[12]

PRÄSIDENT: Hans Maresch
VIZEPRÄSIDENT: Dr. R. von Hueber, Rolf A. Saal

Ernst Leitner, der große
Kärntner Golfpionier

Professional war damals Ronald Blackett und Greenkeeper der Vater des nachmaligen Golflehrers und Canada Cup-Spielers Josef Goricnik.

Der gute Zustand des Platzes in Kombination mit den natürlichen Schönheiten der Wörthersee-Umgebung war der Grund, daß schon 1950 Spieler aus 18 Ländern (Australien, Ägypten, Panama, USA, Holland, Belgien, Frankreich, Schweiz, Luxemburg, Deutschland, Italien, Spanien, Argentinien, Schweden, England, Brasilien, Mexiko und natürlich Österreich) den Platz besuchten.[13]

Einen besonderen Beitrag zur Fortführung des Platzes nach dem Abzug der englischen Besatzungstruppen leistete der spätere Clubsekretär Ernst Leitner, der schon vorher im Dienste der Besatzungsmacht stand und nachher die Fortführung des Clubs rettete.

Das heutige Golfhotel war nach dem Krieg ein Erholungsheim für englische Offiziere. Eines Tages traf Ernst Leitner (1912–2004) den Oberkommandierenden der englischen Truppen, Generalmajor Urquhart, der gerade einen Sportlehrer für das Erholungsheim suchte. Da Ernst Leitner nicht nur sehr sportlich, sondern sogar Olympiateilnehmer im 110-Meter-Hürdenlauf in Berlin 1936 war, war die Position für ihn wie geschaffen. Leitner, der aus der Steiermark stammte und auch der „steiri-

sche Nurmi" genannt wurde, wurde von nun Skilehrer, Tennislehrer, Schwimmlehrer, Wasserski-
lehrer und – auch Golflehrer. Seine Tätigkeit für die Engländer endete mit der Unterzeichnung
des Staatsvertrages 1955.

Er wurde aber nahtlos vom Kärntner Golf Club übernommen und blieb von 1956 bis 1987
Sekretär – man könnte durchaus auch Manager sagen. Vor ihm leitete seine Frau Hilde Leitner
den Club von 1951 bis 1953. Mit General Urquhart verband ihn und seine Frau noch eine jahr-
zehntelange Freundschaft.[14]

In den 50er Jahren hatte der Club mehrmals hohen Besuch: Etwa durch den Herzog von
Windsor, der im Schloßhotel Velden wohnte und dort einmal einige moderne Liegestühle aus Alu-
minium mitgehen ließ, und niemand traute sich etwas zu sagen![16]

Ein anderer hoher Besuch war von sportlicher Art, es war der amerikanische Meisterspieler Ken
Venturi, der während der Besatzungszeit in Salzburg stationiert war. Logischerweise spielte Venturi
Platzrekord, mit 29 Schlägen bei Par 35![17] Auch Bob Hope, Bing Crosby, Jackie Stewart, der „Rote
Baron" Banfield, der Kaffeeindustrielle Jacobs und andere internationale Persönlichkeiten frequen-
tierten den Platz.

Höhepunkt der Tätigkeit des Langzeitpräsidenten Hans Maresch war ab 1964 der Ausbau des
Platzes auf 18 Löcher. Die Fertigstellung 1969 konnte Maresch nicht mehr erleben, sie lag aber bei
seiner Frau Christine Maresch, die ihm als Präsidentin folgte, in besten Händen.

Nach dem Ausbau auf 18 Löcher wurde auch das berühmte hölzerne Clubhaus aus den 1930er
Jahren ausgebaut.

Kurz vor den Feierlichkeiten zum 50jährigen Jubiläum des Platzes 1979 verstarb auch Christine
Maresch. Die Herrin von der Hollenburg, eines der historisch und baulich bemerkenswertesten
Schlösser Kärntens, hatte sich viele Jahre lang mit großer Liebe und Begeisterung dem Golfsport
verschrieben.[18] Zweifellos hatte sich das Ehepaar Maresch, nicht zuletzt durch gute Kontakte zu
den richtigen Stellen, die größten Verdienste um den Wiederaufbau des Kärntner Golf Clubs erworben, die man nicht hoch genug einschätzen kann.

Der Kärntner Golf Club hatte bei der Suche nach einem neuen Präsidenten wieder großes
Glück. Es konnte der Kaufhaus-Milliardär Helmut Horten gewonnen werden, der als Einstands-
geschenk ein riesiges Fest veranstaltete und 25 Millionen Schilling spendete, die u.a. für ein neues
Clubhaus verwendet wurden. Das alte Holzhaus hatte endgültig ausgedient.
Horten blieb bis zu seinem Tod 1987 Präsident.

Einige Jahre später wurde das Clubhaus mit der Unterstützung von Hortens
Witwe, der neuen Präsidentin Heidi Horten noch einmal erweitert.

Nennenswerte Persönlichkeiten im Kärntner Golfleben der ersten Jahre nach
dem Krieg waren neben den Familien Maresch, Kyrle und Reichel natürlich Rolf
A. Saal, aber auch Heinrich Orsini-Rosenberg, Richard van Sickle, Dr. Leopold
Goess und Prof. H. Reitmann; weiters Familie Melion, Dr. Stelzer, Mr. Wehle
und andere.

Die Familie Dr. Reichel führt uns wieder an den Anfang der Clubgeschichte.
Schon zum Ende der 1920er Jahre, als der Club noch in den Anfängen war, versuchten sich die damaligen Kinder Hellmuth und Jörg Reichel als Caddies am
Golfplatz. Sie waren befreundet mit den beiden jüngeren Hoyos-Söhnen und alle vier wurden
Georg von Kuh, dem Sohn des nachmaligen Präsidenten des ÖGV, anvertraut, um ordentlich Golf
spielen zu lernen. Was zumindest bei den Reichels gelang, wenngleich es schwierig war. Die Buben
waren so lebhaft, daß der Bürgermeister sich beschwerte und meinte, sie schadeten dem Tourismus
und sollten besser vom Golfplatz verschwinden.

Die Begeisterung für Golf ist aber in der Familie geblieben, Sohn Hellmuth Reichel jun. wurde
mehrfacher Nationalspieler und auch Präsident und Geschäftsführer des Clubs.

Die beiden sportlichen Aushänge-
schilder des Kärntner Golf Clubs:
Johannes Kyrle und Hellmuth
Reichel, hier aufgenommen beim
Europäisches Juniorenkriterium in
Krefeld, 1962; Österreich stellte
mit den beiden 14jährigen die
mit Abstand jüngsten Teilnehmer

Kärntner Golf Club Dellach,
Mannschaftsmeister 2005:
(STEHEND V. LI.) Lukas Michor,
Reinhard Krendl, Florian Ehall,
Kurt Mayr, Uli Paulsen, Coach
Manni Zerman; (HOCKEND V. LI.)
Florian Pogatschnigg, Headpro
Matthias Geppel, Markus
Stampfer, Anton Darohs jun.,
Peter Lepitschnik, Oliver Vogel

DIE PRÄSIDENTEN DES KÄRNTNER GOLF CLUBS DELLACH:

1950–1971	ÖR Hans Maresch
1972–1979	Christine Maresch
1980–1986	Helmut Horten
1987–1993	Dr. Hellmuth Reichel
1994–1999	Dr. Wolf Klammerth
2000–2000	Dr. Gerd Penkner
2001–	Heidi Horten

Der Dellacher Golfplatz schrieb auch im Turniergeschehen österreichische Golfgeschichte. Er war neun Mal Austragungsort der Internationalen Meisterschaften, davon von 1947 bis 1952 sechs Mal in ununterbrochener Reihenfolge. Weiters in den Jahren 1977, 1985 und 1996. Die österreichischen Staatsmeisterschaften wurden vier Mal (1964, 1974, 1989 und 1995) in Dellach ausgetragen.

Auch spielerisch zählt Dellach traditionell zu den besten Clubs in Österreich: sechs Mal wurde die Mannschaftsmeisterschaft gewonnen (1974, 1991, 2001, 2002, 2004, 2005), drei weitere Male die neu ins Leben gerufene Damen-Mannschaftsmeisterschaft (2003, 2004, 2005).

GOLF CLUB ACHENSEE

P ertisau am Achensee ist die Wiege des Golfsports in Nordtirol. Dr. Leopold von Pasquali war der Golfpionier am Achensee und damit auch in Tirol. Wie es genau zu der Entstehung des Golf Clubs Achensee kam, darüber gehen die Meinungen allerdings auseinander. Die offizielle Version: Dr. Pasquali beobachtete 1934 einen englischen Gast dabei, wie er auf den Kuhweiden mit dem Schläger einen Ball vor sich hertrieb. Der Gast gab bereitwillig Auskunft über das seltsame Spiel, und Pasquali witterte eine Chance für den Fremdenverkehr und die Hotelbetriebe am Achensee. Nicht ganz uneigennützig, denn immerhin war er Direktor der Tiroler Wasserkraftwerke TIWAG, der die Schifffahrt und einige Hotels am Achensee gehörten, und gerade für diese Fremdenverkehrsbetriebe innerhalb der TIWAG war Dr. Pasquali zuständig. Er wurde auch nach England eingeladen, um dort Golfplätze zu studieren.[1]

Nach anderen Erzählungen war es ein ägyptischer Freund Pasqualis, der ihn auf den Golfsport aufmerksam machte.[2] Eine weitere Version besagt, daß im Bestreben, den Gästen am Achensee den Aufenthalt so angenehm wie möglich zu gestalten, der Verschönerungsverein Pertisau sich bereits 1930 veranlaßt sah, mit der Anlage eines Golfplatzes zu beginnen und daher 1931 den Golfclub Pertisau (nicht Achensee) ins Leben rief.[3] – Diese Version dürfte die richtige sein, wurde sie doch von Pasquali selbst vertreten.[4]

Der Bau des Golfplatzes wurde durch die schwer zu lösende Grundfrage durch mehrere Monate verzögert, so daß mit den Arbeiten erst im Herbst 1930 begonnen werden konnte. Im Jahr 1931 wurden sie fortgesetzt, 1932 konnte endlich der Spielbetrieb aufgenommen werden.

Gesichert ist, daß am 4. 5. 1934 der heute noch bestehende Golf Club Achensee auf Initiative von Dr. Pasquali gegründet wurde. Insgesamt 14 Gründungsmitglieder riefen den Club ins Leben und verpflichteten sich, lebenslänglich einen jährlichen Beitrag von 5 Schilling (!) zu leisten. Am 18. 6. 1934 wurde der Platz eröffnet, einen Tag zuvor hatte ein Golflehrer, vermutlich Franz Rappold, seine Tätigkeit aufgenommen.[5] Die Eintrittsgebühr betrug öS 50,-, während der jährliche Mitgliedsbeitrag mit öS 25,- festlegt wurde.[6]

Vielleicht waren die besagten Kuhweiden, auf denen der Engländer, vielleicht auch der Ägypter 1934 spielten, bereits der seit 1932 bestehende Golfplatz des Golf Clubs Pertisau, der aber (wegen der Kühe) als solcher nicht erkennbar war?

Der Golf Club Achensee übernahm den vom Verschönerungsverein angelegten Golfplatz und nahm einige Verbesserungsarbeiten wie Planierungen von Spielbahnen und die Anlage von Bunkern vor.[7] Erster Präsident wurde, wie konnte es anders sein, Dr. Leopold von Pasquali, Vizepräsident Adolf Nagele sen. Weitere Vorstandsmitglieder waren Hermann Huber und Franz Klingler (beide Pertisau) sowie Josef Klingler und Hans Patzel (beide Maurach).

Ursprünglich war der in Rovereto geborene Edelmann Leopold Alois Jakob Pasquali Edler von Campostellato (1888–1973), wie er mit vollem Namen hieß, ein Offizier der k. k. Armee. Nach dem Ersten Weltkrieg entschied sich Pasquali, der österreichischen Seite treu zu bleiben, zog nach Innsbruck und heiratete eine Tochter aus der Wiener „Zuckerldynastie" Schmidt. Beruflich völlig neu orientiert arbeitete Pasquali von nun an für die TIWAG in Innsbruck, deren Schiffahrt und zwei Hotels am Achensee ihm oblagen. Auf diese Weise oft am Achensee unterwegs, fielen ihm eines Tages einige Wiesen auf, die sich – leidlich – für einen Golfplatz eignen würden. Da Pasquali durch einen ägyptischen (!) Freund bereits auf den Golfsport aufmerksam gemacht worden war, ging er 1934 daran, den Golf Club Achensee zu gründen, für den er bis 1969 Präsident und an-

Die 2. Spielbahn des Golfplatzes in Pertisau. Diese landschaftlich reizvolle Aufnahme von Dr. Leopold von Pasquali wurde von der „Deutschen Golfzeitung" als Titelfoto verwendet

schließend von 1970 bis 1973 Ehrenpräsident war.[8] Für den ÖGV war Pasquali von 1954 bis 1973 als Vizepräsident tätig.

Der Platz gewährte einen schönen Blick auf den Achensee, aber der Zustand des Platzes verursachte einiges Kopfzerbrechen, weil er durch die auf dem Platz weidenden Kühe und Pferde empfindlich in Mitleidenschaft gezogen wurde. Holzstöße zwischen Abschlägen und Grüns stellten einen zusätzlichen Schwierigkeitsgrad dar. Erst die Einzäunung der Grüns brachte eine Verschonung mit sich.

Sechs Spielbahnen gingen über Kuhweiden, so daß es immer wieder Probleme mit den Bauern gab. 1937 kam es eines Tages dazu, daß der ÖGV den Platz inspizierte, um zu prüfen, ob er den Anforderungen gerecht wurde. Aber auch dem Präsidenten des ÖGV gelang es nicht, die Bauern zu überzeugen, die Kuhweiden zu verlegen. Und dies, obwohl der Präsident des ÖGV, der höchstpersönlich anreiste, kein Geringerer als Heinrich von Kuh war. Und so mußte die kleine Gruppe der Golfer – der Club hatte vor dem Krieg ca. 25 Mitglieder – die Kühe vertreiben, wenn ein Ball unter diesen landete.

Vom Bau eines Clubhauses konnte man damals, da der Platz sich in unmittelbarer Nähe von Hotels befand, Abstand nehmen.[9] Das Vereinslokal befand sich in Alois Rupprechters Hotel Karlwirt.

DER VORSTAND 1937:[10]

PRÄSIDENT: Dr. Leopold von Pasquali
VIZEPRÄSIDENT: Adolf Nagele sen.
KASSIER: Franz Klingler
KOMMITÉE: Hermann Huber, Josef Klingler
TRAINER: Franz Rappold, GREENKEEPER: Johann Storm

Mit dem Zweiten Weltkrieg kam das vorübergehende Aus für den Golf Club Achensee. Kurz vor dem Krieg spielten nur noch neun wackere Golfer, für die nur mehr die Greens gemäht wurden, bis der Spielbetrieb ganz eingestellt wurde.

Nach dem Krieg wurde der Betrieb relativ früh wieder aufgenommen. Es war der zweite Platz nach Dellach, der zumindest halbwegs wieder bespielbar war. In den ersten Jahren nach dem Krieg hatte der Club 21 Mitglieder, darunter waren Ehrenpräsident Kurt Mitterstiller, Präsident Leopold Pasquali und Kassier Josef Entner. Ein weiteres Mitglied war Leo Vittur, einer der letzten lebenden Golfpioniere der dritten Generation in Österreich, der 1945 mit dem Golfspiel begann.[11]

Keiner kann die ersten Schritte zu einem normalen Golfspiel nach dem Krieg besser erzählen als Vittur: Es gab drei Leihschläger im Club, mit denen Leo Vittur und seine Freunde Rudi Mauracher und Ernst Feiner auf den Wiesen herumhackten. Daher hegte man den starken Wunsch, sich eigene und bessere Schläger zu besorgen. Die Suche begann erfolglos in Innsbruck, dann, 1950, machten sich die drei Golfer auf den Weg nach Wien. In drei Sportgeschäften schüttelten die Verkäufer ebenfalls ratlos den Kopf, einer schickte sie in ein Spielwarengeschäft. Auch dort nur Kopfschütteln. Durch Zufall fanden die drei Tiroler im Dorotheum fünf gebrauchte Schläger mit Tasche, die von einem alten Baron stammten. 1952 wurden sie Mitglied im Golf Club Achensee, und über einen Schweizer Vertreter bekamen sie schließlich eigene neue Schläger direkt aus Schottland.

Meistens spielten Vittur und seine Freunde in der Mittagspause. Einmal kam Rudi Mauracher zu spät zur mittäglichen Runde. Rudi sprang aus dem Auto, rannte zum Abschlag und vergaß dabei den Obers, den er dem Karlwirt liefern wollte. Bei dem starken Bremsvorgang kippte die Kanne mit dem Obers um. Nach Beendigung des Matches war das Malheur sicht- und riechbar. Da es an dem Tag sehr heiß war, waren die zehn Liter Obers in alle möglichen Ritzen des Autos

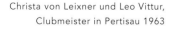

Christa von Leixner und Leo Vittur, Clubmeister in Pertisau 1963

gesickert. Täglich begann es im Auto mehr zu stinken, Mauracher mußte sich ein neues kaufen. Zu spät kam er nie mehr.[12]

Leo Vittur und seine Freunde waren die große Ausnahme unter den Einheimischen. Denn Golf war den Gästen vorbehalten, Einheimische boykottierten eher den Golfsport. Einmal wurde Vittur, als er wieder einmal seine Runden drehte, von einem Bauern gefragt: „Vittur, was bekommst Du dafür in der Stunde?"

Als Golf bekannter wurde und neue Golfplätze entstanden, kam auch die Reiselust, und die drei Freunde fuhren nach Dellach. Dort fragten sie den Pro, wieviel die guten Spieler für neun Löcher brauchen. Die Antwort war: „zwischen 35 und 40". Dann fragten sie: „Was sind denn die, die 50 Schläge und mehr brauchen?" Die niederschmetternde Antwort war. „Das sind Klopfer." Die Pertisauer wußten nun, wie sie bezeichnet wurden. Das änderte sich aber

Leo Vittur im österreichischen Team bei der Senioren-Weltmeisterschaft in Broadmoor/USA, 1972; (V. LI.) Dr. Arthur Kline (Wien), Dr. Hans Rutkowski (Wien), Organisator, Dr. Rudolf Grömmer (Salzburg), Leo Vittur (Pertisau)

dann im Laufe der Jahre:[13] Vittur wurde 1962 Tiroler Meister und vertrat 1972 Österreich bei der Senioren-Weltmeisterschaft in Broadmoor, im US-Bundesstaat Colorado.

Der Golfplatz in Pertisau entwickelte sich weiter, und etliche bekannte Persönlichkeiten spielten den Platz. So etwa der Erzbischof von Canterbury, der englische Weltklassespieler Henry Cotton und der vielfache Deutsche Meister Hermann Tissies. Ebenso der Direktor der Unesco in Kairo, Jan Smid. Smid und seine Familie spielten fast 30 Jahre lang jeden Sommer in Pertisau, wo sich die über die ganze Welt verstreute Familie traf. Die Liebe zu Golf und Pertisau war so groß, daß Smid in seinem Testament darum bat, nach dem Tod seine Asche auf dem Golfplatz Pertisau zu verstreuen, was auch ganz im stillen geschah. Und jährlich wird von der Familie ein Turnier in memoriam Jan Smid abgehalten.

Die Legende Leopold Pasquali verstarb 1973, 25 Jahre lang hatte er die Geschicke des Clubs gelenkt. 1969 trat Alfred A. Hartmann die Nachfolge an. Unter ihm gab es einen weiteren Aufschwung, die Mitgliederzahl stieg auf 120, und in den 80er Jahren konnte Hartmann neue Fairways und eine neue Drivingrange schaffen.

1989 übernahm nach dem Rücktritt Hartmanns Ing. Franz Müller die Geschicke des Clubs. Der Platz war inzwischen von etlichen neuen Gebäuden „umhäuselt", und man hegte den verständlichen Wunsch, den alten Platz zu verlegen. Die Gefährdungssituation auf den Spielbahnen änderte auch die Grundhaltung der Behörden. Die Verhandlungen mit ca. 40 Behörden und Beteiligten sowie 28 Weideberechtigten dauerten ca. vier Jahre, dann konnte mit dem Bau begonnen werden. Die Architekten Bechler und Feldmeier planten neun Spielbahnen mit 18 Greens und 36 Abschlägen. Mit diesen zwei Greens pro Spielbahn war der Golf Club Achensee nicht nur der erste in Österreich, sondern der zweite in Europa und der sechste weltweit. 1995, zu einer verspäteten 60-Jahr-Feier, konnte der neue Platz eröffnet werden.

Aber die Pertisauer wollten mehr: Im Jahre 2004 gelang es dem Golf- und Landclub Achensee, den Platz auf 18 Löcher auszubauen. Der 18-Loch-Platz erlaubt es den Pertisauern vielleicht auch, sportliche Höhen zu erklimmen, die bisher mangels eines Meisterschaftsplatzes und der damit verbundenen Trainingsmöglichkeiten nicht sonderlich üppig ausfielen. Immerhin aber wurde 1982 Klaus Furtner Österreichischer Juniorenmeister, und Annemarie Furtner gewann die Seniorinnen-Meisterschaft 1995 und 1996.

Mit Didi Posch kam auch ein hoffnungsvoller Jung-Pro aus Pertisau, der 1986 in Pichlarn bei einer großen Exhibition als damals zweitbester österreichischer Berufsspieler nach Franz Laimer vor großem Publikum die österreichischen Farben vertrat.

Apropos Golfpro: Otto Stocklasser war in den 50er und 60er Jahren der erste Pro nach dem Krieg. Die Golflehrerlegende am Achensee ist aber Isidor Schaffer, der seit den 1970er Jahren die Stelle als Golflehrer in Pertisau innehat.

GOLF CLUB
INNSBRUCK-IGLS

Der heutige Golf Club Innsbruck-Igls wurde 1956 gegründet, allerdings gehen die Wurzeln des Golfsports in Innsbruck weiter zurück. Schon 1933 begann man in Igls auf den Gründen der Familie Zimmer beim Hotel Iglerhof mit dem Golfspiel. Laut „Mitteleuropäischer Golfrevue" soll der Platz bereits seit dem Jahre 1931 bestanden haben.[1] Möglicherweise wurde nur der Platz 1931 gebaut, der Club aber erst 1933 gegründet.

Der Initiator der Clubgründung war der Mitbesitzer des Hotels Iglerhof, Freiherr von Gagern. Ihm zur Seite standen Direktor Georg Schindler und ein langjähriger Gast, Herr Petschek aus Böhmen. Bei der Gründung wurden der Innsbrucker Rechtsanwalt Dr. Karl Polaczek zum Präsidenten und Dr. Kurt Neugebauer zum Vizepräsidenten gewählt. Die technische und sportliche Leitung übernahm Georg Schindler, der schon Golferfahrungen von der Insel Brioni mitgebracht hatte.[2]

Der Platz schloß unmittelbar südlich an das Hotel an und zog sich an den Hängen des Patscherkofels in Richtung Grünwalderhof dahin. Obwohl der Platz eher kurz war, erfreute er sich bei den Gästen großer Beliebtheit. Er soll der internationalste der damaligen Plätze in Österreich gewesen sein.

1934 fand das erste Golfturnier um den von der Stadt Innsbruck gestifteten Silberpokal statt. Gewinnerin war eine Mrs. H.C. Tibout aus New York. Hubert Baron Rosenberg-Redé aus Zürich gewann eine vom ÖGV als Ehrenpreis gespendete wertvolle Silbervase.[3]

Da es sich beim Club um einen reinen Privatplatz des Hotels Iglerhof handelte, hatte er praktisch keine Mitglieder und auch keinen eigenen Vorstand. Geleitet wurde der Club vom Hoteldirektor Georg Schindler, der Sekretär und zugleich Golflehrer war. Greenkeeper war Josef Zieher.[5] Erst 1935 wurde der „richtige" Club gegründet.

Der Zweite Weltkrieg bescherte dem Club im Jahre 1942 das Ende, die Fairways wurden zu Getreidefeldern und Kartoffeläckern rückgewidmet.

Sehr schnell reifte nach dem Krieg der Gedanke, möglichst bald wieder einen Golfplatz zu bauen. Es war der nunmehrige Besitzer des Hotels Iglerhof, KR Josef Fuchs, der diesen Gedanken vorantrieb. In Dr. Fred Beck, dem Besitzer des Sporthotels Igls, fand er einen höchst interessierten Mitinitiator. Jetzt ging es darum, einen geeigneten Platz und die nötigen Mitarbeiter und Experten zu finden. Mit dem früheren Präsidenten Dr. Polaczek und Max Kettenmeier, der früher Manager des nun aufgelassenen Golfplatzes in Meran war, waren diese schnell gefunden.

Man wurde in der Nachbargemeinde Lans fündig, wo sich der Gutsbesitzer Dr. Fritz Margreiter bereit erklärte, sein geschlossenes Grundstück an den Club zu verpachten. Nach Abschluß des Pachtvertrages wurde auch der beim Grundstück gelegene Gasthof Sperberegg zugekauft, der als Clubhaus diente.

Die Gründungsversammlung fand am 25. 7. 1956 statt, der Bau des Platzes wurde im Herbst desselben Jahres nach den Plänen des Golfarchitekten H. E. Gärtner begonnen. Die Bauausführung hatte der Mitarbeiter der Arbeitsgemeinschaft Golfarchitekten Hoffmann/Gärtner, der ehemalige deutsche Golflehrer Emil Dürk, inne, der

UNTEN RE.: Prospekt des Golfhotels Iglerhof aus den 1930er Jahren

**TURNIERERGEBNISSE
AUS DEN 1930er JAHREN:[4]**

PREIS DER STADT INNSBRUCK:
1934	Mrs. Tibout
1935	Baron H. Rosenberg-Redé
1936	Baron H. Rosenberg-Redé
1937	Graf Casimir Zichy
1938	Dir. Prox

**PREIS DES ÖSTERREICHISCHEN
GOLFVERBANDS:**
1934	Baron H. Rosenberg-Redé
1935	Frl. Putmann-Cramer
1936	Baron H. Rosenberg-Redé
1937	Hodson
1938	H. Luhn

**PREIS DES GOLFHOTELS
IGLERHOF:**
1934	Herb
1935	H. Reiser
1936	Frau Kupelwieser
1937	Bogby
1938	Dir. Schmid

**PREIS DES LANDES-
VERKEHRSAMTS TIROL:**
1934	Baron H. Rosenberg-Redé
1935	Baron H. Rosenberg-Redé
1936	H. Reiser
1937	Kahil
1938	Kahil

bereits beim Bau des Golfplatzes Freudenstadt mitgewirkt hatte. Als Bauausführender war auch der Mitbegründer Max Kettenmeier beteiligt. H. E. Gärtner konnte die Vollendung seines Werks nicht mehr erleben, er verstarb 1957.

DER ERSTE VORSTAND:[6]

PRÄSIDENT: Dr. Karl Polaczek
VIZEPRÄSIDENT: Erwin Handl
AUSSCHUSS: Lorenz Rhomberg, Manfred Swarovski, Dr. Kurt Neugebauer, Dr. Herbert Sabinsky,
    Dr. Peter Stoisavljevic, Dipl. Ing. Fred Achhammer und Dr. von Andreatta

Die Finanzierung des Baus konnte vorerst nur durch Darlehen und Spendenaktionen gesichert werden, da die Anzahl der Mitglieder und Gäste anfänglich sehr gering war. Während sich bei der Gründungsversammlung immerhin etwa 40 Interessenten einfanden[7], gab es auch nach zehn Jahren nur 80 Mitglieder. Durch intensive Bewerbung einerseits und durch cleveres Management andererseits, insbesondere durch den späteren Präsidenten Dr. Theo Huter und dessen Kassier Dr. Franz Mayr, konnte in der Folge eine gesunde finanzielle Basis geschaffen werden.

Das Golferleben in Innsbruck bestand aus einer großen Familie mit vielen herausragenden Persönlichkeiten und Charakteren. Mario Lindhout, der aus Holland stammende Clubsekretär, gehörte dazu oder ein extrovertiertes Vorstandsmitglied, das einmal den Restaurantpächter bat, die Brille herunterzunehmen, um ihm dann eine schallende Ohrfeige zu versetzen. Es gab auch eine noble Baronin, deren Namen wir ebenfalls nicht verraten wollen. Sie war keine besonders gute Spielerin, aber immer sehr „standesgemäß" gekleidet, auch beim Golfspielen. Eines Tages machte sie einen Abschlag, aber niemand konnte den Ball sehen. Weit geflogen konnte er nicht sein, aber am Abschlag lag er auch nicht. Als die Baronin einige Schritte ging, fiel der Ball unter ihrem weiten Rock heraus!

Als erster Pro in Igls war Rittmeister Hans Fischer tätig, der gleichzeitig auch erster Sekretär des Clubs wurde. Ihm folgte der Deutsche Gerold Fischer, der später Präsident des Deutschen Golflehrerverbandes wurde. Sein legendärer Nachfolger wurde der Südtiroler Carlo Gögele.

Auch sportlich konnte der Club auf sich aufmerksam machen, was vor allem Dr. Peter Stoisavljevic zu verdanken war, der das Niveau der Spieler durch Jugendförderung steigern konnte.

1961 wurde Igls mit der Austragung der Österreichischen Meisterschaften betraut, die bei den Damen prompt vom Innsbrucker Clubmitglied Christa Leixner gewonnen wurde.

1962 starb Gründungspräsident Dr. Polaczek, Dr. Huter trat seine viele Jahre andauernde Nachfolge an. Dr. Theo Huter (geb. 1921) begann mit Golf 1955, war also ebenso wie Polaczek ein Mann der ersten Stunde im Innsbrucker Golfgeschehen. Damals galten die Golfer noch als Verrückte, und der alte Witz „Haben Sie noch Sex oder spielen Sie schon Golf?" war eine gängige Redewendung.

Schon zum 10jährigen Jubiläum gab es Bestrebungen, den Platz in Sperberegg auf 18 Löcher auszubauen. Infolge von Schwierigkeiten bei der Beschaffung von Gründen mußte dieses Ziel letztendlich 1969 aufgegeben werden.

Die Notwendigkeit, für die Landeshauptstadt und Sportstadt Innsbruck einen 18-Loch-Meisterschaftsplatz zu schaffen, war aber auch den verantwortlichen Politikern klar, und somit konnte mit deren Unterstützung und der unermüdlichen Hilfsbereitschaft der damals 120 Mitglieder und

GANZ OBEN: Präsident Dr. Polaczek bei der Preisverteilung der Eröffnungswettspiele 1958
OBEN: Toni Sailer erhält in Igls aus den Händen von Präsident Dr. Polaczek seinen ersten Golfpreis

OBEN: Österreichische Jugend-
meisterschaften 1964 in Innsbruck-
Igls mit zahlreichen Innsbrucker
Teilnehmern: (HINTEN V. LI.) Richard
Roittner, Hermann W. Pollak, Peter
Nierlich, Rudolf Hauser, Max Lam-
berg, Dr. Peter Stoi, Lambert Stolz,
Johannes Kyrle, Peter von Hueber,
Klaus Nierlich, Walter Lamplmayr;
(VORNE V. LI.) Christa Lorenz, Hellmuth
Reichel, Ruth Strasser, Brigitte
Vittur, Christa Leixner, Maxi Szinovac

UNTEN: Plakat aus den 1930er
Jahren von Wilhelm Nikolaus
Prachensky (1898–1956)

des Vorstandes 1977 der ersehnte 18-Loch-Platz in Rinn eröffnet werden. Präsident Theo Huter, der während der Grundstücksverhandlungen mit den Bauern ca. drei Jahre lang seine Zeit mehrheitlich in Kuhställen verbracht hatte, war neben Bürgermeister Arnold die treibende Kraft.

Der Golfclub Innsbruck-Igls stieg damit in die erste Reihe der österreichischen Golfclubs auf. Bekannte Persönlichkeiten wie Lambert Stolz, Monika Stolz, Florian Stolz, Ekki Lantschner, die Brüder Nemes, Ike Wieser usw. festigten diese Stellung auch in sportlicher Hinsicht.

Neben den verdienstvollen Funktionären Dr. Polaczek und Dr. Neugebauer, die schon vor dem Krieg dem Klub ihren Stempel aufdrückten, sind besonders vier Persönlichkeiten zu erwähnen, die maßgeblich den Golfsport in Innsbruck Igls prägten: Dr. Peter Stoisavljevic als langjähriges Vorstandsmitglied des ÖGV (1961–1975), wobei er von 1965 bis 1968 die wichtige Position des Honorary Secretary innehatte, der Langzeitpräsident Dr. Theo Huter (1963–1991), dessen Nachfolger als Präsident Lambert Stolz (1992–1997, Mitglied des ÖGV-Vorstands 1982–1994) und der langjährige, legendäre Clubsekretär Mario Lindhout.

Lambert Stolz war nicht nur ein angesehener Klubfunktionär, sondern auch ein hervorragender Spieler. Sein außerordentliches Talent zeigte er bereits am Beginn seiner Golferlaufbahn. Damals, eines schönen Tages im Jahre 1962, trat er vormittags dem Klub bei und gewann nachmittags sein erstes Turnier, bei dem er sich auf Handicap 18 herunterspielen konnte. Es muß allerdings erwähnt werden, daß Stolz bis zu diesem ereignisreichen Tag schon eine sechsjährige Caddielaufbahn hinter sich hatte und sich während dieser Zeit allerhand hatte abschauen können. Aber nur durch Zusehen Golf zu erlernen ist auch eine Leistung. Seine bedeutendste Runde Golf spielte Stolz mit Heinrich Harrer und Ex-König Leopold von Belgien. Stolz verlor ein Bier gegen den König. Kein Wunder, der Ex-Monarch spielte 2 unter Par, brutto natürlich. Da verliert man gerne ein Bier.

Die ersten Innsbrucker, die zu Meisterehren kamen, waren Christa von Leixner und Cary von Rohrer. Leixner gewann 1961 die Staatsmeisterschaften und 1964 die Jugendmeisterschaften. Rohrer wurde 1962 Jugendmeister.

Cary von Rohrer (geb. 1942) lernte ab 1955 vom legendären Rittmeister Hans Fischer, der ihm kostenlos Stunden gab, Golf spielen. Dies war der Tatsache geschuldet, daß Rohrers Vater Fischer nach Igls vermittelt hatte. Die Familien Rohrer und Fischer kannten sich aus ihrer Zeit in Wien und vermutlich auch aus Brioni. Cary Rohrers Mutter, geborene Gräfin Schallenberg und gute Freundin von Brionis Hausherrin Maria Kupelwieser, spielte bereits vor dem Krieg auf dem Semmering und in Brioni, wo auch Fischer früher Polo spielte.

Nachdem Cary Rohrer schnell dazulernte und bald als Jugendlicher den damaligen Innsbrucker Clubmeister Otto Kaserer entthronte, ging es weiter bergauf bis zum Jugendmeistertitel. Dann kam jedoch die Entscheidung: Bankkarriere in München oder Golf. Rohrer entschied sich für ersteres, und für ca. 30 Jahre wurden die Schläger in das Bag gesteckt. Seit den 1990er Jahren spielt Rohrer wieder in München und Altentann.

Bis zum nächsten Staatsmeistertitel bei den Erwachsenen nach Leixners Sieg 1961 mußte Innsbruck lange warten: Erst 1987 wurden die Zählwettspielmeisterschaften von Ike Wieser gewonnen, dann aber gleich noch einmal 1988 und 1990.

Erfolgreicher waren die Tiroler bei der Jugend: Nach dem Sieg von Rohrer 1962 ging der Sieg bei den Burschen an Florian Stolz (1973, 1976), Stefan Delacher (1981) und Matthias Nemes (1983, 1985, 1987). Bei den Mädchen waren nach Leixner (1964) erfolgreich: Monika Stolz (1969), Elisabeth Mayr-Metzker (1974) und Ike Wieser (1984, 1987). Bei den Seniorinnen holte sich Inge Perner 1975 den Meistertitel.

Die Österreichische Mannschaftsmeisterschaft 1975 gewann Innsbruck.

Der Golf Club Innsbruck-Igls war Austragungsort folgender österreichischer Meisterschaften: Staatsmeisterschaften 1961 und 1972 (jeweils in Igls) sowie 1980, 1983 und 1997 in Rinn, Zähl-wettspielmeisterschaften 1987 in Rinn. Die Meisterschaften 1972 waren die letzten Staatsmeister-schaften, die auf einem 9-Loch-Platz ausgetragen wurden. Die Teilnehmerzahl war bereits so stark angestiegen, daß der kleine Platz sie nicht mehr bewältigen konnte und die letzten Spieler in der Dunkelheit das 18. Grün erreichten bzw. von Autoscheinwerfern beschienen wurden.

DIE PRÄSIDENTEN DES GC INNSBRUCK-IGLS:

1956–1962	Dr. Karl Polaczek
1963–1991	Dr. Theo Huter
1992–1997	Lambert Stolz
1998–	Heinrich Menardi

SALZKAMMERGUT GOLF CLUB

Was der Schriftsteller Ernest Hemingway für viele Hotels weltweit zu sein scheint, dürfte der Prinz of Wales bzw. Herzog von Windsor für so manche Golfplätze sein: ein Aushängeschild und Werbeträger. Der leidenschaftliche Golfer drehte nicht nur in Lainz seine Runden, sondern in be-vorzugtem Maße auch in Bad Ischl. Außer dem Pariser Platz Le Touquet hat der Herzog keinen Platz so oft gespielt wie den des Salzkammergut Golf Clubs.[1]

In den Clubnachrichten 1937 steht zu lesen: „Der April stand im Zeichen des Herzogs von Windsor ... Obwohl der Platz zufolge der schlechten Witterung noch nicht in großer Form ist, hat sich seine Königliche Hoheit sehr wohl gefühlt. Es beweist dies sein oftmaliges Spiel. Der Herzog spielte vom 5. bis 24. April fast täglich. Seine Königliche Hoheit nahm täglich Tee im Clubhaus und widmete dem Sekretär-Ehepaar [Franz und Maria Weissberger] bei seinem Abschied ein Bild mit Autogramm. Seit der Abreise trauert der ganze Platz um den – trotz seiner hohen Stellung – so warmfühlenden, netten und herzlichen Gast."

Diese Zeilen wurden ihm bei seinem Besuch als Herzog von Windsor gewidmet. Er hatte aller-dings schon 1935 als damaliger Prinz of Wales im Salzkammergut gespielt. Eine Dame des Gefol-ges, Lady Katharine Rogers, soll damals gesagt haben, daß der Ischler Platz einen Vergleich mit vielen bekannten englischen Plätzen bestehen kann.

Im April 1937 schien der Herzog den zu dieser Zeit noch menschenleeren Platz sehr zu genie-ßen und drehte viele Male seine Runden, meist bei weniger schönem Wetter, während er bei Son-nenschein Ausflüge machte.

Das Clubhaus des Salzkammergut Golf Clubs auf dem Karolushügel in den 30er Jahren

Jause auf der Terrasse des alten Clubhauses des Salzkammergut Golf Clubs

OBEN, V. LI.: Anny Mandl, Jomo Kenyatta, Dr. Felix Mandl, Mamma Ngina, Schwiegersohn George Dobroljubow, Stieftochter Doris Bing-Dobroljubow; Mombasa, ca. 1965
DARUNTER: Die Haltestelle der Salzkammergut-Lokalbahn „Aschau-Golfplatz"

Seine Präsenz blieb 1937 nicht der einzige Besuch eines „königlichen Golfers". Auch seine Königliche Hoheit, der Großherzog Friedrich Franz von Mecklenburg, seine Gattin, die Großherzogin von Mecklenburg, und Prinzessin Olga von Cumberland spielten mehrmals in Ischl, einige Male mit dem Clubsekretär Franz Weissberger.[2]

Und Jahre später, 1972, verbrachte zur Zeit der Olympischen Spiele in München Ex-Königin Friederike von Griechenland einen Teil des Sommers im Hause des griechischen Konsuls Pappas in St. Gilgen und spielte eine Zeit lang täglich am Ischler Golfplatz.

Begonnen hat am Golfplatz in Bad Ischl alles 1933, als auf Initiative des Industriellen Dr. Felix Mandl (1898–1992) und der Hoteliers Dr. Ludwig Koch (1890–1939) vom Hotel Post in Bad Ischl sowie Hermann Peter vom Hotel Weißes Rößl in St. Wolfgang der Salzkammergut Golf Club gegründet wurde. Federführend waren weiters der Sägewerks- und Großgrundbesitzer Franz Weissberger und der Industrielle Dr. Wolfgang Strohschneider.

Mandls Familie gehörte die größte Zementgruppe in Österreich-Ungarn, deren Sitz nach dem Zerfall der Monarchie 1921 von Budapest nach Zürich verlegt worden war. Nachdem auch im Zweiten Weltkrieg Werke verloren gegangen waren, begann Mandl einen Neuaufbau, darunter in Kenya, wo er ein Freund des damaligen Präsidenten Jomo Kenyatta wurde. Mandl war ein begeisterter Tennisspieler und war nie ein aktiver Golfer, passiv zeigte er aber viel Interesse

1932 wurde unter der Führung von Dr. Oskar von Inwald-Waldtreu ein Gründungskomitee konstituiert, welches sich die Aufgabe gestellt hatte, die schon seit langem bestehende Idee, in der Nähe des Wolfgangsees einen Golfplatz zu errichten, zu verwirklichen. Schließlich wurde ein passendes Gelände in der Nähe der Haltestelle Aschau der Salzkammergut-Lokalbahn gefunden. Später wurde diese Haltestelle in „Aschau-Golfplatz" umgetauft, was auf die Wichtigkeit des Golfplatzes für den Fremdenverkehr schließen läßt.

Die Planung und die Bauleitung übernahm der erfahrene Wiener Golfer Henri Heine-Geldern, der sich schon Verdienste um den Bau des Platzes in Wien-Lainz erworben hatte. Präsident wurde Prinz Karl Emil zu Fürstenberg (1867–1945), seine Vizepräsidenten waren Baron Inwald und Baron Dr. V. de Tuyll. Von den Initiatoren übernahm nur Franz Weissberger mit der Stelle des Sekretärs – heute würde man Clubmanager sagen – eine führende Rolle im weiteren Clubleben. Seine Gattin, Maria Weissberger, kümmerte sich um das Club-Restaurant. Dr. Wolfgang Strohschneider hingegen konzentrierte sich auf das Spielen und wurde Ischls bester Golfer vor dem Zweiten Weltkrieg. Im Vorstand 1936 saßen weiters Dr. Ludwig Koch, Dr. Felix Mandl, Hermann

Peter, Johann Voglhuber, Hans Petschek, Ludwig Zauner und Baron Heinrich Heine-Geldern.[3] Professionals waren Josef Petras, genannt „Peter", und Franz Ströll, Greenkeeper war Josef Graf.

Harte Kämpfe lieferten sich die damaligen Wiener Spitzenspieler Leopold Bloch-Bauer und Max Altmann, zeitweise auch mit Mandls in Ungarn lebendem Cousin Albert Baumgarten. Dieser war nicht nur ein hoffnungsvoller ungarischer Nachwuchsspieler, sondern auch ein hoffnungsvoller zukünftiger Zementerbe, der öfters bei Dr. Mandl zu Besuch weilte.

Eine nennenswerte Golfgröße unter den Damen war die bekannte Wienerin Mimi Strauss, die am 26. Juli 1936 mit 74 Schlägen (38+36) einen neuen Platzrekord für Damen aufstellte.

SIEGER DER SALZKAMMERGUT-MEISTERSCHAFTEN:

	SIEGER	ZWEITER
1935	H.Wanamaker (Polen)	L. Bloch-Bauer (Wien)
1936	L. Bloch-Bauer (Wien)	A. Baumgarten (Ungarn)
1937	P. Cochran (GB)	Comte de Lemur (Frankreich)

1937 hatte der Club 51 Mitglieder.[4] 1938 reduzierten „Säuberungen" den Vorstand auf den „Clubführer" Kurdirektor S. Leitner und den Spielführer bzw. Sekretär A. Lemmerer. Nach dem „Anschluß" ging die Mitgliederzahl auf 15 zurück. Bald kam auch für den Salzkammergut Golf Club das vorläufige Ende. Das schöne Clubhaus am Karolushügel, von dem man weite Teile des Golfplatzes, insbesondere das damals genau darunterliegende von Wasser umsäumte 2. Grün, überblicken konnte, brannte ab.

Genau 20 Jahre später, 1958, erwachten die Lebensgeister wieder, der Salzkammergut Golf Club wurde neu gegründet. Diesmal waren Baron Bela Kutschera (Strobl), Baron Oscar von Kohorn (New York) und der deutsch-schweizerische Musikverleger Armin L. Robinson (Zürich/Ascona) federführend. Auch diesmal war Franz Weissberger (1898–1977) im Hintergrund unterstützend dabei, ebenso der damalige Bürgermeister von Bad Ischl, Franz Müllegger.

Bela Kutschera (1893–1979), ein „echter" Österreicher, d.h. geboren in Sarajevo, aufgewachsen in Ungarn und wohnhaft in Wien und Strobl, spielte schon in der Zwischenkriegszeit eine große Rolle im österreichischen Golf. Armin L. Robinson (1900–1985) hingegen, ein Filmverleger, Musikarrangeur und -agent, Schlager- und Operettentexter, der mit Richard Strauss, Ralph Benatzky, Robert Stolz und Marlene Dietrich zusammenarbeitete, hatte mit Golf nichts am Hut, es war nur die geographische Nähe zum Golfgelände und vielleicht auch die Bekanntschaft zu den Familien Mandl und Weissberger, die ihn veranlaßten, sich für die Wiedergründung zu engagieren.

Präsident wurde der spätere Präsident der Österreichischen Industriellenvereinigung, Dr. Hans Igler, Vizepräsidenten Baron Kohorn und Franz Müllegger.

OBEN: Franz Weissberger, Mitinitiator und treibende Kraft des Salzkammergut Golf Clubs, hier mit der Großherzogin von Mecklenberg (LI.) und Prinzessin Olga von Cumberland, 1937
DARUNTER: Die 10jährige Tochter Lidy Weissberger auf dem Ischler Golfplatz, 1935

DIE PRÄSIDENTEN DES SALZKAMMERGUT GOLF CLUB:

1933–1938	Karl Emil Fürstenberg
1958–1961	Dr. Hans Igler
1962–1968	Prim. Dr. Alfred Meguscher
1969–1977	Dr. Walter Arnoldner
1978–1989	Arch. Peter Payer
1990–1992	Arch. Dipl. Ing. Wolfgang Wallner
1993–1995	Dipl. Ing. Peter Hoffmann
1996–2001	Ludwig Stummer
2002–2004	Josef Zeppetzauer
2005–	Gottlieb Peer

OBEN: Österreichische Meister-
schaft 1968 mit den Preis-
trägern: (V. LI.) Rudolf Hauser,
Brigitte Melion, Gaby Grömmer,
Max Lamberg, Ruth Strasser,
Klaus Nierlich. Im Hintergrund
das damals winzige Klubhaus
DARUNTER: Max Lamberg, Klaus
Nierlich und Karl-Heinz Gögele
bei der Golfshow in Ischl 1980

In sportlicher Hinsicht wurde bereits im Jahre 1963 dem jungen Ischler Platz die Ehre zuteil, Austragungsort der Österreichischen Jugendmeisterschaften (Sieger Klaus Nierlich und Sissy Rutkowski) sowie der Nationalen Österreichischen Meisterschaften (Sieger Alexander Maculan und Maria Sernetz) zu sein. Auch 1968 fanden die Nationalen Österreichischen Meisterschaften in Bad Ischl statt, die mit Siegen von Klaus Nierlich und Ruth Strasser endeten.

Zu den ersten Golfern in Ischl nach dem Krieg gehörten der Gemeindebedienstete Hans Wimmer, der jahrelang Ischls bester Spieler war. Sein Nachfolger als vielfacher Clubmeister wurde Gerd Ecker aus der Apothekerfamilie Ecker aus Attnang-Puchheim, die mit Mag. Ekkehard Ecker sen. und jun. mit ihren Gattinnen neben der Familie Dr. Arnoldner im Club am stärksten vertreten war.

Lidy und Dr. Walter Arnoldner, Walter und Marianne Pistorius, Walter Artweger, Dr. Stefan Perndl, Familie Burkhardt (München), Johannes Hall, Familie Helmberger aus Regensburg, Barbara und Fritz Schuster, Wilfried Vogler, Hannes Hettegger, Familie Dr. Auerbach, Familie Fleichhacker und andere zählten zu den Pionieren.

Meilensteine in der jüngeren Geschichte des SGC waren 1971 die Errichtung des Golfhotels durch den deutschen Unternehmer Robert Richt und die Erweiterung des Golfplatzes auf 18 Löcher im Jahre 1980 unter Präsident Peter Payer. Dies ermöglichte die Austragung größerer Exhibitions und Turniere, u.a. machte die European Ladies Tour in Ischl Station.

Im Herbst 1980 wurde der neue 18-Loch-Platz mit dem Garten-Hauser-Ram Pro-Am und einer Exhibition mit Karl-Heinz Gögele, Klaus Nierlich und Max Lamberg für zukünftige höhere Aufgaben mit Erfolg getestet.

1988 spielte der spanische Superstar Severiano Ballesteros vor ca. 1000 Zusehern. Auch 1989 war eine weitere große Show angesagt: Die „Golf Gazette" organisierte das Creditanstalt Pro-Am mit Weltstars wie Mark McNulty (Zimbabwe) und Gordon Brand (England), dazu die Damen-Elite mit Corinne Dibnah (Australien), Alison Nicholas (England) und Marie-Laure Lorenzi de Taya (Frankreich).[5]

Im Jahr 2002 gab der spanische Masters Champion José Maria Olazabal auf Einladung der Österreichischen Seniorengesellschaft eine Exhibition. 2003 wurden zum dritten Mal die Österreichischen Meisterschaften auf dem Platz in der Aschau ausgetragen.

Die erfolgreichsten Vertreter des Salzkammergut Golf Clubs sind die Pros Franz Laimer und Claude Grenier sowie der frühere Amateur und jetzige Pro Christoph Bausek. Laimer, zuerst Caddie, dann Spitzenamateur, später Spitzenpro und nun Spitzenlehrer, gewann drei Mal (1985, 1986, 1987) die Nationale Offene Meisterschaft. Grenier gewann die Nationale Offene für Ischl 1995 und 1997. Christoph Bausek kann zwei Meistertitel unter den Amateuren aufweisen: Österreichischer Meister im Zählwettspiel 1996 und Gewinner der Internationalen Österreichischen Meisterschaft 1997. Zuvor wurde ihm die große Ehre zuteil, 1995 als Jugendlicher in das Jugend-Kontinentalteam aufgenommen zu werden.

GOLF CLUB
KITZBÜHEL-MITTERSILL

Die Idee, im berühmten Wintersportort Kitzbühel einen Golfplatz zu errichten, bestand schon in den 1930er Jahren. Vorreiter dieses Plans war der Jet-Setter Baron Hubert Pantz,
zeitweiliger Freund von Coco Chanel, mit seinem legendären Sport &
Shooting Club Schloß Mittersill. Als 1937 Pantz anläßlich des langen
Aufenthalts des Herzogs von Windsor auf Schloß Enzesfeld zu einem
„diner dansant" eingeladen war, gelang es Pantz mit Hilfe der Gastgeberin Kitty Rothschild und des Prinzen Dietrichstein, Edward zur An-
nahme der Ehrenpräsidentschaft des künftigen Mittersill Golf Clubs
zu überreden. Pläne für den Platz hatte bereits der berühmte englische
Golfplatzarchitekt Simpson gefertigt (Pantz legte Wert auf die Feststel-
lung, daß der Stararchitekt nicht verwandt war mit des Herzogs Wallis
Simpson). Die Freude über die Gunst seiner Königlichen Hoheit, dem
Club ehrenhalber vorzustehen, währte nicht lange. Ein Jahr später
marschierten die Nazis in Österreich ein, Pantz ging ins Exil in die USA, und der Platz wurde
nicht gebaut. Es blieb auch keine Zeit, einen neuen, größeren Swimmingpool zu bauen, den sich
die Woolworth-Erbin aus Amerika, ebenfalls ein Gast auf Schloß Mittersill, gewünscht hatte.[1]

(V. LI.) Hubert Pantz, Chris Dunphy
(„Mr. Golf") und Alex Hohenlohe
auf dem Golfplatz in Kitzbühel in
den 1950er Jahren

Pantz vergaß im Exil nie seine alte Heimat. In New Hampshire, das ihn sehr an die Alpen erin-
nerte, verwirklichte er sich seinen neuen Traum und baute ein Skiressort mit dem Namen Mittersill/
USA, das 1946 eröffnet wurde.[2]

1948 kehrte Pantz das erste Mal nach dem Krieg nach Europa zurück und besichtigte natürlich
sofort Schloß Mittersill. Nachdem seine alten Partner Lobkowitz und Czernin nicht mehr mitma-
chen wollten, zahlte er sie aus und startete von neuem. 1953 wurde der Club wieder eröffnet. Zu
den Gästen zählten Prinz Sadruddin Kahn, der sich in Mittersill verlobte, Henry Ford, Bob Hope
und Bing Crosby. Die beiden letzteren waren große Golfer und angeblich sehr angetan von einem
kleinen Golfplatz, den Pantz kostengünstig selber angelegt hatte.[3]

Bald aber entstand die Idee, einen richtigen Golfplatz zu errichten, den man gemeinsam mit
dem berühmten Wintersportort Kitzbühel verwirklichen wollte. Geplant wurde der 9-Loch-Platz
zuerst in der Nähe von Schloß Mittersill von dem berühmten Golfplatzarchitekten John F. S. Morrison.[4] Aber die Idee, in Mittersill zu bauen, wurde schnell aufgegeben, da man kein geeignetes
Gelände finden konnte. Der Plan, einen Golfplatz zu errichten, war inzwischen von Dr. Carl Lamberg, dem Besitzer von Schloß Kaps in Kitzbühel, aufgegriffen worden. Durch die Vermittlung von
Prinz Croy kamen Graf Lamberg und Baron Pantz zusammen, und man vereinbarte, nun auf den
Gründen von Schloß Kaps den Platz zu errichten.

Dr. Carl Graf Lamberg (1911–1977), gebürtiger Linzer und promovierter Jurist, hatte mit dem
Golfsport schon vor dem Zweiten Weltkrieg in Dellach Bekanntschaft gemacht, er wußte also, was
für den Bau eines Golfplatzes benötigt würde – das Geld sollte ohnehin aus Mittersill kommen.
Auch die offiziellen Stellen waren an der Errichtung eines Golfplatzes sehr interessiert, und so fand
Lamberg die Unterstützung von Baron Camillo Buschmann, dem Bürgermeister von Kitzbühel,
und von Baron Carl Menshengen, dem Direktor des Verkehrsvereins.

Die erste Gründungsversammlung fand am 1. Februar 1955 in der Kanzlei von Dr. Buschmann
statt. Beteiligt waren für den Sport & Shooting Club Schloß Mittersill Baron Pantz und Alex
Hohenlohe und für den Kitzbüheler Verkehrsverein Camillo Buschmann und Carl Menshengen.

Schloß Kaps, Kitzbühel

Schloß Kaps, Haus am Golfplatz, eigener Park mit Swimmingpool,
für Ihre Erholung sorgt Graf und Gräfin Cari Lamberg.

Inseratenkampagne in der
Zeitschrift „Golf"

Die Zeit verging, aber das Geld aus Mittersill wollte und wollte nicht kommen. So ergriffen die Kitzbüheler unter Dr. Carl Graf Lamberg alleine die Initiative und bauten den Platz bei Schloß Kaps, wobei nur Architekt Morrison noch aus der Mittersiller Projektphase stammte. Morrison kam einmal, plante den Platz, wurde aber von da an in Kitzbühel nie wieder gesehen. Dr. Lamberg übernahm die Bauaufsicht und half selbst mit, wenn Not am Mann war. Als finanzieller Retter konnte die Österreichische Casinogesellschaft gewonnen werden.[5]

Am 30. Juli 1955 wurde der Platz offiziell eröffnet. Am Abschlag versammelte sich eine Reihe von Festgästen, unter der Patronanz von Bürgermeister Buschmann schlugen zu den Klängen der Stadtmusik in ihrer Tiroler Tracht u. a. der berühmte amerikanische Filmschauspieler Bob Hope und Skiweltmeister Christian Pravda die ersten Bälle ab. Da aber mangels geeigneter Geräte – die bestellte Mähmaschine war nicht rechtzeitig eingetroffen – die Fairways noch in einem bedauernswerten Zustand waren und die Bälle im kniehohen Gras verschwanden, zogen es die Honoratioren, allen voran Bob Hope, vor, nach wenigen Schlägen sich dem Clubhaus und dem Alkohol zuzuwenden.

Am 1. Oktober 1955 folgte im Grandhotel die erste Generalversammlung, unter den elf Gründungsmitgliedern ging Dr. Buschmann als erster Präsident hervor.[6] Weitere Gründungsmitglieder waren Dr. Carl Graf Lamberg, Paul Himmelreich, Gustav Ottens, Dr. Glaser, Guido Reisch, Max Werner sen., Prinz Toni Croy und Gräfin Smecchia, die Tochter Peter Habigs, eines Gründungsmitglieds des Wiener Golf Clubs.[7]

DIE PRÄSIDENTEN DES GOLF CLUB KITZBÜHEL:

1955–1958	Camillo Buschmann
1959–1960	Guido Reisch
1961–1968	Heinrich Harrer
1969	Gustav Ottens
1970	Percy Lippitt
1971–1974	Carl Menshengen
1975–1978	Dr. Heinz Krauhs
1979–1993	Toni Sailer
1994–1996	Dr. Fritz Roithinger
1997–	Martin Kerscher

Nicht nur Bob Hope kam wieder, auch der Maharadscha von Baroda, die Windsors und viele andere Prominente erfreuten sich an der beeindruckenden Bergkulisse.[8] Neben Hope spielte der armenische Millionär Nubor Gulbenkian, der mit seinem Rolls-Royce vorfuhr, eine bedeutende Rolle. Der Chauffeur durfte Caddie gehen.[9] Auch Ian Fleming, der Erfinder von James Bond, spielte in Kitzbühel und einige seiner ersten Ideen entstanden im Kitzbüheler Clubhaus.[10]

Christian Pravda war ein Golf-Unikum: Er lernte Golf in Amerika als Linkshänder und brachte es auf das beachtliche Handicap 8. Nach Kitzbühel zurückgekehrt, beschloß er, sich zum Rechtshänder „umzuschulen" und verbesserte sich auf Handicap 3.[11]

Zu den ersten Mitgliedern zählte der Tibetforscher und Himalaja-Bergsteiger Heinrich Harrer, der sich damals in Kitzbühel niederließ. Kein Interesse mehr an Golf hatte aber Carl Lamberg, der über die ausgebliebene Finanzierung der Mitglieder des Sport & Shooting Clubs Schloß Mittersill so enttäuscht war, daß er nicht einmal seinen Sohn Max Lamberg auf dem Golfplatz sehen wollte.

Das erste Golfturnier wurde 1956 ausgetragen, aus dem Rudi Bodenseer sen. als Sieger hervorging. Anderen Meldungen zufolge wurde das erste Turnier in Kitzbühel von dem ägyptischen Spit-

Am 1. Abschlag in Kitzbühel-Kaps: (V. LI.) Heinrich Harrer, Dr. Carl Lamberg, der erste Kitzbüheler Golflehrer James Baker und der Schwager von Lamberg, Richard Ferrier, ein pensionierter englischer Offizier, Ende der 1950er Jahre.

OBEN: In Kitzbühel war es immer sehr lustig, insbesondere, wenn Toni Sailer gewonnen hat. (V. RE.) Konrad Staudinger, Toni Sailer, Klaus Haslmayr; (MITTE, V. LI.) Hermann Thurnher, Alex Hohenlohe, die Tochter des Pros Douglas Steiner, Nadja Steiner, und Hollywoodstar Bing Crosby
UNTEN: Nadja Steiner bei einem Vorführspiel auf den Bahamas

zenspieler Habib Sursock gewonnen. Den zweiten Platz belegte Heinrich Harrer. Bei den Damen soll Frau Asendorf aus Bremen gewonnen haben. Die Preisverteilung wurde von Dr. Carl Lamberg, unterstützt von Sepp Möllinger, vorgenommen.[12]

Erster Pro war der Engländer James Baker, der möglicherweise mit jenem Pro identisch war, der in der Zwischenkriegszeit im Country Club Bukarest den Rumänen das Golfspiel beibrachte.

Im Juni 1958 wurden in Kitzbühel erstmalig die Tiroler Meisterschaften ausgetragen, wobei die ersten drei Plätze von Kitzbühelern belegt wurden: Tiroler Meister wurde Ex-Skiweltmeister Christian Pravda vor Hermann Thurnher und Arnold Lerchbaumer. Auch bei den Damen trugen sich die Kitzbüheler in die Siegerliste ein, es gewann Cynthia Pravda vor Maria Lamberg.[13]

Die Tiroler Meisterschaften waren die Generalprobe für die Nationalen Österreichischen Meisterschaften, die 1958 erstmals in Kitzbühel ausgetragen wurden. Auch hier ging der Titel an Kitzbühel: Heinrich Harrer schlug im Finale den jungen Salzburger Rudolf Fuchshuber 1 auf. Auch bei den Damen gewann mit Maria Smecchia eine halbe Kitzbühelerin vor Senta Rinesch aus Wien.

1959 war die Mitgliederzahl von ursprünglich 30 bereits weit überschritten, und man mußte wieder ein neues Clubhaus suchen. Der Club bekam endlich ein repräsentatives Clubhaus im Tiroler Stil, das den ehemaligen Kapser Kuhstall ablöste.[14]

In den folgenden Jahren entwickelte sich eine rege Turniertätigkeit, bei der viele weitere Kitzbüheler die Gelegenheit hatten, sich als Pioniere des Golfsports zu etablieren. Namen wie Paul und Herta Himmelreich, Gustav Ottens, Willi Winterstein, Martin und Hermann Thurnher, Karl und Fifi Monitzer, Bodenseer, Möllinger, Stolzlechner u.a. sind mit der Entwicklung von Golf in Kitzbühel eng verbunden. In diesen Jahren traten auch der damalige Nationalheld Toni Sailer und Max Lamberg erstmals als Golfer in Erscheinung. Auch Percy Lippitt, O. Bartenstein, Familie Hölzl und Franz Brugger sind zu nennen, ebenso wie Jakob Dobringer, Frau von Perner, Arnold Lerchbaumer, Konrad Staudinger oder Klaus Haslmayr.

Der Golfsport hatte in Kitzbühel schnell Fuß gefaßt, die Mitgliederzahl im Jahre 1958 betrug bereits 98 und die Qualität der Spieler stieg ständig. Wesentlich dazu beigetragen hat der englische Pro Douglas Steiner, der es verstand, jedem die richtige Freude am Golfspiel zu vermitteln. Seine Gattin erledigte in liebenswürdiger Weise die Büroarbeiten, von seinen Töchtern Virginia und Nadja interessierte sich insbesondere letztere für Golf und beteiligte sich bereits als Kind an Turnieren. Später sollte sie sogar ins Profilager überwechseln und die erste Proette in Österreich werden.[15]

Douglas Steiner war ein renommierter Pro, der im Winter zeitweise im kaiserlichen Golfclub in Addis Abeba (Äthiopien) unterrichtete. Dementsprechend schwierig war es, bei ihm Stunden zu bekommen.[16] Ab 1959 blieb er aber

KITZBÜHELER EINZELMEISTERTITEL:

INTERNATIONALE MEISTERSCHAFT VON ÖSTERREICH:
Max Lamberg (1980)

NATIONALE MEISTERSCHAFT HERREN:
Heinrich Harrer (1958)
Max Lamberg (1970, 1980)
Fritz Porstendorfer (1987)
Matthias Wittmann (1992)
Rudi Sailer (1994)
Thomas Ortner (1992)

NATIONALE MEISTERSCHAFT DAMEN:
Maria Smecchia (1955, 1958)
Jutta Angst (1974)
Sandra Fischer (1997, 1998)

NATIONALE MEISTERSCHAFT ZÄHLWETTSPIEL HERREN:
Johannes Lamberg (1979)
Max Lamberg (1983, 1985)
Rudi Sailer (1992)
Clemens Conrad-Prader (2000)

NATIONALE MEISTERSCHAFT ZÄHLWETTSPIEL DAMEN:
Sandra Fischer (1998)

NATIONALE OFFENE:
Johannes Lamberg (1988)

auch die Wintersaison über in Kitzbühel und richtete in den Clubräumen eine Wintergolfschule ein.[17] Später verbrachte Steiner die Wintermonate auf den Bahamas, wo er 1966 verstarb. Steiner betätigte sich auch als Heiratsvermittler, zumindest bei seinem englischen Trainerkollegen Ronald Blackett, dem „Enfant terrible" unter Österreichs frühen Golflehrern, der durch Steiner seine spätere Frau kennengelernt hatte.[18] Der Club pflegte rege Kontakte zu anderen Clubs, insbesondere zu den Salzburgern und Berchtesgadenern, mit denen man Interclubwettkämpfe durchführte.

Eine Erweiterung des 5900 Meter langen 9-Loch-Platzes mit Par 74 auf 18 Löcher wurde bereits damals angedacht. Das Projekt wurde aber 1960 zurückgestellt, dafür aber Verbesserungspläne durch Bernhard von Limburger erstellt.[19]

Doch ein möglicher Ausbau auf 18 Löcher blieb weiterhin Gegenstand von Entwürfen, darunter jene des Platzeigentümers Max Lamberg, selbst ein Golfplatzarchitekt, und von Robert Trent Jones jun. – aber alles vergeblich. Der Ausbau war auf der anderen Seite der Hauptstraße nach Mittersill gedacht, wobei man mit einem Lift die Straße hätte überqueren müssen, was zweifellos eine Attraktion gewesen wäre. Alles scheiterte an den Behörden, denn die Landwirtschaftskammer befand, daß bezüglich der in Frage kommenden Liegenschaften die Erhaltung bäuerlicher und landwirtschaftlicher Substanz Vorrang haben müsse gegenüber touristischen Absichten. Erst mit der Errichtung des neuen Platzes in Schwarzsee bekam Kitzbühel einen 18-Loch-Platz.

Kitzbühel entwickelte sich zu einem führenden Club in Österreich, der seine Spitzenstellung auch über jene Zeit hinaus halten konnte, als die Anzahl der Plätze in Österreich bereits gestiegen war. Dies bezeugen der oftmalige Gewinn der österreichischen Mannschaftsmeisterschaften und die Austragung der Nationalen (1965, 1968, 1971) und Internationalen Österreichischen Meisterschaften (1958, 1959, 1962). Die steigende Anzahl an Teilnehmern war für einen 9-Loch-Platz letztendlich nicht mehr tragbar, und somit konnten Meisterschaften nicht mehr nach Kaps vergeben werden.

Der Golfsport in Kitzbühel bekam neue Impulse durch die Errichtung des 18-Loch-Platzes in Schwarzsee im Jahre 1988 und des Platzes in Eichenheim 1999. Kitzbühel-Kaps hingegen machte sich selber unter der Ägide des Grundeigentümers Max Lamberg rechtzeitig zum 50jährigen Jubiläum mit einem völlig umgestalteten neuen 9-Loch-Platz und einem Luxushotel ein Geschenk. Auf dem neuen Platz wurde 2006 der Spielbetrieb wieder aufgenommen.

Die Kitzbüheler Golfer von Schloß Kaps zählten jahrzehntelang zu den besten Spielern in Österreich und waren die seriösesten Herausforderer der Wiener – sie konnten die Österreichische Mannschaftsmeisterschaften elf Mal gewinnen.

Kitzbühels Aushängeschild war Max Lamberg. Er war vielfaches Mitglied der Nationalmannschaft und vertrat Österreich erfolgreich im Ausland, insbesondere in Italien, wo er die Internationale Meisterschaft 1979 gewinnen konnte und 1983 nochmals im Finale stand, jedoch gegen José-Maria Olazabal verlor.

GOLF UND COUNTRY CLUB
SCHLOSS KLESSHEIM

Beschauliche Szene am Golfplatz im Park des Schlosses Kleßheim mit Blick auf das 9. Grün und das dahinter liegende Schlößl

Zwei Pioniere des Golfsports in Salzburg: KR Dr. Rudolf Usner (LI.) und Hofrat Dr. Hans Graf Manzano

B ereits im Jahre 1933 wurde beschlossen, in Salzburg einen großen 18-Loch-Platz zu bauen. Es war geplant, daß die Arbeiten im Frühjahr 1934 beginnen.[1] Treibende Kraft war der Hotelier Georg Jung, Besitzer des damaligen Grand Hotel de l'Europe, der angeblich sogar schon einen Golfplatzarchitekten aus Frankreich engagiert haben soll. Mit großer Wahrscheinlichkeit dürfte es dabei wiederum um C. Noskowski gehandelt haben, der in Österreich der Modearchitekt war. Leider wurde dieses Projekt nicht verwirklicht. Erste Überlegungen hatte es schon 1925 gegeben, als man, wie andere Orte auch, beim Wiener Golf Club Erkundigungen einholte, was denn so ein Golfplatz kosten würde.[2]

Die Salzburger mußten warten, bis nach dem Zweiten Weltkrieg die amerikanischen Besatzungssoldaten kamen, die sich gleich zwei Golfplätze bauten: Einen 9-Loch-Platz im Schloßpark von Kleßheim und ab 1951 im damaligen Camp Roeder (der heutigen Schwarzenbergkaserne) einen 18-Loch-Platz. Einer der in Salzburg stationierten Soldaten gehörte damals zu den besten amerikanischen Amateuren und war Walkercup-Spieler: Ken Venturi. 1964 gewann er die US Open.

Die Amerikaner wollten den ersten Platz im Schloßpark vergrößern, stießen jedoch bei den Behörden auf keine Gegenliebe. So beschlossen sie, auf „ihrem" Terrain innerhalb der Kasernenmauern einen neuen Platz zu errichten.

Nach dem Abzug der Amerikaner ging der Platz in der Kaserne verloren, jener im Schloßpark blühte aber auf. Bereits 14 Tage nachdem die Amerikaner den Platz frei gegeben hatten, übernahmen die Österreicher den Platz, und 17 Pioniere gründeten am 12. September 1955 den Golf und Country Club Salzburg Schloß Kleßheim. Zwei Eigenschaften verband die Gründungsmitglieder: Sie waren verrückt nach Golf und hatten nicht die geringste Ahnung davon.

Ein Mitglied war die Ausnahme: Dr. Rudolf Usner verbrachte im Jahre 1954 zusammen mit seiner Familie einen Urlaub am Wörthersee. Dort entdeckte man, daß es in Dellach einen von den Briten geführten Golfplatz gab. Warum nicht fragen, ob man dort Golf spielen lernen dürfte? Immerhin hatte Frau Usner einige Jahre zuvor zwei Holzschläger als Souvenir aus England nach Hause mitgebracht. Die Briten waren sehr freundlich und ließen sie gewähren. Familie Usner hatte also schon einen Informationsvorsprung.

Nach zweiwöchigem „Training" in Dellach freute sich Familie Usner auf zu Hause, man wollte die Amerikaner fragen, ob man den Platz in Kleßheim benützen dürfe. Leider waren diese nicht so freundlich wie die Briten in Dellach und sagten „Sorry, American staff only." So endete die Golflaufbahn von Familie Usner nach nur zwei Wochen. Aber nur vorübergehend: Es war inzwischen das Jahr des Staatsvertrages herangebrochen. Die Amerikaner verließen Österreich, und es ergab sich die Chance, beide Golfplätze zu übernehmen. Aber Golf war damals in Österreich sehr exotisch, und die Übernahme von nur einem Platz wäre schon ein kleines Wunder gewesen. Einer, der es wissen mußte, erkannte die Chance für den Fremdenverkehr in Salzburg und begann Gespräche mit der Landesregierung und dem kommandierenden amerikanischen General Arnold: der Landesfremdenverkehrsdirektor Dr. Hans Graf von Manzano. Seinem Weitblick war es zu verdanken, daß man zumindest den kleineren Golfplatz im Park des Schlosses Kleßheim übernehmen konnte, während der größere und sportlich wertvollere Platz im Camp Roeder dem österreichischen Bundesheer überlassen und von diesem später aufgelassen wurde.

Schnell wurde unter Manzanos Führung ein Proponentenkomitee zusammen mit Baron Dipl. Ing. Friedrich Mayr-Melnhof und Dr. Rudolf Usner gebildet und der neue Club bereits im September 1955 gegründet.

Weitere Gründungsmitglieder waren Dr. Hans Asamer, Dipl. Ing. Rieser, Helmut Dschullnig, Hofrat Dr. Jedina, Dipl. Ing. Heinrich Kiener, Dipl. Ing. Felix Beindl, KR Richard Spängler, Dr. Georg Tyrolt, Herr von Grillo, Ing. Herbert Tulipan, Dr. H. Pollak, Dr. H. Scherer. Dazu kamen die Hotels Bristol, Goldener Hirsch und Österreichischer Hof.[3]

Während Dr. Manzano bereits in den 1930er Jahren zumindest theoretisch mit Golf in Berührung kam, waren die Mitglieder der Familie Usner vermutlich die ersten aktiven Golfer in Salzburg. Das erste Turnier, das in Salzburg stattfand, der „American Consul's Cup", wurde erwartungsgemäß von Rudolf Usner gewonnen.

Zu den weiteren Pionieren des Salzburger Golfsports zählten u. a. Maria Sernetz, Dr. Rudolf Grömmer und Hady Grömmer, Dr. Richard von Hueber, der schon vor dem Krieg in Dellach Golf spielte, Dr. Hannes Wührer, Franz Brauhart, Wolf Kap-her und die Familien Eibl, Dr. Scherer und Dr. Tyrolt. Als weitere frühe Spieler in den 1960er Jahren sind stellvertretend Helga Görsch, Grete Haupt und Elfi Petersen zu nennen. Der erste Trainer, der den Salzburgern überhaupt erst die theoretischen Grundkenntnisse beibringen mußte, war der Engländer Douglas Steiner.

Teilweise verursacht durch Ken Venturis golferisches Vermächtnis entwickelte sich Ende der 1950er sowie in den 1960er Jahren in Salzburg eine starke Jugendbewegung. Die Brüder Fuchshuber als ehemalige Caddies von Venturi waren die ersten, aber auch andere wie Dieter und Lothar Usner, Richard Roittner, Rudolf Hauser, Theo Mazzucco, Hans Aigner, Peter von Hueber und andere folgten wie z. B. Maxi von Hueber und Gaby Grömmer. Die ersten Clubmeister 1955 waren Rudolf Hauser und Maria Sernetz.

Erste kleinere Umbauarbeiten am Platz wurden bereits 1957 durchgeführt, größere Änderungen erfolgten 1964, wofür man den bekannten Golfplatzarchitekten Donald Harradine heranzog.

Bald erfreute sich der Salzburger Platz, nicht weit vom Stadtzentrum entfernt, großer Beliebtheit bei internationaler Prominenz, und das nicht nur während der Festspielzeit. Zu den bedeutendsten Besuchern zählten Staatsoberhäupter und Präsidenten, so z.B. Ex-König Leopold von Belgien und die US-Präsidenten Richard Nixon und Gerald Ford. Der belgische König, ein hervorragender Spieler, spielte öfters in Salzburg, Nixon und Ford nur jeweils einmal quasi auf der Durchreise.

Präsident Nixon kam 1972 auf Staatsbesuch, bei dessen Vorbereitungsarbeiten es zu einem amüsanten Zwischenfall kam: Schon Wochen vor dem geplanten Besuch mußten Sicherheitsbeamte das Gelände aus der Luft inspizieren. Die Piloten hatten ihren Erkundungsflug absolviert und erspähten von oben eine schöne Terrasse, wo sie einen Kaffee trinken wollten. Sie landeten direkt vor dem Clubhaus, wußten allerdings nicht, daß sie ihren Helikopter mitten auf der 9. Spielbahn parkten. Daß so ein Mistake ausgerechnet ihnen passierte und sie als Amerikaner einen möglichen Landeplatz nicht als Golfplatz identifizieren konnten, war ihnen schrecklich peinlich, und sie flogen schnell wieder ab.[4]

Zum 25jährigen Jubiläum im Jahre 1980 kam es zu einem Großereignis, als Jack Nicklaus, wie berichtet (S. 49), eine Exhibition gab.

Die jahrzehntelangen Bemühungen, den 9-Loch-Platz auf 18 Löcher zu erweitern, scheiterten 1995 endgültig, und der Club orientierte sich neu, indem man den Entschluß faßte, den bestehenden 9-Loch-Platz in einen Schmuckkasten zu verwandeln.

König Leopold von Belgien (RE.) auf dem Golfplatz Salzburg-Kleßheim mit Maria Sernetz und Dr. Sixtus von Martius

Die Mannschaft des Golf- und Country-Club Salzburg Schloß Kleßheim als Österreicher Mannschaftsmeister 1967; (V. LI.) Rudi Hauser, Hans Aigner, Hady Grömmer, Rudolf Grömmer, Dieter Usner, Theo Mazzucco

Mit dieser Aufgabe wurde im Jahr 1999 der amerikanische Stararchitekt Robert Trent Jones jr. betraut, der den Platz neu gestaltete und zu einem Spitzenplatz umbaute. 2001 wurde der Spielbetrieb offiziell aufgenommen. Das Schicksal, nur ein 9-Loch-Platz zu sein, ist ihm aber geblieben, der Schloßpark läßt sich nicht erweitern, und außerhalb der Mauern ist Golf nicht unbedingt willkommen.

Der Golf & Country Club Salzburg-Kleßheim war auch sportlich lange Jahre einer der führenden Clubs in Österreich. Zahlreiche Meistertitel gingen an Salzburger Golfer, wobei es einen starken Überhang bei den Damen gab: Salzburgs erfolgreichste Spielerin war Maxi von Hueber, die als einzige die Internationale Meisterschaft von Österreich gewinnen konnte und zwar gleich zwei Mal 1971 und 1975. Die Nationale Meisterschaft holte sie sich 1971/72, 1975/76 und 1978.

Die „Nationalen" wurden noch von drei anderen Salzburgerinnen gewonnen: Hady Grömmer (1960, 1962), Maria Sernetz (1963, 1965) und Daniela Rauch (1987/88). Letztere gewann auch die Zählwettspielmeisterschaft 1985 und 1986.

Eine besondere Stellung in der Ehrenliste der erfolgreichsten Salzburger Golfer nimmt Maria Sernetz ein: Erstens, weil sie die Internationale Meisterschaft von Jugoslawien gewann (1980), und zweitens, weil sie die überragende österreichische Seniorenspielerin wurde: Sie gewann diesen Meistertitel nicht weniger als 13 Mal!

Salzburgs Männer waren am besten als sie ganz jung oder alt waren. Zahlreiche Jugend- und Seniorentitel gingen nach Salzburg, dazwischen war Leere.

Zwei Ausnahmen gab es aber doch: Manfred Dollhäubl wurde Internationaler Meister von Jugoslawien (1982), und die Herren gewannen auf nationaler Ebene die Mannschaftsmeisterschaft 1965 und 1967. Die Ehrentafel der Jugendmeister wird angeführt von Helmut Fuchshuber, der die allererste Meisterschaft 1959 für sich entschied. Es folgten Rudolf Hauser (1965, 1967/68) sowie Hans Aigner (1969/70).

Die Salzburger Senioren beherrschten die Szene in den 1960er und 70er Jahren: Elf Mal holten die folgenden Herren den Titel an die Salzach (trotzdem zwei Mal weniger als Maria Sernetz allein): Wolfgang von Kap-her (1959, 1963, 1965), Richard von Hueber (1964), Rudolf Grömmer (1971, 1976/77/78), Hans Wührer (1972, 1975) und Franz Brauhart (1973).

Salzburgs bester Spieler bisher war aber zweifellos Rudolf Hauser. Auch wenn er bei den Amateuren keinen großen Titel holen konnte, so war er doch eine oftmalige Stütze der Nationalmannschaft und unter den Berufsspielern vielfacher und auch erfolgreicher Vertreter Österreichs beim Canada Cup bzw. World Cup.

Der 9-Loch-Platz im Kleßheimer Schloßpark war zwei Mal Austragungsort Österreichischer Meisterschaften: 1960 und 1967.

DIE EHRENTAFEL DER PRÄSIDENTEN:

1955–1968	Dr. Hans Graf von Manzano
1969–1971	Dkfm. Alexander Elbl
1972–1973	Franz Kossak
1974–1975	Karl Rohan
1976–1986	Dkfm. Harald Zimmerl
1987–1995	Dr. Ernst Pallauf
1996–1998	Dr. Hartmut Ramsauer
1999–	Hans-Peter Porche

GOLF CLUB GASTEIN

Es mag seltsam wirken, daß der Weltkurort Badgastein nicht schon viel früher, so wie Karlsbad, Marienbad, Baden-Baden, St. Moritz oder Meran, den touristischen Wert einer Golfanlage entdeckten. Sicherlich, die nötige Weite für einen Golfplatz ist in dem engen Gasteiner Tal Mangelware. Und so dauerte es bis 1960, als endlich auch Gastein einen 9-Loch-Platz in Angriff nahm. Dr. Bernhard von Limburger, der Architekt, konnte hier keinen Meisterschaftsplatz schaffen, zu klein war das vorhandene Gelände.

Das bedeutet aber nicht, daß man sich mit dem touristischen Wert eines Golfplatzes im Gasteiner Tal nicht schon früher auseinandergesetzt hätte. Schon 1938 war ein Platz in Badgastein projektiert, fand aber wohl aus politischen Gründen nicht den Weg zur Vollendung.[1] Schon 1925 erkundigte man sich beim Golfclub in Wien-Krieau, wie und zu welchen Kosten man einen Golfplatz anlegen könnte.[2]

Das Proponenten-Komitee zur Gründung des Golfclubs setzte sich aus Franz Franzmair, Dr. Fred Sedlacek und dem Hotelier Dr. Fritz Windischbauer zusammen. Treibende Kraft hinter dem Gasteiner Golfplatzprojekt war der Baumeister und Hotelier Franz Xaver Franzmaier (1901–1988) vom Hotel Elisabethpark, der in den ersten Jahren auch zusammen mit Dr. Hubert Salcher den Posten des Vizepräsidenten einnahm. Erster Präsident des Clubs wurde Adolf Graf Meran.[3]

Franzmair verhandelte lange mit den zahlreichen Kleinbauern und stellte ihnen als Ersatz für die zugunsten des Golfplatzes verlorengegangenen Gründe das familieneigene Mühlfeld zur Verfügung, damit sie dort über neue Weideflächen für ihre Rinder verfügten.

Naturgemäß stand der Fremdenverkehr, d.h. die Hotels hinter dem Projekt, und so ist es nicht verwunderlich, daß zwei weitere Hoteliers, Sepp Wührer vom Parkhotel Bellevue und Fritz Strau-

Der Eingang zum neuen Golf Club Gastein mit dem hölzernen Clubhaus, 1966

OBEN: Nationale Österreichische Meisterschaft in Badgastein 1965: (V. LI.) Sissy Rutkowski, Christl Hurdes, Maria Sernetz, Präsident Zartl, Ruth Strasser, Vizepräsident Fritz Straubinger, Alexander Maculan, Rudolf Usner, Hermann Pollak, Hellmuth Reichel, Wolfgang Pollak

binger vom Hotel Straubinger, zu den Pionieren des Golfsports in Gastein zu zählen sind.

Am 1. September 1963 wurde das offizielle Eröffnungsspiel veranstaltet. Organisatorisch wurde der Club von Gertrud von Siegler als Sekretärin geleitet, die sich schon in den Jahren davor als Clubsekretärin in Salzburg erste Erfahrungen holen konnte. Verbesserungen am Platz wurden von Donald Harradine vorgenommen.[4] Namen wie Hannes und Monika Blumschein sind ebenso mit der frühen Geschichte des Clubs untrennbar verbunden wie Roswitha und Paul Franzmair, die Kinder von Franz X. Franzmair. Weitere Spieler in den 1960er Jahren waren Sepp Mitteregger, Othmar und Angela Ambros, Monika Linsinger, Peter Boritsch, Günther Patzner sowie die damaligen Nachwuchsspieler Hermann Pichler, Gerald Lafenthaler, Klaus Hofer und Kurt Schweiger jun.

Erster Pro in Gastein war der Amerikaner Arthur Fiebing, der die Gasteiner so richtig auf den Geschmack des Golfspiels brachte und schon 1962 zwei Vorführungsspiele gab. 1965 wurde er vom späteren Langzeittrainer aus San Remo, Francesco Carli, abgelöst. Carli blieb bis 1979 in Gastein.

Schon 1965 wurde der neue Gasteiner Platz auserkoren, die nationalen Österreichischen Meisterschaften auszutragen, was mit großem Erfolg bewältigt werden konnte. Sie wurden als die bis dahin glanzvollsten in der Meisterschaftsgeschichte eingestuft.

Als Veranstalter kam der Club bei den Seniorenmeisterschaften 1964, 1969 und 1972 zum Zug, ebenso bei den Jugendmeisterschaften 1970 und den Mannschaftsmeisterschaften 1965.

Erfolgreichster Spieler des Clubs war Kurt Schwaiger, der 1971 den Jugendmeistertitel für Gastein holte.

Im Jahr 2004 gelang es dem Traditionsclub endlich auch, in die Riege der 18-Loch-Plätze aufgenommen zu werden. Die neuen neun Löcher, geplant von Keith Preston, fügen sich harmonisch in das Gelände ein, und man bedauert, daß der weltberühmte Kurort nicht schon viel früher eine stärkere golferische Präsenz unter den Weltkurorten aufweisen konnte.

DIE PRÄSIDENTEN DES GOLF CLUB GASTEIN:

1963–1965	Adolf Meran
1966–1967	Erich Zartl
1968–1972	Fritz Straubinger
1973–1980	Hannes Blumschein
1981–1981	Toni Wiedermann
1982–1987	Dipl.Ing. Clemens Tschorn
1988–1989	Mag. Dr. Johannes Klammer
1990–1990	Dr. Maximilian Spöttl
1991–1999	KR Thomas Knoblich
2000–	Dr. Gerhard Hofer

GOLF CLUB
LINZ

Es begann 1958, als ein kleiner Kreis golfbegeisterter Linzer erste Gespräche über die Errichtung eines Golfplatzes führte und man sich auf die Suche nach einem geeigneten Grundstück machte. Dieser kleine Kreis bestand aus Dkfm. Franz Friedl, Paul König, Prof. Dr. Jörg Böhler und Eberhart von Sick. Mit Mühe wurden weitere neun Personen im Bekanntenkreis gefunden, die bereit waren, in die Gründung eines Clubs und den Bau eines Golfplatzes zu investieren. 1960 wurde der Club gegründet, dem Paul König als Präsident, Franz Friedl als Vizepräsident und Frau Friedl als Schatzmeisterin vorstanden.

DIE GRÜNDUNGSMITGLIEDER DES GOLF CLUBS LINZ:

Heinz Schachermayer
Brunhilde Schachermayer
Sissy Haas
Prof. Dr. Jörg Böhler
Susi Böhler
Dkfm. Franz Friedl
Dkfm. Moritz Edlinger

Johanna Friedl
Hr. Brunngraber
Paul König
Eberhart von Sick
Benno Dubler
Willi Höhnel

Der Vorschlag, den Grund der Familie Dubler in Puchenau zu verwenden, fand allgemeine Zustimmung. 1960 begann der Bau nach den Plänen von Dr. Bernhard von Limburger, und 1961 waren die gewünschten neun Löcher fertig. In diesem Zeitraum hatten die Mitglieder 633.000 Schilling aufgebracht, zu denen aber noch Darlehen hinzukamen, die zum Teil in großzügige Schenkungen umgewandelt wurden, um den Club über Wasser zu halten.

Obwohl Limburger offiziell als der Platzarchitekt gilt, wurde das erste Platzkonzept von Ernst Leitner, dem Sekretär des Kärntner Golf Clubs, ausgearbeitet, der zusammen mit seiner Frau Hilde Leitner den neuen Platz ausmaß und erste Pläne entwarf. Ernst und Hilde Leitner wurde aus diesem Grund die lebenslängliche Ehrenmitgliedschaft des Golf Clubs Linz verliehen.[1]

Als Clubhaus diente zunächst die Baracke einer Baumschule, und erst 1969 waren die finanziellen Verhältnisse so weit gesundet, daß man an den Bau eines zeitgemäßen Clubhauses denken konnte.

Neben den erwähnten Gründungsmitgliedern waren zu dieser Zeit u. a. Paul Himmelreich, Dr. Theodor Schütz, Dr. Franz Prinz Solms sowie die Familien Wurm, Meuer, Dr. Reiss, Stütz und Eder als erste Golfer aktiv.

Doch kaum war der neue Bau 1971 eingeweiht, da schlug es wie eine Bombe ein: Da ein Ausbau der Gartenstadt Puchenau geplant war, legten die Behörden dem Club eine Räumung des Geländes nahe. Nur schweren Herzens stimmten die Mitglieder der Verlegung zu, allerdings hatte dies auch etwas Gutes an sich: Das Gelände in der Puchenau war nur für neun Löcher geeignet, der Ausbau auf 18 Löcher hätte früher oder später eine Übersiedlung erforderlich gemacht. Franz Friedl und die nunmehrigen Vizepräsidenten Helmut Wurm und Dolf Stütz machten sich sogleich auf die Suche nach einem passenden Gelände und wurden beim Landadel

UNTEN: Der alte Linzer Golfplatz in Linz-Puchenau mit dem Schloß Puchenau im Hintergrund
DARUNTER: Niki Böhler empfängt aus den Händen von Präs. Dkfm. Friedl einen Preis; im Hintergrund das alte Clubhaus in der Puchenau

Das neue Clubhaus am alten Platz
in der Puchenau, ca. 1970

fündig. Nach langen Verhandlungen konnte der Vorstand mit der Familie Graf Eltz, Besitzer des Schlosses Tillysburg in St. Florian, ein Übereinkommen treffen, wonach der Club beim Schloß eine Fläche von 50 Hektar für 60 Jahre pachtete. Nach dieser Grundvoraussetzung begannen die Verhandlungen mit der Wohnbaugenossenschaft „Neue Heimat" zwecks Übersiedlung und Kostenersatz.

Im Frühjahr 1973 wurde mit dem Bau der ersten neun Löcher nach den Plänen des bekannten Architekten Donald Harradine begonnen. Im Mai 1975 standen den Mitgliedern neun Löcher und ein großes Clubhaus zur Verfügung. 1976 einigte man sich darauf, den Platz auf 18 Löcher zu erweitern. Das Objekt wurde mit drei Millionen Schilling veranschlagt, wobei das Land Oberösterreich die Zinslast übernahm – die Verantwortlichen hatten eingesehen, daß Golf den Fremdenverkehr fördert.[2]

Die Pioniere des „neuen" Golf Clubs waren Helmut und Rosemarie Wurm, Herbert und Alice Meuer, Dr. Gerhard und Monika Reiss, Adolf und Anny Stütz, zu nennen sind ferner u. a. Dr. Martschitz, Dr. Lucan-Stood, Dr. Richter von Proeck, Mag. Eder und Familie Scharrer.

Der neue Linzer Golfplatz gehörte von Anfang an zu den besten Anlagen in Österreich und wurde auch dementsprechend mit der Austragung verschiedener Meisterschaften belohnt. So wurden die Internationalen Meisterschaften von Österreich in den Jahren 1980, 1988, 1989 und 1997 in Linz ausgetragen. Auch die Staatsmeisterschaften fanden 1979 und 2004 in Linz statt, ebenso die Zählwettspielmeisterschaft 1981.

Meistertitel konnten bei den Damen nach Linz geholt werden: Lotte Scharrer gewann 1984 die Seniorinnenmeisterschaft, und Anny Stütz glückte der gleiche Erfolg 1994 und 1997.

Der Golf Club Linz gehört heute zur prestigeträchtigen Vereinigung „Leading Golf Courses of Austria".

Linzer Golfpioniere mit den
Familien Böhler, Friedl, Wurm,
Meuer und Reiss, andere

DIE PRÄSIDENTEN DES GOLF CLUBS LINZ:

1960–1963	Paul König
1963–1975	Dkfm. Franz Friedl
1975–1982	Helmut Wurm
1982–1990	Adolf Stütz
1990–1994	Heinz Friedrich
1994–2003	Ing. Hans Neunteufel
2003–	Thomas Braunsberger

STEIERMÄRKISCHER GOLF CLUB MURHOF

Die Entstehungsgeschichte des ersten Golfclubs in der Steiermark war nicht vornehmlich beeinflußt durch das Interesse von Hoteliers oder Fremdenverkehrsverbänden, sondern schlicht durch die Initiative einer einzigen Familie, die schon in den 1930er Jahren mit Golf in Berührung kam: Familie Goess-Saurau. Der Vater des Gründers, Dipl. Ing. Carl Anton Goess-Saurau, studierte in England und wurde dort auf Golf aufmerksam. Zurück in der Heimat Kärnten begann er einen kleinen Privatgolfplatz zu bauen, um nicht aus der Übung zu kommen. Die Söhne Carl Anton und Leopold wurden zum Caddiedienst vergattert. Der Platz bei Schloß Carlsberg hatte immerhin neun Löcher, aber keine ordentlichen Grüns, und als Löcher dienten Blumentöpfe.

Falls es auf dem einfachen Privatplatz zu langweilig wurde, konnte man damals, in den 1930er Jahren, bereits auf den neuen Platz in Dellach wechseln, wo Vater Zeno Goess und Onkel Anton Goess zu den Gründungsmitgliedern zählten.

Dipl. Ing. Carl Anton Graf Goess-Saurau heiratete eine Tochter von Baron Mayr-Melnhof, der damals der Besitzer des Gutes Murhof war. Man könnte meinen, daß damit der Bezug zum jetzigen Golfclub hergestellt war. Aber noch war es lange nicht so weit. Mayr-Melnhof verkaufte den Murhof in den 30er Jahren an einen Grafen Druschkowitz, der dort ein Pferdegestüt errichtete.

1958 wurde der Murhof Graf Goess-Saurau zum Kauf angeboten, der dort einen landwirtschaftlichen Betrieb einrichtete. Statt den Pferden zogen Schweine in den Gutshof ein. Mit Golf hatte sich der Forstwirt nicht mehr intensiv beschäftigt, bis er 1958 in Dellach wieder zu den Schlägern griff und bei Hans Ströll Stunden nahm. Vom dortigen Clubsekretär Ernst Leitner hörte er, daß einige Golfer in der Nähe von Graz ein Gelände für einen Golfplatz suchten. Das war das Startzeichen zu einer neuen Golfära, 1962 wurde der Steiermärkische Golf Club Murhof gegründet, und statt den Schweinen zogen nun Golfer ein. Das Gelände um den Murhof eignete sich laut Leitner, der die Wiesen besichtigte, vorzüglich für einen Golfplatz. Bernard von Limburger, der damalige Modearchitekt, wurde von Dr. Hugo Eckelt engagiert und designte einen 18-Loch-Platz. Neun Löcher waren 1964 fertig, die von Heinrich Harrer eröffnet wurden.[1]

Schon 1966 betraute der Österreichische Golfverband den Platz am Murhof erstmals mit der Austragung einer Österreichischen Meisterschaft, der Nationalen Meisterschaft für Damen und Herren und für Clubmannschaften. Die Meisterschaften brachten eine Rekordbeteiligung und von allen Seiten großes Lob für die Organisation und den Platz. Bei der Preisverleihung sprach Prof. Heinrich Harrer die Hoffnung aus, daß „dieser Platz in naher Zukunft als internationale 18-Loch-Anlage ausgebaut werden kann." Diese Hoffnung ist in Erfüllung gegangen, der Murhof wurde eine Anlage von europäischer Bedeutung.

Heute ist der Platz nach zahlreichen Verbesserungen und Umbauten ein Schmuckkästchen und zählt zu Österreichs Spitzenplätzen. Auch Jack Nicklaus hatte bei den Verbesserungen ein bißchen mitgemischt. Primär wollte er einen Hirsch schießen, als er 1988 von Altentann kurz auf einen Abstecher zum Murhof kam. Als Dank gab er einen Verbesserungstip für das 14. Loch, den später der holländische Golfpionier und -architekt Dudok van Heel umsetzte.

Beweise für die Attraktivität des Platzes gibt es genug: Der ÖGV zeichnete ihn mit der Vergabe von zahlreichen Meisterschaften aus, womit er zu den beliebtesten Plätzen in Österreich zählt: Fast

UNTEN: Preisverleihung des Eröffnungswettspiels am Murhof 1965: (V. LI.) Alexander Maculan, Golflehrer Horst Koch, Alfi Auersperg, Hetty Auersperg
DARUNTER: Die ersten Staatsmeisterschaften am Murhof 1966: Präsident Carl Anton Goess-Saurau mit den beiden Finalistinnen der Damenmeisterschaft, Siegerin Ruth Strasser (LI.) und Zweite Christl Hurdes (RE.)

jedes Jahr wurde der Club mit der Ausrichtung eines großen Turniers betraut: sechs Mal Internationale Meisterschaften (1969, 1974, 1979, 1983, 1986, 1990), acht Mal Nationale Meisterschaften (1966, 1970, 1975, 1977, 1984, 1988, 1993/94) und sechs Mal Zählwettspielmeisterschaften (1980, 1982, 1985, 1991, 1992, 1996); dazu kamen die Austrian Ladies Open 1998, 1999 und 2000 und bei den Herren die European Challenge Tour 2002.

Die Krönung auf dem Turniersektor war die Ausrichtung dreier europäischer Wettbewerbe: die Europäischen Mannschaftsmeisterschaften der Junioren 1976 mit 12 Nationen, die Europäischen Mannschaftsmeisterschaften der Herren 1987 mit 19 Nationen und die Europäischen Einzelmeisterschaften der Herren 2000 mit 141 Teilnehmern.

Bei so viel Enthusiasmus ist es nicht verwunderlich, daß die Spielstärke der Mitglieder ein hohes Niveau aufwies. Murhof wurde sechs Mal Österreichischer Mannschaftsmeister (1986, 1989, 1992, 1995/96/97). In dieser Eigenschaft waren die Murhofer berechtigt, Österreich jeweils im selben Jahr am Europacup der Mannschaftsmeister zu vertreten. Am besten gelang ihnen dies 1996, als sie unter 22 teilnehmenden Mannschaften in Villamoura (Portugal) den beachtlichen 7. Platz belegten. Nicht genug damit, Philipp Mensi-Klarbach wurde als bester Österreicher Dritter in der Einzelwertung.

OBEN: Steiermärkischer Golf Club Murhof als Mannschaftsmeister 1995; (STEHEND V. LI.) Fritz Poppmeier, Johannes Goess-Saurau, Florian List, Gerald Bonstingl, Lilian Mensi-Klarbach, Klaus Deschmann, Bernd Brändle, Philip Mensi-Klarbach; (HOCKEND V. LI.) Peter Dimeg, Gerald Stangl, Nina Mensi-Klarbach
DARUNTER: Dipl.Ing. Carl Anton Goess-Saurau, Gründer und Präsident des Steiermärkischen Golf Clubs Murhof

EINZELSIEGE DES GC MURHOF:

INTERNATIONALER MEISTER VON ÖSTERREICH:
Alexander Peterskovsky (1990)

INTERNATIONALE MEISTERIN VON ÖSTERREICH:
Katharina Poppmeier (1989)
Natascha Fink (1993)

NATIONALE ÖSTERREICHISCHE MEISTER:
Johannes Goess-Saurau (1977)
Christoph Prasthofer (1981)
Alexander Peterskowsky 1990
Philipp Mensi-Klarbach (1993)

NATIONALE ÖSTERREICHISCHE MEISTERINNEN:
Andrea Rieckh (1973)
Katharararina Poppmeier (1991)
Nina Mensi-Klarbach (1993/94/95)
Lilian Mensi-Klarbach (1996)

NATIONALE MEISTER ZÄHLWETTSPIEL:
Fritz Poppmeier (1991)

NATIONALE MEISTERINNEN ZÄHLWETTSPIEL:
Nina Mensi-Klarbach (1991)
Natascha Fink (1992)
Katharina Poppmeier (1993/94/95)
Lilian Mensi-Klarbach (1996/97, 2000)

ÖSTERREICHISCHE JUGENDMEISTER:
Johannes Goess-Saurau (1975)
Christoph Prasthofer (1977, 1979)
Fritz Poppmeier (1986)
Alexander Peterskowsky (1989)
Gerald Stangl (1995)

ÖSTERREICHISCHE JUGENDMEISTERINNEN:
Evelyn Zisser (1985, 1988)
Natascha Fink (1989/90)
Katharina Poppmeier (1991)
Nina Mensi-Klarbach (1992/93)
Lilian Mensi-Klarbach (1994, 1996)

GOLF UND COUNTRY CLUB SCHLOSS FUSCHL

Erste indirekte Kontakte mit Golf gab es mit Fuschl schon Ende der 30er Jahre. 1939 wurde Schloß Fuschl durch Reichsaußenminister Joachim von Ribbentrop, einem begeisterten Golfer, requisioniert. Der vormalige Schnapsrepräsentant war nicht nur mit dem Sektfabrikanten Karl Henkell, dem damaligen Führer des deutschen Golfverbandes, verschwägert, sondern besaß auch auf seinem Landsitz Sonnenburg bei Berlin einen Privatgolfplatz. Dort steht heute noch im Garten ein buntes Kinderholzhaus, das aus Fuschl stammen soll. Ob Ribbentrop in Fuschl die Golfschläger schwang, ist nicht überliefert, aber auch nicht ganz auszuschließen. 20 Jahre später wurde der heutige Golf und Country Club Fuschl gegründet.

Im Mittelpunkt dieses Clubs auf dem Gelände des historischen Feudalsitzes der Salzburger Erzbischöfe standen viele Jahre der Gründer und Inhaber des Schloßhotels Fuschl, „Salzbaron" Adi Vogel und seine Gattin, die berühmte Schauspielerin Winnie Markus-Vogel. Der gesellschaftliche Aspekt des Clubs lag zeitweise weit über den sportlichen Ereignissen, die nur die Anlässe für ein Zusammentreffen des österreichischen, ja mitteleuropäischen Jetsets darstellten. Winnie Markus war eine ideale Gastgeberin und Hausherrin in Club und Schloß, in dem anschließend an Golfturniere große Feste gefeiert wurden. Auch Prinzessin Soraya fand sich zu den Preisverleihungen und Schloßfesten ein, weitere Gäste waren u. a. Max Schmeling, Toni Sailer, die Auerspergs sowie zahlreiche deutsche Wirtschaftskapitäne. Winnie Markus kam aus Prag, wollte eigentlich Kinderärztin werden, aber der Bridgepartner ihrer Eltern führte sie zu Max Reinhardt, der sogleich ihr Talent entdeckte.

Adi Vogel, der Sohn eines Pfefferhändlers aus Bayern, kostete das Leben eines Millionärs aus wie kaum ein anderer in Österreich zu dieser Zeit. Erlaubt wurde ihm das durch einen Vertrag, der ihm den Alleinvertrieb der gesamten bayrischen Salinenproduktion gestattete. Neben Schloß Fuschl besaß er noch eine Farm in Argentinien und eine Villa auf Ibiza. Dorthin ließ er sich angeblich Rehrücken per Jet einfliegen. Als einmal das Schlagobers fehlte, schickte er den Jet zurück nach Salzburg, um die süße Zutat aus der Heimat zu holen.[1]

DER BEI DER GRÜNDUNGSVERSAMMLUNG GEWÄHLTE VORSTAND:[2]

PRÄSIDENT: Konsul C. A. Vogel
VIZEPRÄSIDENT: Arch. Hans Kamper
KASSENWART: Herbert Dachs
SPORTWART: Toni Sailer
BEIRAT: Prof. H. Harrer, Dr. Peter Stoi, Horst T. Ostermann, DDr. Schön

Eröffnet wurde der von Dr. Bernhard von Limburger geplante Platz am 22. und 23. Mai 1965 – natürlich mit einem rauschenden Fest. Ein Novum war der Platz insofern, als er der erste reine Par-3-Platz in Österreich wurde.

Schon 1966 wurde in einer Vorstandssitzung beschlossen, den Platz auf 18 Löcher auszubauen.[3] Leider konnte dieses ehrgeizige Ziel bis heute nicht verwirklicht werden.

UNTEN: Eröffnungsfest und Preisverteilung des Golf- und Country Clubs Schloß Fuschl, 1965;
(V. LI.) Golflehrer Richard Roittner, Winnie Markus, Adi Vogel
DARUNTER: Inserat in der Zeitschrift „Golf"

Schloß Fuschl

9-Löcher-Golfplatz

ERÖFFNUNGS-TURNIER

des neuen 9-Löcher-Golfplatzes

um den Cup von Schloß Fuschl

am 22. und 23. Mai 1965

Golf- und Country Club Schloß Fuschl/Salzburg
Telefon Hof bei Salzburg 253 · Telex 06/3454

Hotel Schloß Fuschl bei Salzburg

Telefon Hof/Salzburg 253

LINKS: Gruppenfoto nach einem rauschenden Golffest anläßlich des „Schloß Fuschl Pokals" 1965
RECHTS: „Schloß Fuschl Pokal" 1967 im Regen (IM UHRZEIGERSINN): Jutta von Perner, Alfi Auersperg, Hannelore Auer, Michèle Blackett, Richard Roittner

Zwei der „Legionäre" in den Diensten des Golf und Country Clubs Schloß Fuschl: Die beiden Salzburger Spitzenspieler Rudi Hauser (LI.) und Theo Mazzucco (RE.)

Das süße Leben wurde dem „Salzbaron" und ecuadorianischen Generalkonsul für Westösterreich versalzen, als ihm eine Verlängerung des Salinenvertrages zu schlechteren Bedingungen angeboten wurde, die er glatt ausschlug. Karl-Adolf Vogel war pleite und wurde steckbrieflich um die halbe Welt gejagt. Eher unbemerkt von den Gästen wechselte das Hotel 1978 den Besitzer. Adi Vogel zog sich zurück und übergab das Nobelhotel der Max-Grundig-Stiftung.[4]

Eine eigene Hotel- und Clubzeitschrift berichtete über die gesellschaftlichen und sportlichen Vorgänge in Fuschl. Den Sport betreffend gab es die Sektionen Golf und Tennis mit Dr. Rudolf Grömmer als Sektionsleiter, die Jagd mit Adi Vogels Bruder Dr. Veit Vogel als Leiter sowie Reiten und die Fischerei.

Sportlicher und gesellschaftlicher Höhepunkt war jeweils die Fuschler Golfwoche in der Form des damals beliebten Vierers mit Auswahldrive, wobei sich aus einer Qualifikationsrunde die 16 besten Paare für den „Schloß Fuschl Pokal" qualifizierten und die restlichen Paare um den „Kattus Hochriegl Flight" kämpften.

Wirklicher sportlicher Höhepunkt in der Geschichte des Golf und Country Clubs Schloß Fuschl war aber der Gewinn der Österreichischen Mannschaftsmeisterschaft 1968. Da es in Fuschl praktisch keine Golfspieler gab, trat der Club mit einer „Legionärsmannschaft" bestehend aus Salzburger und Wiener Spitzenspielern (Hans Aigner, Rudi Hauser, Theo Mazzucco, Klaus Nierlich und Gerhard Stehno) an.

CLUBS IN
DEN EHEMALIGEN
KRONLÄNDERN
Von Karlsbad bis Abbazia

D er Erste Weltkrieg und der Zusammenbruch der österreichisch-ungarischen Monarchie
taten dem Zusammenleben der Golfer in Österreich und in den nunmehrigen Nachbarländern keinen Abbruch. Fast hat es den Anschein, daß man in den zwanziger Jahren des
20. Jahrhunderts den Kontakt zu den Clubs in den umliegenden Ländern steigerte. Insbesondere
mit Ungarn und der Tschechoslowakei pflegte man intensive Kontakte, die sich sogar in einer gemeinsamen Golfzeitung manifestierten. Viele österreichische Golfpioniere wie Maximilian Penizek,
Fritz Gross, die Familien Bloch-Bauer, Altmann, Pick, Pollack-Parnau, Festetics usw. stammten
entweder aus einem der Kronländer oder hatten dort enge historisch-familiäre Verbindungen oder
wirtschaftliche Interessen. Andererseits verbrachten viele österreichische Golfer Kuraufenthalte
oder Ferien in den Kurorten Marienbad, Karlsbad, Pistyan, am Karersee und ganz besonders in
Brioni. Auch rumänische und polnische Golfer pflegten Kontakt mit österreichischen Clubs.

Einige dieser Clubs, etwa diejenigen in Karlsbad und Marienbad, der alte Budapester Magyar
Golf Club oder der Golf Club am Karersee in Südtirol, sind aufgrund ihrer frühen Entstehung ohnehin Teil der Geschichte des Golfsports in Österreich – zumindest, wenn man den Begriff „Österreich" auf die österreichisch-ungarische Monarchie ausdehnt.

Es gibt aber auch Clubs, die erst entstanden, als ihre Länder schon lange nicht mehr Teil des alten Österreichs waren, wie zum Beispiel jene in Abbazia, Zagreb und Bled. Darüber hinaus pflegten die österreichischen Golfer Kontakte mit Spielern in Rumänien und Polen.

Die mit Abstand größte Tradition des Golfsports in den ehemaligen Kronländern weist Böhmen
auf. Die Golfplätze in Karlsbad (1904) und Marienbad
(1905) waren Vorreiter des Golfsports in Mitteleuropa.
Auch Prag soll schon 1906 einen Golfclub gehabt haben,
allerdings vermutlich nur einen Club und keinen Platz.[1]
Es kann sein, daß englische und amerikanische Diplomaten oder Geschäftsleute den Club gegründet hatten, aber
in Karlsbad oder Marienbad spielten. Es gibt Hinweise,
daß es in Prag bereits 1898 Golfspieler gab[2], wer sie waren und wo sie spielten, ist jedoch nicht bekannt.

1905 bekam auch Franzensbad einen Golfplatz, allerdings einen „primitiven", wie man berichtete, denn „er
bestand nur aus einer Wiese im Naturzustande".[3] Aber
auf diesem Platz erlernten immerhin zwei österreichische
Golfpioniere, Josef von Flesch und Fritz Groß, das Golfspiel.[4]

Der erste Platz außerhalb Böhmens wurde in Tatra-
Lomnitz (1909) in der Hohen Tatra errichtet, der allerdings den Ersten Weltkrieg nicht überlebte. Übrigens ge-
hörte er zur Zeit seiner Entstehung zu Ungarn, so daß die Ungarn diesen Platz als den ersten in
ihrem Land beanspruchen.

Später kamen die Plätze im slowakischen Kurort Pistyan (1913) und in Prag-Motol (1926)
hinzu. Der Platz in Pistyan verfiel während des Zweiten Weltkrieges und wurde mangels Interes-
ses nicht wieder aufgebaut.

Der Platz in Prag-Motol war alles andere als eine gute Lösung. Erstens war er ein 9-Loch-
Platz, der für die ständig ansteigende Zahl der Spieler bald zu klein wurde, zweitens waren die
Bodenverhältnisse ungünstig, so daß die Qualität zu wünschen übrig ließ. Und drittens gehörte
das Gelände der Stadt Prag, die es für andere Zwecke zu verwenden gedachte. Deshalb war die
Zukunft immer ungewiß, und nach langem Suchen fand der Club in Prag-Klanowitz (Klano-
vice), 17 km vom Stadtzentrum entfernt, ein neues Gelände für einen 9-Loch-Platz, der aber

Postkarte einer Wiener Golferin
aus Marienbad an „Herrn Golfmeister Josef Petras, Wien II,
Prater Krieau, Wiener Golf Club,
Austria" aus dem Jahr 1933:
„Lieber Herr Peter! Der Platz hier
ist sehr schön, nur zu lang für
meine Klasse. In Karlsbad habe
ich sehr gut abgeschnitten. Mein
Mann spielt hier wie ein Alter mit
den verpönten ‚Gibsons', er
bringt Längen heraus wie nie zuvor. Alles Liebe Ihnen, Douglas
und allen anderen von Ihrer
treuen Schülerin …"
(Unterschrift unleserlich)

Alexis Orloff: L'affiche de Golf

1952 von der staatlichen Zentralsportbehörde ebenfalls anderen Zwecken zugeführt wurde.

Das „Continental Yearbook" 1931 zählt neben den Clubs in Karlsbad, Marienbad, Pistyan und Prag noch einen Platz Luhacovice sowie Übungsplätze in Franzensbad, Jachymof und Trenc-Teplice auf, bei denen es sich um sehr einfache Anlagen, keine echten Golfplätze gehandelt haben dürfte.[5] In den 30er Jahren bestanden in Böhmen noch zwei Privatgolfplätze. Der 9-Loch-Platz des Golf Clubs Lisnice lag 23 km von Prag entfernt und hatte einen Standard von 38. Der Club, gegründet 1928, hatte nur 28 Mitglieder aus einigen wenigen golfbegeisterten Familien.[6] 1929 stieß die Familie des bekannten Juristen Dr. Ferdinand Tonder zur Runde, Sohn Hanno, der mehrmalige tschechische Meister, konnte 1940 Handicap 1 und 1941 eine Vorgabe von +1 vorweisen.[7]

DER VORSTAND DES GOLF CLUBS LISNICE 1936:[8]

PRÄSIDENT: Dr. L. Vanek
VORSTANDSMITGLIEDER: Dr. F. Tonder, Dr. Sedlak, Ing. Kopecky, Dr. J. Hilbert, J.O. Franta, Dr. Chvojka
EHRENSEKRETÄR: Dr. P. Sedlak

Der Golf Club Lisnice war ein Club von zwölf Freunden, die meisten davon wohlhabende Juristen. Mittelpunkt war Dr. Prokop Sedlak, der Vater des bekannten tschechischen Golfhistorikers. Weiters gehörten dazu Prokop Sedlaks Bruder Vladimir, seine Studienkollegen Dr. Jaroslav Hilbert, Dr. Adolf Hoffmeister und Dr. Richard Hampl sowie einige Jugendfreunde wie Jaroslav Franta und andere. Der Club war als Männerclub gegründet worden, die Gattinnen der Mitglieder durften aber auch spielen.[9]

Der zweite Privatclub, der Ringhoffer Golf Club in Volesovice, entstand aus einem Privatplatz der Familie Ringhoffer, der bereits im Jahre 1913 erbaut worden war. Der Club selbst wurde erst 1931 gegründet. Der reizende kleine Platz mit Standard 33 lag im Park des Ringhoffer-Schlosses, umgeben von uralten Bäumen.

DER VORSTAND DES RINGHOFFER GOLF CLUBS 1936:[10]

PRÄSIDENT: Franz Ringhoffer sen.
VORSTANDSMITGLIEDER: Felix Ringhoffer, A. Bezucha, Consul P. Butler, Franz Ringhoffer jun.
EHRENSEKRETÄR: Felix Ringhoffer

Heute gibt es wieder einen Golf Club in Volesovice, und durch das „Ringhoffer Memorial" wird der Pionierfamilie des Golfsports in Tschechien gedacht.

Über einen sehr bescheidenen Platz verfügte auch der Golf Club Tremsin, westlich von Prag, bei Pribram gelegen. Es handelte sich praktisch um eine Wiese, die einige Prager Sommerfrischler zu einer Art Golfplatz umfunktioniert hatten, erst zwei Jahre später kam ein kleines hölzernes Clubhaus hinzu. Seit 1940 hatten die Mitglieder dieses Clubs auch die Möglichkeit, in Prag auf einem Exerzierplatz zu spielen, in unmittelbarer Nähe des ersten Prager Golfplatzes in Motol. Ein nahe gelegenes Gasthaus diente als Umkleideraum. Man konnte auch unter solchen Umständen gut Golf spielen, und der beste Spieler dieses Clubs, K. Hynek, hatte immerhin Handicap 1, was damals eine Seltenheit war. Weitere Pioniere dieses Clubs waren der Clubpräsident A. Stika und die Brüder Kubelik.[11]

Ende der 30er Jahre machte man auch erste Golfversuche auf einem Gelände in Swratka im böhmisch-mährischen Hügelland unweit von Brünn. Leider waren die Bemühungen des Golf Clubs Brünn, einen richtigen Golfplatz zu bekommen, nicht von Erfolg gekrönt, man mußte auf einem Exerzierplatz, notdürftig geduldet, die Rolle von Golfmissionaren spielen. Obwohl man kaum Grüns hatte, wurde eifrig gespielt, und das gar nicht schlecht, wie die Ergebnisse mancher Mitglieder, darunter Dr. Boucek, Arch. Dvorak, Dr. Mach und Ing. Tachovsky, auf anderen Plätzen zeigten. Frau Machova gehörte sogar zu den besten Spielerinnen in Böhmen.[12]

In Pilsen gab es 1933 ebenfalls Bestrebungen, einen Golfplatz zu bauen, die aber nicht verwirklicht wurden. Über die Errichtung einer Winterschule, in der der Pistyaner Trainer Wolf Unterricht gab, kam man nicht hinaus.[13]

Schließlich gab es einen kleinen Privatgolfplatz im Park des Schlosses Tloskov in Neveklov. Besitzer war Dr. Oskar Danek-Esse, errichtet bzw. geplant wurde er von Ing. J. Charvat, dem Sekretär des Tschechoslowakischen Golfverbandes und profunden Kenner der Golfszene.[14]

1932 wurde der Tschechoslowakische Golfverband gegründet, der allerdings nur vier der sechs Golfclubs vertreten durfte: Mitglieder waren die Clubs in Prag, Pistyan, Lisnice und der Ringhoffer Golf Club, während die großen Kaliber Karlsbad und Marienbad dem Verband fernblieben.

Die Golfwiese und das „Clubhaus" in Brünn. Am Abschlag der bekannte Amerikaner Ross Thomson

---

DER VORSTAND DES TSCHECHOSLOWAKISCHEN GOLFVERBANDS 1932:[15]

PRÄSIDENT: Baron Franz Ringhoffer
VIZEPRÄSIDENTEN: Ing. Jaroslav Jahn, Dir. Emerich Winter
HON. SECRETARY: Dr. F. Tonder
SEKRETÄR: Ing. J. Charvat
SCHATZMEISTER: Miroslav Svestka
VORSTANDSMITGLIEDER: Oberst W.R. Hennig, Felix Ringhoffer, Dr. K. Roessler, Dr. A. Hoffmeister

---

Die ursprünglich aus dem Burgenland stammende Familie Ringhoffer spielte eine wesentliche Rolle in der Entwicklung des Golfsports in der Tschechoslowakei. 1760 begannen sie mit einer Kupferschmiede in Böhmen, die sich im Laufe der Jahre zur Eisenbahn- und Waggonfabrik Smichov in Prag, der größten in der Monarchie, entwickelte. Dazu besaß die Familie große Ländereien, Sägewerke, Landwirtschaftsbetriebe und die Brauerei Groß Popowitz (Velke Popovice). 1923 kam die Mehrheitsbeteiligung beim Automobilhersteller Tatra-Werke hinzu. Gegründet wurde all das 1871 von Franz Ringhoffer (1817–1873), der 1873 wegen seiner Verdienste um die Industrialisierung vom Kaiser zum Baron ernannt wurde. Nach seinem Tod kurz darauf setzten seine Söhne Franz I (1844–1909), Emanuel (1848–1923) und Viktor (1854–1922) sein Lebenswerk fort.

Der Golfsport wurde in der Familie durch den Sohn von Franz II. Ringhoffer eingeführt. Franz III. Ringhoffer (1874–1940) war Konzernchef und legte den Golfplatz vermutlich schon vor dem Ersten Weltkrieg im Park seines Barockschlosses Stirin bei Volisovice an.

1940 verstarb Franz Baron von Ringhoffer. Als Präsident der Tatra Werke A.G. und der Mährisch-Schlesischen Fahrzeugwerke A.G. gehörte er den Verwaltungsräten vieler anderer Großun-

Franz Ringhoffer (1874–1940)

ternehmen an. Seine beruflichen Tätigkeiten ließen ihm trotzdem Zeit, sich intensiv um den Golfsport zu kümmern. Er war Präsident des tschechoslowakischen Golfverbandes und des Prager Golf Clubs, die Errichtung des neuen Platzes in Klanovice geschah unter seiner Führung. Und nicht zuletzt war er Präsident seines eigenen Golfclubs.[16] Bereits drei Jahre vor seinem Tod, 1937, starb sein Sohn, Franz IV. Ringhoffer, der ein guter Golfer und Singlehandicapper war, unter nicht geklärten Umständen.

Ein weiterer guter Golfspieler war Felix Ringhoffer (1891–1954), Sohn von Emanuel Ringhoffer. Er bewohnte ein neugotisches Schloß in Kamenice, ganz in der Nähe von Stirin, und war der Chef der Brauerei. Er wurde nach dem Krieg von den Kommunisten festgenommen, konnte aber beweisen, daß er ein überzeugter Antifaschist war und wurde wieder entlassen. Er kam nach Salzburg, wo er 1954 verstarb.

Weitere bedeutende Persönlichkeiten waren, wie erwähnt, die Mitglieder der Familie Dr. Tonder.

Der jüngere Sohn Hanno Tonder (1915–1955) wurde der tschechoslowakische Golfer schlechthin und hatte seine Blütezeit während des Zweiten Weltkrieges, als er Handicap +1 spielte – und dies, obwohl er während des Krieges zeitweise inhaftiert war. Auch nach dem Krieg wurde er von den Kommunisten in Zusammenhang mit der Flucht seines Bruders Ivo in den Westen inhaftiert, er schied 1955 freiwillig aus dem Leben.

Hanno Tonder, der beste Golfer der Tschechoslowakei in den 1930er und 40er Jahren

Ivo Tonder (1913–1995) war Pilot und gehörte im Zweiten Weltkrieg der tschechoslowakischen Armee in Großbritannien an. Von den Deutschen wurde er im berühmten Gefangenenlager Sagan inhaftiert, wo er zu den Organisatoren der berühmt-berüchtigten Massenflucht durch einen Tunnel gehörte. Dieses Ereignis wurde mit Steve McQueen, Charles Bronson und anderen Hollywood-Größen in dem weltbekannten Kinohit „The Great Escape" verfilmt. In diesem Lager soll es übrigens sogar einen von den englischen Gefangenen angelegten Golfplatz gegeben haben. Tonder wurde nach der Flucht gefangen und zum Tode verurteilt. Mit Hilfe der Amerikaner konnte er erneut fliehen. Nach dem Krieg wurde er von den Russen inhaftiert, konnte abermals fliehen und ließ sich in England nieder, wo er bis zu seinem Tod 1995 lebte.[17]

Jaroslav Jahn, Miroslav Svestka und Ing. Charvat, der führende Golfplatzarchitekt, sind Persönlichkeiten, die zur damaligen Zeit den Golfsport in der Tschechoslowakei entscheidend mit prägten. Auch die Familie Petschek ist zu nennen, die oft und gerne in Österreich Golf spielte. So besaß die Familie des Kohlengrubenbesitzers ein riesiges Anwesen im Salzkammergut und spielte in den Sommermonaten auf dem Ischler Golfplatz.

Eine Ikone des tschechischen Golfsports wurde Luisa Raudnitz, die Tschechoslowakische Meisterin 1938. Als Lady Luisa Abrahams wurde sie 1960 Österreichische Meisterin. Ursprünglich war sie tschechische Jugendmeisterin im Tennis, ihr Ballbub war der spätere Wimbledonsieger Jaroslav Drobny. Golf war aber im wohlhabenden Großbürgertum in Mode und so wurde sie eine tschechoslowakische oder sogar mitteleuropäische Spitzengolferin, die als einzige Tschechin, ähnlich wie in Österreich Madeleine von Kuh, der damaligen großen Dominatorin in Mitteleuropa, Erszebet von Szlávy aus Ungarn, halbwegs das Wasser reichen konnte. Luisa Raudnitz (1910–2006) begann ihre Laufbahn 1928 in Dellach beim dortigen Pro Karl Sündermann. Nach einem Jahr intensiven Übens war sie bereits in der Lage, ihren Pro zu besiegen. 1930 gewann sie in Österreich ihr erstes Turnier. 1935 lernte sie beim Training Henry Cotton kennen, ohne zu wissen, wer er war. Unschuldig fragte sie ihn, ob er denn auch Golf spiele, was der damals weltbeste Golfer als schwere Beleidigung empfand, trotzdem wurden sie später Freunde. (Die weitere Geschichte von Luisa Raudnitz-Abrahams siehe S. 172.)

1935 gelang der erste Kontakt mit dem Weltgolf durch die erstmalige Austragung der Offenen Tschechoslowakischen Meisterschaft in Marienbad. Immerhin waren starke Spieler aus England und Schottland am Start, zu denen auch der Weltmeister 1934, Henry Cotton, gehörte. Das starke Teilnehmerfeld zog viele Zuschauer an, vor den Augen von Spaniens Ex-König Alfonso, Rudyard Kipling, den amerikanischen Millionärinnen Morgan und Vanderbuilt, englischen Lords und vielen Diplomaten siegte der Schotte Mark Seymour vor dem Engländer Arthur Lees, während der für Belgien spielende Cotton nur Dritter wurde.

Bei den Amateuren wurden im Unterschied zu Ungarn und Österreich Internationale Meisterschaften relativ spät eingeführt. Unter den Gewinnern der ersten Veranstaltungen befinden sich uns wohl bekannte Namen:

INTERNATIONALE TSCHECHOSLOWAKISCHE MEISTER VON 1930 BIS 1945

JAHR	HERREN	DAMEN
1930	Fr. Ringhoffer (Tsch)	
1931	S. Schubert (Tsch)	
1932	St. Samek (D)	E. von Szlávy (U)
1933	Hanno Tonder (Tsch)	E. von Szlávy (U)
1934	NICHT AUSGETRAGEN	
1935	Jan Becvar (Tsch)	E. von Szlávy (U)
1936	J. W. Bailey (USA)	E. von Szlávy (U)
1937	John de Bendern (GB)	E. von Szlávy (U)
1938	Hanno Tonder (Tsch)	L. Raudnitz (Tsch)
1939	Hanno Tonder (Tsch)	K. Linhart (Tsch)
1940	K. Hynek (Tsch)	
1941	Hanno Tonder (Tsch)	
1942	NICHT AUSGETRAGEN	
1943	Hanno Tonder (Tsch)	
1944	NICHT AUSGETRAGEN	
1945	NICHT AUSGETRAGEN	

Die Sieger der Offenen Meisterschaft der Tschechoslowakei in Marienbad 1937: (V. LI.) Harold Lees (CSR, 12.), Ronald Blackett (Österreich, 6.), G. Müller (Deutschl., 9.), E. Hooker (England, 3.), J. T. Baker (Rumänien, 11.), Henry Cotton (Sieger), Arthur Lees (Zweiter), Graf John Bendern (1. Amateur), R. S. Burles (2. Amateur), A. Lacinik (Deutschland, 4.), J. Smith (Deutschland, 7.)

Nach dem Zweiten Weltkrieg konnte die Tschechoslowakei lange nicht mehr jenen Stellenwert im mitteleuropäischen Golf erreichen, den sie vor dem Krieg einnahm. Die Meisterschaft gewann der Starspieler Hanno Tonder auch nach dem Krieg noch drei Mal (1947, 1948, 1950).

Der Prager Golfplatz wurde in ein Sporttrainingszentrum umgewandelt, der Platz in Pistany wurde ebenfalls nicht mehr in Betrieb genommen. Seit 1950 wurden keine Meisterschaften mehr ausgetragen.[18] So konzentrierte sich das Golfgeschehen in der Nachkriegsperiode auf die beiden 18-Loch-Plätze in Karlsbad und Marienbad.

Der Platz in Marienbad blieb spielbar und wurde in den Jahren 1955 und 1956, in denen die tschechoslowakische Regierung den internationalen Tourismus stark förderte, besser instand gesetzt. In das nette Clubhaus mit dem gegenüberliegenden Golfhotel zog neues Leben ein.[19]

Die beiden Karlsbader Plätze, sowohl der kleine am Geysir-Park als auch der herrliche, 1937 eröffnete 18-Loch-Platz, waren während des Krieges verwüstet worden, die Clubhäuser ausgebrannt und ausgeplündert. Eine kleine Gruppe begeisterter Sportler, die vorher selbst nie Golf gespielt hatte, beschloß nach Kriegsende, mit eigener Kraft den Golfsport in Karlsbad zu erneuern. Es war ein kluger Entschluß, den kleinen Platz dem Schicksal zu überlassen und sich ganz auf den sportlich, landschaftlich und golfarchitektonisch hochwertigen großen Platz zu konzentrieren.

Der Platz in Swratka bei Brünn wurde nach dem Krieg sogar neu gebaut, es war ein kleiner Platz mit sechs Grüns und neun Bahnen. Er lag in einer von Künstlern bevorzugten Gegend und hatte in den 50er Jahren wieder treue Besucher.[20]

Zum ersten Mal nach dem Krieg wurden im August 1965 wieder internationale Golfwettspiele ausgetragen. Sie gingen über 54 Löcher und wurden auf beiden Plätzen in Karlsbad und Marienbad ausgetragen. Höhepunkt waren die ersten Internationalen Meisterschaften als 72-Löcher-Zählwettspiel, ausgetragen in Marienbad.[21]

Der Kontakt zwischen den Golfern aus der Tschechoslowakei und Österreich war nach dem Krieg naturgemäß stark zurückgegangen, hatten doch beide Länder die meisten ihrer Clubs, Plätze und Spieler verloren. Beide Länder mußten praktisch bei null anfangen. Die Tschechoslowakei tat sich dabei aufgrund ihrer politischen Konstellation noch schwerer als Österreich, das aber ebenfalls lange gegen das kapitalistische Image des Golfsports zu kämpfen hatte.

Zarte Banden zwischen den Ländern wurden in den 60er Jahren geknüpft, indem Interclubwettspiele mit Karlsbad ausgerichtet wurden, wobei sich dabei auf österreichischer Seite die Clubs von Gastein und Kitzbühel hervortaten.

Heute gibt es in der Tschechischen Republik mehr als 60 Golfclubs mit ca. 23.000 Mitgliedern.[22] Damit ist Tschechien unter den ehemaligen Kronländern die mit Abstand aktivste Nation, in der es ähnlich wie in Österreich, jedoch etwas zeitversetzt, einen unglaublichen Boom gab. Die Slowakei verfügt über fünf Plätze mit 2600 Spielern.

Die Kitzbüheler Mannschaft (mit Begleiterinnen), die 1967 in Karlsbad gegen Karlsbad spielte und 1:8 verlor: (V. LI.) Karl Monitzer, Toni Sailer, Hans Stolzlechner, Roswitha Thurnher, Martin Thurnher, H. Egger, Elisabeth Monitzer und Horst Ostermann

Während die Tschechoslowakei in quantitativer Hinsicht das führende Land unter den ehemaligen Kronländern in der Zwischenkriegszeit war, ragte Ungarn in den 1920er und 1930er Jahren in qualitativer Hinsicht heraus. Desider (Decsko) Lauber, Bela Gyurkovics und Jenö Kovacs bildeten eines der stärksten Teams in Europa. Lauber konnte die Ungarischen, Tschechoslowakischen und Österreichischen Meisterschaften gewinnen.

Ein Zeichen des guten Rufs und des hohen Niveaus der ungarischen Spitzengolfer waren die Länderspiele, die Ungarn gegen das viel größere Deutschland austrug. Die Länderspiele fanden 1921, 1922 und dann von 1924 bis 1929, also insgesamt acht Mal, statt. Obwohl die Ungarn eine viel kleinere Auswahl an Spielern hatten, konnten sie vier Mal gewinnen. Und obwohl jede Mannschaft ohnehin nur aus jeweils vier Spielern bestand, war die Personalnot bei den Ungarn manchmal so groß, daß auch eine Dame einspringen mußte, was aber sicherlich nicht zum Nachteil der Ungarn war, konnte man doch auf Frau von Szlávy, damals noch Frau von Gyurkovich, zurückgreifen. Sie stellte die deutschen Herren vor eine harte Aufgabe, und das, obwohl sie von den Herrenabschlägen spielte.[23] Sie wurde zwischen 1922 und 1944 nicht weniger als 19 Mal Ungarische, fünf Mal Österreichische und vier Mal Tschechoslowakische Meisterin.

Die ungarische Mannschaft 1921: (V. LI.) Lauber, Kovacs, von Hátvany, Gyurkovich

Golf wurde in Ungarn im Jahre 1902 von Graf Géza Andrássy eingeführt, allerdings nicht auf einem Golfplatz, sondern auf der Budapester Pferderennbahn. Andrássy war ein sportlicher Mann, er war Mitglied des Internationalen Olympischen Komitees und führte auch den Polosport 1896 in Ungarn ein.

Richtiges Golfspielen begann in Tatra-Lomnitz 1909, das erste Golfturnier in Ungarn wurde dort 1909 ausgetragen, und von da an erlebte der ungarische Golfsport eine erstaunliche Entwicklung. Bereits 1912 wurden die ersten ungarischen Meisterschaften um den Wanderpreis des Grafen Geza Leopold Zichy ausgetragen. Erster Gewinner war bezeichnenderweise ein Dr. von Magyar.[24]

INTERNATIONALE UNGARISCHE MEISTER VON 1920 BIS 1937

JAHR	HERREN	DAMEN
1912	Dr. von Magyar (U)	
1913	D. Lauber (U)	
1920	B. von Gyurkovich (U)	
1921	G. Brown (USA)	
1922	B. von Gyurkovich (U)	E. von Szlávy (U)
1923	D. Lauber (U)	E. von Szlávy (U)
1924	D. Lauber (U)	E. von Szlávy (U)
1925	B. von Gyurkovich (U)	E. von Szlávy (U)
1926	D. Lauber (U)	E. von Szlávy (U)
1927	Baron J. Hatvany (U)	E. von Szlávy (U)
1928	B. von Gyurkovich (U)	E. von Szlávy (U)
1929	J. Kovacs (U)	M. von Kuh (Ö)
1930	D. Lauber (U)	M. von Kuh (Ö)
1931	D. Lauber (U)	E. von Szlávy (U)
1932	D. Lauber (U)	E. von Szlávy (U)
1933	D. Lauber (U)	E. von Szlávy (U)
1934	D. Lauber (U)	M. von Farkas (U)
1935	B. von Gyurkovich (U)	E. von Szlávy (U)
1936	J. Bailey (USA)	E. von Szlávy (U)
1937	Lord Dundonald (GB)	E. von Szlávy (U)

Der Architekt des ersten ungarischen Platzes, der zu Füßen der Hohen Tatra lag (Teile der heutigen Slowakei gehörten damals zu Ungarn), war das spätere ungarische Golfidol Decsko Lauber. Er war auch Sekretär und später der Präsident des Tatra Clubs und dazu Sekretär des Ungarischen Olympischen Komitees. Das Sekretariat des Clubs befand sich in Budapest in der Eszterházy utca 22.[25] Frequentiert wurde der Platz hauptsächlich von Ungarn sowie Engländern und Amerikanern, die entweder in Wien seßhaft waren oder zur Sommerfrische weilten. Der Golfplatz in Tatra-Lomnitz bestand bis 1914. In den 1930er Jahren soll es zwar wieder die Möglichkeit gegeben haben, in Tatra-Lomnitz Golf zu spielen, allerdings konnte man von keinem richtigen Golfplatz mehr sprechen.

In der Zwischenkriegszeit gab es noch zwei weitere Plätze, den 9-Loch-Platz des Golf Club Balaton in Földvar und den 18-Loch-Platz in Lillafüred im Borsod. Möglicherweise wurde der Bau dieser Plätze aber nicht vollendet.[26]

Lillafüred befindet sich ungefähr 200 Kilometer östlich von Budapest, 10 km von Ungarns zweitgrößter Stadt Miskolc entfernt. Hauptattraktionspunkt des Golfplatzes in Lillafüred war das Palace Hotel, das zwischen 1927 und 1930, also kurz vor dem Golfplatz, gebaut worden war. Es besteht heute noch unter dem Namen Schloßhotel Palota.

Altmeister Lauber arbeitete zwar in den Jahren 1942/43 eifrig am Bau eines neuen Platzes, das Projekt dürfte aber wegen der Kriegswirren nicht vollendet worden sein. Es handelte sich um einen Bau im Auftrag des Grafen Karolyi zu Radvany, der in seinem Schloßpark sich einen 9-Loch-Platz anlegen wollte. Das Schloß hätte dabei als Golfhotel dienen sollen.

Der Zweite Weltkrieg ließ den ungarischen Golfsport vorerst nicht zusammenbrechen, man spielte weiter. 1939 wurde O. Salacz Ungarischer Meister. 1940 ging der Titel an Bela von Gyurkovich, der diese Meisterschaft schon 1920, 1922, 1925, 1928 und 1935 gewinnen konnte.

1942 wurde „dem deutschen Vorbilde folgend die ungarische Sportorganisation auf das Führerprinzip umgestellt".[27] Im Zuge dessen kam es im selben Jahr zur Gründung des Ungarischen Golfverbandes. Verbands„führer" wurde der Spitzenspieler Stefan von Rakovsky.

OBEN: Die Österreicherin Madeleine von Kuh als Ungarische Meisterin 1930
DARÜBER: Das waren noch Zeiten: Ein Großteil des Teilnehmerfeldes der Internationalen Ungarischen Meisterschaften 1937; (V. LI.) Dr. von Szlávy, Fritz Minder, Fr. E. Becker, Dr. Lederer, Fr. von Szlávy (Siegerin), Mr. Macdonald, Baronin Madarassy-Beck (Zweite), Desider Lauber, Lord Dundonald (Sieger) und Herr Forgacs (Zweiter)

Bis 1956 spielte man Golf in Budapest, von da an war der Sport viele Jahre verpönt. 1954 soll es einen Lichtblick in der Entwicklung des ungarischen Golfsports gegeben haben, als sich angeblich einige Mitglieder der Führungsschicht ernsthaft mit dem Gedanken beschäftigten, mit dem Golfspiel anzufangen. Und dies, obwohl bis dahin dieser Sport als ein dekadenter kapitalistischer Zeitvertreib angesehen wurde. Die politischen Entwicklungen zwei Jahre später ließen diesem Lichtblick eine lange Finsternis folgen.[28]

Desider Lauber überlebte die ungarische Revolution 1956, ein Ereignis, über das die Zeitschrift „Golf" unter dem Titel „Desider Lauber lebt" freudigst berichtete.[29]

Einer der wichtigsten Nachfolger von Lauber als ungarischer Meister, Tibor Racz, mußte jedoch 1956 nach Wien flüchten und nahm kurz darauf eine Stelle als Clubsekretär im Golf Club Dortmund an.[30] Von Dortmund aus leitete er auch eine Hilfsaktion für notleidende ungarische Golfer in die Wege.[31]

Mehr als 30 Jahre war der Golfsport in Ungarn verpönt, erst 1989 konnte durch die Initiative von Dr. Ferenc Gáti der Blue Danube Golf Club und der Ungarische Golfverband gegründet werden. 1991 wurde der Birdland Golf- & Country Club in Bük, nahe zur österreichischen Grenze, gegründet. Ungarn verfügt 2006 über sieben Plätze mit etwas mehr als 2100 Golfern.

Golfplatz Radvany:
Blick vom Schloß auf die
520 Meter lange 9. Spielbahn

Tschechoslowakei

INTERNATIONALER
SPORTCLUB KARLSBAD

Vor dem Auftauchen des Golfsports in Wien wurde in Meran und Karlsbad österreichische Golfgeschichte geschrieben. Einige clevere Hoteliers in Karlsbad hatten schon 1898 einen britischen Golflehrer, Will Brown, engagiert, um ihren Gästen etwas Neues zu bieten. Allerdings nur auf einer gewöhnlichen Wiese. Im Jahre 1902 berichtete man bereits, daß die Gemeinde Karlsbad einen Betrag von 3000 Kronen zur Anlage eines Golfspielplatzes bewilligt hatte. „Derselbe wird aller Wahrscheinlichkeit nach auf dem Terrain der Rennbahn in Meierhöfen errichtet werden."[1]

Erst als die Familie Pupp vom gleichnamigen Grandhotel ein Gelände im Tepltal pachtete, ging man daran, einen echten Golfplatz zu errichten. Will Brown plante den 9-Loch-Platz im Kaiserpark, der 1904 eröffnet wurde. Betreiber war der Internationale Sportclub Karlsbad, der neben der Golf- noch eine Tennis-, eine Fecht- und eine Rodelsektion unterhielt.[2]

Das Clubhaus im Kaiserpark

1906 erfolgte die Eröffnung mit dem Turnier des Patrons, dem Fürst-Fürstenberg-Pokal. Geführt wurde der Club vom Ehrensekretär Dr. Karl Fleischmann und von Fürst Taxis.[3] 1907 war Hugo Moser der Captain der Golfsektion, Ehrensekretär war inzwischen F. Schuman-Leclerq geworden. Der Club hatte angeblich 300 Mitglieder[4], zur Golfsektion gehörten allerdings nur eine Handvoll Mitglieder.

Im Jahre 1908 zählte der Club 44 Mitglieder (drei Gründer und 41 ordentliche), die „Lawn Tennis"-Sektion 40 und die Golfsektion vier ordentliche und 66 außerordentliche Mitglieder.[5]

DER VORSTAND 1909:[6]

PATRON: Max Egon Fürst zu Fürstenberg
EHRENPRÄSIDENTEN: Bezirkshauptmann Ritter von Jordan, Bürgermeister Dr. Josef Pfeiffer
PRÄSIDENT: Dr. Josef Ullmann
OBMANN DER GOLFSEKTION: Hugo Moser

Golftrainer war der Schotte W. Adams aus Glasgow, er wurde 1909 von Robert Herd aus St. Andrews abgelöst. Die Golfsektion hatte 1909 sechs ordentliche und schon 231 außerordentliche Mitglieder.[7] Hier handelte es sich wohl um die zahlreichen Sommergäste aus England, Amerika und Wien.

Nach dem Ersten Weltkrieg hatte sich zwar vieles zum Schlechteren geändert, aber Karlsbad und der Golfclub erholten sich schnell. Nach den Aristokraten kamen nun wieder die betuchten Gäste aus den USA, aber auch aus Australien und anderen Übersee-Ländern. Will Brown mußte den Platz sogar umbauen und etwas vergrößern.

Der ursprüngliche Golfplatz im Karlsbader Kaiserpark hatte nur neun Löcher und entsprach bald weder den Ansprüchen noch der Anzahl der Spieler. Deshalb wurde im Jahre 1930 begonnen, etwa acht Kilometer außerhalb der Stadt einen neuen 18-Loch-Platz zu bauen.

Der umtriebige Golfpionier Ing. Fritz Gross fand das Gelände. Der neue Platz „Espenthor", auf einem Hochplateau gelegen, hatte von Anfang an internationales Niveau und wurde von Welt-klassespielern wie Ben Hogan oder Henry Cotton bespielt. Architekt war der polnisch-französische Stararchitekt C. Noskowski.

DAS GRÜNDUNGSKOMITEE DES NEUEN 18-LOCH-PLATZES:[9]

Hermann Jakob (Bürgermeister)
Prof. Josef Becker (Stellvertreter des Bürgermeisters)
Dr. Josef Keller (Stadtamtsdirektor der Gemeinde)
Frederic Dey (Arzt aus Montreal)
Robert Müller (Arzt aus New York)
Josef Petter (Hoteldirektor Karlsbad)
G.A. Haas (Direktor Hotel Imperial)

Adolf Bardach
Dr. Otto Fleischner
Alfred Penizek
Max Eberl
August Gottel
Dr. Martin Harden

1932 war der Platz fertiggestellt, die Eröffnung wurde allerdings um drei Jahre verschoben, weil während der Wirtschaftskrise keine Mittel für die Errich-tung eines entsprechenden Clubhauses vorhanden waren. Durch eine Vereinba-rung mit dem Internationalen Sportclub Karlsbad, der noch den 9-Loch-Platz im Tepltal betrieb, konnte ein bescheidenes Garderobenhaus errichtet werden.[10] 1935 wurde endlich eröffnet, und 1937 fanden die ersten Amateurmeisterschaften statt.

DER VORSTAND 1935:[11]

PRÄSIDENT: Bürgermeister Schreiter-Schwarzenfeld
PRÄSIDENT DER GOLFABTEILUNG: Dr. A. Ruff
KASSIER: M. Pinzger
VORSTAND: Dr. Bernhart, Dr. O. Fleischner, Dr. R. Müller, F. Kunz
TRAINER: Stefan Klement (Greenkeeper), Josef Gebhardt

DER VORSTAND 1939[12]
NACH DER ERRICHTUNG DES „PROTEKTORATS BÖHMEN UND MÄHREN":

CLUBFÜHRER: Bürgermeister R. Rusy
SPIELFÜHRER: Dr. R. Müller
SCHRIFTFÜHRER: John Ayramides
TRAINER: Stefan Klement, Josef Gebhardt

Der Club hatte 1939 13 Mitglieder. Im Zweiten Weltkrieg wurde der Platz durch schwere Fahrzeuge der Besatzungstruppen vollkommen zerstört und das Clubhaus niedergebrannt. Auch der zweite Karlsbader Platz wurde zerstört.

1949 entschloß man sich, wenigstens den 18-Loch-Platz wieder aufzubauen. Die Anlage war total überwuchert, und man konnte nur erahnen, wo die Löcher früher einmal waren.[13] Durch die Begeisterung und den Eifer der kleinen Karlsbader Golfgemeinde wurde ein Loch nach dem ande-ren wiederhergestellt. 1959 übernahm die öffentliche Hand die Verwaltung, so daß man über Licht, Wasser und Telefon verfügte.[14]

Im September 1960 konnte der neue Platz feierlich eröffnet werden, ab 1964 wurden wieder die ersten ausländischen Gäste begrüßt.[15]

GOLF CLUB MARIENBAD

Der weltberühmte tschechische Kurort war ebenso wie das nahe gelegene Karlsbad, was die Entwicklung des Golfsports betrifft, den österreichischen Kurorten um Jahrzehnte voraus.

Es war in den Zeiten, als der englische König Eduard VII. das mondäne Waldidyll zu seinem Lieblingssommersitz erwählte und sich um ihn alljährlich die Spitzen der englischen Aristokratie versammelten. Der König äußerte beiläufig in einem Gespräch den Wunsch nach einem Golfplatz, was von den verantwortlichen Stellen des Weltbades mit Begeisterung aufgenommen wurde.[1]

Schließlich spielte man ja schon im benachbarten Karlsbad, da konnte Marienbad nicht nachstehen. 1903 inspirierte man in Anwesenheit seiner Majestät ein Gelände, das der Schotte Robert Doigg, der später, in den ersten Jahren des Clubs, Pro war, als höchst geeignet qualifizierte.

Percy Bennett, der Sekretär der englischen Gesandtschaft in Wien, der schon der Initiator des Wiener Golf Clubs gewesen war, sieht die Entstehungsgeschichte des Golfplatzes in Marienbad etwas anders: Er bezeichnete sich als der Hauptgründer des Marienbader Golf Clubs.[2]

Der Beginn der Geschichte des Golfclubs wurde demgemäß in Wien gelegt: Als König Edward VII. 1903 auf Staatsbesuch in Wien weilte, hörte er offenbar vom neuen Wiener Golfplatz (vielleicht spielte er auch dort) und ließ nach dem Initiator Bennett rufen. Der König gratulierte ihm zum gelungenen Platz in der Krieau und fragte ihn, ob er denn auch so einen Golfplatz in Marienbad schaffen könne. Für den König sei es sehr bequem, einen eigenen privaten Golfplatz zu haben, wo er auch seinen „afternoon tea" ungestört einnehmen könnte.[3]

Bennett versprach sein Bestes zu tun, und als Edward VII. 1904 wieder in Marienbad zu Besuch war, fand er einen 9-Loch-Platz mit Clubhaus vor, sogar ein Pro stand bereit, den König zu unterrichten. Wahrscheinlich war es jener englische Pro, der damals im benachbarten Karlsbad weilte und beauftragt worden war, am Platzbau mitzuwirken.

Während Bennett selbst vom Eröffnungsjahr 1904 spricht, dürfte der Baubeginn erst im Juni 1905 und die Eröffnung im August desselben Jahres gewesen sein. Ganz so privat war der Platz wahrscheinlich also nicht. Der König eröffnete ihn hochoffiziell unter der Anwesenheit zahlreicher Würdenträger und schrieb sich mit einer goldenen Feder als erster in das Gedenkbuch ein.[4] Die feierliche Eröffnung war ein außerordentliches gesellschaftliches Ereignis, und seit 1933 erinnert ein Gedenkstein aus Granit an dieses Spektakel. Eine große Menge fashionabler österreichischer, englischer und internationaler Beobachter säumte den ersten Abschlag, und Bennett fragte seine Majestät, ob er den Eröffnungsdrive vornehmen wolle. Der König schaute in die Runde und entdeckte den Abt von Marienbad, auf dessen Abteigründen der Platz gebaut worden war. Der König grinste und sagte zu Bennett: „Let the parson do it!" Des Geistlichen Verwirrung und Zögern war allzu verständlich, hatte er doch bisher noch nie einen Golfschläger gesehen, geschweige denn in der Hand gehabt. Aber den Wunsch eines Königs kann man nicht ausschlagen! Der Abt nahm den von Bennett gereichten Driver prompt verkehrt in die Hand, weil er dachte, der große Schlägerkopf sei der Griff. Nachdem dieses kleine Mißgeschick gelöst war,

Der zuvor in Wien tätige englische Professional Ronald Blackett bei einem Exhibition-Match in Marienbad 1934

Marienbad C. S. R. 20. 8. 34.

Der Golfplatz in Marienbad
während der Offenen
Meisterschaft der Č.S.R. 1937:
am Weg zum 15. Grün

klopfte der Reverend den Ball tatsächlich einige Meter vom Tee und konnte sich der herzlichen Glückwünsche des Königs erfreuen, während die Zuschauer sich köstlich amüsierten.

Nachzutragen ist, daß der Abt schließlich Vizepräsident des Clubs wurde, was wohl im Golfsport auch auf internationaler Ebene eher eine Seltenheit darstellte. Der Club selbst wurde im September 1905 gegründet. Fürst Trautmannsdorff wurde Ehrenpräsident und Percy Bennett Ehrensekretär.

Auch der österreichische Golfpionier Maximilian Penizek hatte eine enge Beziehung zum Marienbader Platz. In seinem Nachruf steht zu lesen, daß er „am 17. Juni 1908 mit seinem Freund Fritz Gross dem versammelten Stadtrat von Marienbad und zahlreichen Gästen, unter denen sich der englische König Edward VII. befand, den neuerbauten Platz von Marienbad in Böhmen übergeben hat".[5]

DER VORSTAND 1908:[6]

PRÄSIDENT: Fürst Karl Trautmannsdorff
VIZE-PRÄSIDENTEN: Abt Gilbert Helmer, Sir Edward Goschen, Oberst Fritz Ponsonby, Oberst M. Lockwood, Botschaftssekretär James Henry Bruce, Graf Nako, Gouverneur von Fiume, Bezirkshauptmann Prinz Liechtenstein, Bürgermeister Dr. Reiniger, Stadtrat Rubritius
SEKRETÄR: J.A. Rubritius (Hotel Klinger), T. Hammerschmidt (Hotel Weimar)

Der Erste Weltkrieg ließ den Spielbetrieb zum Stillstand kommen, die Flaute hielt einige Jahre nach Kriegsende noch anhielt. Mitte der 1920er Jahre aber kamen die Kurgäste aus aller Welt allmählich wieder zurück. 1929 konnten die zweiten neun Löcher gebaut werden, und sogar ein neues Golfhotel wurde eröffnet.

DER VORSTAND 1931: [7]

PRÄSIDENT: Dr. Max Porges
KOMITEE: Dr. Lehrmann, M.H. Grimme, M.J. Zischka, Dr. Fürst, M.T. Hammerschmid, Dr. Wurma
SEKRETÄRIN: Frau Gutmann
GOLFLEHRER: Franck Slatter, Harold Lees

DER VORSTAND 1936: [8]

PRÄSIDENT: Dr. Max Porges
HON. SECRETARY: H. Grimme
KASSIER: T. Hammerschmid
SEKRETÄR: J. Wagner
VORSTANDSMITGLIEDER: W. Zörkendörfer, J. Zischka, Dr. R. Fürst

DER „GESÄUBERTE" VORSTAND 1938: [9]
NACH DER ANNEKTION WESTBÖHMENS DURCH HITLER-DEUTSCHLAND:

CLUBFÜHRER: H. Grimme (Golfhotel)
SPIELFÜHER: F. Zischka
SCHRIFTFÜHRER: Dr. H. Kopf
SEKRETÄR: J. Wagner
Trainer war kurze Zeit noch der Engländer Arthur Lees.

Während des Zweiten Weltkrieges wurde der Platz vorerst notdürftig instand gehalten, bis 1943 der Spielbetrieb eingestellt werden mußte. Im Frühjahr 1945 kam die Wende: Die Amerikaner erreichten Marienbad. Ein besonderer Glücksfall war, daß sich unter ihnen ein gewisser Major Ross Thompson befand. Ein Mann, der schon vor dem Krieg als Scratchspieler auf vielen Plätzen in Österreich und der Tschechoslowakei ein gern gesehener Gast und erfolgreicher Turnierteilnehmer war. Seine golferische Spürnase führte ihn schnell zum verwilderten ehemaligen Golfplatz. Noch immer mit Handicap 2 spielend, reagierte er sofort. Unter den Wehrmachtsgefangenen köderte er Freiwillige zur Wiederherstellung des Golfplatzes: Wer sich meldete, bekam genauso viel Lebensmittel wie die amerikanischen Soldaten, 3000 Kalorien am Tag. Einzige Bedingung: Der Platz mußte in drei Wochen wiederhergestellt sein. Der Ansturm war enorm, 230 Gefangene meldeten sich. Das Kommando hatte Seargent Joe Carillo, ein Scratchspieler. Der Platz war in 19 Tagen fertig.

Thompson gab Carillo die Ehre, den Eröffnungsdrive zu machen. Der war zwar lang, ging aber leider ins Wasser. Dazu Thompson: „You are a frog-killer and no scratch-man. If Big Ike [= General Dwight D. Eisenhower, ein Golffanatiker] saw this, he'd send you on a slow boat around Greenland back to the States for work orders." Carillo und Thompson kämpften anschließend auf der Eröffnungsrunde um eine Tafel Schokolade, der Sieger ist nicht überliefert.

Als die Amerikaner abgezogen waren, übernahmen die Tschechen, darunter Ivo Tonder, wieder den Platz und setzten ihn weiter instand. Auch Harold Lees, der britische Trainer, der sich vor dem Krieg in eine Tschechin verliebt hatte, kehrte zurück. 1947 war der Platz voll hergestellt, aber schon 1948 war alles wieder ganz anders. Die Kommunisten kamen, und Harold Lees floh erneut, diesmal aber schon mit Familie, auch Ivo Tonder setzte sich mit Familie nach Großbritannien ab.

Das Golfspiel in Marienbad wurde nicht verboten, die Umstände des Spielens aber kann man sich heute wohl kaum vorstellen. Einen Ball zu verlieren war schlimm, denn Nachschub gab es keinen. Deshalb führte man eine Sichel mit, um das Rough so lange zu schneiden, bis man den Ball wieder fand. [10]

GOLF CLUB PISTYAN

Der Golfplatz von Pistyan mit dem kleinen Clubhaus im Hintergrund

OBEN: Emerich Winter
RECHTS: Mitteleuropa trifft sich in Pistyan: (V.LI.) Fritz Gross (Wien), Kammersänger Hammes (Wien), Desider Lauber (Budapest), Sasa Schubert (Prag), Baron Franz Ringhoffer (Prag)
DANEBEN: Teilnehmergruppe eines Golfturniers in Pistyan: (VORNE V. LI.) Frau Gütermann, Mrs. Jones, Frl. Holm, Frau Koch-Tayerl, (HINTEN V. LI.) Schubert, D. Lauber, Oberst Hennig, Jones, Svetska, Graubart, Baron Ringhoffer, Ing. Charvat

Die Entwicklung in der Slowakei vor dem Zweiten. Weltkrieg war geprägt durch den Golfclub in Pistany (Bad Pistyan), der ein äußerst beliebter Treffpunkt der mitteleuropäischen Golfer war.

Golf wurde in der Slowakei durch die Familie Winter, die die Mitinhaber der Bäderunternehmungen in Pistany waren, eingeführt. Im Jahre 1910 verbrachte Emerich Winter einige Zeit in England, die dort gewonnenen Eindrücke hatten ihn und seinen Bruder Ludwig veranlaßt, den Golfsport nach Pistyan mitzunehmen.[1] Beide hatten die Bedeutung des Golfsports für den Fremdenverkehr in den westlichen Ländern erkannt und für den Platzbau ein schönes Terrain im Zentrum des Kurortes gefunden. Auch mit der Errichtung des Platzes und der Gründung des Clubs beschäftigte sich Emerich Winter. Präsident des Clubs wurde der Bezirkshauptmann Skycak, während sich Winter selbst mit dem Posten eines Vizepräsidenten begnügte. Ehrensekretär war der äußerst umtriebige Oberst Wolf Rüdiger Hennig, Clubtrainer wurde J. Wolf, Ehrenpatron Graf Erdödy.

Pistany war ein bedeutender Kurort, der zum Zeitpunkt der Gründung des Golfclubs zu Ungarn gehörte und eigentlich Pöstyén hieß. Schon seit 1934 verfügte der nunmehr Pistany genannte Kurort über einen Flughafen. Zwei Mal täglich gab es Flugverbindungen mit Wien, Budapest, Prag und anderen europäischen Zentren.[2] Kein Wunder, daß der Platz von einer internationalen Klientel besucht wurde, die nicht nur aus Österreich und Ungarn kam, sondern auch aus Deutschland, Holland, Schweden, England und Amerika.

Pistyan war nicht nur wegen seiner Thermalmöglichkeiten und seines Golfplatzes bekannt, sondern auch wegen der Jagdmöglichkeiten. Die Gegend um den Kurort galt angeblich als die reichste Rebhühnerjagd Mitteleuropas. Deshalb kamen zahlreiche jagdbegeisterte Persönlichkeiten in die Gegend um Pistyan, so auch die Maharajas von Heiderabad, Bhopal, Patiala, Kotaha und Bikanera.[3]

GOLF CLUB
PRAG

Erst 1925 wurde in Prag ein „richtiger" Golfclub gegründet. Es war dies ein 9-Loch-Platz in Motol, der schon wenige Jahre später völlig überlastet war, so daß man Ausschau nach einem neuen Platz halten mußte. Im ersten Jahr 1926 spielten 1239 Personen, während es 1932 bereits 6856 Personen waren.[1]

Trotzdem war den Pragern Golf bis dahin nicht fremd. Erstens soll man bereits 1898 oder 1899 auf der Kaiserwiese Golf gespielt haben. Zweitens soll es bereits 1906 einen Golf Club Prag gegeben haben. Wenn dies stimmt, dürfte es nur ein Club ohne richtigen Platz gewesen sein. Vielleicht spielten die Mitglieder auf besagter Kaiserwiese. Und drittens gab es, und das ist gesichert, kurz nach dem Ersten Weltkrieg einen provisorischen Platz im Stromovka-Park. Als Prag nach 1918 plötzlich die Hauptstadt eines selbständigen Landes wurde, strömten ausländische Diplomaten in die Stadt an der Moldau, viele von ihnen wollten Golf spielen. Darunter befand sich der britische Botschafter Sir George Clerk und seine Mitarbeiter sowie die Angehörigen der amerikanischen und niederländischen Botschaft. Also bekam man die Genehmigung, im Park zu üben. Allerdings gab es dort auch die Franzosen, die reiten, und die Italiener, die Tontauben schießen wollten. Und das alles geschah nicht immer in absoluter Eintracht. Eines schönen Tages traf ein italienisches Geschoß den Kopf eines französischen Pferdes, das seinen Reiter abwarf, durchging und den herrlichen Hickory-Driver des englischen Botschafters zerbrach. Das war für Sir Clerk Anlaß genug, sich mit Vehemenz und mit Unterstützung des tschechoslowakischen Botschafters in England, Jan Masaryk, für einen richtigen Golfplatz in Prag einzusetzen. Auch Ing. Jaroslav Jahn (Mitglied des Olympischen Komitees), Ing. Fritz Gross, Baron Franz Ringhoffer, der junge Architekt Ing. Josef Charvat und der amerikanische Gesandte Lewis Einstein zeigten besonderes Engagement.[2]

OBEN: Plan des Clubhauses des neuen Prager Platzes in Prag-Klanovice, 1937
DARUNTER: So sah das Clubhaus letztendlich aus

EHRENAUSSCHUSS DER GRÜNDUNGSVERSAMMLUNG 1925:[3]

Gesandter Jan Masaryk (Sohn des Staatspräsidenten)
Primator Dr. Baxa (Bürgermeister von Prag)
Minister Dr. Benesch (Außenminister)
Gesandter Sir George Clerk (englischer Gesandter)
Gesandter Einstein (amerikanischer Gesandter)
Gen.Dir. Dr. Preis (Generaldirektor der Zivnobank)
General Gajda (stellvertr. Chef des Generalstabs)
General Vajnerek

DER ERSTE VORSTAND:[4]

PRÄSIDENT: Jaroslav Jahn
KAPITÄN: Sir George Clerk
EHRENSEKRETÄR: Franz Ringhoffer (später Miroslav Svestka)
KASSIER: Herbert Lechner

Tschechische Golfprominenz
in den 1930er Jahren:
(V. LI.) Felix Ringhoffer, Sasa
Schubert, Franz Ringhoffer
jun., T. Hanak

Erster Pro war der Brite Arnold Linacre, es folgten Charles Chuk Warren und Geoffrey Geoff Wilson. Die Anzahl der Mitglieder betrug im ersten Jahr 77, im Jahr 1927 schon 116[5], 1936 war die Zahl auf 210 gestiegen.[6]

Ing. Jaroslav Jahn war einer der drei Gründer des Prager Golf Clubs, zusammen mit Baron Franz Ringhoffer und Sir G. Clerk. Jahn leitete als Präsident den Club mit sicherer Hand in den ersten Jahren, in denen der Club schwer um seine Existenz kämpfen mußte. Mit Stolz konnte er aber etwas später das Aufblühen und die ersten sportlichen Erfolge des Clubs verfolgen.

Nachfolger als Präsident wurde der Stahlindustrielle Franz Ringhoffer, der schon an der Wiege einiger anderer Sportarten stand. Er war einer der ersten Automobilisten Österreichs, spielte als einer der ersten Fußball, Tennis und Hockey, und er war auch einer der ersten Golfspieler in der Tschechoslowakei. Als Großgrundbesitzer hatte er die Gelegenheit, sich schon vor vielen Jahren einen Privatgolfplatz zu schaffen. Umso höher ist daher auch seine Tätigkeit für den Prager Golf Club einzuschätzen. Er war viele Jahre dessen Ehrensekretär, dann Kapitän, und 1933 wurde er Präsident des Golf Clubs Prag. Schon zwei Jahre vorher, 1931, wurde er Präsident des neu gegründeten Tschechoslowakischen Golfverbandes.[7]

Im Jahr 1934 beschäftigte sich die Generalversammlung des Clubs intensiv mit der Überlegung, einen neuen Platz zu bauen, da der Club vor der Gefahr stand, den Platz in Motol zu verlieren. Das Gelände dieses Platzes gehörte nämlich der Stadt Prag, die es für andere Zwecke zu verwenden gedachte.

Der Platz in Motol ging 1937 verloren, auf dem Gelände wurde ein großes Spital gebaut. Der neue 9-Loch-Platz in Klanovice, geplant von Jiri Charvat, wurde im Juni 1938 eröffnet. Keine gute Zeit, wie man aus heutiger Sicht weiß. Es war gerade noch Zeit genug, um 1938 und 1939 Meisterschaften auszutragen, dann kamen auch über Klanovice dunkle Wolken auf. Anfang der 1940er Jahre konnte man noch spielen, man mußte allerdings mit dem Fahrrad zum Platz fahren, weil der zivile Autoverkehr verboten worden war. Die Mehrheit der Mitglieder war bekannt dafür, daß sie dem neuen Regime nicht wohlwollend gegenüberstanden. Ein Mitglied, Dr. V. Wahl sen., wurde am Platz verhaftet und kurz darauf hingerichtet. Andere Mitglieder, Dr. Kose, Dr. Strba, Ing. Michl und Dr. Vanek, wurden nach dem Attentat auf Heydrich ebenfalls exekutiert. Wieder andere, darunter Hanno Tonder, kamen in Gefängnisse oder Konzentrationslager.[8]

Mit dem Ende des Krieges 1945 erblühte die Hoffnung auf bessere Zeiten, die sich aber nur kurzfristig einstellten. Dazu beigetragen hat offensichtlich auch der neue Pro, Ronald Blackett, der vor dem Krieg in Wien tätig war. Blackett galt als hervorragender Lehrer und Golfphilosoph mit bestem britischen Humor.

1948 kamen neue Machthaber und neue Repressalien. Der Sohn des von den Nazis hingerichteten Dr. Wahl, Slavek Wahl, wurde von den Kommunisten hingerichtet. 1952 wurde der Platz gesperrt, und jahrzehntelang wucherten Gras und Gestrüpp am so bedeutenden Platz der tschechischen Golfgeschichte.[9]

Ungarn

———

MAGYAR GOLF CLUB BUDAPEST

Die Gründung des Magyar Golf Clubs geht auf das Jahr 1910 zurück, als ein herrlicher Platz auf dem sogenannten Schwabenberg in der Nähe von Budapest, mit teilweisem Blick auf die Donau, gefunden wurde. Der Club, der zuerst Budapest Golf Club hieß, wurde von Géza Andrássy gegründet.

Der Platz hatte ursprünglich nur neun Löcher, zu Beginn der 20er Jahre hatte auch hier Desider Lauber die Gelegenheit, den Platz umzubauen, wobei ihm Malcolm Goodwillie assistierte. Aber erst 1929 wurde eine Erweiterung auf 18 Löcher vorgenommen. Während die Grüns wirkliche Grüns und trotz der Hitze im Sommer und der strengen Winter in gutem Zustand waren, verboten die klimatischen Verhältnisse die Anlage von Grasabschlägen. Man behalf sich daher mit hartgestampftem Lehm.[1]

Clubhaus des Magyar Golf Clubs Budapest

Auf erhöhter Stelle des Platzes befand sich ein großes, mit einer Glasveranda versehenes Clubhaus, das einen guten Überblick über das sportliche Geschehen bot. Immer wieder wurde die dortige Atmosphäre gelobt, besonders wenn in einer sommerlichen Mondscheinnacht bei Zigeunermusik ein Clubfest ausgetragen wurde.

Erster Präsident des Magyar Golf Clubs war Graf Andrássy, Desider Lauber bekleidete die Position des Sekretärs. Langjähriger Präsident nach dem Ersten Weltkrieg war Oskar Ritter von Wahl, der allerdings 1932 aus gesundheitlichen Gründen zurücktrat.

DER VORSTAND 1931:[2]

PRÄSIDENT: Oskar Ritter von Wahl
KOMITÉE: Dr. Aurel Dobay, Baron Julius Madarrassy-Beck, Marcel Madarassy-Beck, Ferdinand Baumgarten, St. von Rakovsky, Ernest Wittmann, Desider Lauber, Graf Kaznér
EHRENSEKRETÄR: Bela von Gyurkovich
SEKRETÄR: Kalman Garay
PROFESSIONALS: Malcolm Goodwillie, James Goodwillie

DER VORSTAND 1936:[4]

PRÄSIDENT: Graf Kasimir Zichy
VIZEPRÄSIDENTEN: E. Doroghi, Dr. Aurel Dobay
KASSIER: Dr. A. Kiss
VORSTAND: Baron Julius Madarassy-Beck, Baron Marcel Madarassy-Beck, Stefan von Rakovsky, Dr. Ernest Wittmann, Desider Lauber, Aurel Egry, Eugen Racz
SEKRETÄR: Friedrich Minder
PROFESSIONAL: Malcolm Goodwillie

Desider Lauber, geboren 1879 in Pécs in Südungarn, war ein Allroundsportler: Golf, Radfahren, Leichtathletik, Tennis, ja angeblich sogar Eislaufen und Bobfahren waren seine Lieblingssportarten. Im Tennis nahm er 1908 in London an der Olympiade teil, verlor aber in der ersten Runde. Von Beruf war Lauber Architekt. Zusammen mit seinem Freund Alfred Hajós, dem berühmten ungarischen Olympiasieger, nahm er 1924 in Paris an der Kunstolympiade teil. Der Beitrag von Lauber und Hajós, der Entwurf eines Stadions, wurde immerhin mit der Silbermedaille ausgezeichnet. Lauber wurde Sekretär des Ungarischen Olympischen Komitees von 1908 bis 1914 und bekam 1953 in Lausanne ein Olympisches Diplom. Dazu war er Begründer des Ungarischen Leichtathletik- und Tennisverbandes.

Die besten Spieler Ungarns anläßlich der Paarmeisterschaft 1933: (V.LI.) Albert Baumgarten, Stefan von Rakovsky, Desider Lauber, Bela von Gyurkovich, Fritz Minder, Ladislaus Halász

Nicht nur als Spieler, sondern auch als Golfplatzarchitekt konnte er sich einen Namen machen. Schon 1909 hat er in Ungarn den Golfsport eingeführt und den 9-Loch-Platz in Tatra-Lomnitz in der Hohen Tatra angelegt. 1912 baute er die Anlage in Budapest, die er nach dem Ersten Weltkrieg verbesserte und ausbaute. Mitte der 1920er Jahre plante er den Golfplatz am Semmering und wenige Jahre später den Platz in Abbazia. Zusammen mit Rudolf von Gelmini plante er Ende der 1930er Jahre den Golfplatz in Bled (Slowenien). Auch in Deutschland war er aktiv, wirkte am Bau des Golfplatzes in Feldafing mit, allerdings konnte er ihn nur planen und ausstecken.[8] Die Haupttätigkeit wurde Bernhard von Limburger überlassen, der somit als der Architekt von Feldafing gilt.

Ein großer Widersacher von Lauber war, was die Spielstärke betraf, Dr. Jenö von Kovacs, der 1927 ebenfalls die Internationale Österreichische Meisterschaft gewann. 1931 holte er sich die Internationale und Nationale Ungarische Meisterschaft. 1932 mußte er während der Ungarischen Meisterschaft wegen Indisposition nach der dritten Runde aufgeben. Daraus entwickelte sich eine ernsthafte Krankheit, der er schließlich im Alter von nur 42 Jahren erlag.[9]

Ebenfalls in den 1920er Jahren hatte ein anderer großer ungarischer Spieler seine Blütezeit: Baron Jani Hátvany. Er stammte aus einer der reichsten Familien Ungarns während der Monarchie, der Großindustriellenfamilie Hátvany-Deutsch. Baron Hátvany war trotz seiner Spielstärke „nur" einmal ungarischer Golfmeister 1927, was vielleicht darauf zurückzuführen war, daß er größtenteils im Ausland beheimatet war (Frankfurt, Paris). Er war aber oftmaliges Mitglied der ungarischen Nationalmannschaft in ihren Spielen gegen Deutschland, in der deutschen Vorgabeliste von 1926 belegte er als Mitglied des Frankfurter Golf Clubs mit seinem Handicap 4 einen Platz unter den Top 10.[10]

Die graue Eminenz des Clubs war aber über viele Jahre Ferdinand Baumgarten, der den Titel eines geschäftsführenden Vizepräsidenten trug. Baumgarten war ein vielseitig beschäftigter Mann und hatte trotzdem die Zeit und den Willen, den Club zu führen. Er war pensionierter Richter des Obersten Verwaltungsgerichtshofes, Professor an der Budapester Universität, Präsident und Generaldirektor eines der größten Industriekonzerne Ungarns und Mitglied der Direktionen vieler großer Finanz- und Industrieunternehmungen.[5] Seine Kinder Karla und Albert zählten zu den Hoffnungen des ungarischen Golfsports. Karla übersiedelte jedoch nach ihrer Verheiratung mit dem Ungarn DDr. Jean de Korany nach Brasilien. Bereits als Gymnasiast hatte Albert Baumgarten ein Single-Handicap. Bei bei den Internationalen Ungarischen Meisterschaften 1933 erreichte er das Finale, in dem er Lauber unterlag.[6] Albert Baumgarten war ein Groß-Cousin von

Dr. Felix Mandl, dem Mitbegründer des Salzkammergut Golf Clubs in Ischl. Aus diesem Grund nahm er öfters an den damaligen Salzkammergut-Meisterschaften teil. Baumgarten verbrachte als Jude den Zweiten Weltkrieg in England und verstarb dort 1947 aus ungeklärten Gründen in einem Wohnwagen.[7]

Weitere nennenswerte Persönlichkeiten bei den Herren waren Stefan von Rakovsky, Ladislaus Halász, Oscar Salacz, Freiherr Julius von Madarassy-Beck.[11] Neben Familie Baumgarten spielte auch Familie Madarassy-Beck eine bedeutende Rolle im ungarischen Wirtschaftsleben, war doch Baron Julius Madarassy-Beck Generaldirektor einer der bedeutendsten ungarischen Banken und damals einer der wenigen Bankiers Ungarns mit internationaler Erfahrung.

Bei den Damen war, wie erwähnt, Erszebet von Szlávy die überragende Spielerin. 1925 verlor sie noch im Finale der Deutschen Verbandsmeisterschaft in Salzbrunn gegen Erika Sellschopp. Nachdem sie aber im Jahr darauf den Spieß umdrehen konnte und gegen Sellschopp gewonnen hatte, wurde sie gelegentlich als die beste Spielerin in Europa bezeichnet und galt sogar als die fünftbeste Spielerin der Welt!

Und doch gab es noch eine andere Ungarin, die in der internationalen Golfszene noch vor Frau von Szlávy auf sich aufmerksam machen konnte: Schon 1922 war die Budapester Baronesse Madarassy-Beck Zweite bei der Deutschen Verbandsmeisterschaft, wo sie im Finale in Frankfurt ebenfalls Erika Sellschopp unterlag.

Der Grund für das ungewöhnlich hohe Niveau der ungarischen Golfer zur damaligen Zeit sah man in der hervorragenden Arbeit des schottischen Golftrainers Malcolm Goodwillie. In Zusammenarbeit mit seinem Assistenten József Stammel brachte er all diese internationalen Spitzenspieler hervor. Stammel übte seine Tätigkeit übrigens bis 1956 aus, als der Golfsport in Ungarn endgültig zum Erliegen kam.

OBEN: Erzsebet von Szlávy, europäische Spitzenspielerin und vielfache Meisterin von Ungarn, Österreich und der Tschechoslowakei
LINKS: Marietta Madarassy-Beck

Im August 1936 konnte der Club einen weiteren Höhepunkt verzeichnen, als der damals weltbeste Golfspieler, der Amerikaner Bobby Jones, am Budapester Platz eine Vorführrunde spielte. Wieder wurde der heimische Trainer Malcolm Goodwillie als Mitspieler ausgewählt, dazu noch zwei der besten Mitglieder, die Herren Salacz und Halász. Bis zum Zeitpunkt seines Auftritts in Budapest am 16. August 1936 hatte Jones vier Mal die US Open (1923, 1926, 1929 und 1930) gewonnen und drei Mal die British Open (1926, 1927, 1930). Dazu fünf Mal die Amerikanische und einmal die Britische Amateurmeisterschaft.

Obwohl seine Ankunft in Budapest nicht ganz fest stand, erschien eine kleine Delegation am Bahnhof, um ihn in Empfang zu nehmen. Und er kam wirklich. In Begleitung zweier „hocheleganter, bezaubernder amerikanischer Damen", Mrs. Jones und Mrs. Rice. Die Atmosphäre war etwas anders als in St. Andrews, nicht Tausende, sondern etwa 200 bis 300 Zuschauer waren erschienen, um Jones mit seinen Partnern auf der Runde zu begleiten. Es waren die nationalen Spitzenspieler von Salacz und Halász sowie der beliebte Trainer des Clubs, Malcolm Goodwillie. Obwohl die beiden ungarischen Amateure zu den besten im Lande zählten, bleibt die Frage offen, warum nicht die doch deutlich bessere Golflegende Desider Lauber und die noch bessere Erszebet von Szlávy auserkoren worden waren.

(V.LI.) Bobby Jones, Malcolm Goodwillie, Oskar von Salacz, Ladislaus Halász am Magyar Golf Club Budapest, 16. 8. 1936

Jones spielte mit fremden Schlägern auf einem vollkommen fremden Platz eine 71 (bei Par 74), wobei er sogar zwei Strafschläge infolge einer falschen Anweisung hinnehmen mußte. Für den Drive am 14. Loch wurde ihm eine falsche Richtung angegeben, weil man nicht mit der Länge seines Schlages gerechnet hatte. So landete sein schnurgerader, in der angegebenen Richtung geschlagener Drive im Wald.

Als der Leitung des Magyar Golf Clubs bekannt wurde, daß ein Jahr nach dem erfolgreichen Auftreten von Bobby Jones auch Henry Cotton den Wunsch hatte, den Budapester Platz zu bespielen, wurden alle Anstrengungen unternommen, ihm einen nicht weniger würdigen Empfang zu bereiten.

Ein etwas seltsamer Golfer: Vittorio Mussolini, der Sohn des „Duce", auf dem Golfplatz in Budapest, 1942

Allerdings wollte es diesmal nicht so klappen wie ein Jahr zuvor, denn es passierte das Schlimmste, was bei einem Vorführspiel passieren kann: Es gab fast keine Zuschauer. Außer einigen Clubmitgliedern und den Caddies waren keine weiteren Personen erschienen. Aus dem Spiel wurde nichts. Dafür traten Graf Bendern, Mr. Heminway und Madame de Moss, ebenfalls aus England, zusammen mit dem Platzpro Malcolm Goodwillie zu einem Vierer an, bei dem es interessantes Golf zu sehen gab. Sowohl Bendern als auch Madame de Moss waren Meister in ihrem Fach, gewannen sie doch beide im selben Jahr die Internationale Österreichische Meisterschaft.

Es kam der Montagmorgen mit seiner traditionellen Stille auf dem Platz. Den ersten Spielern, die am Nachmittag eintrafen, wurde aber eine große Überraschung zuteil: Das Spiel Cottons hatte nämlich in der Zwischenzeit stattgefunden, unter gänzlichem Ausschluß der Öffentlichkeit. Am späten Morgen war alles erledigt. Über das Resultat konnte nicht viel in Erfahrung gebracht werden. Nur einige Caddies erhaschten etwas vom Spiel und meinten, daß sich Malcolm Goodwillie wacker geschlagen habe und nur knapp unterlegen sei.[12] Übrigens – Mr. Cotton heiratete einige Jahre später Madame de Moss.

Während des Zeiten Weltkrieges ging auch der Platz am Schwabenberg zugrunde, er konnte aber bis 1949 soweit wiederhergestellt werden, daß die Hälfte des Platzes verwendet werden konnte. Mehr war anfänglich gar nicht nötig, da der Club zwei Drittel seines Mitgliederstandes eingebüßt hatte. Fast alle Maschinen gingen während des Krieges verloren, so daß der Zustand des Platzes manchmal zu wünschen übrig ließ.[13] Außerdem hatte der Platz nur mehr acht Löcher, so daß nach 16 Löchern das erste und das achte nachgespielt werden mußten. Auch die Länge war eingeschränkt, es gab nur vier Par-3- und vier Par-4-Löcher.[14]

Von den alten Turniergrößen hatten die beiden wichtigsten Personen, Desider Lauber und Erszebet von Szlávy, den Krieg wohl überstanden und spielten wieder eifrig Golf, wenn auch in sehr bescheidenem Rahmen, bis 1956 das Aus kam.

Südtirol

GOLF CLUB
KARERSEE

D ie Geschichtsschreibung im österreichischen Golfsport ist geprägt durch die Gründung des ersten Golfclubs in der Hauptstadt der Monarchie 1901. Kaum jemand aber weiß, daß die Wiener nicht die alleinigen Begründer von Golf in Österreich waren. Am westlichen Ende der Monarchie waren einige findige Südtiroler fast genauso schnell und genauso weitsichtig wie die „hohen Herrschaften" im entfernten Wien und bauten bereits 1904 den Golfplatz am Karersee, 30 Kilometer von Bozen entfernt. Auch wenn Südtirol schon lange nicht mehr zu Österreich gehört, und der Platz unter dem italienischen Na-

Carezza al Lago

men Golf Club Carezza firmiert, so ist er doch ein, wenn auch kleiner Teil der österreichischen Golfgeschichte.

Der Platz wurde mit vorerst neun Löchern unter Hoteldirektor Aulich im Jahre 1904 errichtet, 1921 auf 18 Löcher erweitert und 1951 zu einer 21-Loch-Anlage ausgebaut.[1] Manchen Angaben zufolge wurde der Platz erst 1908 unter Hoteldirektor Pardy errichtet.[2] Andere Quellen sprechen davon, daß ein Golf Club Karersee mit einem 9-Loch-Platz 1914 gegründet und der Ausbau auf 18 Löcher 1929 durchgeführt wurde.[3]

Da der Platz zum Grandhotel Karersee gehörte, handelte es sich, zumindest am Beginn, nicht um einen Golfclub, sondern eben „nur" um einen Hotelplatz. Deshalb vielleicht die unterschiedlichen Angaben.

Das Grandhotel Karersee wurde 1896 feierlich eröffnet und war schon bald eines der führenden Hotels in den Alpen. Bereits 1897 konnte es sich der Anwesenheit zahlreicher Prominenter erfreuen, darunter Mitglieder des Hauses Habsburg, insbesondere Kaiserin Elisabeth. Auch Arthur Schnitzler war ein treuer Gast am Karersee, ebenfalls Karl May, der hier einige Inspirationen für seine Romane fand und sie in verschlüsselter Form in einigen seiner Bücher wiedergab.[4]

1910 wurde das Hotel durch einen Großbrand schwer beschädigt, aber sofort wieder aufgebaut. 1912 konnte der Neubau mit nunmehr knapp 500 Betten eingeweiht werden. Die Hotelchronik spricht auch in diesem Zeitabschnitt von einem Bau eines Golfplatzes,[5] vielleicht hatte der erste Platz nur kurzen Bestand und wurde dann wieder gebaut.

Nach dem Ersten Weltkrieg wurde der Golfplatz vorerst kaum benützt, aber schon 1921 zahlte es sich aus, den Platz unter Hoteldirektor E. Rohr auf 18 Löcher auszubauen.[6] Zu den berühmtesten Gästen während dieser Periode zählte Agatha Christie, die die Handlung ihres Romans „Pirot und die 4 Großen" teilweise im Karerseegebiet spielen ließ.[6] Nach dem Zweiten Weltkrieg reihte sich noch Winston Churchill in die Liste der Prominenten ein. Und man höre und staune, er soll auch Golf gespielt haben, obwohl seine Abneigung gegen Sport sprichwörtlich war und er auch über Golf nur spottete.[8]

Als Hotelplatz verfügte der Club über keinen Vorstand im üblichen Sinn. Einen Präsidenten gab es in den 1920er Jahren dennoch, es war Major Charlton. Ehrensekretär im Jahr 1936 war ein gewisser J. Hooper. Die Stelle des Professionals war über viele Jahre durch Louis Prette, der sich schon in San Remo etabliert hatte, mit einem großen Namen besetzt. Greenkeeper war V. Deflorian.

Obwohl der Platz 1951 auf eine 21-Loch-Anlage ausgebaut wurde und das Hotel sehr intensiv um golfende Gäste in der deutschen Zeitschrift „Golf" warb, kam zehn Jahre später das Ende des alten Golfplatzes, hervorgerufen durch den finanziellen Zusammenbruch des Hotels. Bald darauf wurde ein Teil des Platzes parzelliert und mit 200 Ferienhäusern bebaut.

Um so erfreulicher ist es, daß es gelingen konnte, auf der alten Tradition wieder aufzubauen und im Jahre 1991 einen neuen Platz nach den Plänen des italienischen Architekten Marco Croze anzulegen. Der nunmehrige 9-Loch-Platz befindet sich zum Großteil am Gelände des alten Platzes. Die gewaltigen Bergmassive der Dolomiten, Rosengarten und Latemar, machen den Platz zu einem klassischen Alpenplatz mit spektakulärem Panorama und damit zu einem einmaligen Erlebnis.

GANZ OBEN: Kofferaufkleber des Grandhotels Karersee aus den 1920er Jahren
OBEN: Das alte Clubhaus des Golf Clubs Karersee in 1650 Metern Seehöhe

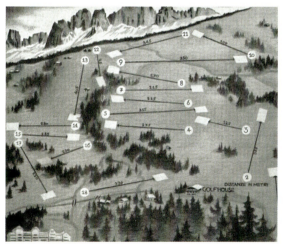

Platzplan 1953

GOLF CLUB MENDELPASS

Plakat aus den 1920er Jahren

Ein historischer Golfclub war auch der 1927 gegründete Mendola Golf Club, ca. 15 Kilometer von Bozen entfernt am Mendelpaß, auf der italienischer Seite. Er war somit nie ein österreichischer Club, zählte aber im weiteren Sinn zum Einflußgebiet der österreichischen Golfer. Da es sich um einen Gebirgsplatz handelte, verfügte er nur über neun Löcher mit dem kurzen Standard von 31.

DER VORSTAND 1936:[9]

PRÄSIDENT: Avv. Giacomo Lucietto
VORSTAND: Conte Filipetti, Comm. Dr. Rosger, Dir. Grasser
SEKRETÄR: Dr. C. Mahler
PROFESSIONAL: Rudolf Peteck, Greenkeeper: David Pirhofer

Der Club, der vor dem Zweiten Weltkrieg ca. 40 Mitglieder hatte, überlebte den Krieg nicht. Nach dem Krieg wurden schüchterne Versuche unternommen, den Platz zu reaktivieren, sie blieben aber ohne Erfolg. Der Kurort Mendola wurde nicht mehr installiert, die katholische Kirche übernahm das Gelände und widmete es sozialen Einrichtungen. Die Abschläge des alten Golfplatzes sind aber teilweise noch zu erkennen.[10]

GOLF CLUB MERAN

Der Plan des Golfplatzes Meran in den 1920er Jahren

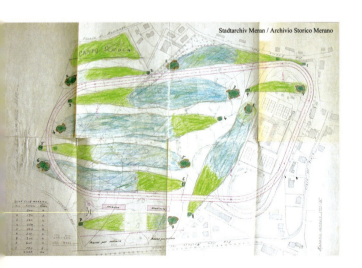

Der russische Großfürst Michael soll bereits 1891 den Golfsport nach Meran gebracht haben (noch heute gibt es in Meran eine kleine russische Gemeinde).[11] Golf wurde damals auch von einem gewissen Mr. Haswell und einigen anderen Herren auf der Meraner Hofwiese und später am Sportplatz betrieben.

Etliche Jahre später, noch vor dem Ersten Weltkrieg, hatte sich die Kurvorstehung mit der Idee der Erstellung eines „richtigen" Golfplatzes befaßt, die Idee wurde aber als zu kostspielig und schwer realisierbar verworfen.

Erst nach dem Ersten Weltkrieg, als Meran das Ausbleiben des alten Stammpublikums zur Kenntnis hatte nehmen müssen und es galt, den Kurort den neuen Verhältnissen anzupassen, erachtete es der Meraner Kur- und Verkehrsverein für seine Pflicht, alle erdenklichen Anstrengungen zu unternehmen, um in Meran einen Golfplatz zu schaffen. Als Zielgruppe wurde aber nicht mehr das alte österreichische und deutsche Stammpublikum, auch nicht die italienischen Gäste auserkoren, sondern das angelsächsische Kurpublikum, das etwa in deutschen Kurorten wie Bad Homburg und Baden-Baden, aber auch in Karlsbad und Marienbad und in den Schweizer Luftkurorten sowie an der Riviera für großen Gästeandrang sorgte.

1921 wurde ein Golfkomitee bestehend aus den Herren von An der Lan, Dr. Binder, Bauduin, Herglotz, Panzer, von Strobel, Dr. Sperk und Welz gegründet, das sich mit großer Energie der Erreichung des gesetzten Ziels widmete. Nach fast einjährigen Verhandlungen konnte man sich auf ein Gelände einigen, das durch großes Entgegenkommen der Grundeigentümer, insbesondere des Altbürgermeisters Hartmann und des Hoteliers Welz, zur Verfügung gestellt wurde. Im August 1922 wurde mit den Bauarbeiten begonnen, und schon Mitte Oktober konnte der Platz dem ebenfalls im Oktober 1922 gegründeten Golf Club übergeben werden. Der britische Botschafter in Rom, Sir Ronald Graham, übernahm die Ehrenpräsidentschaft. Sekretär wurde Herr O. von An der Lan, später Arthur J. Wright.

Der Golfplatz befand sich am Gelände des Sportplatzes, die Clubräume wurden im Tribünenbereich untergebracht. Obwohl es sich dabei um keine ideale Lösung handeln konnte, wurde das Ziel, angelsächsische Gäste nach Meran zu locken, erreicht. Vor allem deshalb, weil man sofort eine große Werbekampagne gestartet hatte und in zahlreichen englischen und amerikanischen Zeitschriften über den neuen Golfplatz in Meran berichtet wurde. Im Sommer übersiedelte die Golfgesellschaft von Meran stets zum Karersee. Dies hielt bis nach dem Zweiten Weltkrieg an und ging so weit, daß die Meraner Golfer sogar ihre Caddies zum Karersee mitnahmen, wo oft 30 bis 40 Meraner Caddies während der Sommermonate ein kleines Vermögen verdienen konnten.

Anfang der 1930er Jahre wurden Pläne für die Errichtung eines neuen Platzes geschmiedet, wobei ein bekannter Name als möglicher Architekt auftauchte: Peter Gannon, der in den Jahren

Der Golfplatz Meran in den 1920er Jahren mit der Tribüne des Pferderennplatzes im Hintergrund

1909, 1910 und 1911 die damalige Championship of Austria in Karlsbad gewann und nunmehr aus Cannes agierend die Firma „Gannon & Blandford Golf Architects and Constructors" betrieb. Als ein weiterer Berater wurde Luigi Prette, Golfprofessional in San Remo und am Mendelpaß, hinzugezogen. Dabei ging es um die Errichtung einer Pferderennbahn und ihre Verträglichkeit mit Golf. Eine Koexistenz wurde vom Architekt Gannon in Zweifel gestellt und vom damaligen Präsidenten des Golf Clubs, Oberst Rasmus, gänzlich abgelehnt. 1934 wurde die Pferderennbahn eröffnet – das war das Ende des Golfplatzes in Meran. Noch vor dem Zweiten Weltkrieg gab es Bemühungen, wieder einen Golfplatz in Meran zu schaffen, was der Ausbruch des Krieges verhinderte.

Durch die Auflassung des Meraner Platzes wurde der berühmteste Südtiroler Golfer, Carlo Gögele, seines Broterwerbes beraubt, er ging nach Deutschland. Gögele hatte zwar ein zweites Standbein, er war im Winter Tanzlehrer, das konnte ihn aber auch nicht in Südtirol halten.

Jahrzehntelang war Südtirol ohne Golfplatz, aber nicht ohne Golfer. 1968 etwa gab es vier: den Wirtschaftstreuhänder Dr. Rudolf Rimbl aus Bozen, der in Lugano zum Golfspiel kam, Carlo Gögele aus Meran, der zu dieser Zeit Pro in Innsbruck war, sowie einen Zahnarzt und einem Rechtsanwalt aus Bozen. Und dann war da noch Junior Karl-Heinz Gögele. Der Versuch, einen Platz auf dem Ritten bei Bozen zu schaffen, scheiterte ebenso wie an 14 anderen Stellen. Die Gründe waren die üblichen: Eine generelle Abneigung der öffentlichen Stellen gegen den Sport der Reichen, der Alten.

21 Jahre lang suchte Dr. Rimbl, der Wiederentdecker und Retter des Golfsports in Südtirol, nach Partnern und einem geeigneten Platz, bis es ihm 1989 gelang, bei Deutschnofen im Eggental den GC Petersberg zu initiieren. Seither ist der Bann gebrochen, und es gibt außer den Plätzen am Karersee und Petersberg weitere in Alta Badia, Passeier, Lana und Bruneck. Viele Leute, die sich damals strikt quergelegt haben, sind heute begeisterte Golfer. Südtirol hat heute ca. 2500 eingetragene Mitglieder, Tendenz stark steigend.

ENIT-Prospekt
aus den 1930er Jahren

Istrien und adriatische Küste

GOLF CLUB BRIONI

Heute fast vergessen ist dieses Urlauberparadies der österreichischen Monarchie, erst seit kurzem gibt es wieder Bestrebungen, es zu neuem Glanz auferstehen zu lassen. Golf wurde auf Brioni auch gespielt, wenngleich der Beginn nicht ganz geklärt ist. Der Golf Club Brioni wurde 1923 gegründet, es gibt aber auch Hinweise, daß es schon vor dem Ersten Weltkrieg Golfer auf Brioni gab. Eventuell bestand sogar seit 1911 ein Golfclub. Tatsache ist aber, daß ab 1923 ein 18-Loch-Platz existierte, wobei es sich um den größten Golfplatz Europas gehandelt haben soll. Das Par betrug 75 und wurde später sogar auf 77 erhöht.

Auch wenn der Golf Club Brioni wegen seiner Entstehung nach dem Ersten Weltkrieg, wo er zu Italien gehörte, nicht unbedingt ein Stück österreichischer Golfgeschichte darstellt, so verkörpern die Inseln selbst ein Stück österreichischer Kulturgeschichte.

Die Geschichte Brionis ist mit dem bemerkenswerten Werdegang von Paul Kupelwieser (1843–1919) verbunden. Der Sohn des berühmten Biedermeier-Malers Leopold Kupelwieser kann allerdings nur bedingt als Pionier des österreichischen Golfsports angesehen werden. Paul Kupelwiesers Werk war die Insel Brioni als solche, nämlich die Schaffung eines kleinen Paradieses in der Adria, das innerhalb weniger Jahre eine wesentliche Rolle im aufkommenden Fremdenverkehr spielen und bis zum Zweiten Weltkrieg viele Golfer aus dem kleinen neuen Österreich anziehen sollte.

Kupelwieser schuf auf der ehemals öden, malariaverseuchten Insel einen kleinen Garten Eden. Vorher hatte er eine steile Karriere als Wirtschaftsboss in den Diensten eines der reichsten Männer des damaligen Europa, Albert Rothschild erklommen (Rothschild war übrigens ein Golfer und Gründungsmitglied des Wiener Golf Clubs). Kupelwieser war Generaldirektor der größten Stahlwerke der Monarchie, der Witkowitzer Eisenwerke in Mährisch-Ostrau, als er eines Tages beschloß, seine Stelle aufzugeben und sich im Süden der Monarchie einen Traum zu verwirkli-

chen. Dies geschah 1893, und sieben Jahre später hatte Kupel-wieser bereits ein ansehnliches Werk auf der Insel geschaffen, das sich bis zum Ausbruch des Ersten Weltkriegs ständig weiterent-wickelte und sich als Teil der österreichischen Riviera als ein füh-render Fremdenverkehrsort etablierte. Es entstand eine Reihe großer Hotels, etwa das Grandhotel, die drei Neptun-Hotels, das Hotel Carmen. Für die noblen Gäste, mehrheitlich Mitglieder des Hochadels, gab es zahlreiche Unterhaltungsmöglichkeiten, so gab es die Brioni-Regatta oder Sternfahrten für Automobile mit einem anschließenden Concours d'Elegance. Man spielte Polo und Golf. Der Erste Weltkrieg brachte vorerst ein Ende des Paradieses, da die meist adelige Klientel aus allen Teilen der Monarchie wegfiel.

Paul Kupelwiesers Sohn Karl (1872–1930) wollte neue Ak-zente setzen und konnte 1923 mit der Gründung des Golf Clubs

RECHTS: Der Golfplatz auf Brioni
UNTEN: Das berühmte 9. Loch auf
Brioni, bei dem man eine Bucht
der Adria überspielen mußte

Plakat des Golf & Polo Clubs
Brioni aus den 1920er Jahren

und dem Bau des angeblich größten Golfplatzes Europas eine neue Attraktion schaffen, aber letztendlich war der Niedergang vorprogrammiert. Karl Kupelwieser beging 1930 auf der Insel Selbstmord.

Mit den Kupelwiesers ist die Verbindung mit der Familie Mautner Markhof hergestellt, die ebenfalls zu den Pionieren des Golfsports in Österreich zählt. Die Enkelin von Paul Kupelwieser, Maria Kupelwieser, war die Gattin des bekannten österreichischen Industriellen und späteren Präsidenten des ÖGV, Manfred Mautner Markhof.

Architekt des Platzes auf Brioni war niemand Geringerer als Tom Simpson, der zu dieser Zeit zu den berühmtesten Golfplatzarchitekten Europas zählte. Mit seinen Meisterwerken in Frankreich, Morfontaine (1927), Chantilly (1906) und Fontainebleau (1909), die auch heute noch zu den besten Plätzen in Europa zählen, hatte er sich Denkmäler gesetzt. Der Platz in Brioni hätte vielleicht auch Unsterblichkeit erlangt, wenn nicht andere Umstände ihn hätten verschwinden lassen.

Nach dem Ersten Weltkrieg und der Gründung des Golf Clubs 1923 änderte sich die Besucherschaft auf Brioni ähnlich wie auf den österreichischen Golfplätzen. Die „Reste" des Adels und nunmehr vor allem das Großbürgertum garantierten aber weiterhin eine hohe Spielerfrequenz am Platz, insbesondere zu Weihnachten und zu Ostern.

Brioni wurde jetzt von Italienern verwaltet, trotzdem waren viele Mitglieder und Gäste Golfer aus Österreich, Ungarn und der Tschechoslowakei. Graf Otto Salm zum Beispiel war Mitglied in Brioni, ebenso der eifrige Wiener Golfer Dr. Hans Friess. Beide Wiener vertraten als Team den Golfclub Brioni beim Mitteleuropäischen Interclub Wanderpreis 1934.

Erster Sekretär war der Brite A.-E. Kitts, es folgte der Österreicher Rudolf von Gelmini, der auch auf den Plätzen in Österreich und Ungarn ein oft gesehener Gast war – wohl auch deshalb, um in diesen Ländern die Werbetrommel für den Fremdenverkehr zu rühren und Gäste für die zahlreichen Turniere zu gewinnen. Der bekannte Ungar Desider Lauber wurde zum Beispiel als Turnierleiter für die Osterturniere 1936 gewonnen.

Seit 1919 stand der Schweizer Jack Olgiati als Golflehrer den zahlreichen Gästen zur Verfügung. 1925 war als Ersatz für den erkrankten Olgiati der Deutsche Emil Dürk tätig, bevor er ein Jahr später von der Adriainsel Brioni auf die Nordseeinsel Föhr übersiedelte.[1] Dreißig Jahre später sollte Dürk den Golfplatz in Igls und 35 Jahre später jenen in Ischl bauen.

Auch Gäste aus Deutschland kamen nach Brioni, so z. B. zwei Persönlichkeiten, die sich auf Brioni inspirieren ließen und später in der Geschichte des Golfsports in Deutschland eine wesentliche Rolle spielen sollten. Der eine war Paul Gütermann, der Nähseidenfabrikant aus dem Schwarzwald, der dort seine Liebe zum Golf entdeckte und so beeinflußt wurde, daß er sich 1925 zuhause in Gutach im Breisgau einen eigenen Privatgolfplatz anlegen ließ.

Der andere hatte eine viel weitere Anreise nach Brioni: Carl Mensendieck (1876–1963) kam von der Nordseeinsel Föhr und ließ sich vermutlich vom Schweizer Pro Jack Olgiati erschöpfend Auskunft über Golfplatzbau geben. 1925 begannen auf Föhr die Arbeiten, 1927 war der Platz des privaten Golfclubs fertig.[2]

Tradition in Brioni hatten die Wettkämpfe gegen die Offiziere der vor Brioni ankernden englischen Maltaflotte.[3]

Brioni hatte zwar den Vorteil, durch die Klimabegünstigung auch im Winter bespielbar zu sein und daher viele Touristen anzulocken, aber im Sommer litt die Qualität des Platzes, da es oft monatelang nicht regnete. Eine Besonderheit waren daher die Sandgreens, die den Spielern oft zu schaffen machten.

Golf Club Crikvenica:
Platzplan aus 1929

GOLF CLUB CRIKVENICA

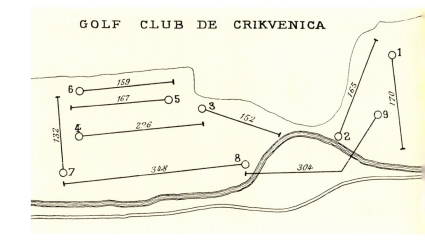

Nach Brioni dürfte der 1925 gegründete Golf Club Crikvenica der zweitälteste in Jugoslawien gewesen sein. Viel ist nicht mehr über diesen Club bekannt, möglicherweise handelte es sich um einen Hotelplatz des Hotels Miramare. Der Platz hatte neun Löcher mit einem Par von 33.

Einen Vorstand gab es nicht, Sekretär war A. Urbanetz vom Hotel Miramare. Professional war ein gewisser W. Freemantle.[4]

Eröffnungsinserat im
Continental Yearbook, 1930

GOLF CLUB ABBAZIA & LAURANA

Wenngleich der Golf Club Abbazia und Laurana erst im Jahre 1929 gegründet wurde, somit damals zu Italien gehörte und infolgedessen mit der Geschichte des österreichischen Golfsports unmittelbar nichts mehr zu tun hat, gehört er doch ebenso wie der Golf Club Brioni aus „sentimentaler" Sicht zumindest erwähnt.

Werbeplakat der Südbahngesellschaft mit Abbazia oben und
dem Südbahnhotel unten

Die Entstehungsgeschichte Abbazias geht auf die Südbahngesellschaft zurück, die nicht nur den Bahnverkehr zwischen Wien und Triest betrieb, sondern auch in Hotels am Semmering, in Toblach und in Abbazia investierte.

DER VORSTAND IM JAHRE 1936:[6]

EHRENPRÄSIDENT Senator Borletti
PRÄSIDENT: Commentatore Szemere
SEKRETÄR: E.M. Tripold

Gezeichnet und gebaut wurde der Platz vom ungarischen Spitzenspieler und Golfplatzarchitekten Desider Lauber.[5] Es handelte sich um einen 9-Loch-Platz mit einer Länge von 2550 yards. Die Grüns waren, so wie auf Brioni, Sand„grüns". Golflehrer war anfänglich der bekannte J. Wolf, der einige Jahre später als Trainer im Golf Club Pistyan beschäftigt war. Werbung für den Club betrieb in Österreich Ing. von Hortenau, der versuchte, mehr österreichische Spieler nach Abbazia zu bringen, insbesondere zu den Turnieren.[7]

Jugoslawien

GOLF CLUB ZAGREB

Es war am 9. Juni 1930, als der Platz von Zagreb durch Ihre Majestät, Königin Maria von Jugoslawien, die damals längere Zeit in Zagreb weilte, eingeweiht wurde. Der gesamte Vorstand des Clubs, an der Spitze Präsident Graf Kulmer und Vizepräsidentin Baronin Vera Nikolic, war erschienen, um den hohen Gast gebührend zu begrüßen. Wie bei etlichen anderen Clubs ist man sich des Gründungsdatums nicht ganz sicher, da es auch Hinweise gibt, denen zufolge der Club bereits 1927 gegründet worden sein könnte.

Zu den Gründungsmitgliedern des Golf Clubs Zagreb zählten neben Miroslav Kulmer und Vera Nicolic Mr. G. H. Bullock, der einige Zeit Konsul von Großbritannien in Zagreb war, und Mr. Archibald Walker, Präsident der Standard Oil Comp.[8]

Weitere Gründungsmitglieder sollen Dr. Edo Franck, Artur Milan Maric, Albert Deuch Maceljski, Vladimir Arko und Hugo Weinberger gewesen sein. Erster Pro war der Engländer Gilbert Treacher, später war Ivan Radolovic der Trainer. Der Platz hatte 9 Löcher bei einer Länge von 2202 yards mit Par 35.

DER VORSTAND 1936:[9]

PRÄSIDENT: Graf Miroslav Kulmer
VIZEPRÄSIDENTEN: Baronesse Vera Nicolic, Vize-Governeur Dr. Hadzi
VORSTANDSMITGLIEDER: A. von Ulmansky, Dr. von Franges, Kendall Field, Dr. M. Reichmann, Dr. D. von Strizic, B. Banac, M. von Krainchich

Der Golfplatz in Zagreb

1931 hatte der Club bereits 80 Mitglieder. 1935 wechselte der Pro Radolovic zum neu gegründeten Golf Club Belgrad. Graf Kulmer wurde im Laufe der 1930er Jahre als Präsident von Dr. Strizic abgelöst. In den Jahren 1932 bis 1934 war der Club sehr aktiv und organisierte nationale und internationale Turniere. Das Ehepaar Ulmansky war vermutlich am aktivsten von allen und beteiligte sich auch an Turnieren in Dellach.

In den Jahren 1938/39 gab es Bestrebungen der Golfclubs Belgrad und Bled, zusammen mit Zagreb einen jugoslawischen Golfverband zu gründen, was scheiterte. Vermutlich wurde dies durch die Inaktivität des Clubs in Zagreb verursacht, der sich in finanziellen Schwierigkeiten befunden haben dürfte und kurz darauf auch die Aktivitäten einstellte.

GOLF CLUB BELGRAD

1935 wurde der Golf Club Belgrad, der unter der Patronanz Seiner Königlichen Hoheit Prinzregen Paul stand, gegründet. Auch hier handelte es sich um einen Club mit einem 9-Loch-Platz mit Par 35, ca. fünf Kilometer außerhalb von Belgrad. Der Mitgliederstand 1937 betrug 130 Personen. Zwar lag der Belgrader Club wie jener am Mendelpaß knapp außerhalb des Territoriums der ehemaligen k. u. k. Monarchie, aber es bestanden Beziehungen zum österreichischen Golf. Der Golfplatz wurde 1941 aufgegeben.

DER VORSTAND 1937:

PRÄSIDENT: Dr. Milan Stojadinovic
VIZE-PRÄSIDENT: Vlada Flitch
SEKRETÄR: Zika Ilic

GOLF CLUB BLED

Ähnlich wie Abbazia war auch Bled, das ehemalige Veldes, zur Zeit der Monarchie Reiseziel der österreichischen Hocharistokratie und später des diplomatischen Corps aus Belgrad, auch der königliche Hof Jugoslawiens ließ sich in Bled nieder. Mit Brioni hatte Bled die Gemeinsamkeit, daß beide Orte Sommersitze Marschall Titos waren.

Bled war ein beliebter Kurort, in dem viel Sport betrieben werden konnte, so fanden etwa Davis-Cup-Spiele statt. Was fehlte, war ein Golfplatz. Es ist deshalb nicht verwunderlich, daß Prinzregent Paul den nötigen Grund für einen Golfplatz ankaufte, so daß 1936 mit dem Bau begonnen werden konnte. Im Juli 1937 wurde sodann die erste Hälfte des Platzes durch den Herzog von Windsor eröffnet.[11]

Architekt war der Österreicher Rudolf von Gelmini-Kreutzhof in Zusammenarbeit mit dem Ungarn Desider Lauber. Gelmini hatte schon in Brioni erfolgreich als Manager gewirkt und übernahm auch die Leitung des neuen Clubs. Er war auch der erste Golflehrer in Bled. Lauber brachte von seinen Plätzen in Tatra-Lomnitz, Budapest und Semmering genügend Golfplatzbau-Erfahrung mit.

Zu den wichtigsten Gästen zählten während der kurzen, nur vier Jahre dauernden ersten Periode des Bleder Golfclubs abgesehen vom Herzog von Windsor, der Herzog von Kent und seine Frau Marina und natürlich Prinzregent Paul von Jugoslawien.

OBEN: Zeichnung des Clubhauses in Bled 1938
DARUNTER: (V. LI.) Rudolf von Gelmini-Kreutzhof und Desider Lauber, die beiden Erbauer des ersten Golfplatzes in Bled, hier allerdings aufgenommen auf dem Platz des Magyar Golf Club Budapest

Der Platz bestand bis zum Einmarsch der deutschen Truppen im Jahr 1941 und verwahrloste während der folgenden Jahrzehnte.

1970 erwachte wieder der Lebensgeist der Golfer, und man konnte auf neun Löchern spielen. Zu den ersten Golfern gehörte Mirko Vovk, der im zwei Jahre später wiedergegründeten Club dessen erstes Mitglied wurde und somit heute als Sloweniens Golfpionier, zumindest der zweiten Generation, bezeichnet werden kann.

Sukzessive wurde der Platz, der praktisch auf demselben Gelände wie der alte Platz errichtet wurde, auf 18 Löcher ausgebaut. Auch das alte Clubhaus konnte übernommen werden. Eigentümer des Platzes ist die Firma Sava, von der der Club den Platz pachtet.[12] 1977 wurde der neue Platz, geplant von Donald Harradine, feierlich eröffnet.

In den Nachfolgestaaten Jugoslawiens gibt es derzeit folgende Plätze: in Slowenien acht Plätze mit 7300 Spielern und je einen Platz in Kroatien und Serbien mit zusammen 400 Golfern.

Die jugoslawischen Meisterschaften zu Bled 10. bis 17. September 1938

DIE INSTITUTIONEN
Verbände und Präsidenten

DER ÖSTERREICHISCHE GOLFVERBAND UND SEINE PRÄSIDENTEN

Der Österreichische Golfverband (ÖGV) entstand aus dem im Jahre 1930 gegründeten gemeinsamen „Sportcomitee" des International Country Clubs in Wien-Lainz und des Wiener Golf Clubs in Wien-Krieau.[1] In dieses Komitee wurden von den Vorständen der beiden Clubs folgende Herren delegiert: Dr. von Stern, Baurat von Kuh, Ingenieur Gross, Peter Habig, Baron Heine-Geldern, Baron Kutschera.[2]

Das Sportkomitee war die einzige offizielle sportliche Behörde für den Golfsport in Österreich und beschäftigte sich bis zur Gründung des ÖGV mit allen Fragen, die den Golfsport betrafen, so z.B. die Festsetzung der Spiel- und Wettspielregeln, der Termine aller Meisterschaften usw.

1931 kam es zur Gründung des ÖGV unter Mitwirkung aller damaligen Clubs, Wien-Lainz, Wien-Krieau, Semmering und Dellach. Im europäischen Vergleich erfolgte diese Gründung sehr spät. Die kleine Schweiz gründete ihren Golfverband, die „Association Suisse de Golf" (ASG), bereits 1902, war also den großen kontinentalen Mächten weit voraus. In Deutschland wurde der DGV bereits 1907 gegründet, Frankreich folgte 1912.

In Österreich hätte es genügend Golfclubs gegeben, die eine Gründung eines „Österreichisch-Ungarischen Golfverbandes" gerechtfertigt hätten. Zwar gab es auf dem heutigen österreichischen Staatsgebiet nur den Club in der Wiener Krieau, aber darüber hinaus bestanden die beiden böhmischen Clubs in Karlsbad und Marienbad, die beiden ungarischen Clubs in Budapest und Tatra-Lomnitz, der Golfclub in Bad Pystian und in Südtirol jener am Karersee. Insgesamt also sieben Clubs auf dem Gebiet der k. u. k. Monarchie. Genug, um einen Verband zu gründen. Aber offensichtlich war der Pioniergeist oder Enthusiasmus der österreichischen Golf-Pioniere nicht groß genug, um nationale Schranken innerhalb des Vielvölkerstaates zu überwinden und einheitlich aufzutreten. Zumindest ist nichts dergleichen überliefert.

VORSTAND NACH DER KONSTITUIERENDEN SITZUNG AM 4. 12. 1931:[3]

VORSITZENDER: Dr. Richard von Stern
STELLVERTRETER: Ing. Fritz Gross, Lato Hoyos
SCHATZMEISTER: Heinrich Heine-Geldern
VERBANDSKAPITÄN: Peter Habig
SCHRIFTFÜHRER: Bela Kutschera
VORSITZENDER DES SPORTKOMITEES: Baurat Heinrich von Kuh
PROPAGANDALEITER: KR Penizek
VERBANDSSITZ: Wien II, Krieau, Am Golfplatz

DAS PRÄSIDIUM 1937:[4]

EHRENPRÄSIDENT: Prinz Karl Emil zu Fürstenberg, Wien III, Metternichgasse 11
PRÄSIDENT: Baurat Heinrich von Kuh, Wien IV, Theresianumgasse 10
VIZE-PRÄSIDENTEN: Ing. Fritz Gross, Wien IV, Argentinierstraße 26, Graf Lato Hoyos, Pörtschach am Wörthersee, Kommerzialrat Maximilian Penizek, Wien I, Singerstraße 8
VERBANDSKAPITÄN: Peter Habig, Wien I, Kärntnerstraße 51
KASSIER: Baron Henri Heine-Geldern, Wiener Golf Club, Wien II, Prater-Krieau
SCHRIFTFÜHRER: Baron Bela Kutschera, International Country Club, Wien XIII
VERBANDSSITZ: Wien III, Am Heumarkt 10

Der Vorstand aus 1937 legte 1938 die Verbandstätigkeit still, der Verein wurde mit Schreiben des Ministeriums für Inneres und kulturelle Angelegenheiten vom 7. 10. 1938 aufgelöst. Am 29. 10. 1945 stellte Peter Habig im Namen des provisorischen Vorstandes (Peter Habig, Dr. Hugo Eckelt, Bela Kutschera) den Antrag an den Magistrat der Stadt Wien, diese Anordnung aus 1938 außer Kraft zu setzen.

Die erste Vollversammlung nach dem Krieg fand am 11. 11. 1948 statt, wobei neue Statuten beschlossen wurden. Ein Präsident wurde mit Ing. Dr. h.c. Manfred Mautner Markhof erst 1951 gewählt. Als geschäftsführender Vizepräsident fungierte Dr. Hugo Eckelt.

DER VORSTAND DES ÖGV 1950:[5]

PRÄSIDENT: –
VIZEPRÄSIDENTEN: Hugo Eckelt, Rolf A. Saal
VORSTANDSMITGLIEDER: E. Bugno, Richard von Hueber, Bela Kutschera, Willy Winterstein
EHRENSEKRETÄR: Hugo Eckelt

Der Sitz des Verbandes befand sich inzwischen in der Mommsengasse 5 im 4. Bezirk, vorher war einige Zeit Wien XIII, Neue Weltgasse 25, die Adresse gewesen.

1957 wurde einer der größten Förderer und Pioniere des Golfsports nach dem Zweiten Weltkrieg, vielleicht sogar der Retter des Golfsports in Österreich, Dr. Hugo Eckelt, zum Präsidenten gewählt. Ihm folgte 1964 als Präsident der berühmte Tibetforscher und Eiger-Nordwand-Erstbesteiger Heinrich Harrer. Die Popularität des Präsidenten verlieh dem Golfverband und insbesondere dem Golfsport in Österreich neues Ansehen in der Gesellschaft.

1968 gelang es, ein eigenes Verbandssekretariat im „Haus des Sports" in der Prinz-Eugen-Straße zu erhalten, wo sonst nur sportlich anerkannte Verbände als Mieter akzeptiert wurden. Dies konnte damals vom ÖGV, der 14 Clubs und nur ca. 1200 Aktive vertrat, nicht wirklich gesagt werden.

Eine große Ehre wurde dem österreichischen Golf im Jahr 1999 zuteil, als Dr. Dieter Usner als erster und bisher einziger Österreicher zum Präsidenten des Europäischen Golfverbandes ernannt wurde. Ursprünglich für diesen Posten vorgesehen war der damalige Präsident des ÖGV, Fritz Jonak. Dieser konnte sich jedoch mit den dominierenden Engländern und Schotten nicht einigen. Jonak bestand auf eine Orientierung in Richtung amerikanischer Regeln, während die Briten naturgemäß völlig auf St. Andrews ausgerichtet waren. Unter diesen Umständen verzichtete Jonak auf die Ausübung dieses Amtes und Dr. Dieter Usner sprang kurzfristig ein.

Der ÖGV-Vorstand 1999:
(V. LI.) Nikolaus Dreihann-Holenia, Dr. Dieter Usner, Alfi Windisch-Graetz, Helmut Wurm, Johannes Goess-Saurau, Dr. Klaus Nierlich, Johann Dietrich, Christoph Schilchegger, Martin Kerscher

DIE PRÄSIDENTEN DES ÖGV:

1931–1932	Dr. Richard von Stern („Vorsitzender")
1932–1938	Heinrich von Kuh
1938–1945	KEINE VERBANDSTÄTIGKEIT
1945–1951	Dr. Hugo Eckelt (geschäftsführender Vizepräsident)
1951–1957	Prof. Manfred Mautner Markhof
1957–1964	Dr. Hugo Eckelt
1964–1979	Prof. Heinrich Harrer
1979–1998	Friedrich F. Jonak
1998–2006	Mag. Johannes Goess-Saurau
2006–	Franz Wittmann

DR. RICHARD VON STERN (1858–?)

Der erste Vorsitzende des Österreichischen Golfverbandes war Dr. Richard Ritter von Stern, dessen Tätigkeit angeblich wegen seiner jüdischen Herkunft nicht lange dauern durfte, da er bereits ein Jahr später von Heinrich von Kuh abgelöst wurde.

Stern zählte zu den ersten Golfern in Österreichs Geschichte, da er von Anfang an Mitglied des Wiener Golf Clubs war, allerdings zählte er nicht zum legendären „20er Club". Bei der Gründung des ÖGV viele Jahre später wurde also auf einen Fachmann zurückgegriffen, der zu diesem Zeitpunkt bereits eine 30jährige Erfahrung als Golfer vorzuweisen hatte.

Er war aber nicht nur ein Golfpionier der ersten Stunde, sondern auch ein Pionier des Automobilsports und einer der ersten und besten Autorennfahrer Österreichs. Bekannt wurde Richard von Stern 1900, als er das Rennen Salzburg-Linz-Wien auf einem Daimler, der über stolze 24 PS verfügte, gewann. Begleitet wurde er von seiner Frau Mary (geb. Pollak von Klumberg), die durch ein „originelles Sportcostüm" auffiel.[6] Ebenfalls 1900 gewann er das 2. Semmeringrennen, ein Erfolg, den er 1901 beim 3. Semmering-Bergrennen („Semmering Hill Climb") wiederholen konnte, diesmal auf einem wesentlich stärkeren Mercedes mit 35 PS.

Stern zählte vermutlich zur Kategorie der „Lebemänner". Seine beiden Hobbys, Automobilsport und Golf, waren damals seltene und kostspielige Betätigungen. Vielleicht sind ihm diese beiden Leidenschaften auch zum Verhängnis geworden. Er soll verarmt sein und dürfte auch gesellschaftlich nicht mehr die Rolle gespielt haben, die ihm zum Beispiel als Präsident des Wiener Golf Clubs, der er von 1924 bis 1937 war, zugestanden wäre. Sämtliche Aktivitäten und öffentliche Auftritte wie Preisverleihungen in den 1930er Jahren wurden nicht von ihm, sondern von seinem Vizepräsidenten Heinrich von Kuh getätigt.

OBEN: Dr. Richard von Stern
UNTEN: Heinrich von Kuh

HEINRICH VON KUH (?–?)

Auch Heinrich Ritter von Kuh, der erste „wirkliche" Präsident des ÖGV, zählte zu den Urgesteinen des österreichischen Golfsports, denn auch er schien schon sehr früh, nämlich 1909, in den Mitgliederlisten des Wiener Golf Clubs auf. Die Familie von Kuh entwickelte sich im Laufe der Jahrzehnte zu einer bedeutenden Golferfamilie: Baurat von Kuh war in den 30er Jahren neben seiner Tätigkeit als Präsident des ÖGV auch Vizepräsident des Wiener Golf Clubs, seine Tochter Madeleine, später verehelichte Mrs. Sharpe, die überragende Spielerin in den 20er und 30er Jahren. Auch sein Sohn Georg von Kuh spielte gut Golf, ebenso die Schwägerinnen Eugenie Friess und Baronin Lucy Schey.

DR. HUGO VON ECKELT (1894–1976)

OBEN: Dr. Hugo Eckelt
in Dellach 1949

Diese große Persönlichkeit als den Retter des österreichischen Golfsports nach dem Zweiten Weltkrieg zu bezeichnen, ist nicht übertrieben. Wie kaum ein anderer setzte er sich für die Erhaltung des Golfsports in Österreich ein.

Golf zu spielen begann Dr. Eckelt Anfang der 30er Jahre im International Country Club. 1935 spielte er schon ein beachtliches Handicap 19. Es reichte allerdings nicht, ein Spitzenspieler zu werden, dazu fehlte wohl die Zeit, die er als Manager eines Verlagshauses ebenso wie als Funktionär für den Golfsport gewinnbringend investierte.

In seinem Nachruf schreibt Eckelts direkter Nachfolger als Präsident des ÖGV, Heinrich Harrer: „Fast zwei Jahrzehnte, nachdem er den Freudenauer Club gründete und baute, war er für den Verband Präsident, Honorary Secretary, Finanz- und Totoreferent, Jahrbuchredakteur, Sportwart und Kapitän in einer Person. Er zählte zu den Gründungsmitgliedern der Eisenhower Trophy und war 1958 bei der ersten unvergeßlichen Austragung der Amateur-Mannschaftsweltmeisterschaft auch Kapitän des österreichischen Teams."

Eckelt, ein persönlicher Freund des amerikanischen Präsidenten Dwight D. Eisenhower, galt als äußerst regelfest, streng, korrekt und perfekt. Viele finanzielle Ausgaben für den Golfsport bezahlte er aus eigener Tasche.

Als Eckelt einmal, wie so oft, mit Kitty Schanz spielte und diese sich bei einem mißglückten Bunkerschlag zwei Vorderzähne ausschlug, war sein trockener, aber korrekter Kommentar: „Zwei Strafschläge!"

Aber nicht nur Golf allein galt sein Interesse, sondern auch den schönen Künsten. So war der Stiefvater des viel zu früh verstorbenen ORF-Anchorman Robert Hochner auch ein großer Musikfreund und glühender Karajan-Verehrer.[7]

PROF. MANFRED MAUTNER MARKHOF (1903–1981)

Manfred Mautner Markhof
bei der Preisverteilung der
Internationalen Österreichischen
Meisterschaften in Dellach 1950

Mit Manfred Mautner Markhof, dessen Backenbart zu seinem Markenzeichen wurde, konnte der ÖGV nicht nur den damals führenden Unternehmer Österreichs, sondern auch einen gestandenen Golfer als Präsident gewinnen. Mautner Markhof begann in den 1920er Jahren auf Brioni mit dem Golfspiel, wo er seine spätere Gattin Maria Kupelwieser kennenlernte. Maria Kupelwieser (1900–1990), die Enkelin des Begründers von Brioni, Paul Kupelwieser, war, fast könnte man sagen naturgemäß, ebenfalls eine sehr gute Golferin, schließlich hatte ihr Vater dort einen Golfplatz angelegt. So gut Maria Mautner Markhof auch spielte, an die Spielstärke ihres Mannes, den sie übrigens in Brioni auch heiratete, kam sie nicht heran: Trotz seiner vielseitigen Verpflichtungen als Unternehmer und Multifunktionär brachte es Mautner Markhof zu einem erstaunlichen Handicap 6. Übertroffen wurde er in der Familie dann aber doch, nämlich von seinem Neffen Hugo Hild, den er 1949 in Dellach zum Golfspielen verführte und der in den 50er Jahren fünffacher Staatsmeister wurde.

Neben den zahlreichen ehrenamtlichen Funktionen in diversen Berufsgremien, politischen Ämtern und seiner Präsidentschaft im ÖGV war Mautner Markhof nicht nur Präsident des Wiener Trabrennvereins, sondern auch Gründungspräsident des neuen Golf Clubs in Wien-Freudenau von 1946 bis 1950.

PROF. HEINRICH HARRER (1912–2006)

Über das Leben des berühmten Bergsteigers, Tibetforschers, Abenteurers und Expeditionsleiters wurden zahlreiche Bücher geschrieben, nicht zuletzt von Harrer selbst. Uns interessiert nur sein Golferleben, das wie bei vielen anderen mit Tennis begann. Nach seiner Rückkehr aus Tibet machte Harrer zahlreiche Vortragsreisen in die ganze Welt, wobei ihn immer ein Tennisschläger begleitete. Es war 1955, als er in Chicago vom Veranstalter einer seiner Vorträge eingeladen wurde, auf einen Golfplatz mitzugehen und zuzuschauen. Es blieb nicht nur beim Zuschauen, er durfte auch aufs Puttinggreen gehen und dort zum ersten Mal einen Golfschläger in die Hand nehmen. Als Tennisspieler und ehemaliges Mitglied der österreichischen Handballmannschaft mit einem großen Ballgefühl ausgestattet, gefiel ihm der neue Sport, und er kaufte sich sofort in Chicago um 50 Dollar ein Second-Hand-Bag, mit dem er in den USA noch weiterüben konnte. Nach Europa zurückgekehrt fuhr Harrer vom Flugplatz München nach Liechtenstein, seinem damaligen Wohnsitz, kam in Lindau am Bodensee vorbei und sah einen Wegweiser zum Golfplatz. Den mußte sich der Neogolfer näher anschauen! Man war gerade dabei, ein Turnier zu beginnen, und Harrer wurde gefragt, welches Handicap er denn habe. Harrer sagte, Handicap habe er keines. „Ja, was für eines würden Sie denn ungefähr spielen?" „Na, ungefähr 18 wird es schon sein." Der studierte Sportlehrer durfte sich beteiligen und gewann das Turnier.

1958 wurde er Österreichischer Staatsmeister, zweimal stand er in der Österreichischen Nationalmannschaft, darunter 1958 in derjenigen, die Österreich bei der ersten Austragung der Mannschaftsweltmeisterschaft (Eisenhower Trophy) vertrat.

Von 1961 bis 1968 war Heinrich Harrer Präsident des Golf Clubs Kitzbühel, von 1964 bis 1979 Präsident des ÖGV. Seit 1979 war Harrer Ehrenpräsident des ÖGV.

Seine Leidenschaft für Golf wurde so groß, daß er auf seinen zahlreichen Reisen immer versuchte, auch Golf zu spielen. So kam eine große Anzahl von „bezwungenen" Golfplätzen zustande, darunter in Bhutan (wo er Mitgründer eines Clubs wurde) und in Ladakh in 4000 Metern Höhe!

OBEN: Der alte und der neue Präsident des ÖGV: Heinrich Harrer (LI.) und Fritz Jonak (RE.)

Harrer spielte mit dem Herzog von Windsor in Kitzbühel ebenso wie mit König Leopold III. von Belgien, der auch ein langjähriger Expeditionsbegleiter war. Auf der Durchreise von einer Expedition in Borneo spielte er in Singapur mit König Leopold und dem Staatspräsidenten von Singapur eine Runde. Von zahlreichen Personen wie Polizisten, Bodyguards und sonstigen Zuschauern und dergleichen begleitet, meinte König Leopold an einem Par-3-Loch, daß er es nicht verstehe, wie man überhaupt jemals ein Hole-in-One spielen könne und schon gar nicht auf diesem schweren Loch. Harrer kam, holte aus und – lochte ein. Die Freude über das seltene Meisterstück verflog bald, als der Gedanke aufkam, daß man nach guter alter europäischer Tradition nach einem Hole-in-One jedem im Clubhaus Sekt spendieren müsse. Die Erleichterung war groß, als sich im Clubhaus herausstellte, daß auf diesem Platz so viele Asse geschossen werden, daß das nicht wirklich ein aufregendes Erlebnis sei.

Als Harrer in Fuschl das damalige 9. Loch über den See spielte und mit einem Schlag einlochte, kam gerade der Erstbesteiger des Anapurna, der Franzose Maurice Herzog, vorbeispaziert und beobachtete den Abschlag direkt ins Loch. „Du spielst aber gut Golf", meinte der Nichtgolfer

Hochzeit von Heinrich Harrer und Carina von Santho in Kitzbühel 1962; unter dem Spalier von Golfschlägern verlassen die frisch Vermählten die Kirche. Rechts vorne der Präsident des ÖGV, Hugo Eckelt

Herzog lapidar und äußerte den Wunsch, es auch einmal probieren zu dürfen, das könne ja nicht so schwer sein! Später wurde Herzog Bürgermeister von Chamonix und baute dort auf Empfehlung von Harrer einen Golfplatz.

Fuschl war für Prof. Harrer noch in anderer Hinsicht von Bedeutung, denn dort arbeitete seine Frau Carina in den 70er Jahren eine zeitlang als Clubmanagerin. Carina von Santho begann übrigens schon einige Jahre vor ihrem späteren Ehemann in Bad Homburg und Frankfurt, wo sich die beiden im Clubhaus 1959 kennenlernten, mit dem Golfspiel und ist somit auch als österreichische Golfpionierin zu bezeichnen.[8]

Kurz vor seinem Ableben im Jänner 2006 verfaßte Prof. Harrer noch ein Vorwort für dieses Buch.

FRITZ JONAK (GEB. 1932)

1958 wollte sich Fritz Jonak in Kitzbühel Skischuhe machen lassen, aber niemand war im betreffenden Geschäft, alle waren schon am Golfplatz. Verärgert ging auch Jonak zum Golfplatz bei Schloß Kaps, um nachzuschauen, was es denn dort so Interessantes zu machen gebe. Von Hermann Thurnher erfuhr er, daß man diesen „neuen" Sport auch in Wien in der Freudenau ausüben könne – Jonak hatte Feuer gefangen. Dort war Mike Ferguson, ein Ire, Golflehrer, der ihn in die Geheimnisse des Golfspiels einweihte und ihm in weiterer Folge half, sein ehrgeiziges neues Ziel zu erreichen: eine Teilnahme an der Eisenhower Trophy, der Mannschafts-Weltmeisterschaft, die damals zum ersten Mal in St. Andrews ausgespielt wurde. Sie würde von nun an alle zwei Jahre gespielt werden, 1960 wäre also der nächste Termin, und da wollte Fritz Jonak, der erfolgreiche Tennis- und Eishockeyspieler, dabei sein.

Er schaffte es. Schneller und fulminanter hätte der Aufstieg kaum sein können. Vor zwei Jahren noch nicht wissend, was Golf überhaupt ist, und 1960 bei den Weltmeisterschaften in den USA. Damit noch nicht genug: In der amerikanischen Mannschaft befand sich ein gewisser Jack Nicklaus, wie sich im Laufe des Turniers herausstellen sollte, der Beste der Besten, denn Nicklaus demolierte die Konkurrenz in der Einzelwertung. Er gewann mit 13 Schlägen Vorsprung auf seinen Landsmann Dean Beaman, der später ebenfalls ein erfolgreicher Profi wurde.

Schon am ersten Tag spielte Fritz Jonak mit – Jack Nicklaus. Der Amerikaner spielte eine 66, Jonak immerhin 82, unter diesen Umständen eine feine Leistung, allerdings sollte dies seine beste Runde bleiben. Jeder wußte zwar, daß Nicklaus ein sehr starker Spieler war, welch eine Karriere er als Berufsspieler einmal machen würde, das konnten die damaligen österreichischen Teilnehmer

Der ÖGV-Vorstand 1995: (VORNE, V. LI.) Helmut Wurm, Präsident Friedrich Jonak, Hon. Secretary Thomas Csernohorszky, Dkfm. Günther Jungk; (HINTEN, V. LI.) Dr. Dieter Usner, Dr. Johannes Kyrle, Nikolaus Dreihann-Holenia, Andrea Reichel und KR Gert Aigner

Fritz Jonak, Alexander Maculan, Klaus Nierlich und Hugo Hild nicht erahnen, und niemand dachte daran, Erinnerungsfotos zu schießen. Im Jahr 1980 kam es dann doch noch zum Foto mit Nicklaus. Der Meister weilte in Salzburg, und seine alten Partner aus 1960, Jonak, Hild und Maculan, spielten ein „Memorial".

Golf wurde schließlich Jonaks erster Sport. Und das, obwohl er im Tennis und im Eishockey Hervorragendes geleistet hatte: 1947–1951 fünf Mal österreichischer Tennis-Jugendmeister, danach fünf Mal im Davis-Cup eingesetzt; mit dem WEV zwei Mal österreichischer Eishockey-Meister und zwei Einsätze bei Eishockey-Weltmeisterschaften.

Im Golf wurde Fritz Jonak zwei Mal österreichischer Meister (1960 und 1962), stand neun Mal in der Nationalmannschaft (1960–1969), davon zwei Mal bei den Mannschaftsweltmeisterschaften (1960 in

Merrion/USA und 1964 in Rom). Sein niedrigstes Handicap war –1. In Rom war Jonak nicht nur Kapitän der Mannschaft, sondern auch Spieler und – auf Hochzeitsreise. Dort spielte er mit einem Argentinier, der aus Wut über sein schlechtes Spiel seine Schläger in ein Wasserhindernis warf. Frau Jonak, frisch vermählt und neu im Golf, holte sie ihm freundlicherweise aus dem Wasser, worauf er so erzürnt war, daß er sie noch einmal hineinwarf!

Jonaks Funktionärstätigkeit war lang und beeindruckend: 1965–1978 Vorstandsmitglied im ÖGV, 1979–1997 Präsident des ÖGV. Im Golf Club Enzesfeld war er 1983 kurz Präsident und Nachfolger des legendären Hubert Pantz.

Der Vorstand des ÖGV 2003: (V. LI.) Christoph Schilchegger, Ing. Mag. Rudolf Fischer, Nikolaus Dreihann-Holenia, Präsident Mag. Johannes Goess-Saurau, Mag. Andreas Pallauf, KR Alexander Paul, Dr. Dieter Usner, Mag. Hermann Holbach, Dr. Klaus Nierlich

JOHANNES GOESS-SAURAU (GEB. 1955)

Johannes Goess-Saurau war von 1997 bis 2006 Präsident des ÖGV und ist derzeit Vorstandsmitglied. Er entstammt einer der ersten Golferfamilien des Landes, begann doch schon sein Urgroßvater zu Beginn des 20. Jahrhunderts auf der Kärntner Hebalm mit dem Golfspiel. Großvater und Großonkel Zeno und Anton Graf Goess spielten in den 1930er Jahren in Dellach und auf ihrem Privatplatz bei Schloß Carlsberg, bis sein Vater, Dipl. Ing. Carl Anton Goess-Saurau, im Jahr 1962 in Murhof bei Frohnleiten den ersten Golfclub in der Steiermark gründete.

So war der Murhof logischerweise der Platz, auf dem Johannes Goess-Saurau seine ersten Schläge machte und im Alter von 13 Jahren ernsthaft mit dem Golfspiel als Leistungssport begann. Das harte Training zahlte sich aus, denn 1976 wurde er österreichischer Jugendmeister und 1977 Staatsmeister. Mit dem Team des GC Murhof errang er einige Male den Österreichischen Mannschaftsmeister-Titel. Ein weiterer Meilenstein in seiner Golfkarriere war die Wahl zum „Golfer des Jahres" 1977.

Johannes Goess-Saurau ist Betreiber einer der größten Golfplatzgruppen in Österreich, der nach dem Stammclub benannten Murhof-Gruppe. Zu ihr gehören nicht weniger als acht Anlagen mit einer Mitgliederzahl von über 4000 Golfern.

Der Vorstand des ÖGV 2006: (VORN, V. LI.) Präsident Franz Wittmann, Mag. Kristin Walzer, Dr. Dieter Usner; mittlere Reihe: Alfi Windisch-Graetz, Hermann Unterdünhofen, KR Johann Sulzberger; (HINTEN) Robert Fiegl (als neuer Generalsekretär des ÖGV aus dem Vorstand ausgeschieden), Mag. Johannes Goess-Saurau; NICHT IM BILD: Mag. Rudolf Fischer, der mittlerweile in den Vorstand kooptiert wurde

FRANZ WITTMANN (GEB. 1950)

Der neue Präsident ist ein typischer Vertreter einer neuen Generation von Golfern, die ursprünglich von einer anderen Sportart kommt. Wittmann ist nicht nur der erste Österreicher, der einen Rallye-WM-Lauf (1987) sowie 35 EM-Läufe gewinnen konnte und 1978 Vize-Europameister wurde, sondern er ist auch zwölffacher österreichischer Rallyestaatsmeister. Von 1973 bis 2001 führte er die Marken VW (1973), Opel (1976, 1977, 1978), Porsche (1979), Audi 80 (1980), Audi Quattro (1983, 1984), Lancia (1988,1989) sowie Toyota (1992, 2001) zum Erfolg.

Auch sein Umstieg zu Golf wurde vom Rallyesport eingeleitet. Es war bei der Neuseeland-Rallye 1987, als sich Wittmann vor dem TV-Gerät entspannen wollte und in diversen Kanälen immer nur Golf zu sehen bekam. Fasziniert von dieser Sportart wollte er es zuhause auch einmal probieren. Mit Dr. Wolfgang Paul, dem damaligen Präsidenten des Golf Clubs Wiener Neustadt, machte er sich bald darauf in Dellach um fünf Uhr morgens auf die Runde, vorerst natürlich nur als

Caddie. Dr. Paul verstärkte Wittmanns Drang zum Golfen und hatte von da an ein neues Mitglied für seinen Club gewonnen.

In seiner Heimatgemeinde Ramsau in Niederösterreich plante Franz Wittmann sogar den Bau von drei Löchern. Sein Partner Johann Zöchling meinte aber, wenn schon, dann etwas Ordentliches und gleich neun Löcher. So geschah es, und der 9-Loch-Platz wurde 1995 eröffnet. Schon 1998 folgte der Ausbau auf 18 Löcher. Und nicht genug damit, 2007 wird die Anlage des GC Adamstal auf 27 Löcher erweitert.

Auch golftechnisch entspricht der Platz höchsten Anforderungen, so wurde er als Austragungsort der zur Challenge Tour zählenden MAN-NÖ-Open bestimmt. Vorher schon wurde die hohe Qualität des Platzes durch die zweimalige Austragung eines Alps-Tour-Events bestätigt.

Es ist verständlich, daß Franz Wittmann als so erfolgreicher Exsportler die Förderung des Nachwuchses und damit in weiterer Folge des Spitzensports in den Mittelpunkt seiner Präsidententätigkeit stellt.

DIE STÜTZEN DES VERBANDES

Eine manchmal ebenso wichtige Rolle wie die Präsidenten spielen die „Honorary Secretaries", von denen Dr. Peter Stoisavljevic, Ernst Rinesch und Dkfm. Günther Jungk hervorgehoben werden müssen.

Dr. Peter Stoisavljevic (1924–2005), dessen Familie ursprünglich aus Zagreb stammte, war der erste wirkliche Honorary Secretary in Österreich. Er bekleidete diese Stelle von 1965 bis 1969. Zum Golf kam Dr. Stoi, wie er auch genannt wurde, bereits 1956 durch seinen Onkel Dr. Karl Polaczek, der als Wiedergründer und erster Präsident des Golf Clubs Igls nach dem Krieg in die Innsbrucker Clubgeschichte einging. Stois Hauptaugenmerk lag auf der Jugendbetreuung, die ihm auch den Posten des Kapitäns der Österreichischen Jugendnationalmannschaft einbrachte.

Ernst Rinesch (1908–1998), Sekretär von 1970 bis 1978, kam zur Golfleidenschaft über seine Gattin, Senta Rinesch, der Mutter von Alexander Maculan. Senta Riedel, wie sie damals hieß, begann mit dem Golfspiel bereits vor dem Zweiten Weltkrieg in Berlin-Wannsee. Nach ihrer Übersiedlung nach Österreich in den 1930er Jahren spielte sie bereits im International Country Club in Wien-Lainz. Nach dem Krieg, als es den Platz in Lainz nicht mehr gab, dafür aber einen in der Freudenau, war es für sie selbstverständlich, auch auf dem neuen Platz wieder die Golfschläger zu schwingen. Nach dem Tod ihres ersten Gatten, des Bautycoons Dr. Rudolf Maculan, ehelichte sie Ernst Rinesch, der auf diese Weise vom Golfbazillus infiziert wurde.

Als die Generalversammlung des ÖGV 1978 über die Nachfolge von Ernst Rinesch als Generalsekretär zu beraten hatte, fiel den Delegierten die Wahl nicht schwer. Denn durch jahrelange Tätigkeit für den Verband als Vorstandsmitglied hatte sich Dkfm. Günther Jungk (1925–1997) bereits nachhaltig empfohlen. Die Delegierten brauchten ihre Wahl nicht zu bereuen, Jungk blieb in dieser Funktion von 1979 bis 1994.

1963 hatte ihn ein Freund mit auf einen Golfplatz genommen und schon ein Jahr später anläßlich der Gründung des Golf Clubs Semmering wurde das neue Hobby zur dominierenden Freizeitaktivität. Der erste Präsident am Semmering hieß ebenfalls Günther Jungk.

Nur einen Urlaubsjob suchte 1970 Waltraud Neuwirth (geb. 1945), aber ein Fulltimejob wurde es, und das sogar für einige Jahrzehnte. Auch wenn sie keine „Ehrensekretärin" war, sondern eine

Ernst Rinesch

bezahlte Mitarbeiterin des ÖGV, so wurde sie das Herz des Verbandes. Kaum jemand anderer in Österreich war derartig involviert in die spannende Entwicklung des Golfsports in Österreich.

Das umfangreiche Wissen beigebracht hat sie sich selber, nur am Anfang wurde sie von ÖGV-Sekretär Ernst Rinesch und vom Sekretär des Wiener Golf Clubs, Erwin Orsovay-Stojkovits, in die Geheimnisse des Golfsports eingeweiht.[9] Auch ihr Mann Harro Neuwirth wurde im ÖGV ein begehrter Mann, indem er sich im Laufe der Jahre zum Regelexperten des Verbandes entwickelte. Das machte das Familienleben etwas leichter.[10]

Waltraud Neuwirth, das Herz des Verbandes

EUROPÄISCHER GOLFVERBAND (EGA)

Dr. Dieter Usner, Präsident des Europäischen Golfverbandes

Wie schon an anderer Stelle berichtet, wurde der Europäische Golfverband (EGA) 1937 unter der Beteiligung Österreichs gegründet, unser Vertreter war damals Bela Kutschera.

Mehr als 60 Jahre dauerte es, bis das unbedeutende Mitglied Österreich 1999 die Chance bekam, den Posten den Präsidenten zu besetzen. Österreich war neben Tschechien das einzige Gründerland, das noch nie den Präsidenten gestellt hatte. Vorgesehen war der ehemalige Präsident und damalige Ehrenpräsident des ÖGV, Fritz Jonak. Aus persönlichen Gründen verzichtete aber Jonak auf die Ehre. Damit aber für Österreich aus der Ehre keine Schande wurde, mußte ein neuer Repräsentant gefunden werden. Der ÖGV fand ihn in Dr. Dieter Usner, einem der beiden damaligen Vizepräsidenten des ÖGV. Usner war seit 1982 im Vorstand des ÖGV und ab 1999 dessen Vizepräsident.

Usner, Sohn des Gründers der Österreichischen Golf-Senioren-Gesellschaft, hatte das Amt des EGA-Präsidenten von 1999 bis 2001 inne. Seit 2003 steht er noch immer im Dienst der höchsten Golforganisation Europas: Er ist nicht nur weiterhin im Vorstand (Executive Comitee) als Schatzmeister tätig, sondern bekleidet zusätzlich noch das Amt des Ehrenpräsidenten der EGA.

ANDERE GOLFVERBÄNDE IN ÖSTERREICH

Im österreichischen Golfsport hat sich auch das Verbandswesen in letzter Zeit stark entwickelt so hat heute jedes Bundesland einen eigenen Landesverband. Ein Vorreiter im Verbandswesen war die Österreichische Golf-Senioren-Gesellschaft, die 1964 vom Salzburger Dr. Rudolf Usner (1907–1996) ins Leben gerufen wurde. Weitere Gründungsmitglieder waren u.a. Prof. Heinrich Harrer, Dr. Arthur Kline, Karl Painsipp, Ernst Rinesch, Dr. Hans Rutkowski und Mag. Eduard Wehle. Der Mitgliederstand beträgt ca. 300 Personen.

DIE PRÄSIDENTEN DER GOLF-SENIOREN-GESELLSCHAFT:

1964–1988   Dr. Rudolf Usner
1989–1991   Dipl. Ing. Alfred Gehart
1992–2004   Ing. Johann Dietrich
2005–   Hans Klupper

Die österreichischen Golfsenioren konnten sich bereits international einen Namen schaffen, so wurden sie 1990 mit der Austragung der 9. Europäischen Seniorenmeisterschaft beauftragt, die in Zell am See und am Brandlhof ausgetragen wurden. 1999 wurden sie wieder an Österreich vergeben, diesmal fanden sie in Fontana und Ebreichsdorf statt.

1987 schlossen sich auch die Damen zur Österreichischen Golf-Seniorinnen-Gesellschaft zusammen. Initiatorin war Maria Anna Mayr-Melnhof, die zusammen mit Grete Haupt, Inge Heim, Inge Pallauf und weiteren elf Damen die Gesellschaft, die heute 140 Mitglieder zählt, gründete. Mayr-Melnhof war von 1987 bis 2001 Präsidentin, ihre Nachfolgerin Inge Kula hat dieses Amt bis jetzt inne.

Zu erwähnen ist weiters der Österreichische Golflehrerverband (PGA of Austria), dessen derzeitige Ehrenpräsidenten die beiden Golflehrerpioniere Ossi Gartenmaier und Hermann Egger sind. Die 1980 gegründete PGA kümmert sich gleichermaßen um Teaching Pros und Playing Pros, die jeweils in verschiedene Kategorien eingeteilt sind. Derzeit hat die PGA 330 Mitglieder.

Auch die Greenkeeper haben seit 1986 ihren eigenen Verband. Die Austrian Greenkeeper Association verfügt über erstaunliche 260 Mitglieder.[11]

AUF DEM PLATZ

Von Architekten, Lehrern
und Cracks

DIE SCHÖPFER
DER GRÜNEN PARADIESE

MITTELEUROPAS GOLFPLATZARCHITEKTEN

Es ist nicht zu übersehen, daß während der Boomphase ab 1986 nicht nur die Anzahl der Clubs und der Spieler, sondern daß auch das Niveau der Plätze stark gestiegen ist und Österreich jetzt über einige Plätze von internationalem Format verfügt. Zu verdanken ist dies nicht zuletzt dem Mut einiger Clubfunktionäre und Sponsoren, namhafte Architekten zu engagieren. Namen wie Jack Nicklaus, Bernhard Langer oder Robert Trent Jones jun. als Golfplatzbauer nötigen jedem Golfer Respekt ab.

Aber nicht erst in den letzten zwanzig Jahren konnten Österreichs Golfclubs weltbekannte Golfplatzdesigner gewinnen, auch in früheren Jahrzehnten bauten namhafte Golfplatzarchitekten in Österreich. So wurde gleich der erste Platz, jener in der Wiener Krieau, von einem Kaliber geplant: Willie Park jun. (1864–1925). Er war der Sohn des allerersten British Open-Siegers, Willie Park sen., und gewann selber die British Open 1887 und 1889. Von seinem Vater übernahm Park jun. eine Golfschläger- und Golfballherstellung und die kaufmännischen Talente, vereint mit seinen Fachkenntnissen als exzellenter Golfer ließ ihn das zu einem exzellenten Golfplatzarchitekten werden. Er plante ungefähr 170 Golfplätze. Zu seinen bekanntesten Werken zählen Sunningdale, La Boulie bei Paris und der Platz des Royal Antwerpen Golf Clubs.

Wie er zum Auftrag für die Krieau kam, kann nicht mehr gesagt werden. Wahrscheinlich waren es die guten Kontakte, die Percy Bennett und vielleicht auch Botschafter Plunkett als Diplomaten hatten, oder es war Graf Althann mit seiner Vorliebe für England, oder Hans Graf Larisch, der schon etliche Jahre zuvor in der von Briten beherrschten Golfszene im Engadin verkehrte.

Der Platz in Dellach und die Erweiterung des Platzes in der Krieau auf 18 Löcher wurden ebenfalls von einem international anerkannten Meister seines Fachs gebaut: vom polnisch-französischen Architekten Ing. C. Noskowski, der in der Zwischenkriegszeit einer der bedeutendsten Golfplatzdesigner Mitteleuropas war. Eines seiner Meisterstücke war die Planung des Golfplatzes in Karlsbad. Auch einen neuen Platz am Semmering hatte er geplant, der allerdings wegen der schlechten wirtschaftlichen Lage in den 30er Jahren den Weg aus der Schublade nicht schaffte. Noskowski schuf auch viele Golfplätze in den USA und Kanada.[1] Sein Büro „L'Office Technique du Golf" in der Pariser Rue Séguier baute den Platz in Warschau sowie einige Plätze in Frankreich (z.B. Divonne-les-Bains). Später übersiedelte die Firma an die noble Adresse am Place Vendome, zu diesem Zeitpunkt war Noskowski aber möglicherweise nicht mehr für die Firma tätig.

Vor dem Zweiten Weltkrieg war der heimische Architekt Heinrich Heine-Geldern ein gefragter Mann, er baute die Plätze in Wien-Lainz und den ersten Platz in Ischl. Sein Arbeitsstil unterschied sich von heutigen Gepflogenheiten. So soll er sich von seinem persönlichen Chefgärtner Hilfe geholt haben. Für den Platz in Wien-Lainz

Inserat von C. Noskowski in „Le Golf", 1930

L'OFFICE TECHNIQUE DU GOLF

10, Place Vendôme — PARIS-1er

a construit avant 1939

Le Golf de Varsovie 9 trous
Le Golf de Carlsbad 18 trous
Le Golf de Vienne - Prater 18 trous
Le Golf de Carinthie (Wœrtersee) 9 trous
Le Golf de Divonne-les-Bains 18 trous

ETUDES — PROJETS — DEVIS
EXAMEN DE TERRAINS
CONSTRUCTION DE PARCOURS

Inserat von C. Noskowski
im Guide Plumon 1950

Das Clubhaus des International
Country Clubs Wien-Lainz

brauchte er aber seinen Gärtner nicht unbedingt. Zwar war Heine-Geldern zusammen mit Fritz Gross für den Platzbau verantwortlich, aber die beiden hatte einige einflußreiche Berater, eindeutig bessere, als der eigene Gärtner es je gewesen sein kann. Einen englischen Stararchitekten als Generalplaner konnten oder wollten sich die Lainzer nicht leisten, es reichte nur für Stararchitekten als zeitweilige Berater. Einer war ein Kapazunder namens James Braid (1870-1950), seines Zeichens fünffacher British Open-Sieger (1901, 1905, 1906, 1908, 1910). Braid bildete zusammen mit Harry Vardon und J. H. Taylor das berühmte Triumvirat, das um die vorige Jahrhundertwende Golfgeschichte schrieb. Insgesamt 16 Mal gewannen sie die British Open zwischen 1894 und 1914. In Lainz hatte Braid die Spielfolge der Holes vorgeschlagen, die allgemeine Zustimmung fand.

Der zweite berühmte Berater in Lainz war Ted Ray (1877–1943). Er war British Open-Sieger 1912 und somit einer jener vier Spieler, die die Phalanx Braid-Taylor-Vardon zeitweise sprengen konnten. Ray war in Lainz der Spezialist für die Planung der Hindernisse, die später vom Greenkeeper des Clubs, dem Briten William White, ausgeführt wurden. Da Ray seinen Sieg bei den British Open bereits 15 Jahre vor dem Bau des Lainzer Platzes feierte, könnte man meinen, Ray hatte zu diesem Zeitpunkt seinen golferischen Zenit bereits weit überschritten. Weit gefehlt: 1920 gewann er die US Open, 1925 war er noch einmal Zweiter bei der British Open, und 1927, im Jahr als Lainz gebaut wurde, stand er im Team für das erste Ryder-Cup-Match aller Zeiten. Und das als Kapitän. Lainz hatte sich also wirklich einen ganz Großen geangelt.[2]

Der neue Ischler Platz wurde vom deutschen Golflehrer Emil Dürk, der vorher auch als Golflehrer in etlichen deutschen Clubs, etwa im alten Club in Berlin-Scharmützelsee, tätig war, geplant.

In der Tschechoslowakei war Jiri Charvat der Golfplatzarchitekt schlechthin, der auch den neuen Platz in Prag-Klanowitz baute. Er hatte Mitte der 1930er Jahre auch ein Vorprojekt für einen neuen Platz im golfhistorischen Tatra-Lomnitz ausgearbeitet.[3] Das Projekt dürfte aber höchstens teilweise verwirklicht worden sein.

Das ungarische Pendant zu Charvat war das Multitalent Desider Lauber, der dem Magyar Golf Club als Planer diente und ebenso den ersten Platz in Tatra-Lomnitz ausgesteckt hatte. Später plante Lauber die Plätze am Semmering und in Abbazia sowie den ersten Platz in Bled.

Einer der meistbeschäftigten Designer in Österreich war Bernhard von Limburger, er plante den Platz in Marienbad (1930), nach dem Krieg die Plätze in Gastein (1962), Murhof (1963), Schloß Fuschl (1964), Dellach neu (1969) und Schloß Pichlarn (1972). Auch das Redesign von Wien-Freudenau (1964) und Marienbad (1978) stammte von Limburger.

Limburger wurde 1901 in Leipzig geboren und war in den 20er Jahren ein den deutschen Golfsport dominierender Pionier. Er war mehrere Jahre Scratch-Spieler, mehrfacher deutscher Meister, wurde zwischen 1921 und 1938 35 Mal in die Nationalmannschaft berufen, war Clubpräsident des GC Gaschwitz-Leipzig und betätigte sich als Herausgeber einer Golfzeitschrift. Er blieb bis ins hohe Alter Buchautor und krönte seine Golfkarriere als erfolgreicher Golfplatzarchitekt. Zu seinen größten Kunststücken zählen auch Bremen, Feldafing, Stuttgart sowie Atalaya Park in Spanien, Düsseldorf-Hubbelrath und Timmendorfer Strand.[4]

Internationale Architekten, die Österreichs Golfplätzen ihren Stempel aufdrückten, waren Donald Harradine (Salzburg alt, Seefeld, Zell am See, Bled), John Morrison (Kitzbühel), Bernhard Langer (Schladming), Jack Nicklaus (Altentann), Robert Trent Jones jr. (Salzburg neu), Perry Dye (Klagenfurt-Seltenheim), Jeremy Pern (Tullnerfeld) und Kyle Philips (Kitzbühel-Eichenheim) sowie der Kanadier Doug Carrick (Fontana).

Bemerkenswertes internationales Echo fand Donald Harradine mit dem Seefelder Platz, der in einer Weltrangliste der besten hundert Plätze auf dem beachtlichen 38. Rang landete.[5] Nimmt man aus dieser Liste, die natürlich von amerikanischen und britischen Plätzen dominiert wurde, nur die kontinentaleuropäischen Plätze heraus, war Seefeld unter diesen auf dem hervorragenden 10. Rang plaziert.

Es ist verständlich, daß nicht jeder Golfclub auf einen internationalen Stararchitekten zurückgreifen kann, und so ist die internationale Elite vermischt mit lokalen Größen. Dazu zählen als erste die Brüder Gunther und Gerold Hauser (G&G Hauser), Hans-Georg Erhardt, Kurt Roßknecht oder Diethard Fahrenleitner, die alle bereits internationale Erfolge im Golfplatzbau feiern konnten.

Inserat in der Zeitschrift „Golf",
1928

TRAINER, COACHES, UNTERNEHMER

GOLFLEHRER IN MITTELEUROPA

Wer kennt sie noch, die Namen der mutigen Männer, die vor 70 oder 100 Jahren ihren Lebensunterhalt mit Golfspielen bzw. dem Lehren desselben verdienten? Playing Pros gab es damals nicht, schließlich gab es keine Pro-Turniere. Man mußte also Golfstunden geben. Wenn man bedenkt, daß es schon bei der Gründung des Wiener Golf Clubs über 80 Mitglieder gab und bis in die 30er Jahre die Anzahl der Golfer in den beiden Wiener Clubs bis auf 500 gestiegen war und ein nicht unwesentlicher Teil davon auch das Spielen lernen wollte, so gab es für die wenigen Golflehrer wohl genug zu tun. Die Anzahl der Konkurrenten war ja nicht sonderlich groß.

Spricht man über die ersten Golflehrer Österreichs, kommt man nicht umhin, zuvor über die Caddies zu sprechen. Golf war tatsächlich ein Sport, der bis in die Zwischenkriegszeit vornehmlich von sehr reichen und nach dem Zweiten Weltkrieg bis in die 60er und 70er Jahre von reichen und wohlhabenden Menschen betrieben wurde. Spieler und Caddies befanden sich somit in einem sozialen Spannungsfeld, das zeitweise kaum größer hätte sein können. Daraus ergaben sich aber auch oft berührende Ereignisse.

Die meisten Caddies stammten aus armen Verhältnissen, die heute einfachsten Dinge spielten eine zentrale Rolle für das Überleben: Essen und Kleidung. Der in der Zwischenkriegszeit in Wien lebende Engländer Captain Cochran, der auch in Ischl Mitglied war, kaufte immer, wenn er oder sein Sohn ein Turnier gewannen, was Gott sei Dank häufig vorkam, den Caddies Schinkenbrote und Kracherl. Das hört sich wenig dramatisch an, wenn man aber bedenkt, daß es zur damaligen Zeit ca. 100 Caddies allein im Wiener Golf Club gab, so ging das ein wenig ins Geld.

Essen stand bei den heranwachsenden Buben und Mädchen im Mittelpunkt. Die Golflehrer-Legende Hans Ströll erzählt gerne die Geschichte, wie die Caddies seinen damals vielleicht sechsjährigen Schüler Peter Bloch-Bauer, Sohn von Leopold Bloch-Bauer, hänselten, daß er sich nie und nimmer trauen würde, in der Kantine des Clubhauses, zu der das Golfpersonal keinen Zutritt hatte, einige Wurstsemmeln und Kracherl zu bestellen und aufschreiben zu lassen. Peter bewies seinen Mut und brachte die Wurstsemmeln. Ein zweites Mal aber würde er sich das sicher nicht trauen,

GROSSZÜGIG

Als Hans Ströll bei der berühmten Josephine Baker 1928 Caddie gehen durfte, trug er keine Schuhe. Baker zeigt sich verwundert darüber, weil es an diesem Tag ja gar nicht so warm war. Ströll erklärte ihr, daß er deshalb keine Schuhe trage, weil er gar keine besitze. Die Diva konnte dies kaum fassen und bat Ströll, ihr seine Adresse aufzuschreiben, damit sie ihm Schuhe schicken könne. Das ging aber auch nicht, weil Ströll noch nicht schreiben konnte. Und so gab ihm Josephine Baker Geld, und zwar so viel, daß sich der junge Ströll nicht nur Schuhe kaufen, sondern sich von Kopf bis Fuß neu einkleiden konnte.[1]

meinten die Caddies wieder. Das konnte Peter nicht auf sich sitzen lassen und brachte noch einmal einige Semmeln. Als dann Frau Bloch-Bauer von der Runde zurückkam und die Rechnung sah, überfiel sie wahres Entzücken, hatte doch der „arme" Peter zuhause noch nie soviel gegessen. Das müssen der Sport und die gute Luft gewesen sein!

Als Hans Ströll selber erst fünf oder sechs Jahre alt war, begleitete er seine Mutter, die seinem Bruder das Essen brachte, zum Golfplatz. Dabei traf ihn ein verirrter Golfball der Baronin Reitzes. Die Baronin ließ sich aber nicht lumpen und entschädigte Ströll mit einer großen Menge Schokolade.

Aber auch andersherum wurde geschenkt, und das auf berührende Art und Weise: Einer der Großen und ersten Golfpioniere Österreichs, Dr. Richard von Stern, verarmte im Laufe der Zeit völlig und konnte sich das Golfspielen kaum mehr leisten. Er spielte zum Schluß immer allein und aus finanziellen Gründen ohne Caddie, was damals völlig unüblich war. Die Caddies wiederum zeigten Größe und schenkten dem armen alten Mann ihre gefundenen Bälle, obwohl der Verkauf dieser Bälle ein nettes Zusatzeinkommen für sie gewesen wäre.

UNTEN: Josef Petras, der erste österreichische Golflehrer
DARUNTER: Die Teilnehmer des Exhibition-Matches am 5. 5. 1928 in Wien-Lainz
RECHTS: Schläger von Harry Brown: 6er-Eisen und Niblick mit Hickory-Holzschaft gestempelt mit „Harry G. Brown, Vienna"

🏌 🏌 🏌

Begonnen hat alles mit dem ersten Pro im Wiener Golf Club, James Stagg aus dem berühmten Golfer-Ort Musselburgh in Schottland.[2] Den Titel des ersten Golflehrers in Mittel-Ost-Europa konnte James Stagg nur Will Brown streitig machen, der um die Jahrhundertwende in Karlsbad tätig war. Der dritte Golflehrer in unseren Breiten war der Schotte W. Adams (ebenfalls in Karlsbad), der vierte der bekannte Robert Doig, ebenfalls aus Schottland. Doig lehrte im Sommer in Marienbad und im Winter in Rom.[3]

Als der Erste Weltkrieg ausbrach, wurde Stagg wegen einiger unvorsichtiger Äußerungen interniert, und der beste Caddie Josef Petras mußte einrücken.[4] Wie Stagg wurde auch Doig bei Ausbruch des Ersten Weltkriegs in Marienbad verhaftet, aber nach einiger Zeit wieder freigelassen, so daß er sich nach Schottland absetzen konnte.[5]

In der Nachkriegszeit zeigte der frühere Trainer Stagg nach seiner Entlassung aus der Internierung kein Verlangen, seine Stelle wieder anzutreten. Das war die große Chance von Josef Petras: Das Komitee hatte sich entschlossen, ihn, den früheren Caddie, als permanenten Trainer anzustellen. Und tatsächlich erfüllte „Peter", wie er allgemein genannt wurde, bald seine Arbeiten, obwohl er angeblich ein Analphabet war, zur allgemeinen Zufriedenheit und wurde einer der führenden Pros in Wien-Krieau und im Sommer auch Headpro in Ischl.

In Wien konnte Petras bald die Arbeit nicht mehr alleine bewältigen, und es wurde 1927 ein zweiter Professional aus England namens Harry G. Brown aufgenommen.[6] Brown kam aus Marienbad, wo er von 1924 bis 1927 tätig gewesen war.[7] 1931 traten Differenzen mit Brown auf, so daß dieser die Stelle kündigte.

Immerhin gab es in den 1920er Jahren im Wiener Golf Club soviel zu tun, daß insgesamt vier Golflehrer, zwei Trainer und zwei Assistenten, beschäftigt waren. Nachfolger von Harry Brown im Wiener Golf Club war der Schotte James Goodwillie, vermutlich ein Verwandter des gleichnamigen Langzeittrainers Malcolm Goodwillie in Budapest. 1936 wurde James Goodwillie, der nach Warschau ging, von Ronald Blackett ersetzt.

Zur Eröffnung des Golfplatzes in Wien-Lainz wurde am 5. Mai 1928 ein „Professional-Exhibition-Match" ausgetragen, zu dem „Peter" die Ehre hatte eingeladen zu sein. Seine Mitspieler waren seine beiden erfahrene Clubkollegen Harry Brown und Karl Schmidt, der amerikanische Trainer des International Country Clubs in Lainz. Schmidt (1895–1965) stammte vom Groß-Flottbeker Golf Club in Hamburg, wo er bis 1923 Trainer war. Anschließend führte ihn seine berufliche Laufbahn nach Amerika, von wo er 1928 nach Europa zurückkehrte und als erste Anstellung seine Tätigkeit in Lainz aufnahm.[8]

Das interne Exhibition-Match in Lainz war nicht nur als Einweihung des neuen Platzes gedacht, sondern wohl auch als Generalprobe für ein offizielles großes Ereignis, das bevorstand: Der Besuch von Weltmeister Walter Hagen in Wien, der am 19. 5. 1928 seine Künste auf beiden Wiener Plätzen zeigte. Seine Mitspieler waren wieder Josef Petras, Harry Brown und Karl Schmidt.[9]

Bei einem ähnlich bedeutenden Exhibition-Match durften Petras und seine Kollegen jedoch nicht mitspielen: Als am 2. September 1936 Henry Cotton in Wien-Krieau zu Gast war, brachte dieser zwei seiner Mitspieler selber mit, nämlich die beiden Spitzenamateure C. Heminway aus den USA und Graf Bendern aus England, die zur regelmäßigen Entourage von Cotton zählten. Als Vierter wurde der neue Headpro des Wiener Golf Clubs, Ronald Blakkett, dem Hausherrn Petras, vermutlich aus sportlichen, vielleicht aber auch aus sprachlichen Gründen, vorgezogen.

Während des Zweiten Weltkrieges wurde Petras vom Hamburger Golf Club in Hamburg-Falkenstein angestellt, um die dortigen, zum Krieg einberufenen Golflehrer zu vertreten.[10] Er verstarb 1949 kinderlos.

Die beiden Amateure Leopold Bloch-Bauer und Karl Hammes mit den beiden Trainern Josef Petras („Peter") und Otto Närr („Otte"), jeweils mit ihren Caddies dahinter

Der zweite österreichische Golflehrer in der Geschichte war Karl Michalke, der in Lainz lehrte. Einer seiner Schüler war Franz Strölls jüngerer Bruder Hans (geb. 1921). Michalke war auch der Lehrer des späteren Präsidenten des Österreichischen Golfverbandes, Dr. Hugo von Eckelt. Michalke war bis in die frühen 1960er Jahre in der Freudenau tätig.

Karl Sündermann, ein Schüler Michalkes, der Caddie in der Krieau und Dellach war, ging als Golflehrer in die Schweiz. Auch zwei andere Golflehrer Österreichs fanden den bemerkenswerten Weg ins Ausland: Anton Knabl (Dellach), der erste Berufsgolfer Kärntens, nahm eine Stelle als Trainer in Bled an und war von 1952 bis 1973 in Kiel-Kitzeberg tätig; Franz Rappold war Trainer in Pertisau und 1939 in Bad Eilsen bei Hannover.

Karl Michalke, der zweite österreichische Golflehrer

Zahlreiche Caddies in der Freudenau erlernten ebenfalls, meist bei Petras oder Michalke, den Beruf des Golflehrers, etwa Leo Heran, der in der Krieau anfing, um dann auf dem Semmering eine Stelle als Golflehrer anzunehmen. Dort arbeitete er in den Wintermonaten auch als Ski-Service-Mann des Südbahnhotels. Franz Kalina begann ebenfalls als Assistent von Michalke in Lainz, er blieb als Golflehrer dort. Sein Bruder war Caddie und angeblich sogar der bessere Golfspieler, schlug jedoch nie die Trainerlaufbahn ein. Weitere Golflehrer zu dieser Zeit waren Otto Närr (Lainz), Otto Beyer und Douglas Steiner (Krieau) oder Georg Schindler in Igls. Stefan Klement und Josef Gebhart (beide Karlsbad) und Josef Wolf (Pistany) waren die deutschsprachigen Trainer in der damaligen Tschechoslowakei.

Während es in Österreich schon zahlreiche heimische Golflehrer gab, arbeiteten in den großen Clubs der Nachbarländer, Prag und Budapest, nach wie vor nur Engländer als Headpros: In Budapest war es schon seit 1913 der legendäre Malcolm Goodwillie, der seither seine Zeit und

OBEN: Malcolm Goodwillie,
der legendäre Trainer des
Magyar Golf Clubs Budapest
UNTEN: Ronald Blackett
und Gattin 1937

seine Fähigkeiten mit großem Fleiß dem ungarischen Golfsport widmete. Er war der Begründer des ungarischen Golfwunders in den 1920er Jahren, als zahlreiche Spitzespieler aus dem Magyar Golf Club Budapest hervorgingen, so z.B. Erszebet von Slávy.

In Prag war der erste Trainer Arnold Linacre, gefolgt von Charlie Warren und Geoff Wilson. In Marienbad lehrte von 1907 bis 1919 Robert Jimmy Doig, von 1924 bis 1927 Harry C. Brown und dann bis 1934 Arthur Lees, der später nach England zurückging und dort erfolgreicher Turnierspieler wurde.

1936 kam der neue Startrainer Ronald Blackett nach Wien. Er war erst eine Woche hier, als er, ohne ein Wort Deutsch zu können, eine Italo-Tschechoslowakin, also eine „echte Österreicherin", heiratete, die wiederum kein Wort Englisch sprach.[11] Das war wohl wahre Liebe. Die Heirat kam über Vermittlung von Blacketts bestem Freund, dem späteren Pro in Salzburg und Kitzbühel, Douglas Steiner, zustande. Steiner wurde auch sein Trauzeuge.

Blackett (1916–1977) begann seine Auslandslaufbahn als 19jähriger im Golf Club Rom, wo er acht Monate bleiben wollte. Schon nach neun Wochen war er aber gezwungen, aus Italien wegen Ausbruch des Abessinien-Krieges auszureisen, er kehrte nach England zurück. 1936 kam er nach Wien, das er als Brite aber 1938, diesmal mit Familie, verlassen mußte. Es folgten ca. sechs Jahre ohne Golf.

1946 nahm der nun zweifache Familienvater eine Stelle im Prager Golf Club Klanovice an. Das gab ihm Gelegenheit, seine alte Spielstärke wiederzufinden, und 1947 landete er tatsächlich einen großen Erfolg, den Sieg bei der Czech Open. Die Bezeichnung Czech Open fand aber nur in den Medien Einzug, tatsächlich dürfte es sich um ein anderes größeres Pro-Turnier gehandelt haben, da es keine Beweise für eine Czech Open in diesem Jahr gibt.

1948 veranlaßten ihn zum dritten Mal politische Verhältnisse, diesmal in der Tschechoslowakei, ein Land zu verlassen, und er zog wieder nach Wien, um hier für die britischen Besatzungssoldaten zu arbeiten. 1949 wirkte er bei der Errichtung des Platzes in der Freudenau mit, wo er praktisch die Aufgabe eines Golfplatzarchitekten übernahm und natürlich auch die Stelle eines Head Pros zusammen mit Karl Michalke. Während der arbeitsarmen Sommermonate arbeitete Blackett nebenbei auch in Dellach und später in Salzburg.

1954 und 1955 vertrat Blackett als letzter „Austrian Open Champion" die Alpenrepublik in den USA bei den George S. May World Championships, die im Tam O'Shanter Club in Chicago zur Austragung kamen. 1955 war vielleicht das beste Jahr des Ronald Blackett: In Wien-Freudenau spielte er eine Exhibition gegen den berühmten amerikanischen Amateurspieler Ken Venturi, das Blackett 3 + 2 gewann.[12]

1957 war das letzte Jahr als Trainer in der Freudenau, neuer Arbeitgeber waren von da an die US-Streitkräfte in Deutschland, die neue Aufgabe war das Management der 13 amerikanischen Golfplätze. Von 1959 bis 1966 aus Krankheitsgründen in England, kehrte Blackett danach wieder in seine Wahlheimat zurück und arbeitete als Pro in Salzburg-Kleßheim. 1971 zog es ihn ins deutsche Öhringen, wo er 1977 verstarb.[13]

Ein Schüler Petras' war Franz Ströll (1912–2002). Er begann seine Caddietätigkeit Mitte der 1920er Jahre und wurde Assistent von Petras. Petras nahm Ströll in den Sommermonaten der 30er Jahre auch nach Ischl mit. Höhepunkt der Trainertätigkeit von Franz Ströll war die Beschäftigung als Hauslehrer der Rothschilds auf deren Golfplatz in Enzesfeld von 1935 bis 1938. In diese Zeit fiel auch der lange Aufenthalt des ehemaligen Königs von England, Edward VIII., auf Schloß Enzesfeld. Franz Ströll spielte oft mit dem Exkönig und bekam jedesmal von dessen Sekretär das damals fürstliche Trinkgeld von 10 Pfund. Ströll ging nach dem Krieg zur Eisenbahn und wurde erst nach seiner Pensionierung wieder als Teilzeitgolflehrer aktiv.[14]

Der jüngere Bruder Hans Ströll begann 1928 in der Krieau als sogenannter Hunde-Caddie (er führte die Hunde spazieren, während Herrl und Frauerl am Golfplatz waren), dann wurde er rich-

tiger Caddie und lernte nach dem Krieg bei Karl Michalke den Golflehrerberuf. Nach dem Krieg machte sich Ströll um den Bau des neuen Platzes in der Wiener Freudenau verdient, wo er Golflehrer und zugleich Caddiemeister wurde. Von 1951 bis 1968 war er Trainer in Dellach. Höhepunkt seiner sportlichen Tätigkeit war die Vertretung Österreichs beim Canada Cup 1966 und 1968.

Nach dem Zweiten Weltkrieg lag die Golflehrerszene darnieder, zumindest was die Österreicher betraf. Nur Karl Michalke und Hans Ströll setzten ihre Tätigkeit in der Freudenau bzw. in Dellach fort.

Hans Ströll

Eine Kurzkarriere als Golflehrer hatte Fritz Eckelsdorfer. Er war vor dem Zweiten Weltkrieg Platzmeister in Lainz, wo er schon beim Platzbau mitgewirkt hatte. Überraschenderweise spielte er auch Amateurturniere, bei denen er höchst erfolgreich war und kurz vor dem Ausbruch des Zweiten Weltkrieges mit Handicap 4 neben Ruth Richter der beste Golfspieler Österreichs wurde. Nach dem Krieg wurde er Platzmeister im neuen Club Wien-Freudenau, und zwischendurch war er ein Jahr lang Trainer in Dellach.

Otto Stocklasser ist noch unter den wenigen Golflehrern der frühen Nachkriegszeit zu erwähnen. Er fing als Caddie in der Freudenau an, bis ihm Hans Ströll eine Stelle als Golflehrer in Pertisau verschaffte.

In Igls gab es in den fünfziger Jahren als Golf- und Golflehrerlegende Rittmeister Hans Fischer, der nebenbei auch ein verwegener Reiter und Polospieler war.[15] Ihm folgte Gerold Fischer, der später Vorsitzender des Deutschen Golflehrerverbandes wurde.

Gerold Fischer wurde wiederum von der anderen Innsbrucker Golflehrerlegende, Carlo Gögele, der vom aufgelassenen Golfclub in Meran kam, abgelöst. Gögele (1913–1983) wurde der Begründer einer kleinen, aber feinen Golflehrerdynastie, wurden doch auch sein Sohn Karl-Heinz und sein Enkel Thomas Golflehrer bzw. sogar Playing Pros. Gögele war der Südtiroler Golfpionier nach dem Krieg schlechthin. Er wuchs in Meran auf und sah auf dem vor dem Zweiten Weltkrieg entstandenen Golfplatz auf dem Gelände des Pferderennplatzes

in Meran den Touristen beim Golfspiel zu. Es gefiel ihm, und er wurde Caddie. Nach dem Krieg wurde er Golflehrer, aber da es den Meraner Platz nicht mehr gab, ging er nach Feldafing, wo er unter anderen die bekannte Golferfamilie Gütermann unterrichtete und ihr auf ihren Privatgolfplatz nach Gutach folgte. Als weitere Stationen folgten die italienischen Clubs Villa Condulmer (bei Venedig) und Triest. Als es endlich wieder einen Golfplatz in Tirol gab, ging Gögele nach Igls, wo er äußerst erfolgreich praktisch bis zu seinem Tod tätig war. Jahrzehntelang hielt er dort den Platzrekord. In Igls lernte auch sein Sohn Karl-Heinz Gögele das Golfspielen, Jahre später wurde er zu einem der besten Pros in Italien und in Deutschland. Ab 1967 spielte er in der italienischen Golflehrermannschaft gegen Deutschland und ab 1972 in der deutschen Mannschaft gegen Italien![16]

Kitzbühel hatte ein attraktives Paar aufzuweisen: Headpro Douglas A. Steiner (1914–1966) wurde assistiert von seiner Tochter Nadja Steiner, der ersten Pro-

OBEN: *Carlo Gögele in Aktion*
DARUNTER: *Nadja Steiner und Vater Douglas Steiner mit Gary Player im Arawak Golfclub auf den Bahamas, 1963*
LINKS: *Postkarte von Golflehrer Douglas Steiner an seinen Kollegen Otto Närr*

"This'll be an enor-r-rmous surprise for ye!"

ette in Österreich. Nadja war auch das erste weibliche Mitglied der British PGA. Im Winter werkte sie mit ihrem Vater als „Family Combination" im Arawak Golfclub auf den Bahamas und im Sommer in Kitzbühel.[17] In diesem Club mit Meisterschaftsplatz auf Paradise Island, das vom Millionär Huntington Hartford gekauft worden war, waren Vater und Tochter Home Pros bzw. Teaching Pros, während der berühmte Südafrikaner Gary Player als Playing Pro angestellt war. Douglas Steiner verstarb jedoch 1966 nur 52jährig auf den Bahamas an Kehlkopfkrebs.[18]

In Ischl war für kurze Zeit der Deutsche Emil Dürk tätig, ein wahrer Wandervogel in Sachen Golf. Schon in den 1920er Jahren war er in zahlreichen namhaften Clubs tätig, so z.B. 1924 in Bad Salzbrunn, 1925 in Brioni, 1926 in Wyk auf Föhr in der Nordsee und 1936 in Bad Saarow. Er war der Erbauer des Platzes in Igls (nach den Plänen von H. E. Gärtner), in Ischl baute er den Platz nach eigenen Plänen und übernahm dort gleich die Stelle des Golflehrers, was ja sein angestammter Beruf war.

Salzburg konnte in den 50er Jahren mit Roman Krause einen bekannten und spielstarken Trainer aus Deutschland aufweisen.

In den 60er und 70er Jahren gab es in Westösterreich eine „italienische Welle". Ausgehend von San Remo suchten einige Assistenten des bekannten dortigen Headpros Aldo Casera Sommerjobs in Österreich. Aldo Moraldo zeigte viele Jahre lang in Ischl, wie „es" geht, später tat er das auch in Salzburg. Franco Bernardi fand für viele Jahre eine Stelle in Linz und Francesco Carli in Gastein.

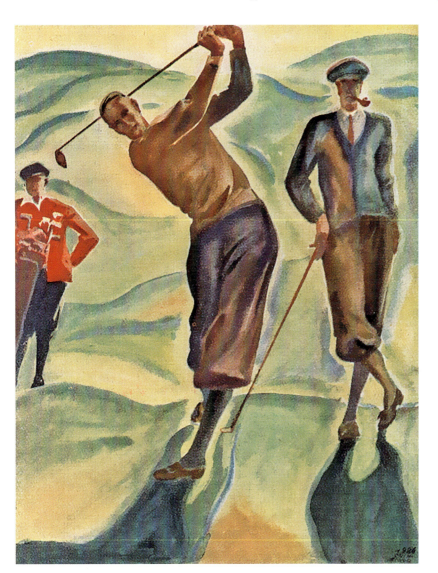

Mit unerschütterlicher Ruhe überwacht der Trainer seinen Schüler

Auch dessen Bruder Quintillo Carli kam nach Österreich.

Ein bekannter Name in der Golfszene ist der Deutsche Horst Koch, der erster Trainer in Murhof wurde. Bekannt wurde er auch durch die Tatsache, daß er während seiner Zeit in der Steiermark Vater einer Tochter wurde: Martina Koch bestritt ebenfalls die Profigolf-Karriere und stellte bei der Glashütte Austrian Open 1996 in Himberg einen Platzrekord am Ostkurs auf.

Eine nennenswerte Persönlichkeit unter den Trainern zu dieser Zeit war der Ire Mike Ferguson. Ferguson war ein seltsamer Vogel: Wenn er mit seinen Schülern oder Freunden (in Wien und später in Enzesfeld) auf die Runde ging, nahm er kein eigenes Set mit. Es genügten ihm ein Driver, ein Wedge und ein Putter, die er nicht einmal selber trug, sondern einfach in die Tasche eines seiner Mitspieler steckte. Ferguson war ein großes Talent, aber als Turnierspieler ungeeignet, weil er viel zu nervös war. Als Trainer aber war er sehr erfolgreich und betreute quasi als „Privatlehrer" die Spitzenspieler Maculan, Jonak, Hild und Kyrle. Ferguson war 1965 auch offiziell als Trainer der österreichischen Nationalmannschaft tätig.

Auch Ian Large, ein ehemaliger Assistent des Weltklassespielers Henry Cotton, bemühte sich 1966 um die Verbesserung der Spielstärke des Nationalteams.[19]

Wenn man von Senior Hans Ströll absah, war unter den gebürtigen Österreichern Ossi Gartenmaier allein auf weiter Flur (seine Verdienste um den österreichischen Golfsport wurden bereits im Kapitel „Die Ruhe vor dem Sturm" gewürdigt). Dies war insofern unangenehm, weil Österreich für die Teilnahme an der damaligen Profiweltmeisterschaft, den Canada Cup, zwei schlagkräftige Pros benötigt hätte. Da man diese nicht hatte, mußten anfangs die Amateure Nierlich und Maculan aushelfen. Erst 1965 startete Österreich erstmals mit zwei Profis, und zwar mit Gartenmaier und Josef Goricnik, einem Kärntner, der auch am Semmering Trainer war.

Gartenmaier, Goricnik und Hermann Egger (geb. 1941) aus Kitzbühel, der vornehmlich in Seefeld und am Achensee arbeitete, durften übrigens noch die Golflehrerprüfung beim Deutschen Golfverband machen, dann wurden die Österreicher zu gut und die Türen nach Deutschland geschlossen. Josef Goricnik, der am Schluß Trainer in Regensburg und Ansbach war, schied 1971 nach einem Führerscheinentzug freiwillig aus dem Leben.[20]

Goricnik kann durchaus als Pionier der Nachkriegsgolflehrer Österreichs angesehen werden, da er neben Gartenmaier der erste österreichische Golflehrer war, der annähernd turnierreifes Profigolf spielte. Mit dem Tod Goricniks war Gartenmaier der bestmögliche Partner abhanden gekommen. Da kam der Salzburger Amateurspieler Rudi Hauser wie gerufen, als er ins Profilager überwechselte und somit für viele Jahre Partner von Gartenmaier beim Canada Cup wurde. Der Salzburger Rudolf Hauser (geb. 1947) hatte bereits eine erfolgreiche Amateurkarriere hinter sich (zwei Mal österreichischer Vizemeister), bevor er 1970 als Golflehrer nach Duisburg ging, wo er zwölf Jahre blieb. Seit 1987 ist er Headpro in der Nähe von Köln. „Zwischendurch" vertrat er Österreich nicht weniger als zwölf Mal beim Canada Cup.

Aus österreichischer Sicht ist noch Adolf Tonn (geb. 1929) zu erwähnen, der als Amateur und als Semmeringer noch die alten Golferzeiten kurz nach dem Krieg kennenlernte. Ab 1983 war er für einige Zeit Golflehrer am Semmering. Tonn war ähnlich wie der Dellacher Ernst Leitner ein Multisporttalent, nahm zwei Mal an Olympischen Spielen teil und war Trainer der österreichischen Bobnationalmannschaft.

Nach der „italienischen Welle" in den 1960er Jahren kam die britische Invasion. Zu den bekanntesten und verdienstvollsten Pros dieser Epoche zählen Tom Rogerson und Keith Preston. Tom Rogerson (geb. 1943) war Pro in Salzburg und von 1967 bis 1983 am Murhof, bis es ihn nach Wien in die Freudenau verschlug, wo er heute noch Headpro ist. Dazwischen war er auch Trainer der österreichischen Nationalmannschaft. Auch Keith Preston (geb. 1947) hatte von 1982 bis 1991 die Stelle eines ÖGV-Nationaltrainers inne, davor war er Manager des Korfu Golf & Country Clubs und Trainer der schwedischen Nationalmannschaft. Das Trainieren anderer war aber nicht seine volle Berufung, und so wandte er sich auch dem Golfplatzbau zu. Zu seinen Meisterwerken zählen Ebreichsdorf und Urslautal, wo er auch die Stelle eines Head Pro annahm.

Neue Impulse bekam die Trainerszene durch das Auftreten des Ischlers Franz Laimer, des Schotten Gordon Manson (Bad Kleinkirchheim) und des Kanadiers Claude Grenier (ebenfalls Ischl). Während ersterer sich relativ bald aus gesundheitlichen Gründen von der Turnierkarriere verabschiedete und in Ischl eine sehr erfolgreiche Golfschule aufzog, waren die beiden letzteren durchaus ein längerfristiger Gewinn für die Turnierszene. Manson und Grenier nahmen und nehmen an zahlreichen Pro-Ams und sonstigen Pro-Turnieren teil und sind immer für einen Spitzenplatz gut. Für die oberste Sprosse auf der Karriereleiter der Playing Pros, die European Tour,

OBEN: Ossi Gartenmaier, 1975
DARUNTER: mit Rudi Hauser auf Hawaii, 1978

reichte es aber auch bei ihnen nicht. Trainerstunden geben bleibt auch ihnen nicht erspart, Preis-gelder sind aber ein angenehmes Zubrot.

Gordon Manson (geb. 1960) spielte allerdings schon von 1981 bis 1983, also vor seiner Zeit in Österreich, auf der European Tour, entschloß sich aber dann doch Teaching Pro zu werden. 1984 holte ihn der damalige Welser Präsident Architekt Heinz Pichler zum Golf Club Wels, nach zwei Jahren wechselte er nach Bad Kleinkirchheim, wo er seine österreichische Gattin kennenlernte und er somit ein „echter" Österreicher wurde.

Die Liebe war auch beim Frankokanadier Claude Grenier (geb. 1960) der Grund, daß er nach Österreich kam und hier Wurzeln schlug. Seine ursprüngliche Liebe galt als echtem Kanadier Eis-hockey, das der Rechtshänder seltsamerweise links spielte. Gott sei Dank war sein Eishockeytrainer ein Golffreak und schenkte Grenier zum 10. Geburtstag ein Golfset. Mit 17 Jahren hatte er Handicap +1. Klar, daß das die zweite Liebe wurde. So wie bei Eishockey als Linkshänder. 1983 startete er seine Profilaufbahn, während der er mit mäßigem Erfolg auf der Canadian Tour spielte. 1987 kam er, inzwischen für den Club Méditerranée arbeitend, nach Tunesien. Und dort begann die dritte Liebe mit einer Ischlerin und der Umzug nach Österreich. Erste Station war Mondsee, es folgte endlich Bad Ischl und schließlich der „kanadische Ruf" nach Fontana. Heute ist Grenier in Österreich so etwas wie ein Golfguru und betreut u.a. auch Markus Brier.[21]

Franz Laimer

Auch in golfpädagogischer Hinsicht hat sich während der Boomphase vieles getan. Zwar gibt es noch immer den klassischen Golflehrer als Angestellten eines Golfclubs, es haben sich aber auch zahlreiche Golflehrer als selbständige Unternehmer etabliert. Besonders hervorzuheben ist in dieser Hinsicht Franz Laimer (geb. 1956), der 1982 die Golf-schule des Salzkammergut Golf Clubs übernahm und hier 1989 unmittelbar an die Driving Range angrenzend ein Golf-Trainingszentrum gründete. Heute, nach 25 Jahren, ist sein Telekom Austria Golfzentrum die bedeutendste Golfschule in Österreich und nach eigenen Angaben Europas modernste Indoor-Anlage. Auf der 30.000 m² großen Anlage mit 20 überdachten Abschlagplätzen werden jährlich 6000 Golfspieler ausgebildet.

Laimer begann seine Golfkarriere als Amateur im Ischler Club 1972, war Mitglied der österreichischen Nationalmannschaft und wechselte 1979 zu den Profis, bei denen er von 1985 bis 1987 drei Mal nationaler Offener Meister wurde und fünf Mal zum World Cup entsandt wurde.

Besonders erwähnenswert ist ferner, daß mit David Leadbetter (Golf-Academy Bad Tatzmannsdorf) ein international anerkannter Golfguru seine Zelte in Österreich aufge-schlagen hat.

Heute sind die Golflehrer zusammengefaßt in der PGA of Austria (Österreichischer Golflehrerverband) mit 332 Mitgliedern (Stand Anfang 2006).[22] Gründungsmitglieder waren u.a. Ossi Gartenmaier und Franco Bernardi. Man unterscheidet im wesentlichen zwischen Teaching Pros und Playing Pros, die jeweils in Unterkategorien eingeteilt sind. Erstere sind eingeteilt in GP1 (Golf Professional 1), GP2 und GP3. Die überwiegende Mehrzahl der österreichischen Golflehrer (174) gehört der Kategorie GP1 an.

Auch die Playing Pros haben die Kategorien TP1 (Tour Professional 1), TP2 und TP3. In der höchsten Kategorie TP1 befinden sich sechs Pros (Markus Brier, Martin Wiegele und Nikolaus Zitny sowie die Damen Natascha Fink, Tina Schneeberger und Eva Steininger). TP2 sind Ulf Wendling und Marcel Haremza, zu den 27 TP3 zählen z.B. Sigi Beretzki, Clemens Conrad-Prader, Thomas Kogler oder Katharina Poppmeier.

SPITZENAMATEURE UND IHRE STÄRKEN

DAS WUNDER HANDICAP

Ansichtskarte aus den 1930er Jahren

Das Handicap ist die Visitenkarte des Golfers. In wohl keiner anderen Sportart außer Polo wird die Spielstärke objektiv festgelegt, was einen großen Reiz von Golf ausmacht und worin vielleicht das Geheimnis der Popularität liegt. Der Mensch lebt ständig im Wettbewerb mit anderen Menschen und mißt sich, gewollt oder ungewollt, permanent mit den anderen. Im Menschen besteht aber auch der Trieb, den anderen zu übertreffen, und diesem Verlangen kann er beim Golfsport vorzüglich nachgehen. Er muß seine Stärke nicht einmal im direkten Wettkampf zeigen, es genügt auch indirekt durch die Nennung des Handicaps, das auf seiner Mitgliedskarte oder am Schwarzen Brett vermerkt ist. Das „Wunder Handicap" schafft es zudem, soziale Barrieren zu überwinden. Auf dem Golfplatz zählt das Handicap und nicht die Herkunft oder der Beruf.

Leider ist es aber auch Tatsache, daß bei den Versuchen, ein attraktives Handicap zu erlangen, das Schwindeln nur allzu gerne als Hilfsmaßnahme herangezogen wird, nicht einmal Generaldirektoren schrecken davor zurück. Schon in den 1930er Jahren startete deshalb der International Country Club eine Ansichtskartenkampagne, um der „Criminals of the Course" Herr zu werden.

Über die Spielstärke der ersten Golfer in Österreich ist nicht sehr viel bekannt. Da der Golfsport in unserem Land durch die Engländer und Schotten eingeführt wurde, gab es von Anfang an einige hervorragende Spieler. Der erste Golfer in Österreich war zugleich ein Scratchspieler, A. Percy Bennett.

Im Jahre 1903 gab es aber neben Bennett noch drei weitere Scratchspieler in Wien, die beiden Briten Mr. Steed und Dr. Stevenson und den Amerikaner Hale Chandler. Moritz Ehrenreich als vermutlich damals bester Österreicher hatte Handicap 12.[1] Steed und Chandler hatten ein Jahr später bereits Handicap +2.[2]

Die stärksten Spieler im Österreich der Zwischenkriegszeit waren Max Altmann, Leopold Bloch-Bauer, Paul Brick, Fritz Gross, Robert Buchanan, J. Flack, Karl Hammes und Otto Graf Salm. Da das Spiel ein ewiges Auf und Ab ist und auch das Handicap sich ständig ändert, ist es unmöglich, über einen gewissen Zeitraum eine Handicapliste zu erstellen. Dies ist nur zu einem bestimmten Stichtag möglich.

Altmann und Bloch-Bauer hatten lange Zeit Handicap 5, Altmann wurde schließlich 1937 auf Handicap 3 gesetzt. Der Opernsänger Karl Hammes spielte Handicap 4. Er übersiedelte an das Opernhaus nach Berlin und wurde während dieser Zeit sogar in die deutsche Nationalmannschaft berufen und erreichte Handicap 2. Otto Salm dürfte Handicap 6 als beste Vorgabe gehabt haben. Weitere Single-Handicapper waren Fritz Gross jun. und Karl Schwitzer, beide Handicap 7.

Unter den Ungarn gab es vor allem während deren Glanzzeiten in den zwanziger Jahren sehr niedrige Handicaps, so hatte Desider Lauber höchstens –2, wenn nicht sogar besser, vermutlich so-

Der belagerte „Crack", 1927

gar Scratch. Während die Ungarn in den dreißiger Jahren ihren Höhepunkt schon überschritten hatten, waren die Tschechen mit einer jungen Garde bestehend aus Tonder, Lüftner, Schubert und Becvar erst im Vormarsch.

Bei den Damen waren in Österreich Maryla Gross und Mimi Strauss mit Handicap 8 die Besten. Sie wurden aber von zwei Spielerinnen übertroffen, die aber nur selten ihre unmittelbaren Gegnerinnen waren, weil ihre Auftritte in Österreich rar waren. Die eine, Madeleine von Kuh, hatte in ihren besten Zeiten Handicap –2, zog jedoch nach ihrer Verheiratung nach England und war somit dem österreichischen Turniergolf verlorengegangen. Die andere war die überragende Erscheinung im mitteleuropäischen Golf: Die Ungarin Erszebet von Szlávy, die in ihren besten Zeiten eine Scratchspielerin war (1928). Danach spielte sie lange Zeit mit Handicap –2.

Da der Wiener Golf Club bis 1931 Mitglied des DGV war und dieser sorgfältig eine Handicapliste führte, wissen wir auch, wer in Österreich 1930 die niedrigsten Handicaps hatte. Die folgende Liste schließt zwar den International Country Club in Lainz aus, der ebenso wie Dellach nicht Mitglied im DGV war, aber zu diesem Zeitpunkt waren die besten Spieler ohnehin Mitglieder im älteren Club in der Krieau.

Von den dem DGV angeschlossenen Clubs hatten insgesamt 64 Spieler ein Handicap von 10 oder weniger. Nur acht davon waren Mitglied in einem österreichischen Club:

HERREN 1930:

7 J. Flack
   F. Gross
9 Peter Habig
   Heinrich von Kuh
   G. Wallinger
10 Leopold Bloch-Bauer
   Paul Brick
   Graf Otto Salm

---

38 Damen hatten ein Handicap von 14 oder weniger, davon sieben Spielerinnen aus Österreich. Zwei Österreicherinnen waren unter den Top 10 zu finden, Madeleine von Kuh hatte das zweitniedrigste Handicap.

DAMEN 1930:

3 Erika Sellschopp (Hamburg)
4 Nora Benzinger (Frankfurt)
   M. Gorrissen (Hamburg)
   M. von Kuh (Wien)
   Alice Weyhausen (Frankfurt)
7 Felicitas Tag (Berlin)
8 Fänn Schniewind (Berg.Land)
9 E. Flinsch (Gaschwitz)
   Maryla Gross (Wien)
   Nora Zahn (Berlin)

WEITERE ÖSTERREICHERINNEN:
12 Gräfin N. Colloredo
   M. Ellissen
   Baronin Reitzes
14 Baronin A. Heine-Geldern
   Maria Wolf

Eine inoffizielle Handicap-Liste des „Guide Plumon" 1936 für Österreich, die Tschechoslowakei und Ungarn:[3]

HERREN 1936:

4	B. Gyurkovich (Budapest)	7	A. Baumgarten (Budapest)
	J. Becvar (Prag)		O. Salasz (Budapest)
	H. Tonder (Lisnice)		St. Rakovsky (Budapest)
5	D. Lauber (Budapest)		L. Halász (Budapest)
6	Max Altmann (Wien)	8	R. A. Saal (Wien)
	Leopold Bloch-Bauer (Wien)	9	Cpt. Cochran (Ischl)
	Paul Brick (Wien)		A. Ellisen (Wien)
	Robert Buchanan (Wien)		P. Habig (Wien)
	J. Flack (Wien)		H. Schwitzer (Wien)
	K. Hammes (Wien)		
	Otto Salm (Wien)		
	J. Lüftner (Prag)		
	Sasa Schubert (Prag)		
	F. Ringhoffer (Volesovice)		

Österreich war weit vom internationalen Niveau entfernt. Die besten Spieler auf dem Kontinent waren damals acht Scratch-Spieler, darunter die Deutschen Leonhard von Beckerath und Graf H. U. Reichenbach sowie der Franzose Jaques Léglise, der damals schon in Lainz als Besucher seine Runden gedreht hatte. 1937 erhielt übrigens Beckerath als erster Mitteleuropäer die Vorgabe +1.[4]

So sieht ein zukünftiger Scratch-spieler aus: Peter Bentley, hier noch als Peter Bloch-Bauer im zarten Alter von vier Jahren am Lainzer Golfplatz, 20 Jahre später Scratchspieler in Kanada

DAMEN 1936:

2	M. Sharpe geb. von Kuh (England/Wien)
	E. von Szlávy (Budapest)
8	Maryla Gross (Wien)
	Mimi Strauss (Wien)
9	M. Weps (Prag)

Dank der beiden Spitzenspielerinnen Sharpe und Szlávy war Mitteleuropa international gesehen wesentlich besser vertreten, waren doch beide auf dem Kontinent unter den Top 10 zu finden. Man muß hier aber erwähnen, daß Frau von Szlávy zu diesem Zeitpunkt ihren Höhepunkt bereits überschritten hatte, ca. zehn Jahre früher zählte sie zu den fünf besten Spielerinnen in Europa und hatte Handicap 0.

DIE HANDICAP-LISTE DES DGV 1939:

6	Franz Gautier (Wien)	4	Ruth Richter (Wien)
8	Capt. Cochran (Ischl)	9	Mimi Strauss (Wien)
9	Wolfgang Strohschneider (Ischl)		
	Peter Habig (Wien)		

Der erste Plus-Handicap-Spieler in unseren Breitengraden war Dr. Hanno Tonder (1915–1955), jüngerer Sohn des Präsidenten des Golf Clubs Lisnice und Generalsekretär des Tschechoslowakischen Golfverbandes Dr. Ferdinand Tonder. Er erreichte während des Zweiten Weltkrieges den Höhepunkt seiner Spielstärke und spielte 1941 mit Handicap +1.

Nach dem Zweiten Weltkrieg war natürlich die Anzahl der österreichischen Golfer drastisch geschrumpft, fast alle Spitzenspieler waren „abhanden gekommen". Im Ausland aber konnten sich die Überlebenden auszeichnen: Gleich zwei ehemalige Österreicher erreichten in den 1940er Jahren Handicap 0. Als erstem gelang dies Hans Swinton (ehemals Hans Schwitzer), ihm folgte Ende der 40er Jahre Leopold Bloch-Bauers Sohn Peter Bentley. Sowohl Swinton als auch Bentley erspielten sich diese höchsten Ehren eines Amateurgolfers in Vancouver, wo sie auch heute noch leben.

DIE SPÄRLICHE HEIMISCHE HANDICAP-LISTE 1950:

4	H. Sonnleitner	4	Ruth Richter
9	Peter Habig	10	Mimi Strauss
10	Paul Kyrle		

Erst in den 60er Jahren machte Österreich mit den neuen Spitzenspielern Klaus Nierlich und Alexander Maculan einen großen Sprung in Richtung der „magischen 0". Nierlich hatte bereits mit 16 Jahren Handicap –1, wurde letztendlich erster österreichischer Scratchspieler (1969) und bekam auch im Jahre 1978 als erster eine Plus-Vorgabe. Als zweiter folgte Max Lamberg 1980.

Die Entwicklung bis 2000 ist den Listen im Anhang auf Seite 199 zu entnehmen.

Ende 2006 verfügt Österreich über 22 Herren und fünf Damen die Vorgabe 0 oder besser haben. Auch wenn die Bestimmungen zur Erlangung des Handicaps heute völlig andere und die Handicaps deshalb schwer vergleichbar sind, ist dies doch ein weiterer Beweis für die immense Zunahme der Spielstärke der Spitzenamateure in Österreich.

DIE WETTKÄMPFE

Meisterschaften und Erfolge

DIE INTERNATIONALEN ÖSTERREICHISCHEN MEISTERSCHAFTEN

Trotz der vielen in Wien lebenden Briten und Amerikaner ließ sich das Turnierwesen in Wien sehr schleppend an. Acht Jahre nach der Einführung von Golf in Österreich, also 1909, wurden die ersten Österreichischen Meisterschaften veranstaltet, und für viele Jahrzehnte blieben sie das einzige große Turnier in Österreich. Die späteren Staatsmeisterschaften wurden erst 1952 zum ersten Mal ausgetragen.

Österreichische Meisterschaften gab es aber bereits, als in Österreich noch gar nicht gegolft wurde! Denn schon 1896 fand die „Meisterschaft von Deutschland und Österreich" statt. Sie wurde am „Links" des Berliner Golfclubs in Westend ausgetragen – warum sie auch eine Meisterschaft von Österreich war, wird wohl ein Geheimnis bleiben. Möglicherweise wurde Österreich deshalb mit einbezogen, weil es zur damaligen Zeit bereits einige Golfer in Prag gab, von denen man hoffte, daß sie auch in Berlin an den Start gehen würden. Gewinner dieser Meisterschaft war der Amerikaner Dr. Edward Breck, der seinen Sieg 1897 wiederholen konnte. 1898 hatten neun Spieler gemeldet, von denen sechs erschienen! Das Ergebnis lautete, daß ein gewisser Fullerton-Carnegie im Finale gegen einen Prof. Miller gewann.[1] Beide waren vermutlich Amerikaner, Prof. Dr. Miller war bis 1897 Vorsitzender des Golf Clubs Berlin, Dr. Breck war 1898 Schatzmeister der Berliner.

Briefmarke anläßlich der ersten Golfmeisterschaft von Deutschland und Österreich 1896 mit dem Gewinner Dr. Edward Breck; limitierte Auflage 2006

Karlsbad, der weltberühmte Kurort, preschte einige Jahre später vor und zeigte den Wienern, wie man ein internationales Turnier aufzieht. Waren es die zahlreichen Kurgäste aus Amerika und England, die den Anstoß für ein großes Turnier gaben? Wahrscheinlich, denn auch im Urlaub will der richtige Golfer seine Kräfte messen. Und so organisierte man bereits 1906 die erste Amateur-Championship of Austria, eine Scratch Competition, anfänglich nur über 18 Löcher, später auch mit anschließendem Lochwettspiel.

Sieger im Jahre 1906 wurde S. B. Whitehead jun. vom New York Athletic Club vor M. A. Mc Laughlin vom Olympic Club San Francisco. Das Turnier fand damals große Beachtung bei den Kurgästen. Zuschauer waren u. a. die Prinzessin von Montenegro, der Herzog von Alba, Minister Clemenceau und Graf Althann.[2] Ein Jahr später gewann der erst 16jährige James Standish jun. vom Detroit Country Club. Von den zwölf Teilnehmern waren mit den Herren Demidoff und Loewenstein nur zwei heimische Spieler am Start.[3]

DIE ERGEBNISSE DER AMATEUR-CHAMPIONSHIP OF AUSTRIA 1907:

James Standish jun.	84
Holt Secor	86
G. Watts	89
D. Crackenthorpe	91
W.C. Towle	93
McDonald	94
J.F. Morphy	96
Prince Demidoff	97
W. Loewenstein	100
Colonel Hunsiker	114
John Pierce	115
Morgan O'Brien	–

OBEN: James Standish aus Detroit, Champion of Austria 1907 und 1908
UNTEN: Peter Gannon in St. Moritz
DARUNTER: Die Österreichischen Meister 1930: Frl. Madeleine von Kuh und Ing. Fritz Gross

1908 konnte Standish jun. seinen Erfolg vom Vorjahr wiederholen. Die Nachricht von Standish' Sieg fand sogar in der Fachpresse der USA Niederschlag, das Magazin „The American Golfer" lobte ihn als einen ausgeglichenen Spieler und tödlichen Putter. 1909 gewann Standish, inzwischen 18, in Pinehurst ein großes Turnier, so daß seine überraschenden Siege in Karlsbad plötzlich in einem anderen Licht zu sehen waren.[4]

1909 und 1910 gewann Peter Gannon, ein in Plymouth wohnhafter Ire. Gannon war ein großes Kaliber, der 1910 auch die Meisterschaften von Frankreich, Italien und dem Engadin gewonnen hatte.[5] In seinen besten Jahren soll er ein Handicap zwischen +3 und +5 gehabt haben. Gannon war eine illustre Persönlichkeit, mit der sich der deutsche Golfhistoriker Christoph Meister ausführlich beschäftigte.[6] „Pedro" Gannon wurde 1874 als Sohn irischer Eltern in Buenos Aires geboren. 1901 wurde Gannon – Priester und Sekretär des Bischofs von Plymouth. Ungefähr 1910 sagte er dem Priestertum ade, heiratete und verbrachte etliche Sommer in St. Moritz sowie in Argentinien, vermutlich um Golfplätze zu planen.

Seine neue Berufung fand er in der Tätigkeit als Golfplatzarchitekt, die ihm stattliche Anerkennung brachte, so gilt er u.a. als Architekt des berühmten Platzes von Villa d'Este. Zusammen mit Cecil Blandford, ehemaligem Clubsekretär in Baden-Baden, besaß er die Firma Gannon & Blandford. Gannon verstarb in den 1940er Jahren in Südafrika.[7]

Daß die Österreichischen Meisterschaften in Karlsbad und nicht in Wien stattfanden, konnte den „echten" Österreichern nicht gefallen, und so veranstaltete man im Jahre 1909 die ersten Meisterschaften in Wien. Das Turnier wurde als Lochwettspiel ausgetragen, wobei die Herren Ehrenreich, Steed, Everts und Douglas das Semifinale erreichten. Im Finale standen sich Everts und Ehrenreich gegenüber, Everts gewann.

DIE TEILNEHMER 1909:[8]

Fürst Schönburg	Wood
Graf Althann	von Pechy
Josef Flesch	von Kuh
Steed	Dr. von Stern
Barclay-Reves	Westermann
Akers-Douglas	Ehrenreich
R. le Ghait	Weed
Robert Evans	Dr. Kratzmann

Von 1914 bis 1924 gab es keine Meisterschaften. Erst 1925 wurden sie wieder ausgetragen, sie brachten mit Fritz Gross zum ersten Mal einen Sieger mit direktem Österreichbezug, wenngleich Gross tschechoslowakischer Staatsbürger war. In diesem Jahr wurde auch zum ersten Mal die Damenmeisterschaft ausgetragen. Sie endeten mit einem Sieg von Gräfin Ella Festetics. Den ersten Sieg eines Österreichers gab es durch Otto Salm 1932.

Aus Anlaß des 35jährigen Bestehens des Wiener Golf Clubs fanden die Meisterschaften 1936 natürlich in Wien statt. Wegen des Jubiläums bemühte man sich, die Meisterschaften möglichst interessant zu gestalten, d.h. möglichst viele gute internationale Teilnehmer nach Wien zu locken. Außerdem wurde in diesem Jahr zum ersten Mal der Damen-Meisterschaftspokal von Fürst E. R. von Starhemberg gestiftet.

Ein Jahr zuvor war der Präsident des ÖGV, Heinrich von Kuh, extra nach London und Paris gereist, um mit den Golfverbänden Englands und Frankreichs sowie mit den dortigen österreichischen Gesandtschaften Kontakt aufzunehmen und die Werbetrommel für die Österreichischen Meisterschaften zu rühren.

Den Bemühungen war Erfolg beschieden, es meldeten sich 34 Herren und 20 Damen, ein Teilnehmerfeld, das es in dieser Größe bis dahin noch nicht gab. Es ist nicht uninteressant, die gesamte Meldeliste zu studieren, befanden sich doch darunter Teilnehmer aus eher golfuntypischen Ländern wie Ägypten oder Rumänien. Bemerkenswert war auch die Stärke der ungarischen Spieler, nicht nur wegen der Anzahl, sondern auch wegen der Qualität.

TEILNEHMENDE HERREN 1936:

J. T. C. Moore-Brabazon (London)	Joseph Flack (USA)
Jaques Nouel (Paris)	Every Brown (London)
Roger Glandaz (Paris)	J. W. Bailey (USA)
O. von Salacz (Budapest)	Ross Thompson (USA)
Baron Madarassy-Beck (Budapest)	Baron Menasse (Ägypten)
J. Rakovsky (Budapest)	Robert Buchanan (Wien)
D. Lauber (Budapest)	R. A. Saal (Wien)
A. L. Cretzianu (Bukarest)	Max Altmann (Wien)
G. Cretzianu (Sinaia)	Hans Schwitzer (Wien)
L. Marrison (Bukarest)	Fritz Gross jun. (Wien)
J. Reed (Ploesti)	Graf O Salm (Wien)
W. R. Young (Ploesti)	Dr. H. von Eckelt (Wien)
C. Young (Sinaia)	Dr. H. Friess (Wien)
Kemeth Konstam (London)	S. Clair-Keith (Schottland)
L. T. Judd (Wien)	S. Fleischmann (Wien)
Dr. H. Albrecht (Wien)	Dr. K. Ettinger (Wien)
Fredi Gutmann (Berlin)	Dr. K. Herzfeld (Wien)

TEILNEHMENDE DAMEN 1936:

Mme. J. Nouel (Paris)	Fr. M. Weps (Prag)
M. Glandaz (Paris)	Baronin Menasse (Ägypten)
Fr. E. von Szlavy (Budapest)	Fr. T. Altmann (Wien)
Frl. Felizitas Tag (Berlin)	Fr. M. Gross (Wien)
F. M. Wolff (Wien)	Fr. B. Neumann (Wien)
Baronin A. Heine-Geldern (Wien)	Frl. M. Gross (Wien)
Mrs. Sander Leslie (London)	Fr. M. Kux (Wien)
Mme. Miege (Alexandrien)	Fr. Romalo (Rumänien)
Fr. Luisa Raudnitz (Prag)	Frl. K. Steiner (Wien)
Baronin L. Schey (Wien)	Frl. A. von Mises (Wien)

GANZ OBEN: Einladung der Wiener Golf-Festwoche 1933
LINKS: Fred Gutmann, Internationaler Österreichischer Meister 1936
RECHTS: Erszebet von Szlávy (Ungarn), Internationale Meisterin von Österreich 1927, 1928, 1929 und 1936

Im Finale standen sich die beiden Scratch-Spieler Thompson und Gutmann gegenüber, das in einem spannenden Kampf über 36 Löcher schließlich Fred Gutmann 1 auf gewinnen konnte.

Fred Gutmann stammte aus einer golfinteressanten Familie und konnte wie so viele andere zu dieser Zeit als „Herrenspieler" bezeichnet werden. Er war nicht nur der Sohn des ehemaligen Präsidenten des Golf Clubs Berlin-Wannsee und des Deutschen Golfverbandes, Herbert Gutmann, sondern auch der Enkel des legendären Unternehmers Eugen Gutmann, des Mitbegründers der Dresdner Bank. Gutmann mußte vor dem Krieg Deutschland verlassen und lebte später in New York, wo er aber als Jude Schwierigkeiten hatte, Golf spielen zu können, so daß er letztendlich nach Mexiko zog, wo er dem Golfspiel wieder nachgehen konnte.

Bei den Damen kam mit der zweifachen Titelverteidigerin M. Gross wenigstens eine Vertreterin Österreichs ins Semifinale, dort mußte sie sich aber der Französin Nouel, einer der Favoritinnen, geschlagen geben. Im Finale hatte wiederum Nouel gegen die Ungarin Erszebet von Szlávy keine Chance und unterlag haushoch 8/6. Für die Ungarin war dies bereits der 5. Sieg bei den Inter-

Stilstudien: Alice Weyhausen (Deutschland), Internationale Österreichische Meisterin 1933 (LI.) und Lord Newport, Internationaler Österreichischer Meister 1933 (RE.)

nationalen Österreichischen Meisterschaften, nachdem sie sie bereits 1926, 1927, 1928 und 1929 gewinnen konnte.

Die Meisterschaften 1937 standen im Zeichen Englands. Bei den Herren gewann der in ganz Mitteleuropa bekannte Turnierspieler und klassische Herrenspieler Graf John de Bendern und bei den Damen Madame de Moss. Beide gehörten zu den regelmäßigen Trainingspartnern von Henry Cotton, wobei sich bei Frau de Moss dies auch private auswirkte: 1939 heiratete Maria Isabel de Moss Cotton.[9]

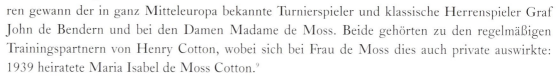

John de Bendern war eine der schillerndsten Persönlichkeiten auf Mitteleuropas Golfplätzen. Das kosmopolitische Golferleben entsprach ganz seiner Herkunft, sowohl in geographischer als auch in finanzieller Hinsicht. Als Sohn des einflußreichen Arnold de Bendern brauchten sich er und sein Bruder Alaric, ebenfalls ein internationaler Klassespieler, finanziell keine Sorgen zu machen und konnten sich ganz auf das Golfspielen konzentrieren. Arnold de Bendern hieß eigentlich Arnold de Forest, wurde jedoch vom bayrischen Baron Moritz Hirsch, der ein riesiges Vermögen mit dem Eisenbahnbau verdient hatte, adoptiert. De Forest hatte eine Vorliebe für England und pflegte enge Kontakte zu Winston Churchill, der sogar 1908 auf seinem Schloß bei Brünn Teile seiner Flitterwochen verbrachte. Drei Jahre später, 1911, war der Österreicher sogar Abgeordneter des englischen Unterhauses. In den 1930er Jahren verlagerte Arnold de Forest seine Interessen und sein Vermögen nach Liechtenstein, wo ihn der dortige Fürst zum Grafen de Bendern ernannte.

John de Bendern ging einige Jahre später durch ein kurioses Ereignis in die Golfgeschichte ein. Als Britischer Amateurmeister 1932, damals noch unter seinem Namen John de Forest, war er bei den US Masters teilnahmeberechtigt, an denen er sich u. a. 1953, nun als John de Bendern beteiligte. Am 13. Loch (ausgerechnet) schlug er den Ball in ein Wasserhindernis. Er hatte die Wahl zwischen einem Drop mit Strafschlag oder den Ball mit einem Explosionschlag aus dem Wasser zu befördern. Er entschied sich für letzteres, setzte sich nieder und zog einen Schuh und den Socken aus. Die Spannung unter den Zusehern stieg. De Bendern stieg ins Wasser und bemerkte zu spät, daß er mit dem beschuhten und besockten Bein im Wasser stand, während das entblößte Bein am

trockenen Ufer war! Da mußte er nun durch, very british! Fast weinend stand er den Schlag durch, während die Menge sich vor Lachen den Bauch hielt. Er landete schließlich auf Rang 61.

Nach dem Krieg begannen die Meisterschaften wieder 1947 in sehr bescheidenem Rahmen, als Austragungsort kam so wie in den folgenden Jahren nur Dellach in Frage. Es gab nur drei Clubs bei zwei bespielbaren Plätzen, wobei der zweite, Pertisau, für ein großes Turnier nicht geeignet war. Sieger wurde 1947 der Engländer J. K. Evans, 1948 folgte ihm, diesmal bei schon besserer Beteiligung, der Amerikaner Robert Baird. Bei den Damen gewann beide Male die Österreicherin Ruth Richter.

Einen großen Sprung machte man 1949, als ÖGV-Präsident Dr. Eckelt in den Ausschreibungen ausdrücklich „Deutsche Meldungen sind willkommen" erwähnte. 22 Herren und 10 Damen hatten gemeldet. Und tatsächlich waren unter den Meldungen diejenigen von zwei deutschen Spitzenspielern, noch dazu von den regierenden deutschen Meistern Hermann Tissies und Liselotte Strenger. Beide hatten Vorgabe –1. Es war dies der erste Auftritt von deutschen Golfern im Ausland nach dem Krieg und wurde deshalb auch in Deutschland mit besonderem Interesse verfolgt. Nicht umsonst: Beide Deutsche konnten den Sieg nach Hause tragen. In beiden Fällen gewannen sie gegen die jeweiligen Titelverteidiger Baird und Richter.

Im Jahre 1957 konnte der Veranstalter bei den Herren durch die Teilnahme von einigen der besten Spieler aus Deutschland und der Schweiz eine gute Besetzung vorweisen. Trotzdem war das Publikumsinteresse bei den Damen ebenso groß, da sich im Finale die seltene Konstellation ergab, daß sich Mutter und Tochter, in diesem konkreten Fall Ursula und Sylvia Lorenz, gegenüberstanden. Die Wetten standen 50 zu 50. Nach anfänglich offenem Kampf setzte sich schließlich die 17jährige Tochter mit 6+5 überlegen durch. Sylvia Lorenz erlitt ein tragisches Schicksal, sie verstarb 1962 im Alter von nur 21 Jahren an einem Krebsleiden.

Obwohl die Internationalen Meisterschaften von Österreich nicht zu den großen Amateurturnieren Europas zählten und demgemäß nicht unbedingt die europäische Elite am Start waren, kamen doch immer wieder sehr starke Spieler, die auf anderen internationalen Bühnen Lorbeeren einfahren konnten – und die auch Österreich die Treue hielten. Große Namen wechselten sich oft mit Überraschungssiegern ab.

TISSIES' PING-PONG

Als Gewinner der Deutschen Meisterschaft 1949 nahm Hermann Tissies 1950 an der British Open teil, die damals im Royal Troon Golf Club ausgetragen wurde. „Ping Pong zwischen Sandbunkern" nannte damals die schottische Tageszeitung „The Scotsman" die Tragödie, die Tissies auf dem kurzen, nur 117 Meter langen 8. Loch widerfuhr: 15 Schläge auf einem Par-3-Loch!

Luisa Raudnitz bei der Preisverteilung der Internationalen Tschechoslowakischen Meisterschaft 1937 im Hotel Imperial in Karlsbad. LI. Ing. Charvat und RE. Dr. Ferdinand Tonder

Für die 1950er Jahren ist an erster Stelle der deutsche Nationalspieler Hermann Tissies zu erwähnen, ein Ölhändler aus Hamburg mit Steuerwohnsitz im Tessin. Sein oftmaliges Antreten in Österreich wurde nach 1949 noch mit drei internationalen Meistertiteln reichlich belohnt, wobei er weitere drei Mal im Finale stand. Zweimal verlor er gegen seinen ewigen Rivalen, den Amerikaner Robert Baird, der dem Turnier durch langjährige Präsenz ebenfalls seinen Stempel aufdrückte.

Tissies (1911–1988) zog als Golfer durch die Welt und war so beliebt, daß er als „Botschafter des Sports" bezeichnet wurde. Sogar eine Bieretikette trug seinen Namen. Tissies, auch „Big Hermann" genannt, war ein Zwei-Meter-Mann und deshalb als Longhitter bekannt. Er war der erste Spieler, der in der Wiener Freudenau auf dem 3. Loch mit zwei Schlägen das Grün erreichte.[10]

Ein langjähriger Gast in Österreich war der Amerikaner Ross Thompson. Thompson nahm schon in den 1930er Jahren an den „Internationalen" teil, 1936 und 1937 stand er jeweils im Finale. In beiden Fällen verlor er gegen wirkliche Klassespieler: 1936 gegen einen der besten Deutschen der 30er Jahre, Fred Gutmann, und 1937 gegen Count John de Bendern, der zusammen mit seinem Bruder Alaric de Forest zu den führenden Amateuren in Europa zählte.

Aus der Schweiz kamen der Nachwuchsstar Olivier Barras und der Altstar Otto Dillier. Barras, der hoffnungsvollste Golfer der Schweiz in der damaligen Zeit, ereilte das Schicksal, als er bei einem Autounfall in Monza 1964 tödlich verunglückte.

Während Hermann Tissies in guter hanseatischer Kaufmannsmanier angeblich im Luxuswagen mit Chauffeur vorzufahren pflegte, soll Dillier in guter Schweizer Manier den Wohnwagen bevorzugt haben. Dillier war aber auch eine schillernde Golferpersönlichkeit, war er doch der Gründer des ersten Schweizer Golfmagazins „Golf", das erstmals 1950 erschien und 1975 in „Golf & Country" umbenannt wurde.

Eine interessante Persönlichkeit war die Gewinnerin 1960: Die Engländerin Lady Luisa Abrahams. Schon in den 1930er Jahren war sie unter ihrem Mädchennamen Raudnitz eine der besten Spielerinnen in ihrer alten Heimat, der Tschechoslowakei, und gewann die dortige Meisterschaft 1938. In Marienbad lernte sie Henry Cotton kennen, der sich damals an der Tschechischen Offenen beteiligte. Cotton, der sich gerne mit wohlhabenden und guten Amateurspielern umgab und mit ihnen durch Europa tourte, lud Luisa Raudnitz im Februar 1939 nach England ein, um mit ihm Golf zu spielen. Das war ihr Glück, denn kurz darauf brach der Weltkrieg aus. Sie blieb in England und überlebte den Krieg, während ihre gesamte Familie in der Heimat ausgerottet wurde. Da sie nur für zwei Wochen nach England gekommen war, hatte sie auch nur dementsprechend wenig Kleidung mit sich. So mußte sie ins Kaufhaus Aquascutum einkaufen gehen, lernte dort den Eigentümer Sir Charles Abrahams kennen und lieben. So wurde sie zur Lady Luisa Abrahams und als solche eine sehr erfolgreiche Golferin mit dem Gewinn zahlreicher großer englischer Turniere und dem Einzug in die Hall of Fame of Golfers.

Luisa Abrahams kam nach dem Krieg nicht nur oft in die Tschechoslowakei zurück, sondern auch nach Österreich, vor allem nach Kitzbühel, wo sie keinem Geringeren als dem späteren mehrmaligen Österreichischen Meister Max Lamberg das Golfspiel beibrachte.

Ein Sprung in das Jahr 1964: Wieder war Wien der Austragungsort. 30 Jahre waren vergangen, eine neue Generation war herangewachsen. 26 Herren und nur 13 Damen traten an. Sowohl die Anzahl der gemeldeten Spieler als auch die Anzahl der vertretenen Nationen war zurückgegangen. Bei den Herren waren immerhin der oftmalige Schweizer Meister Otto Dillier und der ehemalige Deutsche Nationalspieler Hermann Tissies zu finden. Bei den Damen die oftmalige Deutsche Meisterin Liselotte Strenger.

Bei den Herren standen sich im Finale mit den beiden besten Spielern zwei Österreicher gegenüber: Alexander Maculan und Klaus Nierlich, wobei Maculan mit 1 auf gewinnen konnte. Bei den Damen gab es mit Liselotte Strenger den erwarteten deutschen Sieg, sie besiegte im Finale die Salzburgerin Maria Sernetz.

Die 60er und 70er Jahre standen im Zeichen der Österreicher Klaus Nierlich und Alexander Maculan. Sie gewannen das Turnier zusammen achtmal, wobei sie sich die Titel „brüderlich" mit je vier Siegen aufteilten.

Die Dominanz der Österreicher, die natürlich immer wieder auch von ausländischen Siegern unterbrochen wurde, wie z.B. vom deutschen Nationalspieler Gerhard König (Sieger 1966 und 1968) oder dessen Landsmann Hans-Hubert Giesen (Sieger 1972), wurde endgültig von einer langjährigen Siegesserie der Taiwanesen beendet. Von 1977 bis 1988 ging der Sieg bei den Herren insgesamt siebenmal nach Taiwan, bei den Damen sogar achtmal.

Erfreulicherweise kam nach den erfolglosen 1980er Jahren das Siegesglück in den 90er Jahren nach Österreich zurück. Alexander Peterskovsky (1990), Hans Christian Winkler (1992), Niki Zitny (1993), Christoph Bausek (1997), Thomas Ortner (2000), Thomas Kogler (2002) und Michael Moser (2004) hießen die Sieger aus Österreich in der jüngsten Vergangenheit.

Auch bei den Damen gab es in den letzten Jahren vermehrt Erfolgserlebnisse für Österreich: Die Siegerinnen hießen Katharina Poppmeier (1989 und 1992), Alexandra Rast (1990), Natascha Fink (1993), Tina Schneeberger (1997, 1999 und 2000) sowie Stefanie Michl (2003) und Stefanie Endstrasser (2004).

2006 gab es als Sieger nicht nur gänzlich neue Gesichter, sondern auch Spieler aus „untypischen" Golfländern: Bei den Herren triumphierte der Isländer Einar Masson, bei den Damen die Russin Maria Vertchenova.

LINKS: Internationale Österreichische Meisterschaften 1985: (V. LI.) Chen (Dritter), Hsieh (Sieger), Chen (Zweiter)

RECHTS: Die Internationalen Meister von Österreich 1993, Martina Fischer (Deutschland) und Jean-Jaques Wolff (Frankreich)

UNTEN: Katharina Poppmeier, Internationale Österreichische Meisterin 1989 und 1992

ÖSTERREICHS
AMATEURGOLFER
IM AUSLAND

Bei den Amateuren waren die internationalen Erfolge der Österreicher wesentlich zahlreicher als bei den Pros. Auch zeitlich reichen sie in der Geschichte weiter zurück. Die ersten sehenswerten Erfolge auf der europäischen Turnierszene waren einer Dame vorbehalten: 1929 holte sich Madeleine von Kuh den Titel einer Internationalen Ungarischen Meisterin, wobei sie im Finale die ungarische Weltklassespielerin Erszebet von Szlávy bezwang.[1]

Im selben Jahr gewann sie in St. Moritz die Meisterschaft vom Engadin[2] und erlangte einen prestigeträchtigen Erfolg in Deutschland. Sie wurde eingeladen, in Oberhof (Thüringen) in einem Verbandsmannschaftsspiel Damen gegen Herren die deutschen Damen zu verstärken und schlug sich dort prächtig. Zusammen mit der Deutschen Meisterin Erika Sellschopp erreichte sie im Spitzenspiel gegen den damals besten deutschen Spieler Stefan Samek und dessen Partner Bernhard

Madeleine von Kuh (LI.) beobachtet Erika Sellschopp beim Abschlag in Oberhof (Thüringen) 1929

von Limburger ein Unentschieden. Ihre damalige Hochform stellte sie nochmals unter Beweis, als sie zusätzlich im „Großen Damenpreis" ihre Partnerin, die deutsche Nummer 1, Erika Sellschopp, im Finale besiegte.[3]

Weitere österreichische Siege im Ausland ließen bei den Damen lange auf sich warten: 1980 gewann Martina Franz und 1993 Natascha Fink jeweils die Internationale Schweizer Meisterschaft.

Bis zum nächsten Erfolg dauerte es gut zehn Jahre: Eva Steinberger belegte 2004 den zweiten Platz bei der Internationalen Deutschen Meisterschaft, wobei sie nach zwei Runden sogar führte und schlußendlich der Siegerin nur um einen Schlag unterlag. 2005 ging es aber Schlag auf Schlag: Stefanie Michl holte sich die Meisterschaften von Italien und Luxemburg, Stefanie Endstrasser siegte in der Schweiz und Nicole Gergely in Griechenland.

Die Herren konnten in der Zwischenkriegszeit mit Madeleine von Kuh nicht mithalten. Fritz Gross, Karl Hammes, Max Altmann und Leopold Bloch-Bauer waren sowohl was die Erfolge betrifft als auch handicap-mäßig nicht so stark wie ihre Landsfrau. Auf internationalem Parkett konnten sie keine Wettbewerbe gewinnen. Mit einer kleinen Ausnahme: Fritz Gross siegte 1929 im Svestka-Pokal in Prag, der damals als inoffizielle Tschechoslowakische Meisterschaft galt. Bei den später eingeführten Internationalen Tschechoslowakischen Meisterschaften stand Max Altmann 1935 immerhin als großer Favorit im Finale, konnte sich aber gegen den Lokalmatador Jan Becvar aus Prag nicht durchsetzen.

Karl Hammes konnte insofern einen Erfolg buchen, als er nach seiner Übersiedlung von Wien nach Berlin sogar in die deutsche Nationalmannschaft berufen wurde. Das kommt bei einem Opernsänger nicht oft vor!

Stark auf deutschem Boden spielte der für Wien startende Franz Gautier, der Deutscher Juniorenmeister 1938 und 1939 wurde und bei der deutschen Meisterschaft 1939 bis ins Semifinale kam. Die Belohnung war, daß er 1939 erst als dritter deutscher Spieler eine Einladung zur Britischen Juniorenmeisterschaft erhielt.[4] Gautier wurde auch Mitglied der deutschen Nationalmannschaft.[5]

Nach dem Krieg mußte das Amateurgolf in Österreich bei null beginnen, internationale Erfolge stellten sich erst ein, als Klaus Nierlich sich so perfektionieren konnte, daß er auch auf gesamteuropäischer Ebene eine Größe wurde. Dem Aushängeschild des österreichischen Amateursports gelang es, die Internationalen Meisterschaften von Deutschland, der Schweiz, Luxemburgs und Jugoslawiens zu gewinnen. 1967 gewann Nierlich mit den Internationalen Meisterschaften der Schweiz und von Luxemburg gleich zwei in einem Jahr.

Die Schweiz war überhaupt ein guter Boden für Österreicher, gewannen doch auch Johannes Lamberg (1983), Niki Zitny (1993) und Markus Brier (1994) die dortige Meisterschaft.

Und in allen drei Fällen gab es ein rein österreichisches Finale: Johannes Lamberg schlug im Finale Christian Czerny, Zitny schlug Brier und schließlich behielt Brier gegen Rudi Sailer die Oberhand. 2005 konnte sich mit Florian Prägant wieder ein Österreicher in die Siegerliste eintragen.

Der große Erfolg Max Lambergs 1979 bei den Internationalen Meisterschaften in Italien wurde bereits erwähnt.

Der Start bei der Eisenhower Trophy, der Mannschafts-Weltmeisterschaft für Amateuren, war für Österreich mühsam: Bei der ersten Auflage 1958 im schottischen St. Andrews, dem europäischen Golf-Mekka, belegte Österreich unter 29 Nationen den 28. Platz. Die Mannschaft, bestehend aus Heinrich Harrer, Hugo Hild, Alexander Maculan und Graf Attilio Smecchia, machte aber trotzdem Schlagzeilen und stand jeden Tag in der Zeitung. Leider nicht wegen hervorragender spielerischer Leistungen, sondern aus anderen Gründen: Tibetforscher Heinrich Harrer war durch eine Buchveröffentlichung in Großbritannien in aller Munde und war der berühmteste Teilnehmer im Feld. Außerdem stellten die Österreicher mit Smecchia den ältesten und mit Maculan den jüngsten Teilnehmer. Und dann traten doch noch die spielerischen Leistungen in den Mittelpunkt: Als der erste

Die erste Mannschaftsweltmeisterschaft (Eisenhower Trophy) 1958, St.Andrews; Die österreichische Mannschaft: (V. LI.) Heinrich Harrer, Hugo Hild, Alexander Maculan, Attilio Smecchia und Hugo Eckelt (Kapitän).

Österreicher, Smecchia, seine Runde beendet und seine Scorekarte abgegeben hatte, standen die Organisatoren vor einem großen Problem: Das Leaderboard war nur für zweistellige Resultate vorgesehen, immerhin spielte man eine Weltmeisterschaft. Smecchia lieferte aber eine 100 ab. Aufgeregt wurde nach einem Carpenter gesucht, um die Tafel Österreich-gerecht umzubauen! Der Tischler machte seine Sache gut und war von großem Nutzen, wie sich später herausstellen sollte. Denn es kam noch zu einer ganzen Reihe dreistelliger Resultate. Zur Ehrenrettung Österreichs muß gesagt werden, daß die Österreicher nicht mehr darunter waren. Die schottischen Winde hatten ihre Opfer gefunden, wobei man munkelte, daß der sich schon in reiferen Jahren befindende und körperlich schmächtige Graf Smecchia umgeblasen wurde.

Aber nicht nur die Winde bereiteten den Spielern Probleme, sondern auch die Bunker. Maculan spielte mit dem Deutschen Werner Goetz, und um eine Konversation zu beginnen, beklagte sich Maculan über die für einen Österreicher ungewohnt große Anzahl von Bunker auf dem berühmten schottischen Küstenplatz. Für Goetz sei das kein Problem, denn er gelte als Deutschlands bester Bunkerspieler. Bereits am ersten Loch landete Goetz in einem der berüchtigten Bunker und brauchte ungewöhnlich lange, um wieder herauszukommen. Acht Schläge brauchen ihre Zeit! Von nun an war er fast in jedem Bunker zu finden und lieferte schlußendlich eine 99 ab. Da war Maculans 87 nahezu meisterlich.[6]

Gemeinsame Reise mit der deutschen Nationalmannschaft zu den Amateurweltmeisterschaften in Philadelphia 1960: Hugo Hild (3. V. RE.), Alexander Maculan (2. V. RE.) und Margret Ostermann (5. V. LI.)

Zu den zweiten Weltmeisterschaften im Merion Golf Club bei Philadelphia entsandte Österreich Hugo Hild, Fritz Jonak, Alexander Maculan und den erst 15jährigen Klaus Nierlich. Damals war das Fliegen noch nicht unabdingbarer Bestandteil des Lebens, viele Golfer hatten noch den Flugzeugabsturz von Alexander Maculans Vater im Kopf. So fuhren Fritz Jonak und der ihm anvertraute junge Klaus Nierlich mit dem Zug nach Le Havre, um sich dort einzuschiffen. Fritz Jonak hatte Angst, daß sie auf der langen Überfahrt das Golf vielleicht verlernen könnten. Um dem vorzubeugen, hatte er eine ganze Reisetasche voller Golfbälle mit genommen, die Jonak und Nierlich übungshalber vom Schiff in den Atlantik schossen. Maculan und Hild konnten aus terminlichen Gründen die lange Schiffsreise nicht genießen und flogen zusammen mit der deutschen Mannschaft.

Am Merion-Golfplatz machte Nierlich erstmals Bekanntschaft mit Jack Nicklaus. Gleich zweimal schoß der Amerikaner den Österreicher ab, nur jeweils um Zentimeter verfehlte Nicklaus' Ball den Kopf von Nierlich.

Österreich arbeitete sich im Laufe der Jahre hoch, zuerst zum Mittelstand und dann sogar bis zur Spitze. 1994 in Frankreich belegte Österreich unter 45 Nationen den beachtlichen 8. Rang. Verantwortlich dafür zeichneten unter der Führung von Johannes Goess-Saurau als Kapitän die Spieler Markus Brier, Philipp Mensi-Klarbach, Rudi Sailer und Niki Zitny.

Der Hunger nach mehr war aber noch nicht gestillt. 63 Mannschaften reisten 2002 nach Malaysia, und Österreichs Team, bestehend aus Norbert Kirchner, Martin Wiegele, Thomas Kogler und Thomas Ortner, erreichte den überraschenden 5. Rang. In der Einzelwertung belegte Martin Wiegele den nicht minder sensationellen 7. Rang.

Bei den Einzel-Europameisterschaften der Herren war für Österreich der 4. Platz von Markus Brier im Jahre 1995 unter 138 Teilnehmern die beste Platzierung. Sieger bei dieser Veranstaltung wurde der Lokalmatador Sergio Garcia. Florian Prägant wandelte 2005 auf den Spuren von Markus Brier und belegte in Belgien ebenfalls den 4. Rang.

Auch bei den Damen gibt es Gutes über Österreichs Abschneiden zu berichten: Bei der Mannschaftsweltmeisterschaft (Espirito Santo Trophy) 1998 belegte Österreich im fernen Santiago de Chile unter 33 Nationen den beachtlichen 8. Platz. Verantwortlich für dieses Resultat waren Kapitän Evelyn Zisser, Sandra Fischer, Lilian Mensi-Klarbach und Tina Schneeberger.

Schlußendlich gibt es noch den European Club Cup (Europacup der Mannschaftsmeister), wo sich jedes Jahr die besten Clubmannschaften messen. Der beste Platz bisher war der 3. Platz des GC Kitzbühel im Jahre 1982 (unter 18 Mannschaften). 1983 belegte der GC Wien in Marbella den 5. Platz unter 19 Mannschaften, wobei es Christian Czerny gelang, die Einzelwertung zu gewinnen. 1998 konnte der Colony Club Gutenhof unter 22 Mannschaften ebenfalls den guten 5. Platz erkämpfen.

OFFENE
MEISTERSCHAFTEN

Die Gelegenheiten, sich bei nationalen oder internationalen Pro-Turnieren zu beteiligen und damit das Gehalt ein bißchen aufzubessern, waren in den 1930er Jahren selten in Mitteleuropa. Denn so gut, daß sie an der Deutschen Offenen oder gar an der British Open hätten teilnehmen können, waren die Pros aus Mitteleuropa nicht.

Die einzige Möglichkeit, sich an einem großen Pro-Turnier zu beteiligen, war die Offene Meisterschaft der Tschechoslowakei. Diese Chance wurde auch von den österreichischen Trainern intensiv genutzt. Gleich bei der ersten Veranstaltung 1935 zum Beispiel nahmen Karl Michalke, James Goodwillie, Otto Beyer, Douglas Steiner, Franz Kalina und Otto Närr sowie Karl Sündermann und Leopold Heran daran teil.

Bei diesem Turnier konnten sich die heimischen Teilnehmer zumindest mit Teilen der europäischen Spitzenklasse messen, waren doch Klassespieler wie Henry Cotton oder Mark Seymour am Start. Letzterer gewann auch vor Arthur Lees, dem Ex-Marienbader, und Henry Cotton, mit dem der österreichische Amateur Max Altmann sogar eine Runde spielte. Beste mitteleuropäische Pros waren die Trainer von Prag und Karlsbad, Geoff Wilson und Josef Gebhardt. Bester Österreicher wurde Karl Michalke.

Bei der zweiten Offenen Tschechoslowakischen Meisterschaft 1936 war Österreich im Spitzenfeld plaziert, da inzwischen der englische Trainer Ronald Blackett seine Tätigkeit in Wien aufgenommen hatte und für Österreich startete. Blackett wurde Vierter hinter Mark Seymour (Schottland), Wilson (Prag) und dem deutschen Amateur und Scratchspieler Fred Gutmann.

Bei der dritten Offenen 1937 bestätigte Blackett seine Form mit einem sechsten Platz, allerdings 20 Schläge hinter Sieger Henry Cotton.

DIE SIEGER DER „CZECH OPEN":

1935 Marienbad:	M. Seymour (Schottland)
1936 Marienbad:	M. Seymour (Schottland)
1937 Marienbad:	H. Cotton (England)
1938 Karlsbad:	H. Cotton (England)

Eine andere, wenngleich wesentlich bescheidenere Möglichkeit für die Pros war, ihr Können bei der „Meisterschaft der Österreichischen Alpenländer" zu zeigen. 1936 fand diese Meisterschaft, ein Zählwettspiel über 72 Löcher, in Dellach statt. Sie bekam einen internationalen Anstrich durch die Teilnahme der beiden englischen Pros aus Prag, Geoff Wilson und Charles Warren. Sieger wurde ganz überlegen Wilson vor dem englischen Amateur Montague und Warren.

1937 wurde diese Meisterschaft wieder in Dellach ausgetragen. Es zeigte sich, daß der neue Trainer im Wiener Golf Club, Ronald Blackett, der mit Abstand spielstärkste Pro in Österreich war. Er gewann überlegen mit 13 Schlägen Vorsprung auf den englischen Amateur Sir Richard Cruise und 22 Schlägen Vorsprung auf Hausherr Karl Sündermann. Der Sieger Ronald Blackett wurde sogar in einer englischen Zeitung als „Austrian Open Champion" gemeldet und mit dem Pokal abgebildet.[1]

In Ermangelung geeigneter Pro-Turniere in Österreich mußte Blackett nach Deutschland ausweichen. So belegte er 1949 bei dem „Offenen Bayrischen Golfturnier" in Garmisch-Partenkirchen als Vertreter Dellachs den guten 7. Platz.[2] Beim Europaturnier in Feldafing 1951, das als „Quasi-

Der spanische Ex-König Alfonso XIII. überreicht dem „Meister der Österreichischen Alpenländer" 1937, Ronald Blackett, den Pokal

Europameisterschaft" galt und an dem 78 Spieler am Start waren, belegte Blackett den 3. Rang hinter einem amerikanischen und einem deutschen Pro.[3]

Blackett vertrat sogar ganz offiziell Österreich bei den damaligen inoffiziellen Einzel-Weltmeisterschaften, die im Club Tam O'Shanter in Chicago ausgetragen wurden. Gesponsert wurden sie vom Industriellen George S. May, der die besten Pros aus aller Herren Länder nach Chicago einfliegen ließ. Dank seiner Spielstärke und kraft seines Titels als letzter „Austrian Open Champion" (was schon eine Weile zurück lag) vertrat er Österreich 1954 und 1955.[4] Möglicherweise gab ihm aber auch der Gewinn eines Pro-Turniers in der Tschechoslowakei 1947 die Startberechtigung an dieser damals so prestigeträchtigen Meisterschaft in den USA (man nannte das Turnier in der Tschechoslowakei „Czech Open", die es aber damals nicht gab).

Gegeben hat es in unseren Breitengraden nach dem Krieg nur Turniere wie die German Open, die Suisse Open, die Engadin Open in St. Moritz oder die Evian Open am Genfersee. Oder auch das Agfa-Gevaert-Turnier in München, das damals ebenfalls eines der wichtigsten Turniere im deutschsprachigen Raum war. 1971 belegte Ossi Gartenmaier sensationell den dritten Platz, nur zwei Schläge hinter dem Sieger Donald Swaelens aus Belgien. Noch bedeutender aber war, daß er dabei die gesamte deutsche Elite hinter sich ließ und somit bester deutschsprachiger Spieler war.[5]

Erst 1971 wurde durch das Denzel Pro-Am 1971 in Enzesfeld mit einem ersten richtigen Pro-Am-Turnier eine neue Turnierkultur in Österreich geschaffen. Ein großer Erfolg wurde das Pepsi-Cola Pro-Am in Seefeld, das seine Premiere 1975 hatte. 1977 fanden sich zahlreiche Spitzenspieler aus Mitteleuropa ein, darunter Bernhard Langer oder auch einige starke Italiener. Sieger wurde Ossi Gartenmaier, der 20 Schläge weniger als Bernhard Langer benötigte![6]

1978 war der Start für das erste vom ÖGV veranstaltete 72-Löcher-Zählwettspiel. Zugelassen waren alle Amateure bis Handicap 15 (!), alle Pros österreichischer Staatsbürgerschaft sowie alle bei einem einheimischen Club tätigen ausländische Pros. Mit einem Wort, es handelte sich also um eine „Nationale Offene", die aber damals noch nicht so hieß, sondern unter dem Namen des Sponsors Nixdorf-Pokal firmierte. Sieger wurde Ossi Gartenmaier vor Klaus Nierlich und Rudolf Hauser.[7]

CANADA
CUP

Es gab ein großes und spektakuläres Event auf internationaler Ebene, das auch den Österreichern offen stand: der Canada Cup, die inoffizielle Mannschaftsweltmeisterschaft der Berufsspieler, der später offiziell zum World Cup mutierte. Jeweils die zwei besten Berufsspieler eines Landes bildeten ein Team, das auf den besten Golfplätzen der Welt in attraktiven Regionen mit den besten Spielern der Welt antreten durfte.

Aber wo konnte man in Österreich zwei Berufsspieler hernehmen? Wo es doch damals kaum mehr als zwei gab – und die waren natürlich Teaching Pros und keine Playing Pros.

Der vom Kanadier Jay Hopkins begründete Cup wurde zum ersten Mal 1953 in Montreal, Kanada, ausgetragen. Österreich war – wie in den Folgejahren – aus oben erwähnten Gründen nicht dabei. Es mußte eine Sonderregelung her. Als der Canada Cup 1963 nahe Paris zum ersten Mal auf europäischem Boden veranstaltet wurde, startete Österreich, das Golf-Entwicklungsland, zum ersten Mal, aber mit zwei Amateuren. Den besten wohlgemerkt. Klaus Nierlich und Alexander Maculan. Es gelang ihnen immerhin, als einzige Amateure unter lauter Professionals aus 33 angetretenen Nationen den 31. Platz zu belegen. Sieger wurden übrigens keine Geringeren als die legendären Jack Nicklaus und Arnold Palmer aus den USA.

Ein bißchen suspekt waren die Österreicher den Organisatoren schon, man wußte nicht recht, wie man mit Amateuren umgehen sollte. Kann man es den weltbesten Professionals zumuten, mit Amateuren zu spielen? Die salomonische Lösung war die, daß man die beiden besten französischen Amateure bat, mit den Österreichern als Zähler, also außer Konkurrenz mitzuspielen.

1964 in Hawaii schlug sich das Gespann Nierlich/Maculan wieder sehr tapfer und belegte unter 34 Nationen den 32. Platz. 1965 wollte Österreich erstmals ein Profiteam entsenden. Aber wer sollten die beiden Glücklichen sein? Es mußte kurzfristig ein Ausscheidungsturnier angesetzt werden, um zwei Golflehrer mit österreichischer Staatsbürgerschaft zu ermitteln. Dieses Turnier fand im Juli 1965 in Badgastein statt. Aus lauter Begeisterung, endlich ein Pro-Turnier in Österreich zu haben, beteiligten sich auch in Österreich tätige Pros ausländischer Provenienz, und so entstand gewissermaßen die erste Austrian Open (wenngleich sie natürlich nicht so hieß). Da der Zweit- und Drittplazierte jeweils italienischer Staatsbürger war, wurden zum Canada Cup nach Madrid Josef Goricnik und Ossi Gartenmaier entsandt. Sie belegten unter 37 teilnehmenden Nationen Platz 34.

DIE ERGEBNISSE DES AUSSCHEIDUNGSTURNIERS 1965:[8]

1. Josef Goricnik (Ö/Semmering)
2. K.H. Gögele (I/Innsbruck)
3. Francesco Carli (I/Gastein)
4. Ossi Gartenmaier (Ö/Wien)
5. Hans Ströll (Ö/Wien)
6. Richard Roittner (Ö/Fuschl)

Canada Cup 1963 in Saint Nom-La-Bretéche bei Paris, erstmals mit österreichischer Beteiligung, (V. LI.) Alexander Maculan, Patrick Cros (F), Klaus Nierlich, Gaetan Morgue d'Algue (F)

OBEN: Klaus Nierlich und Alexander Maculan beim Canada Cup auf Hawaii 1964
LINKS: Josef Goricnik und Ossi Gartenmaier beim Canada Cup in Madrid 1965

Gartenmaier, später mit Abstand bester österreichischer Berufsspieler, wurde *der* Canada Cup-Spieler Österreichs schlechthin. Einmal spielte er noch mit Josef Goricnik (1967 in Mexico City), zweimal mit Hans Ströll (1966 in Tokio und 1968 in Rom), und einmal durfte noch Amateur Klaus Nierlich Partner sein (1969 in Singapore).

Dann aber tauchte ein neuer Pro am österreichischen Golfhimmel auf, der Salzburger Rudolf Hauser. Mit ihm spielte Gartenmaier von 1970 bis 1977, und die beiden arbeiteten sich kontinuierlich bis ins Mittelfeld vor. Ein 17. Platz unter nicht weniger als 46 Nationen, in Caracas 1974, war ein sehr beachtliches Ergebnis. Deutschland mit Vollrath und Kugelmüller belegte nur Rang 33 und benötigte 32 Schläge mehr als die Österreicher! Die Schweiz wurde 39. Herbeigeführt hat diesen großartigen Erfolg aber ausnahmsweise nicht Ossi Gartenmaier, sondern Rudi Hauser.

Martin Wiegele und Markus Brier, 5. Platz in Sevilla 2004

Der heute in Vergessenheit geratene Salzburger belegte unter 92 Teilnehmern den 18. Platz, nur vier Schläge hinter dem berühmten Amerikaner Lee Trevino.[9] Der Deutsche Golflehrer-Verband (DGLV), dessen Mitglieder Hauser und Gartenmaier waren, stand vor der kuriosen Tatsache, daß seine beiden ausländischen Mitglieder insgesamt drei Mal hintereinander besser waren als seine eigenen.

Auch nach dem World Cup 1977 in Palm Springs lag Gartenmaier satte 13 Schläge vor dem deutschen Jungstar Bernhard Langer. Das veranlaßte die Zeitschrift „Golf" einzugestehen, daß „Gartenmaier derzeit immer noch als bester Professional im deutschsprachigen Raum bewertet werden muß".[10]

Die Krönung der österreichischen Erfolge beim Canada Cup stellte aber zweifellos 2004 der sensationelle 5. Platz bei diesem inzwischen schon lange zum World Cup umgetauften Großereignis dar. Die Helden in Sevilla hießen Markus Brier und Martin Wiegele. „Hut ab, meine Herren", schrieb die „Golfrevue" zu diesem höchst erfreulichen Ergebnis.

Anhang

ÖSTERREICHISCHE GOLFPIONIERE DER 1. GENERATION (1901–1914)

EINE AUSWAHL VON 150 GOLFER/INNEN (VON INSGESAMT CA. 200)

SPIELER/IN	BEGINN	FUNKTION	SPIELER/IN	BEGINN	FUNKTION
Adams, John Quincy	1908		Guillemin, Jean	1909	
Acton, Lord	1902		Gurney, Hugh	1902	
Ahlefeldt-Laurvig, Karl W. Graf	1902		Habig, Peter Fritz	1909	
Akers-Douglas, A.	1909		Harris, Floyd W. Capt.	1902	
Allart, George	1903		Herz-Hertenried, Paul von	1902	
Althann, Michael Robert Graf	1901	Gründer	Higgins, Cecil Esq.	1902	
Auersperg, Ferdinand Prinz	1909		Hohenlohe, Franz Prinz zu	1909	
Auersperg, Franz Fürst	1901	Gründer	Hohenlohe, Nikolaus	1903	
Auersperg, Vinzenz Prinz	1902		Holdorff, Hans	1902	
Avarna, Herzog von	1909		Hoyos, Alexander Graf	1902	
Barcley-Rives, Georg Esq.	1902		Hoyos, Ladislaus Graf	1902	
Bailey-Hurst, Karl Dr.	1902		Johnstone, Alan	1903	
Beck-Früs, Joachim Baron	1909		Károlyi, Anton Georg Graf	1909	
Bennet, A. Percy Esq.	1902		Kinsky, Ferdinand Fürst	1901	Gründer
Belamy-Storer, Exz.	1903	Gründer	Kinsky, Ferdinand Graf	1901	
Biedermann, Robert Hans jun.	1909		Kinsky, Karl Graf	1901	Gründer
Birch, H.S.	1909		Knaur, Richard S.	1903	
Botkine, Sergius von	1909		Knowles, Thomas	1903	
Braganza, Miguel Prinz von	1903		Kratzmann, Emil Dr.	1909	
Bryan, R.C. Dr.	1902		Kuh, Heinrich Ritter von	1909	
Cahn-Speyer, Paul Dr.	1909		Larisch, Franz Graf	1902	
Cardeza, Thomas D.M.	1909		Larisch, Gräfin Franz	1909	
Cartwright, Fairfax Sir	1909		Larisch, Hans Graf	1902	
Chandler, Hale Esq.	1902		Larisch-Moennich, Heinrich Graf	1901	Gründer
Chilton, Harry Esq.	1903		Lastours, Elie Graf de	1902	
Clam-Gallas, Franz Graf	1902	Gründer	Loos, Adolf	1902	
Clausse, Roger	1903		Le Ghait, Raimond	1902	
Coudenhove-Kalergi, Gräfin Richard	1909		Liechtenstein, Heinrich Fürst	1902	
Crackenthorpe, Dayrell E.M.	1909		Liechtenstein, Rudolf Prinz	1901	Gründer
Crary, Georg W. Dr.	1902		Lizardi, Manuel de	1902	
Cremers, René	1902		Lützow, Heinrich Graf	1901	Gründer
Crozier, Philippe Exz.	1909		McCormick, Robert S.	1902	Gründer
Czernin, Otto	1902		Metternich-Winneburg, Paul Fürst	1902	
Czyhlarz, Rudolf Ritter von	1902		Milbanke, Ralph Esq.	1902	
Davidson, Thos. Rev.	1902		Miller, Charles Dr.	1902	
Dietrichstein zu Nickolsburg, Hugo Fürst	1909		Montenuovo, Alfred Fürst	1902	
Djemil Pascha	1902		Montenuovo, Ferdinand Prinz	1909	
Dreher, Anton	1901	Gründer	Motesizky, Edmund von	1909	
Dumba, Constantin Dr.	1909		Oettingen-Wallerstein, Karl Fürst	1909	
Duncan, Fred	1903		Oppenheimer, Felix Baron	1909	
Economo, Constantin Baron	1909		Otis, W. J. Dr.	1902	
Ehrenreich, Moriz	1902		Otis, Mrs.	1903	
Embrey, C.W.	1909		O'Shaugnessy, Nelson	1909	
Esterhazy, Anton Nickolaus, Prinz	1909		Palairet, Charles Michael	1909	
Everts, Robert	1909		Palffy, Moritz Graf	1909	
Festetics, Ella	1914		Pallavicini, Alexander Markgraf Exz.	1902	
Festetics, Tassilo Graf	1901	Gründer	Pallavicini, Alfons Graf	1909	
Fischl, Leopold	1902		Parrish, J.C.	1902	
Fischl, Ilona	1903		Pauspertl von Drachenthal	1902	
Fischl, Oscar	1902		Péchy, Andor von	1901	Gründer
Flesch, Fritz	1909		Penizek, Maximilian	1908	(Karlsbad)
Fould-Springer, Baron Eugéne	1909		Plunkett, Francis Sir	1901	Gründer
Friedmann, Louis Ph.	1902		Polk, Dr. J.M.	1902	
Fries, Alfred	1903		Potocki, Roman Graf	1909	
Fürstenberg, Max Fürst	1901	Gründer	Pury, Arthur de	1902	
Gasteiger, Friedrich Edler von	1903		Rapoport, Alfred von	1902	
Goldschmidt, Hermann Ritter von	1909		Rennie, Ernest A. Esq.	1902	

SPIELER/IN	BEGINN	FUNKTION	SPIELER/IN	BEGINN	FUNKTION
Riedl-Riedenstein, E. von	1909		Teufenstein, Friedrich Baron	1903	
Ritter-Pfaelzer, Howard	1903		Twickel, August Baron	1909	
Romberg, M.H.	1909		Vermandois, A. de	1902	
Root, Edward Esq.	1902		Thurn und Taxis, Alexander Prinz	1901	Gründer
Rothschild, Albert Baron	1901	Gründer	Waldburg zu Wolfegg und Waldsee,		
Rothschild, Alfons Baron	1901	Gründer	Heinrich Graf	1909	
Rothschild, Nathaniel Baron	1901	Gründer	Wärndorfer, Adrienne		
Russel, Odo W.T.V.	1902		Wärndorfer, August	1902	
Sachs, Eduard (Edmond)	1903		Wardrop, Frederic Oberst	1902	
Schiff, Eduard Dr.	1909		Weede de Berencamp	1909	
Schoeller, Paul Ritter von	1901	Gründer	Welderen-Rengers, W.B.R. Baron van	1902	
Schönburg-Hartenstein, Alois Fürst	1903		Westermann, E.A.	1909	
Skrzynski, Alexander Graf	1909		Wilczek, Hans Graf	1903	
Steed, H.W.	1903		Wilczek, Hans Gregor Graf	1903	
Stern, Richard Ritter von	1902		Williams-Sprage, Mrs.	1903	
Sternberg, Leopold Graf	1901	Gründer	Wood, G.H.	1909	
Stevenson, Alexander	1903		Würzburg, Edmund Freiherr von	1902	
Symington, Dr. James	1902		Zalesky, Wenzel Ritter von	1903	
Szechenyi, Ladislaus Graf	1909				

ÖSTERREICHISCHE GOLFPIONIERE DER 2. GENERATION (1920–1945)
EINE AUSWAHL VON 350 GOLFER/INNEN (VON INSGESAMT CA. 700)

P = Präsident
VP = Vizepräsident
VM = Vorstandsmitglied

SPIELER/IN	CLUB	BEGINN	FUNKTION	HDCP	SPIELER/IN	CLUB	BEGINN	FUNKTION	HDCP
Adams, Franzi	Lainz	1934			Brunner, Irene	Krieau	1933		
Adler, Carl	Krieau	1936			Böckl, Gerti	Krieau	1935		
Albrecht, Dr. H.	Krieau	1935		17	Buchanan, Robert	Krieau	1933		5
Althann, Karl M.	Lainz	1930			Buchanan, N.	Krieau	1936		20
Altmann, Bernhard					Cochran, C.F.	Krieau/Ischl	1933		9
Altmann, Fritz	Lainz	1936			Cochran, Capt. Pelham	Ischl	1937		16
Altmann, Ing. Hans	Lainz	1933	Sponsor	15	Colloredo-Mannsfeld, Ferd.	Lainz	1928		
Altmann, Max	Krieau	1933		3	Colloredo, Pepinella	Lainz	1930		
Altmann, Julius					Czernin, Beatrix		1936		12
Altmann, Titti	Krieau	1933		14	Deutsch, Fr. L.				29
Altmann, Trude	Krieau	1937			Dillon, Commander	Krieau	1933		13
Arnold, P.	Igls	1933			Douglas, A.	Krieau	1936	Pro	
Auspitz-Artenegg, Frl. von	Krieau	1933		22	Drach, Arthur	Lainz	1935	VM Club	
Baar, Fritz	Krieau	1936			Drasche, Baronin Eva		1937		
Baar, Dr. Gustav	Krieau	1936			Dumba, Dr.Theo	Krieau	1935		
Bailey, J.	Krieau	1937		2	Eckelt, Hugo von	Lainz	1934		12
Bauer, Walter	Lainz	1933		24	Eckensdorfer, Fritz	Lainz	1939		4
Baum, Hertha	Krieau	1934		15	Ehrenfeld, Dr.	Lainz	1935	VM Club	
Becker, Alfred	Krieau	1936			Ehrenfeld, Stella	Lainz	1931		
Bellak, Otto	Lainz	1931	VM Club		Ellissen, Alfred		1933		8
Benatzky, Ralph	Ischl	1937			Ellissen, Hubert	Krieau	1933		24
Benatzky, Frau	Ischl	1937			Ellissen, Margit		1933		11
Beyer, Otto	Krieau/Lainz		Pro		Ettinger, Dr. Kurt	Krieau	1935		24
Blackett, Ronald	Krieau/Dellach	1936	Pro		Exel, Annemarie		1934		
Blanc, G. Le	Krieau	1937		6	Erös, Geza von	Ischl	1936		
Blin du Bois, F.	Lainz	1939		18	Erös, Thea von	Ischl	1936		
Bloch-Bauer, Antoinette	Lainz	1933		19	Exel, Dr. Erich				
Bloch-Bauer, Karl					Felsövanyi, Nikolaus von	Krieau	1934		
Bloch-Bauer, Leopold	Lainz	1933	1928	5	Fischel, Marianne	Lainz	1934		31
Bloch-Bauer, Maria	Krieau	1937			Flack, Joseph	Krieau	1934		
Blum, Dr. R.	Krieau	1937		24	Fleischmann, Simon	Krieau	1933		11
Breitner, Gusti	Krieau	1934			Frey, Margarete von	Krieau	1934		22
Brettauer, Paul	Lainz	1933	VM Club	18	Forgacz, D.	Krieau	1936		
Brick, Mary	Krieau	1934			Foster, Major	Dellach	1927		18
Brick, Paul	Lainz	1931		9	Fränkel, Steffi	Krieau	1937		
Brunner, Herta	Krieau	1933		32	Freund, Wilhelm	Krieau	1937		

SPIELER/IN	CLUB	BEGINN	FUNKTION	HDCP	SPIELER/IN	CLUB	BEGINN	FUNKTION	HDCP
Fridezko, Fr. E.		1937		36	Hengel, Adrianus van	Lainz	1931		
Fried, Dr. Arnold	Lainz	1933		18	Heran, Leo	Semmering	1936	Pro	
Friedenstein, Dr. Paul	Lainz	1933	VM Club		Horowitz, Gertrude	Krieau	1937		
Friedmann, Dr. Marcel	Krieau	1937			Hoyos, Comtesse Irene	Dellach	1934		36
Friess, Eugenie	Krieau				Hoyos, Lato	Dellach	1928	VP ÖGV	
Friess, Dr. Hans	Krieau	1933	Sponsor	16	Hoyos, Comtesse Maria	Dellach	1934		
Fuchs, Fr. L.		1935		32	Huber, Hermann	Pertisau	1934	VM Club	
Fuhrmann, Dorrit	Krieau	1937			Igler Adolf	Lainz	1933		
Fuhrmann, Valerie	Krieau	1934			Illner, Grete	Krieau	1933		32
Fürstenberg, Karl Emil	Krieau/Ischl	1933			Illner, Dr. Rudolf	Krieau	1933		
Fürstenberg, Prinzessin	Ischl	1935			Inwald-Waldtreu, Nelly von	Lainz/Ischl	1936		
Fürstenberg, Tassilo	Lainz	1936			Inwald-Waldtreu, Oskar von	Lainz/Ischl	1934		18
Furnica-Minovici, D.	Krieau	1939		28	Itige, Koto		1933		
Dillon, Commander	Krieau	1933		13	Jeral, Paul	Lainz	1933		
Dumba, Dr.Theo	Krieau	1935			Judd, L.T.	Krieau	1936		16
Gaensler, Hilda	Krieau	1934			Kahil, Erika	Pertisau	1933		
Gaensler, Hugo	Lainz	1931		20	Kahil, Faihal	Pertisau	1933		
Gagern, Baronin	Igls	1933			Kaiser, Dr. P.	Krieau	1939		21
Gautier, Elsbeth		1939		20	Kallina, Franz	Lainz	1936	Pro	
Gautier, Franz		1939		3	Kauders, Fr. A.	Krieau	1937		
Gautier, Georg		1939		15	Ketschendorf, Baronin	Lainz	1933		
Gautsch-Festetics, Ella	Ischl	1936			Kiepura, Jan	Lainz	1936		
Gautsch, Oskar	Ischl	1936			Klausner, Ella	Krieau	1934		
Gecmen-Waldeck, E.	Lainz	1933			Klingler, Franz	Pertisau	1934	VM Club	
Gold, Käthe	Krieau	1933		26	Klingler, Josef	Pertisau	1934		
Goldschmidt, H.		1936			Knabl, Anton	Dellach/Bled	1930	Pro	
Goldstein, Poully	Krieau	1937			Knaur, Dr. Fritz	Krieau	1937		
Gottlieb, Dr. Heinrich	Krieau	1937			Kneucker, Dr. Alfred	Krieau	1936		
Gratzinger, Annemarie	Krieau	1933		36	Knorring, Baron	Dellach	1927		20
Gratzinger, I.	Krieau	1937		24	Knorring, Baronin	Dellach	1935		36
Gratzinger, Dr.Max	Krieau	1933		18	Krausz, Marianne	Krieau	1933		
Grauer, Martha	Krieau	1936			Konirsch, L.	Krieau	1936		
Gross, Fritz	Krieau/Lainz	1933	VP ÖGV	10	Körner, Lilian	Lainz	1937		
Gross, Fritz Jun.	Krieau/Lainz			7	Kottwitz, Baron von	Krieau	1939		23
Gross, Maryla	Krieau/Lainz	1933		8	Kovacs, Franz	Krieau			
Gross, Mia	Krieau/Lainz	1933		9	Kovacs, Frau	Krieau			
Gutmann, Hans Emil von	Krieau	1933	Sponsor	12	Krämer, Alexander	Ischl	1935		10
Guttmann, Wilhelm	Semmering	1935			Krausz, Wilhelm Victor	Krieau	1935		
Habig, Lue	Lainz	1934			Kubinsky, Baron	Krieau	1934		
Habig, Maria	Lainz	1936			Kubinsky, Rega	Krieau	1934		10
Habig, N.	Lainz	1934			Kuh, Georg von	Krieau	1925?		
Habig, Peter	Lainz	1933	VM ÖGV	9	Kuh, Heinrich von	Krieau	1920		
Habig-Thun, Henriette	Lainz	1936		28	Kuh, Madeleine von	Krieau	1925		4
Halporn, Wilhelm	Krieau	1934		14	Kundegraber, H.	Krieau	1937		24
Hamburger, Rudolf	Krieau	1934			Kupelwieser, Maria	Krieau	1934		36
Hammes, Karl	Lainz	1931		4	Kutschera, Bela	Lainz	1933	VM ÖGV	
Hanel, Dr. Georg	Krieau	1933			Kux, Dir.		1933	Sponsor	
Hardtmuth, A. von	Dellach	1935		26	Kux, Hedda		1934		15
Hauschka, Dr.	Lainz	1935			Kyrle, Dr. Paul	Krieau	1939		17
de Heer, Jaap	Krieau	1934		21	Lambert, Robert	Lainz	1935		
de Heer, Frl. Lisl.	Krieau	1935		16	Lambert, Baronin		1936		
Heine-Geldern, Alice	Lainz	1920			Laub, Berthold	Lainz	1933		18
Heine-Geldern, Henri	Lainz	1920			Le Blan, Gertrude	Krieau	1936		8
Helfer, R.	Krieau	1937		17	Lechner, Manon	Krieau	1936		
Heller, Denise	Lainz	1930			Lederer, Fritz	Dellach	1936		
Hellmann, Daisy		1937			Leixner, Fr. von	Pertisau	1936		
Hellmann, Willy		1937			Lemberger, Reg.Rat	Krieau	1933		
Herzfeld, Dr.	Lainz	1933		13	Lentz, Babette von	Lainz	1934		
Herzfeld, Melitta	Lainz	1935			Lichtenstern, Alice	Krieau	1937		
Herzog, Jaques	Krieau	1935			Lieben, Elinor von	Krieau	1937		
Hollender, Gitta	Krieau	1933		17	Lindenbaum, Alexander	Krieau	1937		

SPIELER/IN	CLUB	BEGINN	FUNKTION	HDCP	SPIELER/IN	CLUB	BEGINN	FUNKTION	HDCP
Lindenbaum, Szigfried	Krieau	1937			Reitler, Lisa		1933	Sponsor	
Manzano, Gräfin	Ischl	1935			Reitzes, Maria	Krieau	1931		13
Litschauer, A.		1936			Renner, Fr.	Krieau	1939		33
Lobmeyer, R. von	Krieau	1935			Richter, Dr. Wilhelm	Krieau	1939		30
Margulies, Dr. Erwin	Lainz	1933	VM Club	17	Richter, Ruth	Krieau	1939		5
Maresch, Christine	Dellach	1939		22	Riedl, Baron	Krieau	1937		
Martens, Dr. Norbert	Lainz	1933			Riedl, Baronin	Krieau	1937		
Matsunaga, Naokichi Exz.	Krieau	1934			Rohan, Fürst	Krieau/Dellach	1927		12
Mautner-Markhoff, Manfred	Lainz	1931			Rossauer, Erwin O.	Krieau/Semmer.	1934		
Mayer, Otto C.	Krieau	1936			Rumerskirch, Marianne	Igls	1934		
Mayer-Braun, Hansi	Krieau	1933		19	Saal, Rolf A.		1933		7
Meyer, Dr.	Krieau	1939		20	Sabl, Hans	Krieau	1937		
Michalke, Karl	Krieau	1925	Pro		Saffir, E.	Krieau	1937		14
Mises, Fr. von	Krieau	1936		22	Saffir, Hanna	Krieau	1937		
Mittler, Stefan	Krieau	1934			Salm, Otto Graf	Lainz	1931		6
Morgan, Josa	Krieau	1934			Satzger, Geza von	Lainz	1933		19
Morton, George	Krieau	1936			Schaljapin, Theodor	Lainz	1934		
Moschee, Gusti	Lainz	1934			Schey, Lucy	Krieau	1934		23
Müller, Dr. Peter C.	Krieau	1937			Schick, I.		1936		24
Münster, Graf	Dellach	1933		1	Schindler, Georg	Igls	1933		Pro
Münster, Gräfin G.	Dellach	1933		22	Schindler, Grete	Igls	1933		
Nagele, Adolf sen.	Pertisau	1934	VP Club		Schlesinger,Karl	Krieau			
Nair, Otto	Lainz		Pro		Schlesinger, Marianne	Krieau	1933		19
Nettel, Rudolf	Lainz	1933	VM Club		Schnabl, Margarete	Krieau	1937		
Neudörfer, Ernst	Krieau	1933			Schneider, Ing. Alexander	Lainz	1931		14
Neudörfer, R.		1933			Schönburg-Hartenstein, Alois		1937		
Neumann, Bessie	Krieau	1933		15	Schwitzer, Ing. Alfred	Krieau	1935		
Neumann-Adler, Hedi	Krieau	1936			Schwitzer, Edith	Krieau	1935		
Nostitz, Graf	Ischl	1935			Schwitzer, Hans	Krieau	1935		4
Nostitz, Gräfin	Ischl	1935			Schwitzer, Georg	Krieau	1933		11
Oser, Edith	Lainz	1933		21	Schück-Kolben, Gerhard	Ischl	1935		
Oser, S.F.	Lainz	1933		17	Schück-Kolben, Grete	Ischl	1935		
Panzer, Isabella			Sponsor	28	Seherr-Thoss, Margaret	Lainz	1934		
Parnegg, Baron Dr. Otto	Krieau	1920			Selby, Walford	Lainz	1935	Präsident	24
Pasquali, Leopold von	Pertisau	1934	P Club		Sessevalle, Comte de	Ischl	1935		
Patzel, Hans	Pertisau	1934			Singer, Oscar	Lainz	1934		18
Penizek, Maximilian	Lainz	1933	VP ÖGV		Singer, Marianne	Lainz	1936		28
Penizek, Paula	Lainz	1933		23	Skutezky, Hanns	Ischl	1935		
Perutz, Dely	Lainz	1933		25	Smidt van Gelder	Ischl	1935		
Petras, Josef	Krieau/Ischl	1920	Pro		Smidt van Gelder, Fr.	Ischl	1935		
Petschek, Hans	Ischl	1935			Steiner, Klara	Krieau	1933		9
Philipp, Gen.Dir. Erwin	Lainz	1937	P Club		Steinfeld, Dr. B.	Krieau	1937		24
Philipovich, M. von	Lainz	1937		18	Steinreich, Dir.		1933	Sponsor	
Pick, Evi	Krieau	1936		20	Stern, Dr. Josef	Lainz	1933	VM Club	
Pick, Dr. Hans	Krieau	1935			Stern, Thea	Lainz	1936		
Pick, Otto	Krieau	1936			Stranski, Clarisse	Ischl	1935		21
Piech, Dr. Anton	Krieau	1941			Stranski, George	Ischl	1935		23
Pollak, Captain E.	Lainz	1933		16	Strauss, Hugo			Sponsor	
Pollack-Parnau, Rega von	Krieau	1933		11	Strauss, Mimi	Lainz			8
Prager, Agnes	Krieau	1934			Strohschneider, Dr. Wolfg.	Ischl	1934		11
Prandstätter, H.	Krieau	1939		24	Ströll, Franz	Krieau	1925	Pro	
Priester,Julius	Lainz	1933	P Club		Ströll, Hans	Krieau	1930	Pro	
Prosch, Ernst	Krieau	1933		20	Stutz, Franz	Krieau	1933		10
Propper de Callejon. Mme	Krieau	1933		19	Stutz, Iby	Krieau	1937		
Rappold, Franz	Pertisau	1936	Pro		Sündermann, Karl	Dellach		Pro	
Raudnitz, Luise		1935		11	Tedesco, Hedwig	Krieau	1934		
Redlich, Else von	Krieau	1933		16	Tedesko, Karl	Krieau	1934		
Reichel, Dr. Hellmuth	Dellach	1930			Thonet, Dr.	Krieau	1940		
Reichel, Dr. Jörg	Dellach	1930			Thorsch, Felix	Krieau	1936		
Reiman, Mimi	Krieau	1934			Tolnay, Emi von	Krieau	1933		29
Reithoffer, Margaret	Krieau	1937			Tirell, N.	Krieau	1935		24

SPIELER/IN	CLUB	BEGINN	FUNKTION	HDCP	SPIELER/IN	CLUB	BEGINN	FUNKTION	HDCP
de Tuyll, Baron Vinzenz	Ischl	1934	VP Club		Weiner, Alexander	Krieau	1934		
Urban, Emmerich	Ischl	1935			Wengraf, Wilhelm	Krieau	1934		14
Urban, Frau	Ischl	1935			Wengraf, Gertrude	Krieau	1934		
Vagliano, F. jun.	Krieau	1937		6	Weissberger, Franz	Ischl	1934		
Veidt, Konrad	Lainz	1935			Weissberger, Lidy	Ischl	1935		
Vondörfer, Lisl	Lainz	1937			Wertheimer, Max	Krieau	1934		
Walder, Paula von	Semmering	1935			Windisch-Graetz, Prinz	Lainz	1937		
Waniek, Victor		1933	Sponsor		Winkler von Kapp, Dr. Martin	Krieau	1936		
Wolf, Lisa	Krieau	1934		36	Winger, Marietta	Lainz	1931		
Wolf, Maria	Krieau	1933		13	Winger, Otto	Lainz	1936		
Wassermann, Dr. R. von	Lainz	1933		22	Wohleber, Wilhelm	Lainz	1936		
Weikersheim, Fürst	Lainz	1937		20	Wolf, Maria	Lainz	1931		
Weikersheim, Fürstin	Lainz	1937			Wolff-Knize, F.		1937		24
Weill, Dr. Leo	Lainz	1936	VM Club		Wood, George	Krieau	1934		15
Weiss, Anny	Krieau	1934		22	Wood-Lonyay, Rosa	Krieau	1934		12

ÖSTERREICHISCHE GOLFPIONIERE DER 3. GENERATION (1945–1965)

EINE AUSWAHL VON CA. 350 GOLFER/INNEN (VON INSGESAMT CA. 800)

SPIELER/IN	CLUB	BEGINN	SPIELER/IN	CLUB	BEGINN
Aigner, Hans	Salzburg	1964	Drascher, Ludwig	Wien	1963
Alexander, Betty C.	Wien	1956	Draxler, Ludwig	Wien	1963
Ambros, Angela	Badgastein	1965	Drucker, Georg	Wien	1953
Ambros, Othmar	Badgastein	1965	Dubler, Benno	Linz	1963
Andreatta, Dr. Artur	Igls	1958	Eberl, Siegfried	Salzburg	1959
Arnoldner, Lidy	Bad Ischl	1960	Eckelt, Hugo	Wien	1946
Arnoldner, Michael	Bad Ischl	1960	Ecker, Mag. Ekkehard j.	Bad Ischl	1960
Arnoldner, Dr.Walter	Bad Ischl	1960	Ecker, Mag. Ekkehard s.	Bad Ischl	1960
Auersperg, Alfi	Kitzbühel	1956	Ecker, Mag. Gerd	Bad Ischl	1960
Auersperg, Sunny	Kitzbühel	1960	Eder, Mag. Gustav	Linz	1963
Bardorf, Annemarie	Wien	1960	Eder, Mag.Hugo	Linz	1964
Bardorf, Bruno	Wien	1960	Edlinger, Dr. Franz	Linz	1963
Bardorf, Elisabeth	Wien	1963	Elbl, Alexander	Salzburg	1960
Bartenstein, Oscar	Kitzbühel	1956	Elbl,Hans	Salzburg	1964
Bartenstein, N.	Kitzbühel	1963	English, Clifton	Wien	1963
Bauer, Gen.Dir.	Wien	1959	Entner, Anton	Pertisau	1959
Beck, Dr.	Igls	1956	Feiner, Richard	Pertisau	1964
Beck, Annedore	Igls		Fodermayer, H.	Wien	1964
Benedict, Waldemar	Wien	1955	Forgacs, Gabriel	Wien	1955
Beranek, Kurt	Kitzbühel	1956	Franzmair, Franz X.	Badgastein	1963
Beyer, Franz	Salzburg	1960	Franzmair, Paul	Badgastein	1965
Bodenseer, Annemarie	Kitzbühel	1963	Franzmair, Roswitha	Badgastein	1965
Bodenseer, Jörg	Kitzbühel	1963	Friedl, Dkfm. Franz	Linz	1961
Bodenseer, Rudolf	Kitzbühel	1958	Friedl, Johanna	Linz	1961
Bodenseer, Willi	Kitzbühel	1965	Fuchs, Josef	Igls	1958
Bodner, Hubert	Kitzbühel	1963	Fuchshuber, Helmut	Salzburg	1956
Böhler, Dr. Jörg	Linz	1961	Fuchshuber, Rudolf	Salzburg	1956
Böhler, Susi	Linz	1961	Furth, Vera	Kitzbühel	1963
Brauhart, Franz	Salzburg	1962	Gehmacher, Wolfgang	Salzburg	1960
Brugger, Franz	Kitzbühel	1959	Germ, Helene	Igls	1959
Buschmann, Dr. Camillo von	Kitzbühel	1955	Glatz, Andreas	Wien	1963
Carlin, Annemarie	Salzburg	1958	Goess-Saurau, Dipl.Ing.C.	Murhof	1963
Carlin, J.L.	Salzburg	1958	Gögele, Carlo	Igls	1955
Colli, Peter	Linz	1964	Gögele, Karl-Heinz	Igls	1960
Croy, Toni	Kitzbühel	1955	Görsch, Helga	Salzburg	1964
Csernohorskzy, Ing. E.	Wien	1958	Grömmer, Gaby	Salzburg	1965
Csernohorszky, Hanna	Wien	1960	Grömmer, Hady	Salzburg	1956
Csernohorszky, Thomas	Wien	1959	Grömmer, Dr. Rudolf	Salzburg	1956
Dietrich, Max	Wien	1959	Görg, Peter	Salzburg	1959
Dobringer, Jakob	Kitzbühel	1962	Gutmann, Bettina	Wien	1963

SPIELER/IN	CLUB	BEGINN	SPIELER/IN	CLUB	BEGINN
Haid, Ing. Richard	Pertisau	1958	Kwapil	Wien	1959
Handl, Anneliese	Igls	1956	Kyrle, Johannes	Wien	1958
Handl, Erwin	Igls	1956	Kyrle, Paul	Wien	1949
Harrer, Carina	Kitzbühel	1955	Jandl, Hans	Wien	1958
Harrer, Heinrich	Kitzbühel	1955	Jonak, Fritz	Wien	1956
Haselwandter, Dr.	Kitzbühel	1956	Lamberg, Dr. Carl	Kitzbühel	1955
Haupt, Grete	Salzburg	1964	Lamberg, Dorothea Pumpi	Kitzbühel	1960
Hauser, Rudolf	Salzburg	1960	Lamberg, Maria	Kitzbühel	1955
Henn, Ing. Franz	Murhof	1963	Lamberg Max,	Kitzbühel	1955
Herrgott, Freddy	Kitzbühel	1962	Lamplmayr, Walter	Igls	1962
Hild, Hugo	Wien	1950	Lechner, Erich	Bad Ischl	1963
Hild, Isabelle	Wien	1953	Leitner, Ernst	Dellach	1955
Himmelreich, Herta	Kitzbühel	1958	Leitner, Hilde	Dellach	1950
Himmelreich, Paul	Kitzbühel	1958	Leixner, Christa von	Pertisau	1959
Hohenlohe, Alec	Kitzbühel	1955	Leixner, Paula	Pertisau	1958
Hohn, Prof. Hans	Linz	1963	Lerchbaumer, Arnold	Kitzbühel	1956
Hohn, Martin	Linz	1963	Lerider, H.	Wien	1958
Holzer, Christine	Wien	1960	Lindhout, Mario	Igls	1963
Hölzl, Eckehard	Kitzbühel	1958	Lippitt, Percy	Kitzbühel	1959
Hölzl, Dr.Luis	Kitzbühel	1958	List, Dr. Hans	Murhof	1965
Hosp, Ing.	Igls	1956	Lodron, Dr. Ernst	Murhof	1963
Hoyos, Adam	Wien	1959	Lonyay, Charlotte	Wien	1963
Hoyos, Nickolaus	Dellach	1951	Lorenz, Annemarie	Igls	1956
Huber, Herbert	Kitzbühel	1959	Lorenz, Christa	Igls	1963
Huber, Hilde	Pertisau	1959	Lorenz, Hans	Igls	1958
Hueber, Maxi von	Salzburg	1965	Lorenz, Dr. Otto	Igls	1956
Hueber, Paul von	Salzburg	1965	Lorenz, Sylvia	Salzburg	1958
Hueber, Peter von	Salzburg	1964	Lorenz, Ursula	Salzburg	1958
Hueber, Dr. Richard von	Salzburg	1958	Lottersberger, Walter	Igls	1958
Hurdes, Christl	Wien	1960	Maculan, Alexander	Wien	1956
Huter, Dr. Theo	Igls	1956	Maly	Wien	1959
Igler, Dr. Hans	Wien	1958	Manzano, Hans	Salzburg	1955
Jakopp, Michael	Dellach/Köln	1956	Maresch, Christine	Dellach	1951
Jandl, Hans	Wien	1958	Maresch, Hans	Dellach	1950?
Jaschke, M.	Wien	1963	Martschitz, Dr. Jimmy	Linz	1965
Jonak, Fritz	Wien	1958	Mauracher, Rudolf	Pertisau	1956
Jung, Ernst	Semmering	1965	Mautner-Markhof	Wien	1953
Jung, Gertrud	Semmering	1965	Mayr, Inge	Igls	1963
Jungk, Dkfm. Günther	Semmering	1961	Mayr-Melnhof, Franz	Murhof	1963
Jungk, Dkfm. Traudl	Semmering	1961	Mayr-Melnhof, Friedrich	Salzburg	1955
Kageneck, G.		1951	Mazzucco, Theo	Salzburg	1956
Kap-her, Wolf	Salzburg	1958	Meguscher, Dr. Alfred	Bad Ischl	1963
Karoly, Werner	Igls	1959	Melion, Brigitte	Dellach	1960
Kaserer, Arthur	Igls	1956	Melion,Dr.	Dellach	1960
Kaserer, Liesl	Igls	1958	Menshengen, Carl	Kitzbühel	1955
Kettenmayr, Max	Igls	1956	Menzel, Vera	Igls	1963
Kline, Dr. Arthur	Wien	1949	Meran, Adolf	Badgastein	1963
Klingler, August	Pertisau	1958	Meuer, Alice	Linz	1963
Knapp, Richard	Pertisau	1964	Meuer, Herbert	Linz	1963
Koller, Hilde	Kitzbühel	1964	Mitteregger, Sepp	Badgastein	1963
Koller, Karl	Kitzbühel	1964	Möllinger, Sepp	Kitzbühel	1955
König, Paul	Linz	1961	Möllinger, Juanita	Kitzbühel	1958
Kofler, Gedeon	Igls	1956	Monitzer, Elisabeth	Kitzbühel	1959
Kotschwar, Michael	Wien	1965	Monitzer, Fifi	Kitzbühel	1955
Kratky, H.	Wien	1954	Monitzer, Karl	Kitzbühel	1955
Kratky, Irene	Wien	1963	Müllersen, Barbara	Wien	1962
Krauhs, Dr. Heinz von	Kitzbühel	1960	Müllersen, Gen.Dir. H.	Wien	1959
Kubinzky, Frederick	Dellach	1958	Müllersen jun, Klaus	Wien	1959
Kubinzky, Rega von	Wien	1949	Nagele, Sepp	Pertisau	1959
Kubinzky, Vera von	Dellach	1958	Neugebauer, Berta	Igls	1956
Kugi, Hedy	Kitzbühel	1963	Neugebauer, Karlheinz	Igls	1956

SPIELER/IN	CLUB	BEGINN	SPIELER/IN	CLUB	BEGINN
Neugebauer, Dr. Kurt	Igls	1956	Schanz, Kitty	Wien	1949
Nierlich, Klaus	Wien	1958	Scherer, Dr. Heinrich	Salzburg	1956
Nierlich, Dr. Kurt	Wien	1956	Schmidtleitner, Lucky	Semmer./Wien	1960
Nierlich, Peter	Wien	1960	Schott, Peter	Kitzbühel	1963
Orsini-Rosenberg, Heinrich	Dellach	1958	Schreder, Johanna		1960
Orsovay-Stojkovits, Erwin	Wien	1965	Schütz, Dr. Theodor	Linz	1961
Ortner, Maria	Igls	1964	Schweiger, Josef	Igls	1960
Ottens, Gustav	Kitzbühel	1958	Sernetz, Maria	Salzburg	1958
Pachernegg, Georg	Murhof	1965	Sick, Eberhard von	Linz	1961
Pachernegg, Dr. S.	Murhof	1964	Sickle, van	Dellach	1958
Painsipp, Margarethe	Wien	1959	Siegler, Gertrud	Badgastein	1963
Painsipp, H.	Wien	1959	Smecchia, Atillio	Wien	1951
Painsipp, Karl	Wien	1963	Smecchia, Maria	Wien	1955
Pappas, Dimitri	Salzburg	1959	Solms, Dr. Franz	Linz	1962
Perner, Jutta	Kitzbühel	1960	Sonnleitner, H.		1950
Paudler, Frau	Igls	1959	Spielberger, Gertrude	Kitzbühel	1963
Pausinger, Dr. von	Igls	1958	Spielberger, Dr. Hubert	Kitzbühel	1963
Pantz, Hubert von	Kitzbühel	1955	Splechtna, Ludwig	Pertisau	1958
Pasquali, Eva von	Kitzbühel	1963	Stahl, Heinrich	Wien	1960
Penizek, Dorothea	Wien	1962	Staudinger, Jutta	Kitzbühel	1960
Peter, Gustav	Igls	1958	Staudinger, Konrad	Kitzbühel	1960
Petersen, Elfie	Salzburg	1965	Stehno, H.	Wien	1965
Pinter, Dipl. Ing. Karl	Pertisau	1959	Steidler, Josef	Salzburg	1960
Pogatschnigg, Dr. Gustav	Dellach	1950	Steiner, Nadja	Kitzbühel	1958
Polaczek, Dr. Karl	Igls	1956	Stoi, Hertha	Igls	1956
Pollak, Hermann W.	Igls	1956	Stoi-Savlevic, Dr. Peter	Igls	1956
Pollak, Wolfgang	Igls	1956	Stolz, Lambert	Igls	1960
Pravda, Christian	Kitzbühel	1953	Stolzlechner, Hans	Kitzbühel	1958
Pravda, Cynthia	Kitzbühel	1956	Strasser, Ruth	Wien	1964
Prettenhofer, Dr.	Wien	1959	Straubinger, Fritz	Badgastein	1965
Priebsch, Dr. Hans	Wien	1959	Strauss, Mimi	Wien	1949
Raggl, Manfred	Igls	1964	Stubenvoll, Otto	Pertisau	1963
Raits, Dr. Peter	ÖGV	1961	Stumpf, Dr.		1959
Rauch, Dr. H.	Salzburg	1964	Stütz, Adolf	Linz	1965
Reichel, Dr. Hellmuth	Dellach	1950	Stütz, Anny	Linz	1965
Reichel, Dr. Hellmuth jun.	Dellach		Swarovski, Manfred	Igls	1958
Reichel, Dr. Jörg.	Dellach	1951	Sykora, O.	Wien	1964
Reichstein, Johanna	Wien	1958	Szinovacz, Maxi	Wien	1963
Reisch, Guido	Kitzbühel	1958	Thurnher, E.	Kitzbühel	1956
Reiss, Dr. Gerhard	Linz	1965	Thurnher, Hermann	Kitzbühel	1955
Reiss, Monika	Linz	1965	Thurnher, Martin	Kitzbühel	1958
Reitmann, Prof.	Dellach	1958	Trebitsch, Erich	Wien	1963
Reya, Friedrich von	Bad Ischl	1965	Trebitsch, Lotte	Wien	1963
Richter, Ruth	Wien	1950	Tschoner, Ulf	Pertisau	1958
Rinesch, Ernst	Wien		Tonn, Adolf	Semmering	1950
Rinesch, Senta	Wien	1949	Tonn, Albert	Semmering	1950
Rohrer, Cary von	Igls	1958	Tulipan, Herbert	Salzburg	1958
Rohrer, Christine von	Igls	1955	Tyrolt, Elisabeth	Salzburg	1960
Rohrer-Haslmayr, Klaus von	Kitzbühel	1958	Tyrolt, Dr. Georg	Salzburg	1960
Roittner, Richard	Salzburg	1960	Urban, Puppa	Kitzbühel	1958
Rollo, Cyril	Wien	1958	Usner, Dieter	Salzburg	1956
Ronacher, Walter	Wien	1963	Usner, Lothar	Salzburg	1958
Rutkowski, Dr. Hans	Wien	1959	Usner, Dr. Rudolf	Salzburg	1956
Rutkowski, Sissy	Wien	1960	Vittur, Brigitte	Pertisau	1962
Saal, Rolf A.	Wien	1951	Vittur, Hilde	Pertisau	1960
Sailer, Christl	Igls	1960	Vittur, Leo	Pertisau	1949
Sailer, Toni	Kitzbühel	1958	Walter, Dr. Egon	Murhof	1963
Salcher, Dr. Hubert	Badgastein	1963	Walther, Herbert	Igls	1959
Salzer, Thomas	Wien	1961	Wehle, Mag.	Dellach	1963
Schamesberger, Dr.	Murhof	1965	Weißenberger, W.	Wien	1964
Schanz, Fritz	Wien	1955?	Weninger, Gen.Dir.	Wien	1960

SPIELER/IN	CLUB	BEGINN			SPIELER/IN	CLUB	BEGINN
Wenisch, Dr.	Kitzbühel	1959			Winterstein, Willi	Wien	1955
Werner, Max	Kitzbühel	1955			Wolff von Amerongen, Eva	Ischl/Lindau	1957
Wieser, Frau	Igls	1960			Wührer, Dr. Hans	Salzburg	1962
Wimmer, Hans	Bad Ischl	1963			Wurm, Helmut	Linz	1963
Windischbauer, Dr. Fritz	Badgastein	1962			Wurm, Rosemarie	Linz	1963
Winger, Dr. Helfried	Wien	1958			Wurzenrainer, Raimund	Kitzbühel	1959
Winger, Gerda	Wien	1959			Zyla, Klaus	Salzburg	1965

TSCHECHOSLOWAKISCHE GOLFPIONIERE (1904–1945)

EINE AUSWAHL VON 150 GOLFER/INNEN (VON INSGESAMT CA. 400)

SPIELER/IN	CLUB	BEGINN	FUNKTION	HDCP	SPIELER/IN	CLUB	BEGINN	FUNKTION	HDCP
Bacher, M.	Prag	1932			Hödl, Gen.Dir. Anton	Brünn	1937		
Bauer, Bartl	Prag	1936		6	Hoffmann, Anton	Pilsen	1933		
Bauer, N.	Prag	1936		19	Hoffmeister, Dr. Adolf	Lisnice	1928		
Bäumel, Frau	Brünn	1937			Jahn, Jaroslav	Prag	1933	Präs. Club	
Bäumel, Dr. Richard	Brünn	1937			Jirik, L.		1933		13
Baxa, Dr. K.	Prag	1933			Kadlec, Gen. Eduard	Brünn	1936		
Becvar, Jan	Prag	1936		4	Kinsky, Rudolf	Brünn	1937		
Becvar, J.	Prag	1933		18	Kobsa, J.	Pilsen	1933		
Bloch, M.	Prag	1933		23	Koch, Dr. W.	Prag	1933		
Bloch, Q.	Prag	1933		21	Kopecky, Ing.	Prag	1933		
Blumenthal, Siegfried	Brünn	1936			Klan, Zdenek	Lisnice			
Boucek, Dr. Ing. Jaroslav	Brünn	1932			Kornfeld, Margit	Prag	1936		
Boudová, Frl.		1933			Lechner, Konsul H.	Prag	1933		13
Brauner, Ph. K.	Prag	1936		11	Lechner, N.	Prag	1933		22
Bruckner, Blanca	Prag	1936			Linhart, Kitty	Prag	1936		6
Budimlic, Dr.		1933			Löw-Beer, Augustin	Brünn	1936		
Charvat, Jiri	Prag		Architekt		Löwenthal, H.	Prag	1934		
Chvojka, Dr. Jiri	Lisnice	1928			Ludikar, Pavel		1933		
Cmunt, Prof.		1933			Lüftner, J.	Prag			7
Czjzek, C. von	Marienbad	1936		22	Mach, Dr. Gustav	Brünn	1936		
Demuth, Cl.		1933			Machova, Frau	Brünn	1937		
Dostalová, Frl.		1933			Maczek, Konsul C.	Karlsbad			
Dvorak, Ing. Antonin	Brünn	1936			Masaryk, Jan	Prag	1933		
Dzungerska, Frl.					Mauder, H.	Prag	1937		
Franta, Jaroslav	Lisnice	1928			Miksicek, Ing. Karel	Lisnice	1928		
Freund, Frl.	Prag				Munory, Ing. R.	Prag	1936		
Fuchs, Didi	Pistyan	1937			Munory, N.	Prag	1936		
Fügnerova, Frau		1933			Nahlik, Ing.R.	Pilsen	1933		
Fuhrmann, Dorrit	Brünn	1937			Naschauer, H.	Pilsen	1933		
Fuhrmann, Hans	Brünn	1937			Neumark, Walter	Brünn	1936		
Fürth, V.	Prag	1936		16	Nolcova, A.	Prag	1933		32
Gebhart, Josef	Karlsbad			Pro	Novak, Dr. Vladimir	Brünn	1932	Präs Club	
Glässner, Fr.	Prag	1937			Novakova, Frau	Brünn	1937		
Gottlieb, Ernst	Brünn	1936			Ourednizek, Eduard	Brünn	1936		
Gottlieb, Herbert	Brünn	1936			Petschek, Hans	Prag	1933		15
Graubard, Fr. A.	Prag				Petschek, Dr.O.	Prag	1933		
Graubard, Dr.	Prag	1933		21	Pochmann, Frau		1933		
Grimme, H.					Popper, F.	Prag	1933		32
Gross, Fritz	Prag	1926		7	Porges, Dr. Max	Marienbad	1936	Präsident	
Grzybowski, Dr. W.	Prag	1933			Prazak, Dr. Alois	Brünn	1936		
Hammerschmied, Theodor		1938			Proskowetz, A.	Prag	1933		20
Hampl, Dr. Richard	Lisnice	1928			Proskowetz, Dr. G.	Prag		Funktionär	
Hanak, T.		1933		11	Proskowetz, W.				
Haskovec, Dr. Ladislaus	Lisnice	1928			Rajtorová, Frau		1933		
Haurowitz, Stefan	Prag	1933		20	Raudnitz-Kramer, Luise	Prag	1936	Spitzenspielerin 2	
Havrankova, Z.M.	Prag	1936			Redlich, Dr. Felix	Brünn	1936		
Hecht, A.	Prag	1932			Reiser, Heini	Prag	1936		
Hennig, Oberst	Pistyan				Ringhoffer, Baron Felix	Ringhoffer			13
Hilbert, Dr. Jaroslav	Lisnice	1928			Ringhoffer, Baron Franz	Ringhoffer			13

SPIELER/IN	CLUB	BEGINN	FUNKTION	HDCP
Ringhoffer, Baron Franz jun.	Ringhoffer	1930		11
Rohrer, Friedrich	Brünn	1936		
Rössler, Dr. K.	Prag	1933		
Ryznar, Dr.	Prag	1933		16
Sachs, Carlo	Prag	1936		8
Schreiberová, Frl.		1933		
Schreiter-Schwarzenfeld	Karlsbad			
Schubert, Sascha	Prag			4
Sedlak, Dr. Prokop	Lisnice	1928		
Sedlak, Vladimir	Lisnice	1928		
Serenyi, Gr.	Prag	1933		
Skycak, V.	Pistyan	1933	Präs. Club	
Silhan, Prim. Dr.Vaclav	Brünn	1936		
Srb, Dr.	Prag	1933		21
Steiner, A.	Pilsen	1933		
Stern, Dr. Ferdinand	Prag			10
Stiassny, Alfred	Brünn	1936		
Stika, A.	Tremsin	1938		
Stoupal, Viktor	Brünn	1937		
Svestka, M.	Prag	1933		
Tachovsky, Ing.	Brünn	1937		
Teller, Ing. H.	Prag	1933		18
Theyerl, K.	Prag	1933		
Tonder, Dr. Ferdinand	Lisnice	1929		19
Tonder, Hanno	Lisnice	1934		+1
Tonder, Ivo	Lisnice			
Tonderova, Slava	Lisnice	1933		
Vanek, Dr. Karel	Lisnice	1928		
Vanek, Dr. Ludvik	Lisnice	1928		
Vavra, Karel	Lisnice	1928		
Völker, Otomar	Brünn	1937		
Vohryzek, J.	Prag	1937		11
Vuletic-Donatova, Slavica	Brünn	1936		
Wagner, Josef	Marienbad	1937		
Warren, C.		Prag	Pro	
Weinerek, Gen. Zd.	Prag			
Werner, Gen.Dir. Armin	Brünn	1936		
Weps, J.H.	Prag			19
Weps,M.	Prag	1933		8
Wilson, G.	Prag		Pro	
Winter, Emmerich	Pistyan			
Winter, Clara	Pistyan	1937		
Winter,Ludwig	Pistyan			
Wolf, Josef	Pistyan	1936	Pro	
Zmek, Dr. A.	Prag	1934		
Zörkendorfer, W.	Marienbad			

UNGARISCHE GOLFPIONIERE (1908–1945)

EINE AUSWAHL VON 70 GOLFER/INNEN (VON INSGESAMT CA. 200)

SPIELER/IN	CLUB	BEGINN	FUNKTION	HDCP
Andrassy, Gyula	Budapest	1902		
Baumgarten, Albert	Budapest	1936		5
Baumgarten, Alexander	Budapest	1932		
Baumgarten, Karla	Budapest	1932		18
Dobay, Dr. Aurel	Budapest	1932		
Dobay, Frau	Budapest	1932		
Doroghy, E.	Budapest			
Emden,H.J.	Budapest	1933		18
Fabinyi, Margarethe von	Budapest	1937		
Farkas, Ludwig	Budapest	1932		
Farkas, Marianne	Budapest	1932		16
Forgacs, Gabriel	Budapest	1936		
Garay, Dr. Kolman	Budapest	1933		
Goodwillie, Malcolm	Budapest	1913	Pro	
Guttmann, Baron V.	Budapest	1936		24
Gyurkovich, Bela von	Budapest	1936		
Gomperz, Frau	Budapest	1937		
Halasz, Ladislaus	Budapest	1932		9
Hegedüs, Emmerich	Budapest	1933		12
Ive, Mario	Budapest	1932		
Jankovich, Andreas von	Budapest	1933		23
Jankovich, Dr. J.	Budapest	1936		
Kiss, Dr. A.	Budapest			
Kohner, Baronin	Budapest	1937		27
Kohner, Baron St.	Budapest	1937		32
Kovacs, Dr. Eugen	Budapest	1920?		
Latzko, Jolan	Budapest	1936		
Laszko, Karl	Budapest	1932		
Laszko, Frau	Budapest	1932		14
Laszko, Wilhelm	Budapest	1932		
Lauber, Desider	Tatra-Lomnitz	1925		3
Madarassy-Beck, Gyula	Budapest	1932		14
Magyar, Dr.	Budapest	1912		
Magyar, P.	Budapest	1937		
Minder, Alexander	Budapest	1933		22
Minder, Friedrich	Budapest	1933		12
Muro, Carlos	Budapest	1932		
Muro, Maria	Budapest	1932		
Peter, Herr	Budapest	1937		
Rakovszky, Stefan von	Budapest	1936		8
Rapoch, Eugen	Budapest	1932		
Rapoch, Frau	Budapest	1932		
Salacz, Oskar von	Budapest	1932		12
Seenger, Dr.Julius	Budapest	1933		12
Stammel, Joszef	Budapest		Pro	
Strasser, Clarisse	Budapest	1932		
Szasz, Dr. Endre Hugo	Budapest	1937		28
Szende, Dr. P.	Budapest	1937		
Szlávy, Béla von	Budapest	1925?		
Szlávy, Erszebet von	Budapest	1925		0
Toszeghy, E.	Budapest	1937		
Tószeghi, Richard von	Budapest			24
Ungar, Endre	Budapest	1932		
Ungar, Kato	Budapest	1932		18
Wahl, Mary	Budapest	1933		
Wahl, Oskar Ritter von	Budapest	1933	Präs. Club	
Wellisch, Eugen von	Budapest	1937		24
Wittmann, Dr. Ernst	Budapest	1932		18
Wittmann,Frau	Budapest	1932		
Wolfner, Ladislaus	Budapest	1932		
Wolfner, Frau	Budapest	1937		
Zichy, Eduard	Budapest	1932		24
Zichy, Kasimir	Budapest	1933		
Zichy, Ida	Budapest	1932		

MEISTERSCHAFTEN

MEISTERSCHAFT VON DEUTSCHLAND UND ÖSTERREICH

JAHR	PLATZ	SIEGER	ZWEITER
1896	Berlin Westend	Dr. Breck (USA)	
1897	Berlin Westend	Dr. Breck (USA)	
1898	Berlin Westend	E. Fullerton-Carnegie (USA)	Prof. Miller (USA)

AMATEUR-CHAMPIONSHIP OF AUSTRIA

1906	Karlsbad	S.B. Whitehead (USA)	M.A.McLaughlin (USA)
1907	Karlsbad	J. Standish (USA)	H. Secor (USA)
1908	Karlsbad	J. Standish (USA)	Wm. Wrindlich (USA)
1909	Karlsbad	P. Gannon (IRL)	F.Harrison (GB)
1910	Karlsbad	P. Gannon (IRL)	H.R. de Funiak (USA)
1911	Karlsbad	P. Gannon (IRL)	M. Keim (USA)

INTERNATIONALE MEISTERSCHAFTEN VON ÖSTERREICH, HERREN

1909	Wien-Krieau	R. Everts	M. Ehrenreich (Ö)
1910	Wien-Krieau	N. O'Shaugnessy	
1911	Wien-Krieau	V. C. Thorne	
1912	Wien-Krieau	H.D. Sterrett	
1913	Wien-Krieau	A.P. Bennett (GB)	P. Habig (Ö)
1925	Wien-Krieau	F. Gross (TSCH)	
1926	Wien-Krieau	D. Lauber (U)	
1927	Wien-Krieau	J. von Kovacs (U)	
1928	Wien-Lainz	L. Sonnenberg (D)	M. Todhunter
1929	Wien-Lainz	A. Cohen (USA)	B. von Gyurkovich (U)
1930	Wien-Lainz	F. Gross (TSCH)	Graf Althann (Ö)
1931	Wien-Lainz	D. Grant (GB)	St. Pivian Smith
1932	Wien-Krieau	O. Salm (Ö)	
1933	Wien-Lainz	Viscount Newport (GB)	M. Altmann (Ö)
1934	Wien-Krieau	P. Brick (Ö)	C.F. Cochran (GB)
1935	Wien-Lainz	G. Wadsworth (Rum)	O. Salm (Ö)
1936	Wien-Krieau	F. Gutmann (D)	R. Thompson (USA)
1937	Wien-Lainz	Count J. Bendern (GB)	R. Thompson (USA)
1947	Dellach	J.K. Evans	C. Cressield
1948	Dellach	R. Baird (USA)	
1949	Dellach	H.Tissies (D)	R. Baird (USA)
1950	Dellach	J. Munro (GB)	H. Tissies (D)
1951	Dellach	R. Baird (USA)	W. Hungate (USA)
1952	Dellach	H. Tissies (D)	R. Baird (USA)
1953	Wien-Freudenau	R. Baird (USA)	H. Tissies (D)
1954	Wien-Freudenau	H. Tissies (D)	M. Wright (USA)
1955	Wien-Freudenau	R. Baird (USA)	H. Tissies (D)
1956	Wien-Freudenau	W. Cagle	
1957	Wien-Freudenau	H. Tissies (D)	O.F. Dillier (CH)
1958	Wien-Freudenau	O.F. Dillier (CH)	A. Lacinik (D)
1959	Wien-Freudenau	A.J. Cullinane	R. Müller (CH)
1960	Wien-Freudenau	A. Maculan (Ö)	D. Gütermann (D)
1961	Wien-Freudenau	K. Nierlich (Ö)	O. Barras (CH)
1962	Wien-Freudenau	R.E. Smith	K. Nierlich (Ö)
1963	Wien-Freudenau	A. Maculan (Ö)	K. Nierlich (Ö)
1964	Wien-Freudenau	A. Maculan (Ö)	K. Nierlich (Ö)
1965	Kitzbühel	W. E. McCrea (IRL)	G. Krause (D)
1966	Wien-Freudenau	G. König (D)	J. Weghmann (D)
1967	Wien-Freudenau	J. Penrose (USA)	G. König (D)
1968	Kitzbühel	G. König (D)	K. Nierlich (Ö)
1969	Murhof	J. Penrose (USA)	B. Ferreira

JAHR	PLATZ	SIEGER	ZWEITER
1970	Wien	K. Nierlich (Ö)	G. Steinhardt (D)
1971	Kitzbühel	A. Maculan (Ö)	M. Lamberg (Ö)
1972	Wien	H.H. Giesen (D)	L. Leis
1973	Seefeld	K. Nierlich (Ö)	M. O'Neill
1974	Murhof	K. Nierlich (Ö)	A. Maculan (Ö)
1975	Wien	G. Watine (F)	St. Smith
1976	Seefeld	J.R. Sale (USA)	Ch. Kilian (D)
1977	Dellach	J.R. Sale (USA)	K. Schweiger (Ö)
1978	Enzesfeld	Hsi-Chuen Lu (TAI)	Th. Hübner (D)
1979	Murhof	Tze-Chung Chen (TAI)	K. Nierlich (Ö)
1980	Linz	M. Lamberg (Ö)	Ching-Chi Yuan (TAI)
1981	Seefeld	Ch. Kilian (D)	F. Porstendorfer (Ö)
1982	Wien	Ching-Chi Yuan (TAI)	Wen-Sheng Li (TAI)
1983	Murhof	Ching-Chi Yuan (TAI)	Wen-Sheng Li (TAI)
1984	Seefeld	Chin-Han Yu (TAI)	Chin-Sheng Hsieh (TAI)
1985	Dellach	Chin-Sheng Hsieh (TAI)	Chie-Hsiang Lin (TAI)
1986	Murhof	D. Carrick	Chie-Hsing Lin (TAI)
1987	Wien	Yuen-Chin Chen (TAI)	M. Brier (Ö)
1988	Linz	L. Petersen (AUS)	Wen-Te Lu (TAI)
1989	Linz	U. Zilg (D)	D. Harding
1990	Murhof	A. Peterskovsky (Ö)	N. Beaufils
1991	Schönborn	D. Vanbegin (B)	Ch. Bellan (F)
1992	Wien	H.Ch. Winkler (Ö)	G. Brizay (F)
1993	Velden	N. Zitny (Ö)	A. Posratschnig (Ö)
1994	Ebreichsdorf	J.J. Wolff (F)	Ph. Mensi-Klarbach (Ö)
1995	Murstätten	J. Gruére (F)	R. Junge (D)
1996	Dellach	Th. Biermann (D)	J.J. Wolff (F)
1997	Linz	Ch. Bausek (Ö)	G. Stangl (Ö)
1998	Mondsee	M. Thannhäuser (D)	B. Schlichting (D)
1999	Schönborn	D. Narveson (USA)	R. Porter (D)
2000	Seltenheim	Th. Ortner (Ö)	K. Mayr (Ö)
2001	Altentann	A. Spannagl (D)	H. Schmedt (D)
2002	Fontana	Th. Kogler (Ö)	J. Clement (D)
2003	Gutenhof	M. Kaymer (D)	T. Cruz (P)
2004	Gutenhof	M. Moser (Ö)	T. Kromer (Ö)
2005	Linz	D. Hausner (D)	T. Kromer (Ö)
2006	Schönborn	S. E. Masson (ISL)	D. Vinogradov (RUS)

INTERNATIONALE MEISTERSCHAFTEN VON ÖSTERREICH, DAMEN

JAHR	PLATZ	SIEGERIN	ZWEITE
1925	Wien-Krieau	E. Festetics (U)	
1926	Wien-Krieau	M. von Kuh (Ö)	
1927	Wien-Krieau	E. von Szlávy (U)	
1928	Wien-Lainz	E. von Szlávy (U)	M. Gross (Ö)
1929	Wien-Lainz	E. von Szlávy (U)	M. von Kuh (Ö)
1930	Wien-Lainz	M. von Kuh (Ö)	M. Gross (Ö)
1931	Wien-Lainz	M. von Kuh (Ö)	R. von Pollak-Parnau (Ö)
1932	Wien-Krieau	R. von Pollak-Parnau (Ö)	
1933	Wien-Lainz	A. Weyhausen (D)	R. von Pollak-Parnau (Ö)
1934	Wien-Krieau	M. Gross (Ö)	M. Strauss (Ö)
1935	Wien-Lainz	M. Gross (Ö)	Cl. Steiner (Ö)
1936	Wien-Krieau	E. von Szlávy (U)	J. Nouel (F)
1937	Wien-Lainz	M. de Moss (GB)	M. Gross (Ö)
1947	Dellach	R. Richter (Ö)	M. Strauss (Ö)
1948	Dellach	R. Richter (Ö)	
1949	Dellach	L. Strenger (D)	R. Richter (Ö)
1950	Dellach	L. Fischer (D)	R. Richter (Ö)
1951	Dellach	R. Richter (Ö)	M. Strauss (Ö)
1952	Dellach	R. Richter (Ö)	
1953	Wien-Freudenau	M. Strauss (Ö)	
1954	Wien-Freudenau	R. Richter (Ö)	H. Weghmann (D)

JAHR	PLATZ	SIEGERIN	ZWEITE
1955	Wien-Freudenau	U. Lorenz (D)	R. Richter (Ö)
1956	Wien-Freudenau	V. Rosa (I)	
1957	Wien-Freudenau	S. Lorenz (Ö)	U. Lorenz (Ö)
1958	Wien-Freudenau	B.C. Alexander (GB)	P. Wicke (D)
1959	Wien-Freudenau	M. Möller (D)	M. Gütermann (D)
1960	Wien-Freudenau	L. Abrahams (GB)	R. Richter (Ö)
1961	Wien-Freudenau	B.C. Alexander (GB)	R. Richter (Ö)
1962	Wien-Freudenau	R. Richter (Ö)	R. de Muyser
1963	Wien-Freudenau	B.C. Alexander (GB)	M. Sernetz (Ö)
1964	Wien-Freudenau	L. Strenger (D)	M. Sernetz (Ö)
1965	Kitzbühel	M. Petersen (D)	M. Möller (D)
1966	Wien-Freudenau	M. Petersen (D)	E. Böhm (D)
1967	Wien-Freudenau	M. Steegmann (D)	M. Sernetz (Ö)
1968	Kitzbühel	B. Mähl (D)	M. Hölling (D)
1969	Murhof	J. Edye (D)	I. Kerscher (I)
1970	Wien	S. Rutkowski (Ö)	M. Laponder (D)
1971	Kitzbühel	M. Hueber (Ö)	M. Bodenseer (Ö)
1972	Wien	S. Rutkowski (Ö)	B. Melion (Ö)
1973	Seefeld	U. Eichler (D)	J. Angst (D)
1974	Murhof	A. Reichel (Ö)	D. Reger (D)
1975	Wien	M. Hueber (Ö)	J. Angst (D)
1976	Seefeld	G. Böx (D)	V. Hild (Ö)
1977	Dellach	Miao Chang (TAI)	L. Krenkova (CS)
1978	Enzesfeld	K. Ehrnlund (S)	Bie-Shuen Huang (TAI)
1979	Murhof	Pi-Hsuh Huang (TAI)	L. Krenkova (CS)
1980	Linz	Bie-Shuen Huang (TAI)	M. Franz (Ö)
1981	Seefeld	N. le Roux (RSA)	Hsiu-Tien Su (TAI)
1982	Wien	J. Orley (CH)	C. Tolomai (I)
1983	Murhof	Yueh-Ying Chen (TAI)	Li-Ying Chen (TAI)
1984	Seefeld	Mei-Chi Cheng (TAI)	Yueh-Ying Chen (TAI)
1985	Dellach	P. Peter (D)	L. Krenkova (CS)
1986	Murhof	Wen-Lin Li (TAI)	M. Koch (D)
1987	Wien	Yueh-Shuang Chen (T)	Wen-Lin Li (TAI)
1988	Linz	Hsiu-Feng Tseng (TAI)	Mei-Yun Wang (TAI)
1989	Linz	K. Poppmeier (Ö)	U. Beer (D)
1990	Murhof	A. Rast (Ö)	S. Knödler (D)
1991	Schönborn	L. Navarro (SP)	A. Arruti (SP)
1992	Wien	K. Poppmeier (Ö)	T. Fischer (D)
1993	Velden	N. Fink (Ö)	S. Gabler (Ö)
1994	Ebreichsdorf	M. Fischer (D)	C. Faaborg-And. (DK)
1995	Murstätten	A. Heuser (D)	R. Haakarainen (SF)
1996	Dellach	E. Poburski (D)	L. Gehlen (D)
1997	Linz	T. Schneeberger (Ö)	M. Neggers (NL)
1998	Mondsee	Ch. Kuld (DK)	N. Stilig (D)
1999	Schönborn	T. Schneeberger (Ö)	R. Zernatto (Ö)
2000	Seltenheim	T. Schneeberger (Ö)	R. Zernatto (Ö)
2001	Altentann	K. Rothengatter (D)	O. Rostmistrova (RUS)
2002	Fontana	D. Simon (D)	K. Honisch (D)
2003	Gutenhof	St. Michl (Ö)	O. Rostmistrova (RUS)
2004	Gutenhof	St. Endstrasser (Ö)	K. Schallenberg (D)
2005	Linz	N. Gergely (Ö)	St. Endstrasser (Ö)
2006	Schönborn	M. Vertchenova (RUS)	V. Holisova (CZ)

NATIONALE MEISTERSCHAFTEN VON ÖSTERREICH, HERREN

JAHR	PLATZ	SIEGER	ZWEITER	ERGEBNIS
1952	Wien	Hugo Hild		
1953	Wien	Hugo Hild		
1954	Wien	Hugo Hild	Hugo Eckelt	
1955	Wien	Paul Kyrle	Hugo Hild	
1956	Wien	Hugo Hild		
1957	Wien	Hugo Hild		

JAHR	PLATZ	SIEGER	ZWEITER	ERGEBNIS
1958	Kitzbühel	Heinrich Harrer	Rudolf Fuchshuber	
1959	Kitzbühel	Alexander Maculan	Hugo Hild	
1960	Salzburg	Fritz Jonak	Alexander Maculan	
1961	Innsbruck-Igls	Klaus Nierlich	Alexander Maculan	
1962	Kitzbühel	Fritz Jonak	Alexander Maculan	
1963	Bad Ischl	Alexander Maculan	Fritz Jonak	
1964	Dellach	Klaus Nierlich	Alexander Maculan	
1965	Badgastain	Alexander Maculan	Hellmuth Reichel	
1966	Murhof	Klaus Nierlich	Alexander Maculan	
1967	Salzburg	Klaus Nierlich	Rudolf Hauser	
1968	Bad Ischl	Klaus Nierlich	Max Lamberg	
1969	Wien	Klaus Nierlich	Hans Aigner	
1970	Murhof	Max Lamberg	Alexander Maculan	
1971	Wien	Klaus Nierlich	Alexander Maculan	
1972	Innsbruck-Igls	Klaus Nierlich	Alexander Maculan	
1973	Wien	Klaus Nierlich	Hellmuth Reichel	
1974	Dellach	Klaus Nierlich	Peter Nierlich	
1975	Murhof	Klaus Nierlich	Hellmuth Reichel	
1976	Wien	Klaus Nierlich	Hellmuth Reichel	
1977	Murhof	Joh. Goess-Saurau	Rudi Bodenseer	
1978	Seefeld	Klaus Nierlich	Joh. Goess-Saurau	7+6
1979	Linz	Michael Gohn	Max Lamberg	37. L.
1980	Innsbruck-Rinn	Max Lamberg	Johannes Lamberg	38. L.
1981	Wien	Christoph Prasthofer	Klaus Nierlich	2+1
1982	Enzesfeld	Eduard Posamentir	Frith Porstendorfer	6+5
1983	Innsbruck-Rinn	Christian Czerny	Eduard Posamentir	7+6
1984	Murhof	Klaus Nierlich	Uli Peterskovsky	5+4
1985	Wr. Neustadt	Christian Czerny	Matthias Nemes	2+1
1986	Wien	Klaus Nierlich	Max Lamberg	2+1
1987	Enzesfeld	Fritz Porstendorfer	Alexander Svoboda	7+6
1988	Murhof	Markus Brier	Alex. Peterskovsky	2+1
1989	Dellach	Markus Brier	Christian Czerny	1auf
1990	Kitzbühel-Schwarzsee	Alexander Peterskovsky	Fritz Poppmeier	1auf
1991	Wien	Andreas Bruch	Markus Brier	3+2
1992	Donnerskirchen	Matthias Wittmann	Markus Brier	3+2
1993	Murhof	Philipp Mensi-Klarbach	Rudi Sailer	4+3
1994	Murhof	Rudi Sailer	Markus Brier	6+5
1995	Dellach	Christian Müller	Nickolaus Zitny	1auf
1996	Schönborn	Nickolaus Zitny	Urs Kaltenberger	6+5
1997	Innsbruck-Rinn	Martin Wiegele	Thomas Feyersinger	2+1
1998	Donnerskirchen	Gerhard Wagner	Nickolaus Zitny	20.L.
1999	Fürstenfeld	Thomas Ortner	Oliver Hertl	1auf
2000	Altentann	Martin Wiegele	Michael Moser	5+4
2001	Klagenfurt-Seltenheim	Martin Wiegele	Jürgen Maurer	21.L.
2002	Urslautal	Thomas Kogler	Martin Wiegele	6+5
2003	Bad Ischl	Peter Lepitschnik	Imre Vasvary	4+3
2004	Linz	Bernd Wiesberger	Florian Prägant	1auf
2005	Adamstal	Wolfgang Rieder	Norbert Kirchner	2+1
2006	Salzburg-Eugendorf	Christoph Pfau	Philipp Fendt	2+1

NATIONALE MEISTERSCHAFTEN VON ÖSTERREICH, DAMEN

JAHR	ORT	SIEGERIN	ZWEITE	ERGEBNIS
1952	Wien	Mimi Strauss		
1953	Wien	Ruth Richter	Kitty Schanz	
1954	Wien	Ruth Richter	Mimi Strauss	
1955	Wien	Maria Smecchia		
1956	Wien	Mimi Strauss		
1957	Wien	Ruth Richter		
1958	Kitzbühel	Maria Smecchia	Senta Rinesch	
1959	Kitzbühel	Kitty Schanz	Hadi Grömmer	
1960	Salzburg	Hadi Grömmer	Kitty Schanz	

JAHR	PLATZ	SIEGERIN	ZWEITE	ERGEBNIS
1961	Innsbruck-Igls	Christa Leixner	Jutta Perner	
1962	Kitzbühel	Hadi Grömmer	Maria Sernetz	
1963	Bad Ischl	Maria Sernetz	Hadi Grömmer	
1964	Dellach	Ruth Richter	Maria Sernetz	
1965	Badgastain	Maria Sernetz	Ruth Strasser	
1966	Murhof	Ruth Strasser	Christl Hurdes	
1967	Salzburg	Ruth Strasser	Christl Hurdes	
1968	Bad Ischl	Ruth Strasser	Gaby Grömmer	
1969	Wien	Sissy Rutkowski	Monika Stolz	
1970	Murhof	Sissy Rutkowski	Christl Diez	
1971	Wien	Maxi Hueber	Monika Stolz	
1972	Innsbruck-Igls	Maxi Hueber	Gaby Grömmer	
1973	Wien	Andrea Rieckh	Ruth Richter	
1974	Dellach	Jutta Angst	Brigitte Melion	
1975	Murhof	Maxi Hueber	Brigitte Melion	
1976	Wien	Maxi Hueber	Dorothea Lamberg	
1977	Murhof	Andrea Reichel	Martina Franz	
1978	Seefeld	Maxi Hueber	Martina Franz	1auf
1979	Linz	Martina Franz	Doris Derntl	4+3
1980	Innsbruck-Rinn	Doris Derntl	Alexandra Kotschwar	6+5
1981	Wien	Martina Franz	Doris Derntl	4+3
1982	Enzesfeld	Martina Franz	Doris Derntl	4+3
1983	Innsbruck-Rinn	Martina Franz	Monika Stolz	7+6
1984	Murhof	Martina Franz	Daniela Rauch	7+6
1985	Wr. Neustadt	Martina Franz	Daniela Rauch	3+2
1986	Wien	Ike Wieser	Doris Derntl	7+6
1987	Enzesfeld	Daniela Rauch	Evelyn Zisser	5+4
1988	Murhof	Daniela Rauch	Katharina Poppmeier	5+4
1989	Dellach	Ike Wieser	Katharina Poppmeier	1auf
1990	Kitzbühel-Schwarzsee	Ike Wieser	Katharina Poppmeier	6+5
1991	Wien	Katharina Poppmeier	Marie-Theres Elsner	6+5
1992	Donnerskirchen	Alexandra Rast	Natascha Fink	1auf
1993	Murhof	Nina Mensi-Klarbach	Antonia Reichel	3+2
1994	Murhof	Nina Mensi-Klarbach	Lilian Mensi-Klarbach	2+1
1995	Dellach	Nina Mensi-Klarbach	Lilian Mensi-Klarbach	3+2
1996	Schönborn	Lilian Mensi-Klarbach	Antonia Reichel	4+3
1997	Innsbruck-Rinn	Sandra Fischer	Tina Schneeberger	2+1
1998	Donnerskirchen	Sandra Fischer	Antonia Reichel	6+5
1999	Fürstenfeld	Stefanie Michl	Caroline Gassauer	3+2
2000	Altentann	Stefanie Michl	Rosanna Zernatto	1auf
2001	Klagenfurt-Seltenheim	Katharina Werdinig	Rosanna Zernatto	3+2
2002	Urslautal	Stefanie Michl	Nicole Gergely	2+1
2003	Bad Ischl	Stefanie Endstrasser	Stefanie Michl	1auf
2004	Linz	Stefanie Endstrasser	Stefanie Michl	1auf
2005	Adamstal	Sabrina Pölderl	Claudia Wolf	4+3
2006	Salzburg-Eugendorf	Daniela Wagner	Marina Stütz	2+1

ZÄHLWETTSPIELMEISTERSCHAFTEN, HERREN

JAHR	ORT	SIEGER		ZWEITER	
1978		Klaus Nierlich			
1979	Enzesfeld	Johannes Lamberg	306	Max Lamberg	314
1980	Murhof	Klaus Nierlich	287	Max Lamberg	297
1981	Linz	Klaus Nierlich	295	Johannes Lamberg	300
1982	Murhof	Christian Czerny	286	Fritz Porstendorfer	288
1983	Enzesfeld	Max Lamberg	230	Manfred Dollhäubl	230
1984	Wien	Klaus Nierlich	289	Max Lamberg	291
1985	Murhof	Max Lamberg	294	Klaus Nierlich	296
1986	Enzesfeld	Klaus Nierlich	302	Max Lamberg	306
1987	Innsbruck-Rinn	Markus Brier	290	Ralf Hagen	296
1988	Wien	Markus Brier	284	Andreas Pallauf	290
1989	Enzesfeld	Markus Brier	293	Alexander Peterskovsky	294

JAHR	ORT	SIEGER		ZWEITER	
1990	Schönborn	Markus Brier	298	Christian Czerny	298
1991	Murhof	Fritz Poppmeier	294	Alex. Peterskovsky	295
1992	Murhof	Rudi Sailer	282	Nickolaus Zitny	294
1993	Schönborn	Markus Brier	289	Rudi Sailer	290
1994	Donnerskirchen	Markus Brier	283	Rudi Sailer	286
1995	Schönborn	Markus Brier	289	Nickolaus Zitny	296
1996	Murhof	Christoph Bausek	289	Nickolaus Zitny	290
1997	Schönborn	Uli Weinhandl	217	Nickolaus Zitny	234
1998	Schönborn	Nikolaus Zitny	285	Urs Kaltenberger	290
1999	Donnerskirchen	Reinhard Krendl	289	Manfred Wiegele	290
2000	Urslautal	Clemens Conrad-Prader	279	Norbert Kirchner	281
2001	Schönborn	Martin Wiegele	295	Peter Lepitschnik	298
2002	Gutenhof	Thomas Kogler	282	Martin Wiegele	286
2003	Fontana	Florian Prägant	293	Michael Moser	294
2004	Waldviertel	Tristan Schulze-Bauer	277	Jürgen Maurer	280
2005	Schönborn	Bernd Wiesberger	286	Florian Prägant	287
2006	Tullnerfeld	Bernd Wiesberger	217	Wolfgang Rieder	221

ZÄHLWETTSPIELMEISTERSCHAFTEN, DAMEN

JAHR	ORT	SIEGERIN		ZWEITE	
1978		Doris Derntl			
1979	Enzesfeld	Doris Derntl	326	Gaby Grömmer	341
1980	Murhof	Martina Franz	315	Gaby Grömmer	321
1981	Linz	Martina Franz	333	Doris Derntl	339
1982	Murhof	Martina Franz	312	Alexandra Kotschwar	320
1983	Enzesfeld	Martina Franz	239	Doris Derntl	240
1984	Wien	Martina Franz	223	Doris Derntl	235
1985	Murhof	Daniela Rauch	301	Martina Franz	308
1986	Enzesfeld	Daniela Rauch	312	Martina Franz	314
1987	Innsbruck-Rinn	Ike Wieser	314	Daniela Rauch	322
1988	Wien	Ike Wieser	297	Daniela Rauch	299
1989	Enzesfeld	Martina Franz	313	Alexandra Rast	321
1990	Schönborn	Ike Wieser	318	Katharina Poppmeier	321
1991	Murhof	Nina Mensi-Klarbach	303	Natascha Fink	305
1992	Murhof	Natascha Fink	293	Katharina Poppmeier	300
1993	Schönborn	Katharina Poppmeier	303	Natascha Fink	306
1994	Donnerskirchen	Katharina Poppmeier	286	Lilian Mensi-Klarbach	299
1995	Schönborn	Katharina Poppmeier	302	Antonia Reichel	310
1996	Murhof	Lilian Mensi-Klarbach	298	Sandra Fischer	303
1997	Schönborn	Lilian Mensi-Klarbach	220	Sandra Fischer	227
1998	Schönborn	Sandra Fischer	305	Lilian Mensi-Klarbach	305
1999	Donnerskirchen	Stefanie Michl	310	Anna Raschhofer	317
2000	Urslautal	Lilian Mensi-Klarbach	294	Rosanna Zernatto	294
2001	Schönborn	Nicole Gergely	315	Rosanna Zernatto	317
2002	Gutenhof	Stefanie Endstrasser	301	Eva Steinberger	303
2003	Fontana	Stefanie Endstrasser	297	Stefanie Michl	300
2004	Waldviertel	Stefanie Endstrasser	278	Nicole Gergely	287
2005	Schönborn	Nicole Gergely	298	Stefanie Endstrasser	298
2006	Tullnerfeld	Stefanie Endstrasser	232	Martina Kotnik	236

MANNSCHAFTS-MEISTERSCHAFTEN

JAHR	ORT	SIEGER HERREN	ORT	SIEGER DAMEN
1962	Innsbruck-Igls	GC Wien	—	—
1963	Innsbruck-Igls	GC Kitzbühel-Mittersill	—	—
1964	Dellach	GC Wien	—	—
1965	Badgastein	GCC Salzburg-Kleßheim	—	—
1966	Murhof	GC Kitzbühel-Mittersill	—	—
1967	Salzburg	GCC Salzburg-Kleßheim	—	—
1968	Bad Ischl	GCC Schloß Fuschl	—	—
1969	Wien	GC Wien	—	—

JAHR	ORT	SIEGER HERREN	ORT	SIEGER DAMEN
1970	Murhof	GC Wien	—	—
1971	Wien	GC Wien	—	—
1972	Innsbruck-Igls	GC Wien	—	—
1973	Wien	GC Wien	—	—
1974	Dellach	KGC Dellach	—	—
1975	Murhof	GC Innsbruck-Igls	—	—
1976	Wien	GC Kitzbühel	—	—
1977	Murhof	GC Kitzbühel	—	—
1978	Seefeld	GC Kitzbühel	—	—
1979	Linz	GC Wien	—	—
1980	Innsbruck-Rinn	GC Wien	—	—
1981	Murhof	GC Wien	—	—
1982	Innsbruck-Rinn	GC Kitzbühel	—	—
1983	Innsbruck-Rinn	GC Wien	—	—
1984	Linz	GC Kitzbühel	—	—
1985	Linz	GC Wien	—	—
1986	Linz	GC Murhof	—	—
1987	Linz	GC Wien	—	—
1988	Linz	GC Wien	—	—
1989	Linz	GC Murhof	—	—
1990	Linz	GC Kitzbühel	—	—
1991	Linz	KGC Dellach	—	—
1992	Murstätten	GC Murhof	—	—
1993	Enzesfeld	GC Kitzbühel	—	—
1994	Enzesfeld	GC Kitzbühel	—	—
1995	Zell am See	GC Murhof	—	—
1996	Gutenhof	GC Murhof	—	—
1997	Gutenhof	GC Murhof	—	—
1998	Gutenhof	CC Gutenhof	—	—
1999	Gutenhof	CC Gutenhof	—	—
2000	Fontana	KGC Dellach	—	—
2001	Linz	GC Kitzbühel	—	—
2002	Linz	KGC Dellach	Wien	GC Murtal
2003	Linz	GC Frauenthal	Linz Ansfelden	KGC Dellach
2004	Zell am See	KGC Dellach	Mittersill	KGC Dellach
2005	Country Club	KGC Dellach	GC 2000	KGC Dellach
2006	Murstätten	GC Kitzbühel	Murhof	GC Wien

MITTELEUROPÄISCHER INTERCLUB WANDERPREIS

JAHR	CLUB		SPIELER 1		SPIELER 2	
1933	1.	GC Praha	S. Schubert	171	Fr. Ringhoffer	175
	2.	Int. Country Club Wien-Lainz	K.Hammes	169	F. Gross	186
	3.	Wiener GC	L. Bloch-Bauer	171	M. Altmann	178
1934	1.	Int. Country Club Wien-Lainz	K.Hammes		F. Gross	176
	2.	GC Praha	S. Schubert		J. Lüftner	185
	3.	Country Club Bukarest	G.Wadsworth		A. Cretzianu	
	4.	Ringhoffer GC	J. Becvar		Fr. Ringhoffer	
	4.	GC Brioni	Dr. H. Friess		Graf O. Salm	
	4.	Kärntner Golf Club	C.F. Cochran		Prinz Ch. Rohan	
	4.	Wiener GC	L. Bloch-Bauer		M. Altmann	
1935	1.	Country Club Bukarest	G.Wadsworth	163	A. Cretzianu	175
	2.	Wiener GC	L. Bloch-Bauer	169	M. Altmann	176
	3.	Ringhoffer GC	H. Tonder	173	Fr. Ringhoffer	181
	4.	GC Praha	J. Lüftner	175	S. Schubert	189
	5.	Int. Country Club Wien-Lainz	F. Gross	176	P. Habig	176
	6.	Kärntner Golf Club	R.A.Saal	178	Prinz Ch. Rohan	213
	7.	GC Brioni	Graf O. Salm	190	Dr. H. Friess	210
1936	1.	Golf & Country Cl. Berlin-W.	R. Thompson	155	F. Gutmann	156
	2.	Int. Country Club Wien-Lainz	F. Gross jun.	162	R. Buchanan	165
	3.	Kärntner Golf Club	H. Schwitzer	164	R.A.Saal	165
	4.	GC Praha	J. Lüftner	160	S. Schubert	174

JAHR	CLUB		SPIELER 1			SPIELER 2	
	5.	Wiener GC	M. Altmann	166		J. Flack	173
	6.	Golf & Country Club Bukarest	L. Reed	168		L. Harrison	178
	7.	Magyar GC Budapest	D. Lauber			O. von Salacz	
1937	1.	Wiener GC	M. Altmann	155		H. Schwitzer	157
	2.	GC Praha	H. Tonder	161		J. Lüftner	164
	3.	Int. Country Club Wien-Lainz	R. Buchanan	161		F. Gross jun.	172
	4.	GC Marienbad	S. Schubert	169		J.Vohryzek	185
	5.	Teleajen GC	C. Reed	174		R. Young	175
	6.	Kärntner Golf Club	G.Schwitzer	174		Graf O. Salm	176
	7.	Golf & Country Club Bukarest	G. Denielopol	186		G. Cretzianu	193

AUSTRIAN OPEN

JAHR	BEZEICHNUNG	TOUR	ORT	SIEGER
1990	Mitsubishi Austrian Open	Volvo European Tour	Altentann	Bernhard Langer (D)
1991	Mitsubishi Austrian Open	Volvo European Tour	Altentann	Mark Davies (ENG)
1992	Mitsubishi Austrian Open	Volvo European Tour	Altentann	Peter Mitchel (ENG)
1993	Hohe Brücke Open	Volvo European Tour	Gutenhof	Ronan Rafferty (IRL)
1994	Hohe Brücke Open	Volvo European Tour	Waldviertel	Mark Davies (ENG)
1995	Hohe Brücke Open	Volvo European Tour	Waldviertel	Alexander Cejka (D)
1996	Hohe Brücke Open	Volvo European Tour	Waldviertel	Paul McGinley (IRL)
1997	Austrian Open Matchmaker Trophy	Challenge Tour	Millstättersee	Erol Simsek (D)
1998	Diners Club Austrian Open	Challenge Tour	Millstättersee	Kevin Carissimi (USA)
1999	Diners Club Austrian Open	Challenge Tour	Millstättersee	Juan Ciola (CH)
2000	nicht ausgetragen			
2001	Austrian Open	Challenge Tour	Murhof	Chris Gane (ENG)
2002	Austrian Open	Challenge Tour	Murhof	Markus Brier (Ö)
2003	Austrian Open	Challenge Tour	Fontana	Robert Coles (ENG)
2004	BA CA Golf Open presented by Telekom	Challenge Tour	Fontana	Markus Brier (Ö)
2005	BA CA Golf Open presented by Telekom	Challenge Tour	Fontana	Michael Hoey (NIRL)
2006	BA CA Golf Open presented by Telekom	European Tour	Fontana	Markus Brier (Ö)

BANK AUSTRIA OPEN

1992	Bank Austria Open	Challenge Tour	Donnerskirchen	Stephen Dodd (Wales)
1993	Bank Austria Open	Challenge Tour	Donnerskirchen	Klas Eriksson (S)
1994	Bank Austria Open	Challenge Tour	Donnerskirchen	Michael Campell (NZ)

AUSTRIAN OPEN DAMEN

JAHR	BEZEICHNUNG	TOUR	ORT	SIEGERIN
1994	OVB Ladies Open	European Ladies Tour	Zell am See	Florence Descampes (B)
				Anika Sörenstam (SW)
1995	OVB Ladies Open	European Ladies Tour	Zell am See	Laura Davies (ENG)
1996	Glashütte Austrian Ladies Open	American Express T.	Gutenhof	Martina Koch (D)
1997	NICHT AUSGETRAGEN	—	—	—
1998	Austrian Ladies Open	ELPGA	Murhof	Lynette Brooky (NZ)
1999	Austrian Ladies Open	ELPGA	Murhof	Marina Arruti (I)
2000	Austrian Ladies Open	ELPGA	Murhof	Patricia Meunier-Lebouc (F)
2001	NICHT AUSGETRAGEN	—	—	—
2002	NICHT AUSGETRAGEN	—	—	—
2003	NICHT AUSGETRAGEN	—	—	—
2004	NICHT AUSGETRAGEN	—	—	—
2005	Austrian Ladies Open	European Ladies Tour	Wr. Neustadt	Federica Piovano (I)
2006	Austrian Ladies Open	European Ladies Tour	Wr. Neustadt	Sophie Gustafson (SWE)

Alle Tabellen erheben keinen Anspruch auf Vollständigkeit, die Jahreszahlen sind Annäherungswerte.

HANDICAP-LISTEN

1969

0	Klaus Nierlich (Wien)	7	Hady Grömmer (Salzburg)
1	Max Lamberg (Kitzbühel)	9	Jutta Perner (Kitzbühel)
3	Rudi Hauser (Salzburg)		Ruth Richter (Wien)
	Johannes Kyrle (Dellach)		Sissy Rutkowski (Wien)
	Alexander Maculan (Wien)		Maria Sernetz (Salzburg)
	Theo Mazzucco (Salzburg)		
	Christian Pravda (Kitzbühel)		
	Hellmuth Reichel (Dellach)		
	Lambert Stolz (Innsbruck-Igls)		
	Max Wieninger (Salzburg)		

1973

0	Klaus Nierlich (Wien)	4	Maxi Hueber (Salzburg)
1	Michael Jakopp (Dellach)		Sissy Rutkowski (Wien)
	Max Lamberg (Kitzbühel)		
	Alexander Maculan (Murhof)		
2	Lambert Stolz (Innsbruck-Igls)		
3	Wolfgang Berghammer (Salzburg)		
	Johann Egger (Kitzbühel)		
	Johannes Kyrle (Dellach)		
	Ekki Lantschner (Innsbruck-Igls)		
	Peter Nierlich (Wien)		
	Helmut Reichel (Dellach)		

1979

+1	Klaus Nierlich (Wien)
0	Max Lamberg (Kitzbühel)
1	Johannes Lamberg (Kitzbühel)
	Franz Laimer (Ischl)
2	Ulrich Berlinger (Innsbruck-Igls)
	Rudolf Bodenseer (Kitzbühel)
	Johannes Goess-Saurau (Murhof)
	Fritz Porstendorfer (Kitzbühel)

1985

0	Max Lamberg	1	Evelyn Orley
1	Klaus Nierlich	3	Martina Franz
2	Christian Czerny		
3	Rudi Bodenseer		
	Uli Peterskovsky		
	Hellmuth Reichel		
	Clive Woodford		

1995

+2	Markus Brier	+1	Katharina Poppmeier
+1	Nikolaus Zitny	2	Lilian Mensi-Klarbach
0	Philip Mensi-Klarbach	2	Nina Mensi-Klarbach
1	Christoph Bausek		
	Michael Ettl		
	Markus Fleck		
	Max Lamberg		
	Josef Pöllmann		
	Fritz Poppmeier		
	Herbert Stupal		
	Ulf Wendling		
	Hans Christian Winkler		

1999

+3	Nikolaus Zitny	+1	Lilian Mensi-Klarbach
+1	Oliver Hertl	1	Tina Schneeberger
	Uli Paulsen		
0	Clemens Conrad Prader		
	Clemens Gunzer		
	Kurt Lirussi		
	Kurt Mayr		
	Thomas Ortner		
	Gerhard Wagner		
	Martin Wiegele		

2000

+2	Thomas Kogler	+1	Lilian Mensi-Klarbach
	Thomas Ortner	1	Tina Schneeberger
	Martin Wiegele		
+1	Kurt Mayr		
	Erwin Müller		
	Uli Paulsen		
0	Philipp Mensi-Klarbach		
	Christian Müller		
	Toni Ortner		
	Norbert Kirchner		
	Reinhard Krendl		

2006

	22 Herren mit Handicap 0 oder besser. Niedrigstes Handicap:		5 Damen mit Handicap 0 oder besser. Niedrigstes Handicap:
+2,8	Tano Kromer	+3,8	Stefanie Endstrasser

VERWEISE

EINLEITUNG
[1] Golf in Österreich 2006, S. 391
[2] Ebd., S. 380ff.

GOLFPIONIERE IN ÖSTERREICH

ARISTOKRATISCHE ENTDECKUNG
[1] Zitiert nach: Gianni Bass, Adriano Testa: Engadine Golf Club 1893-1993. St. Moritz 1993, S. 79
[2] Auskunft Dr. Rudolf Rimbl
[3] Stadtarchiv Meran: undatierter Druck aus den 1920er Jahren
[4] Auskunft Dr. Rudolf Rimbl
[5] Allg. Sportzeitung, 5. 5. 1901, S. 456
[6] Allg. Sportzeitung, 22. 2. 1903, S. 194
[7] Golfers Hand- and Yearbook 1906; London 1906; S. 637
[8] Allg. Sportzeitung, 19. 10. 1901, S. 1215
[9] Allg. Sportzeitung, 3. 9. 1905, S. 1143
[10] Allg. Sportzeitung, 29. 6. 1902, S. 727
[11] Auskunft Dipl. Ing. Alexander Althann
[12] Allg. Sportzeitung, 19. 10. 1901, S. 1215
[13] Allg. Sportzeitung, 10. 5. 1903, S. 552
[14] Allg. Sportzeitung, 5. 5. 1901, S. 456
[15] Allg. Sportzeitung, 27. 7. 1907, S. 912
[16] Allg. Sportzeitung, 1. 8. 1908, S. 960
[17] International Country Club, Wien, S. 13
[18] Association Suisse de Golf: 100 Jahre Golf in der Schweiz, 2002, S. 59
[19] Ebd., S. 20
[20] Auskunft Dr. Thomas Heine-Geldern

BÜRGERLICHE PIONIERPHASE
[1] Sporttagblatt, 11.6.1924, S. 6
[2] DGV: Amtliches Golf Hand- und Jahrbuch 1926, S. 73
[3] Auskunft Bettina Looram
[4] Sporttagblatt 19. 5. 1928; S. 8
[5] Sporttagblatt, 6. 7. 1931, S. 4
[6] Guide Plumon, Continental Yearbook 1936
[7] Deutsche Golfzeitung, Heft 4, 1939
[8] Guide Plumon, Continental Year Book 1936
[9] Golf 13/1928, S. 34
[10] Golf, 12/1961, S. 108
[11] Auskunft Caroline Kyzivat
[12] Deutsche Golfzeitung, 8/1939, S. 1
[13] Mitteleurop. Golfrevue, 10/1935
[14] Mitteleurop. Golfrevue, 10/1936
[15] Charles Higham: Wallis, London 1989, S. 264
[16] Internet „Herzog von Windsor"
[17] Mitteleurop. Golfrevue, 8/1937
[18] Deutsche Golfzeitung, 1/1939, S. 38
[19] Mitteleurop. Golfrevue, 2/1937, S. 4
[20] Auskunft Alexander Maculan
[21] Golf, 12/1961, S. 108
[22] Ebd., S. 108
[23] Auskunft Dorothea Penizek
[24] Auskunft Alexander Roth-Pollack-Parnau
[25] Mitteleurop. Golfrevue, 6/1934
[26] Auskunft Hans Swinton
[27] Auskunft Ernst Hohenberg u. Hans Ströll
[28] Mitteleurop. Golfrevue, 9/1937
[29] Deutsche Golfzeitung, 8/1939
[30] Dt. Golfzeitung, 4/1939 u. 5/1939
[31] Dt. Golfzeitung, 12/1939
[32] Dt. Golfzeitung, 4/1939
[33] Dt. Golfzeitung, 7/1939
[34] Golf Jahrbuch 1939, Leipzig 1939, S. 11 u. 52 f.
[35] Ebd.

WIEDERAUFBAUPHASE
[1] Auskunft Peter Bentley und Hans Swinton
[2] Golf, 1/1949
[3] Ebd.
[4] Golf 3/1950
[5] Ebd.
[6] Golf 11/1953, S. 1
[7] Golf 7/1951
[8] Auskunft Isabelle Hild
[9] Golf, 8/1955, S. 5 u. 11ff.
[10] Venturi, Ken: Getting up & down, Chicago 2004, S. 54
[11] Auskunft Johannes Kyrle
[12] Auskunft Michéle Karbassioun
[13] Golf, 6/1964, S. 20

RUHE VOR DEM STURM
[1] Golf in Österreich
[2] Golf, 8/1977, S. 68
[3] Golf, 3/1970, S. 77
[4] Golf, 11/1974, Österreich-Beilage S. 3
[5] Golf, 6/1976, S. 34
[6] Golf Gazette 7/80, S. 5;

DER GROSSE BOOM
[1] ÖGV: Golf in Österreich 2006, S. 392
[2] Association Suisse de Golf: 100 Jahre Golf in der Schweiz, 2002, S. 76ff.
[3] ÖGV: Golf in Österreich 2005, S. 389
[4] Golf Time, 1/2004, S. 38
[5] Golf Gazette, 4/1988, S. 82 ff.
[6] Golf, Tennis, Polo, Frühjahr 89, S. 97
[7] Golf Gazette, 4/1989, S. 128f.
[8] Golf Gazette, 5/1989, S. 82
[9] Golf Gazette, 3/1990, S. 9
[10] Golf Gazette, 4/1991, S. 8f.

TRADITIONSCLUBS IN ÖSTERREICH

GC PRATER
[1] Vgl. Festschrift 40 Jahre Golf Club Wien-Freudenau. Wien 1989
[2] Mitteleurop. Golfrevue, Heft 8, 1936
[3] Malcolm Campbell: Golf, die große Enzyklopädie. London 2001, S. 315
[4] Mitteleurop. Golfrevue, Heft 8, 1936
[5] Statuten des Golf Club, Wien k.k. Prater, Wien 1901
[6] Mitteleurop. Golfrevue, Heft 8, 1936
[7] Allgem. Sportzeitung, 12.5.1901, S. 491
[8] Allgem. Sportzeitung, 16.2.1902, S. 159
[9] Allgem. Sportzeitung, 22.2.1903, S. 194
[10] Allgem. Sportzeitung, 21.2.1904, S. 188
[11] Continental Yearbook 1931, S. 527
[12] Deutscher Golfverlag: Golf Jahrbuch 1931, Leipzig 1931, S. 132f.
[13] Mitteleurop. Golfrevue, Heft 1, 1934
[14] Mitteleurop. Golfrevue, Heft 51, 1936
[15] Continental Yearbook 1936, S. 209
[16] DGV: Golfjahrbuch 1939, Wiesbaden 1939, S. 31

GC SEMMERING
[1] Vgl. Désirée Vasko-Juhász: Aus „80 Jahre Höhenluftkurort Semmering

1921–2001". Semmering 2001; „Vom Kuhstall zur noblen Golfanlage", Festschrift 75 Jahre Kurgemeinde Semmering. Semmering 1994, S. 30f.
[3] Continental Yearbook 1936; S. 206
[4] Golf, 2/1928, S. 18
[5] Désirée Vasko-Juhász: Die Südbahn. Ihre Kurorte und Hotels. Wien 2006, S. 322
[6] Deutscher Golfverlag: Golf Jahrbuch 1931. Leipzig 1931, S. 131
[7] Mitteleurop. Golfrevue, 10/1935
[8] Continental Year Book 1936, S. 206
[9] Ebd.
[10] Continental Year Book 1938, S. 255
[11] Mitteleurop. Golfrevue, 2/1933
[12] Mitteleurop. Golfrevue, 12/1935

GC WIEN-LAINZ

[1] Mitteleurop. Golfrevue 5/1935
[2] Thomas und Gabriele Gergely, Hermann Prossinagg: Vom Saugarten des Kaisers zum Tiergarten der Wiener. Wien 1993, S. 11
[3] Almanach des International Country Club, Einleitung, Wien um 1928
[4] Mitteleurop. Golfrevue, 4/1935
[5] Guide Plumon, Continental Yearbook 1931, S. 523
[6] Gergely, Prossinagg: Vom Saugarten ..., S. 203
[7] Ebd., S. 203
[8] Mitteleurop. Golfrevue, 2/1936
[9] Mitteleurop. Golfrevue, 10/1935
[10] Mitteleurop. Golfrevue, 2/1936
[11] Mitteleurop. Golfrevue, 4/1936
[12] Mitteleurop. Golfrevue, 10/1936
[13] Ebd.
[14] Lillie, Sophie: Was einmal war. Wien 2003, S. 905
[15] Guide Plumon, Continental Yearbook 1938, S. 259
[16] Mitteleurop. Golfrevue, Heft 1, 1937
[17] Deutsche Golfzeitung, Heft 5, 1940
[18] Dt. Golfzeitung, Heft 4, 1941
[19] Gergely, Prossinagg: Vom Saugarten ..., S. 221f.

GC DELLACH

[1] Mitteleuropäische Golfrevue 6/1937
[2] Mitteleuropäische Golfrevue 2/1933
[3] Mitteleuropäische Golfrevue 7/1933
[4] Golf Gazette V/87, Seite 102 (Continental Yearbook 1931)
[5] Guide Plumon, Continental Yearbook 1931, S. 509
[6] Mitteleuropäische Golfrevue, 9/1937
[7] Guide Plumon: Continental Golf Yearbook 1938, S. 215
[8] Auskunft Hilde Leitner
[9] Deutsche Golfzeitung, 1/1939, S. 8
[10] Auskunft Leopold Goess, der sogar einmal im Palazzo eingeladen war. 28. 2. 2005
[11] DGV: Golf Jahrbuch 1939, Wiesbaden 1939; S. 25
[12] Guide Plumon: Continental Golf Yearbook 1950, S. 325
[13] Golf, 11/1950, S. 1
[14] Auskunft Hilde Leitner
[15] Auskunft Hilde Leitner
[16] Auskunft Hilde Leitner
[17] Auskunft Johannes Kyrle
[18] Golf, 6/1979, S. 101

GC ACHENSEE

[1] Auskunft Leo Vittur
[2] Auskunft Eva Pasquali
[3] Mitteleurop. Golfrevue, 5/1934
[4] Mitteleurop. Golfrevue, 3/1936
[5] Mitteleurop. Golfrevue, 6/1934

[6] Mitteleurop. Golfrevue 5/1934
[7] Ebd.
[8] Auskunft Eva Pasquali
[9] Mitteleurop. Golfrevue 11/1933
[10] Guide Plumon: Golf Yearbook 1938, S. 251
[11] Auskunft Leo Vittur
[12] Auskunft Leo Vittur
[13] Auskunft Leo Vittur

GC INNSBRUCK-IGLS

[1] Mitteleurop. Golfrevue, 5/1933, S. 9
[2] Vgl. Festschrift des Golfclubs Innsbruck-Igls, Innsbruck 1966
[3] Golf Gazette 3/85, S. 40
[4] DGV: Golfjahrbuch 1939, S. 49
[5] Guide Plumon: Golf Yearbook 1938, S. 237
[6] Golf, 8/1956, S. 38
[7] Golf, 7/1958, S. 38

SALZKAMMERGUT GC

[1] Mitteleurop. Golfrevue, 5/1937
[2] Mitteleurop. Golfrevue, 6/1937
[3] Guide Plumon: Golf Yearbook 1938, S. 239
[4] Ebd.
[5] Golf Gazette 3/1989, S. 22ff.

GC KITZBÜHEL-MITTERSILL

[1] Hubert Pantz: No risk, no fun, New York 1986, S. 81
[2] Ebd., S 140
[3] Ebd., S. 176
[4] Golf, 7/1955, S. 2
[5] Golf, 12/1956, S. 40
[6] Golf Gazette, 8/1981, S. 34
[7] Auskunft Max Lamberg
[8] Golf, 12/1956, S. 40
[9] Auskunft Max Lamberg
[10] Auskunft Max Lamberg
[11] Auskunft Max Lamberg
[12] Golf, 9/1956, S. 2
[13] Golf, 7/1958, S. 7
[14] Golf ,12/1958, S. 6
[15] Ebd., S. 6
[16] Golf, 4/1959, S. 62
[17] Golf, 12/1959; S. 106
[18] Auskunft Michéle Karbassioun
[19] Golf 12/1959, S. 106

GOLF- & COUNTRY CLUB SCHLOSS KLESSHEIM

[1] Mitteleurop. Golfrevue, 12/1933
[2] DGV: Amtliches Golf Hand- und Jahrbuch 1926, S. 73
[3] Dr. Peter Brauhart (GCC Salzburg-Kleßheim): 40 Jahre Golf & Country Club Salzburg. Salzburg 1995, S. 6
[4] Ebd., S. 12 f.

GC GASTEIN

[1] DGV: Golf Jahrbuch 1939. Wiesbaden 1939, S. 13
[2] DGV: Amtliches Golf Hand- und Jahrbuch 1926, S. 73
[3] Golf 8/1963, S. 34
[4] Golf 9/1963, S. 87

GC LINZ

[1] Auskunft Hilde Leitner
[2] Golf, 11/1979, S. 20f.

STEIERMÄRKISCHER GC
[1] Golf Gazette, 5/1980, S. 18 und Golfrevue, 1/2003, S. 79ff.

GOLF & COUNTRY CLUB SCHLOSS FUSCHL
[1] Georg Weiland: Die Reichen und die Superreichen. Hamburg 1977, S. 191ff.
[2] Golf, 7/1965, S. 95
[3] Golf, 2/1966, S. 69
[4] Golf, 5/1978, S. 8

GOLF IN DEN EHEMALIGEN KRONLÄNDERN

[1] Golfers Handbook and Yearbook 1906, London 1906, S. 637 und The Golfers Handbook 1908. Edinburgh-London 1908, S. 722
[2] Sport im Bild, 16/1898, S. 261
[3] Allgem. Sportzeitung, 29. 7. 1905, S. 972
[4] Golf, 14/1928, S. 34
[5] Guide Plumon, Continental Yearbook 1931, S. 831
[6] Deutsche Golfzeitung, 4/1939,
[7] Deutsche Golfzeitung, 7/1941, S. 14
[8] Guide Plumon, Continental Yearbook 1936, S. 216
[9] Deutsche Golfzeitung, 4/1939
[10] Guide Plumon, Continental Yearbook 1936, S. 216
[11] Deutsche Golfzeitung 7/1941, S. 14
[12] Ebd.
[13] Mitteleurop. Golfrevue, 12/1933
[14] Mitteleurop. Golfrevue, 7/1936
[15] Mitteleurop. Golfrevue, 3/1933
[16] Deutsche Golfzeitung, 1/1941, S. 15
[17] Auskunft Prokop Sedlak
[18] Golf, 3/1955, S. 4
[19] Golf, 5/1957, S. 65
[20] Ebd.
[21] Golf, 6/1965, S. 6
[22] ExtraGolf, Juli/August/September 2004, S. 96
[23] Deutsche Golfzeitung, 10/1939
[24] Golf, 13/1930, S. 15
[25] Allgemeine Sportzeitung, 26.6.1910, S. 841
[26] Deutsche Golfzeitung, 11/1942
[27] Deutsche Golfzeitung, Heft 11, 1942
[28] Golf 8/1954
[29] Golf 1/1957, S. 20
[30] Golf 2/1957, S. 20
[31] Golf 4/1958, S. 39

GC KARLSBAD
[1] Allgem. Sportzeitung, 11. 5. 1902, S. 530
[2] Ivan Vávra: Nach Karel Nejdl und Ing. B. Gross
[3] Golfers Handbook and Yearbook 1906, London 1906, S. 637
[4] The Golfers Handbook 1908, Edinburgh-London 1908, S. 432
[5] Allgem. Sportzeitung, 9. 2. 1908, S. 129
[6] Allgem. Sportzeitung, 21. 3. 1909, S. 305
[7] Ebd.
[8] Ivan Vávra: Nach Karel Nejdl und Ing. B. Gross
[9] Guide Plumon, Continental Yearbook 1931, S. 819
[10] Mitteleurop. Golfrevue, 6/35
[11] Continental Yearbook 1936, S. 240-241
[12] DGV: Golf Jahrbuch 1939, Wiesbaden 1939, S. 25
[13] Golf, 10/1974, S. 52 ff.
[14] Ebd., S. 54
[15] Ebd.

GC MARIENBAD
[1] Mitteleurop. Golfrevue 5/1935
[2] Allgemeine Sportzeitung, 3. 9. 1905, S.1143
[3] A. Percy Bennett: Golfing Czechoslovakia 1936, S. 3
[4] Golf, 3/1964, S. 36
[5] Golf, 12/1961, S. 108
[6] Lawn-Tennis und Golf, Berlin 1908, No. 25
[7] Guide Plumon, Continental Yearbook 1931, S. 823
[8] Guide Plumon, Continental Yearbook 1936, S. 243
[9] DGV: Golfjahrbuch 1939, Wiesbaden 1939, S. 28
[10] Golf Review, Mai 1965; K. Nejdl: Golf in Mariánské Lázné, 1960; Erinnerungen von Fr. Novotna, H. Tonder, I. Tonder und anderen; Archiv des Mariánske Lázné Golf Club

GC PISTYAN
[1] Mitteleurop. Golfrevue, 1/1934
[2] Mitteleurop. Golfrevue, 5/1936
[3] Mitteleurop. Golfrevue, 8/1935

GC PRAHA
[1] Mitteleurop. Golfrevue, 2/1933
[2] Ivan Vávra: Erinnerungen von Dr. Baxa und Ing. Bedrich Gross in: 80 years of Golf in CSSR, 1984
[3] Golf, 18/1925, S. 13
[4] Mitteleurop. Golfrevue, 4/1935
[5] Ebd.
[6] Guide Plumon, Continental Yearbook 1936
[7] Mitteleurop. Golfrevue, 2/1934
[8] Ivan Vávra: Tennis-Golf Revue 1938-1941; Erinnerungen von Mirek Vostarek, Hanno Tonder und Ivan Vávra
[9] Ebd.

MAGYAR GC BUDAPEST
[1] Deutsche Golfzeitung, 11/1942
[2] Guide Plumon, Continental Yearbook 1932, S.459
[3] Mitteleurop. Golfrevue, 1/1933
[4] Guide Plumon, Continental Year Book, 1936, S. 338
[5] Mitteleurop. Golfrevue, 6/1935
[6] Mitteleurop. Golfrevue, 7/1933
[7] Felix Mandl: Trotz allem – Ja. Wien 1990, S. 263
[8] Golf, 6/1959, S. 30
[9] Mitteleurop. Golfrevue, 1/1933
[10] Amtliches Golf-Hand- und Jahrbuch 1926. Leipzig 1926, S. 178
[11] Mitteleurop. Golfrevue, 2/1933
[12] Mitteleurop. Golfrevue, 9/1937
[13] Golf, 3/1949
[14] Golf, 10/1951, S. 3

GOLFCLUBS SÜDTIROL
[1] Presseaussendung Golf Club Karersee, 2001
[2] Kircher, Ignaz: Ein Jahrhundert Karersee Hotel. Bozen 1996, S. 34
[3] Guide Plumon, Continental Yearbook 1936, S. 347
[4] Ignaz Kircher: Ein Jahrhundert Karersee Hotel. Bozen 1996, S. 44
[5] Ebd., S. 45
[6] Ebd., S. 47
[7] Ebd., S. 50
[8] Süddeutsche Zeitung, 10. 9. 1991
[9] Guide Plumon, Continental Yearbook 1950, S. 354
[10] Auskunft Rudolf Rimbl
[11] Auskunft Rudolf Rimbl

GOLFCLUBS ISTRIEN & ADRIATISCHE KÜSTE
[1] Golf, 10/1956, S. 38
[2] C. A. Hellmers: 1926–1976, 50 Jahre Golf auf Föhr. Rendsburg 1976, S. 7
[3] Mitteleurop. Golfrevue, 10/1933
[4] Guide Plumon, Continental Yearbook 1927, S. 708
[5] Golf, 1/1930, S. 14
[6] Guide Plumon, Continental Yearbook 1936, S. 344
[7] Mitteleurop. Golfrevue, 4/1935
[8] Mitteleurop. Golfrevue, 4/1934
[9] Guide Plumon, Continental Yearbook 1936, S. 460
[10] Svijet Golfa, 1931, S. 25 ff.
[11] Golf, 4/1978, S. 10
[12] Auskunft Mirko Vovk

DIE INSTITUTIONEN

[1] Mitteleurop. Golfrevue, 1/1933
[2] Almanach des International Country Club 1931, S. 27
[3] W. Neuwirth (Hg.): 60 Jahre Österreichischer Golfverband 1931–1991. Wien 1991
[4] Österr. Sportjahrbuch 1937, S. 154
[5] Guide Plumon: The Continental Golf Year Book 1950, S. 323
[6] Martin Pfundner: Vom Semmering zum Grand Prix. Wien 2003, S. 42
[7] Golf, 6/1976, S. 107
[8] Auskunft Heinrich Harrer, 6. 11. 2004
[9] Golf Gazette, 7/1980, S. 44
[10] Golf, 9/1980, S. 6
[11] Golf in Österreich 2006, S. 382

AUF DEM PLATZ

DIE ARCHITEKTEN
[1] Golf, 3/1964, S. 38
[2] Almanach International Country Club, 1928, S. 47
[3] Mitteleurop. Golfrevue, 1/1936, S. 18
[4] Golf, 1976/2, S. 6
[5] The World Atlas of Golf, London 1984

DIE GOLFLEHRER
[1] Auskunft Hans Ströll
[2] Festschrift 40 Jahre Freudenau, Wien 1989, S. 6
[3] The American Golfer, Dez. 1914, No. 2, S. 170
[4] Mitteleurop. Golfrevue, 8/1936
[5] The American Golfer. Dez. 1914, No. 2, S. 170
[6] Mitteleurop. Golfrevue, 9/1936,
[7] Alan F. Jackson: The British Professional Golfers 1887–1930, A Register. Worcestershire 1930
[8] Deutsche Golfzeitung, 10. 12. 1935, S. 10
[9] Sporttagblatt, 17. 5. 1928, S. 5
[10] Deutsche Golfzeitung, 12/1941, S. 18
[11] Auskunft Hans Ströll
[12] Auskunft Michéle Karbassioun, Wien
[13] Auskunft Michéle Karbassioun, Wien, und Franchot Blackett, Australien
[14] Auskunft Hans Ströll

[15] Festschrift 10 Jahre Golfclub Innsbruck-Igls
[16] Auskunft Karl-Heinz Gögele
[17] Golf, April 1964, S. 26
[18] Golf, Februar 1966, S. 69
[19] Golf, Juni 1966, S. 6
[20] Golfmagazin, 11/1971, S. 45
[21] Golf Gazette, 4/1992, S. 14
[22] Golf in Österreich 2006, S. 380ff.

DAS WUNDER HANDICAP
[1] Allgem. Sportzeitung, 3. 5. 1903, S. 514
[2] Allgem. Sportzeitung, 23. 4. 1904, S. 455
[3] Guide Plumon, Continental Golf Yearbook 1936, Zusammenstellung Ch. Arnoldner
[4] Deutsche Golfzeitung, Juni 1938, S. 16
[5] ÖGV: Golf in Österreich 1969, S. 13
[6] ÖGV: Golf in Österreich 1973, S. 22
[7] ÖGV: Golf in Österreich 1979, S. 11
[8] ÖGV: Golf in Österreich 1985, S. 7
[9] ÖGV: Golf in Österreich 1995, S. 20
[10] ÖGV: Golf in Österreich 1999, S. 373
[11] ÖGV: Golf in Österreich 2000, S. 398;

DIE WETTKÄMPFE

INT. Ö. MEISTERSCHAFTEN
[1] Sport im Bild, 4/1898, Nr. 45, S. 728
[2] Allgemeine Sportzeitung, 26. 8. 1906, S. 1065
[3] Der Lawn-Tennis-Sport, Berlin 1907, No. 18, S. 425
[4] The American Golfer, Mai 1909, No. 7, S. 411
[5] The American Golfer, Sept. 1911, No. 5, S. 438
[6] Christoph Meister in: Daley Paul: Golf Architecture, A Worldwide Perspective. Victoria, Australien, 2005, S. 235 ff.
[7] Ebd.
[8] Allgem. Sportzeitung, 20. 6. 1909, S. 796
[9] Deutsche Golfzeitung, 4/1939, S. 38
[10] Auskunft Johannes Kyrle

AMATEURGOLFER IM AUSLAND
[1] Sport Tagblatt, 4. 10. 1929, S. 5
[2] Sport Tagblatt, 3. 9. 1929, S. 6
[3] Sport Tagblatt, 30. 7. 1929, S. 6
[4] Deutsche Golfzeitung, 8/1939
[5] Deutsche Golfzeitung, 5/1941
[6] Auskunft Alexander Maculan

OFFENE MEISTERSCHAFTEN
[1] „The Gazette", 1937; Sammlung Michéle Karbassioun
[2] Golf, 1/1949, S. 18
[3] Golf, 9/1951, S. 13
[4] Auskunft Michèle Karbassioun
[5] Golf, 9/1971, S. 32f
[6] Golf, 8/1977, S. 69
[7] Golf, 7/1978, S. 79
[8] Golf, 8/1965, S. 87

BILDNACHWEIS

(L. = LINKS, R. = RECHTS, O. = OBEN, M. = MITTE. U. = UNTEN)

FOTOS

Althann Alexander: S. 16 r.o., 63 r.o.

Arnoldner Christian: S. 23 M., 30 o., 55 r.u., 63 r.u, 107 o., 161, 169 o.

Colony Club Gutenhof: S. 55 l.o.

Culen, Johannes: S. 10 u.

Deutsches Golfarchiv: S. 21 u., 22 u., 34 o., M., u., 37, 39 (2x), 40 l.o., 41 o., 42 o., 47 o., 48 l.u., r.u., 66 o., M., 67 u., 68 u., 77, 80, 83 (2x), 90, 92 o., u., 94 o., 96, 97, 99 (2x), 101 (2x), 103 (2x), 104 l.o., u., 112 o., 120 r.u.,, 127 u., 131 M., 142 (2x), 143 u., 144 o., 153, 157 M., r.u., 167, 169 l.u., 171 (2x), 179 u.

Gartenmaier, Oswald: S. 48 l.o., 159 (2x)

Golf Club Fontana: S. 55 r.o.,

Golf Club Carezza-Karersee: S. 106, 128 l.o.

Hauser, Rudolf: S. 46 l.u., 84 l.o., 88 o.

Hild, Isabelle: S. 35

Houdek, Christian: S. 53 M.

IMAGNO/Austrian Archives: S. 9 o., 12, 19 r.u., 20, 24 o., 25 u., 44, 50, 60, 67 o., 166, Vor- und Nachsatz

IMAGNO/ÖNB/Lothar Rübelt: S. 17 o., 22 o., 32, 64 o., 138, 150

IMAGNO/Wienbibliothek im Rathaus, Plakatsammlung: S. 14 u., 19 l.u.

Kärntner Golf Club Dellach: S. 36 r.

Karbassioun, Michéle: S. 36 l., 104 r.o., 117, 156 u., 178

Kazmierczak, Jean-Bernard: S. 27 o., 151

Lamberg, Max: S. 91, 92 M.

Maculan, Alexander: S. 38 u., 42 M., u., 98, 146, 175, 176, 179 o., M.

Meran, Stadtarchiv: S. 128 u., 129

Nadizar, Klaus: S. 66 u.

Österreichischer Golfverband: S. 46 M., 55 l.u., 57 u., 102 o., 173 r.o,

Österreichischer Golfverband (Yvonne Yolbulur-Nissim): S. 145 r.u.

Ostermann, Margret: S. 38 o.

Payer, Michel: S. 40 u., 47 M., 49, 51, 52 (3x), 53 o., 54 (2x), 76, 88 u., 93 (2x), 160, 173 l.o., u.

Privatsammlung: S. 17 l.u., 21 o., 68 o., 74 u., 82, 115, 126 r.u., 127 o., u., 130, 131 r.u., 132 M., 154 r.u., 157 l.u.

Renaud, Christian: S. 41 u.

Ritosa, Damir: S. 132 o.

Sperl, Robert: S. 78, 102 u., 140, 144 u., 145 o., 147 (2x), 157 o.,

Vittur, Leo: S. 81

Waldhuber, Heinz: S. 132 u.

REPRODUKTIONEN

Belhagen & Klasings Monatshefte 1926/1927 (Paula von Reznicek) : S. 8, 158, 162

Deutsche Golfzeitung Ausgabe 1/1938: S. 70

Deutsche Golfzeitung 6/1938: S. 136 u.

Deutsche Golfzeitung 1/1939: S. 120 l.o.

Deutsche Golfzeitung 4/1939: S. 116

Deutsche Golfzeitung 8/1939: S. 112 u.

Deutsche Golfzeitung 8/1940: S. 136 M.

Deutsche Golfzeitung 1/1941: S. 157 M.

Deutsche Golfzeitung 4/1941: S. 121 u.

Deutsche Golfzeitung 1/1942: S. 131 l.o.

Deutsche Golfzeitung 8/1942: S. 126 l.o.

Deutsche Golfzeitung 11/1943: S. 79, 114

Galerie Kovacek & Zetter, Wien (W. N. Prachensky, Courtesy Markus Prachensky): S. 84 u.

Golf Club Linz, Jubiläumsbroschüre „40 Jahre Golf Club Linz": S. 100 (2x)

Golf Club Wien, Broschüre „Golf Club Wien-Freudenau 40 Jahre": S. 9 M., 65 u.

Golf in Österreich 1971: S. 47 u.

Golf in Österreich 1976: S. 143 o.

Golf Revue 1/1994. S. 53 u.

Golf Revue 3/1994: S. 56 u.

Golf Revue 1/1996: S. 57 o.

Golf Revue 1/2001: S. 56 o.

Golf Revue 3/2003: S. 58

Golf Revue 8/2004: S. 180

Golf & Country Club Salzburg, 40 Jahre (Peter Brauhart): S. 94 u., 95

Gergely, Thomas & Gabriele, u. Prossinagg, Hermann: Vom Saugarten des Kaisers zum Tiergarten der Wiener: S. 74 o.

Guides Plumon 1927: S. 63 2.v.o.

Guides Plumon 1929: S. 133 (2x)

Guides Plumon 1930: S. 71 m.

Guides Plumon 1931: S. 63 3.v.o.

Guides Plumon 1936: S. 69, 85

Guides Plumon 1950: S. 152 o.

International Country Club Wien-Lainz, Almanach 1928: S. 9 o., 10o., 16 l.o., 17 r.u.,

71 o., 71 u., 72 (2x), 152 u., 154 l.u.

International Country Club Wien-Lainz, Almanach 1931: S. 19 r.u., 24 l.o., 25 r.u., 168 l.u.

Kircher, Ignaz: Ein Jahrhundert Karserseehotel: S. 127 M.

Lawn Tennis 1907: S. 168 o.

Lawn-Tennis-Golf 20/1908: S. 18

Lawn-Tennis-Sport 13/1914: S. 15 (4x)

Mandl, Felix: Trotz allem – ja: S. 86 M.

Meister, Christoph, in: Golf Architecture, a worldwide perspective: S. 168 M.

Mitteleuropäische Golfrevue 1/1933: S. 109 u., 120 l.u., 135 , 141 o.

Mitteleuropäische Golfrevue 2/1933: S. 122, 125 o.

Mitteleuropäische Golfrevue 5/1933: S. 73, 123

Mitteleuropäische Golfrevue 6/1933: S. 24 u., 65 M., 170 l.o., 170 r.o.

Mitteleuropäische Golfrevue 9/1933: S. 110

Mitteleuropäische Golfrevue 11/1933: S. 75 o.

Mitteleuropäische Golfrevue 1/1934: S. 120 M., 135 l., 163

Mitteleuropäische Golfrevue 2/1934: S. 135 r.

Mitteleuropäische Golfrevue 5/1934: S. 23 o., 124, 155 o., 169 r.u.,

Mitteleuropäische Golfrevue 6/1935: S. 19 r.o.

Mitteleuropäische Golfrevue 7/1935: S. 25 M., 87 u.

Mitteleuropäische Golfrevue 9/1935: S. 64 u.

Mitteleuropäische Golfrevue 10/1935: S. 27 r.u.

Mitteleuropäische Golfrevue 1/1936: S. 141 u.

Mitteleuropäische Golfrevue 2/1936: S. 9 u., 26 l.o.

Mitteleuropäische Golfrevue 6/1936: S. 154 o.

Mitteleuropäische Golfrevue 7/1936: S. 155 u.

Mitteleuropäische Golfrevue 8/1936: S. 156 o.

Mitteleuropäische Golfrevue 9/1936: S. 61, 86 r.o., 125 u.

Mitteleuropäische Golfrevue 10/1936: S. 26 o.M.

Mitteleuropäische Golfrevue 11/1936: S. 26 u.

Mitteleuropäische Golfrevue 12/1936: S. 109 o.

Mitteleuropäische Golfrevue 5/1937: S. 25 o., 29

Mitteleuropäische Golfrevue 6/1937: S. 33, 65 o., 87 o., 121 o.

Mitteleuropäische Golfrevue 8/1937: S. 118, 170 l.u.

Mitteleuropäische Golfrevue 9/1937: S. 28 l.u., 111, 172

Mitteleuropäische Golfrevue 11/1937: S. 30 l.u.
Mitteleuropäische Golfrevue 12/1937: S. 24 M.
Mitteleuropäische Golfrevue 1/1938: S. 23 r.u.
Mitteleuropäische Golfrevue 3/1938: S. 136 o.
Orloff, Alexis: L'affiche de Golf: S. 108
Pantz, Hubert: No risk - no fun: S. 26 r.o., 89
Slezak, J.O., Von Salzburg nach Bad Ischl: S. 86 l.u.
Sport im Bild 1907: S. 14 o., 14 M.

Tennis & Golf 1929: S. 174
Vasko-Juhász, Désirée, Die Südbahn, ihre Kurorte und Hotels: S. 68 M., 134

DIVERSES

Plakat Hermann Kosel: S. 67 o.

QUELLENVERZEICHNIS

ZEITSCHRIFTEN

Allgemeine Sportzeitung, Wien, 190–1927
The American Golfer 1909
Deutsche Golfzeitung, 1939–1943
Golf & Country Club Schloß Fuschl: Hotel- und Clubzeitschrift 1967
Golf, Leipzig, 1925–1929
Golf, Wiesbaden-Hamburg, 1949–1983
GolfExtra. 1924–2006
Golf Gazette, 1985–1993
Golf Icici
Golf Revue, 1994–2006
Golf Review, 1965
Golf, Tennis, Polo, 1989
Golf Time, 2004
Lawn-Tennis und Golf, Berlin, 1908–1916
Der Lawn-Tennis Sport, Berlin, 1904–1907
Mitteleuropäische Golfrevue, Wien, Prag, Budapest, 1933–1938
Sport im Bild, Berlin-Wien, 1898
Sport Tagblatt, Wien, 1923–1932
Tennis, Berlin, 1921
Tennis-Golf-Revue, 1938–1941
Tennis und Golf, 1924–1929

FESTSCHRIFTEN

Association Suisse de Golf: 100 Jahre Golf in der Schweiz, 2002
Bass, Gianni u. Adriano Testa: Engadine Golf Club 1893–1993. St.Moritz 1993
Bennett, A. Percy: Golfing Czechoslovakia 1936
Brauhart, Peter: 40 Jahre Golf & Country Club Salzburg. Salzburg 1995
Golf Club Wien-Freudenau: Festschrift „40 Jahre Golf Club Wien-Freudenau". Wien 1989
Golf Club Wien: Festschrift „100 Jahre Golf Club Wien". Wien 2001
Golf Club de Cannes-Mandelieu: Histoire d'un Centenaire 1891–1991. Paris 1991
Golf Club Innsbruck-Igls: Festschrift 1966
Golf Club Innsbruck-Igls: Festschrift „20 Jahre Golf Club Innsbruck-Igls und Eröffnung des 18-holes-Golfplatz Rinn". Innsbruck 1977
Golf & Country Club Salzburg Schloß Kleßheim: Festschrift „50 Jahre 1955–2005". Salzburg 2005
International Country Club Wien-Lainz: Almanach 1928
International Country Club Wien-Lainz: Almanach 1931

Kurgemeinde Semmering: Semmering 1994
ÖGV/W. Neuwirth: 60 Jahre Österreichischer Golfverband 1931–1991. Wien 1991
Vasko-Juhász, Désirée: 80 Jahre Höhenluftkurort Semmering 1921–2001. Semmering 2001
Vávra, Ivan: 80 years of Golf in CSSR, 1984

LITERATUR

Arnbom, Marie-Theres: Friedmann, Gutmann, Lieben, Mandl, Strakosch. Wien 2002
Bloch, Michael: Ribbentrop – A Biography. New York 1992
Campbell, Malcolm: Golf, die große Enzyklopädie. London 2001
Clavin, Tom: Sir Walter, The Flamboyant Life of Walter Hagen. London 2005
Gergely, Thomas & Gabriele u. Prossinagg Hermann: Vom Saugarten des Kaisers zum Tiergarten der Wiener. Wien 1993
Higham, Charles: Wallis. London 1989
Kircher, Ignaz: Ein Jahrhundert Karersee Hotel. Bozen 1996
Lillie, Sophie: Was einmal war. Wien 2003
Mandl, Felix: Trotz allem – ja. Erinnerungen. Wien 1990
Meister, Christoph: Peter Gannon. In: Daley, Paul: Golf Architecture, A Worldwide Perspective. Victoria/Australien 2005
Orloff, Alexis: L'affiche de Golf. Toulouse 2002
Pantz, Hubert: No Risk, No Fun. New York 1986
Pfundner, Martin: Vom Semmering zum Grand Prix, Der Automobilsport in Österreich und seine Geschichte. Wien 2003
Stirk David: Golf, History & Tradition. London 1998
Vasko-Juhász, Désirée: Die Südbahn, ihre Kurorte und Hotels. Wien 2006
Venturi, Ken: Getting up & down. Chicago 2004
Weiland, Georg: Die Reichen und die Superreichen. Hamburg 1977
Wiener Golf Club: Statuten des Wiener Golf Club, Wien k. k. Prater. Wien 1901

JAHRBÜCHER

Continental Yearbook Guides Plumon, Paris 19.. –1950
DGV: Amtliches Golf Hand- und Jahrbuch 1926
DGV: Golf Jahrbuch 1939
Deutscher Golfverlag: Golf Jahrbuch 1931. Leipzig 1931
Golfers Handbook & Yearbook 1906. London 1906
Golf World, Top 100 Golf Courses in Europe, 2003
Nisbets Golf Yearbook 1909. London 1909
ÖGV: Golf in Österreich 1958–2006
The Golfers Handbook 1908. Edinburgh-London 1908

Folgenden Personen möchte ich meinen Dank für ihre wertvolle Unterstützung aussprechen:

Alexander und Maria Althann, Zwentendorf
Maria Altmann, Los Angeles
Franchot Blackett, Surfers Paradise, Australien
Peter Bentley, Vancouver
Georg Festetics, Wien
Paul Franzmair, Badgastein
Oswald Gartenmaier, Wien
Leopold Goess (†), Ebenthal/Kä.
Heinrich Harrer (†), Hüttenberg/Kä.
Sonja de Hatvany, Genf
Rudolf Hauser, Köln
Thomas Heine-Geldern, Wien
Isabelle Hild, Wien
Ernst Hohenberg, Weißenbach
Theo Huter, Innsbruck
Fritz Jonak, Wien
Michéle Karbassioun, Wien
Jean-Bernard Kazmierczak, Paris
Vera Kubinzky, Lugano
Johannes Kyrle, Wien
Carry Kyzivat, New York
Max Lamberg, Kitzbühel
Frau Lantschner, Innsbruck
Heinrich Larisch-Moennich, Wien
Hilde Leitner, Maria Wörth
Alexander Maculan, Wien
Manfred Mautner Markhof, Wien
Friedrich Mayr-Melnhof, Salzburg
Christoph Meister, Hamburg

Waltraud Neuwirth, Wien
Klaus Nierlich, Wien
Herr Obkircher, Karersee, Südtirol
Margret Ostermann, Kitzbühel
Eva Pasquali, Kitzbühel
Dorothea Penizek, Wien
Wolfgang Pollak, Zürich
Dietrich Quantz, Köln
Hellmuth Reichel sen., Klagenfurt
Hellmuth Reichel jun., Klagenfurt
Rudolf Rimbl, Bozen
Emanuel Ringhoffer, Wien
Damir Ritosa, Pola, Kroatien
Cary Rohrer, München
Alexander Roth-Pollack-Parnau, Wien
Lucky Schmidtleitner, Wien
Kuno Schuch, Köln
Prokop Sedlak, Prag
Rudolf Stiehl, Enzesfeld
Hans Ströll, Wien
Hans Swinton, Vancouver
Adolf Tonn, Semmering
Anton Urban, Wien
Dieter Usner, Salzburg
Leo Vittur, Pertisau
Désirée Vasko-Juhász, Wien
Mirko Vovk, Bled, Slowenien
Heinz Waldhuber, Judenburg

Besonderer Dank gilt dem Deutschen Golfarchiv (Köln), das mir unter der Leitung von Prof. Dietrich Quantz und Kuno Schuch und in Zusammenarbeit mit der Deutschen Sporthochschule Köln den Zugang zu zahlreichen Dokumenten wesentlich erleichtert hat. Christoph Meister (Hamburg) stellte mir auf großzügige Weise zahlreiche Informationen aus seinem hervorragenden Privatarchiv zur Verfügung, Damir Ritosa und Prokop Sedlak gaben mir wertvolle Informationen über Golf in Kroatien und der Tschechoslowakei.

Weiters zu danken habe ich dem Österreichischen Golfverband, der das Entstehen dieses Buchs erst ermöglicht hat, der USGA (US Golf Association) in New Jersey/USA (Petty Moran), der British Embassy Vienna (Lesley Meier), der FCO Library London, dem Stadtarchiv Meran (Dr. Marlene Huber), der Alfred-Hajos-Gesellschaft Budapest und der Forstdirektion Wien-Lainz. Große Unterstützung fand ich nicht zuletzt bei Robert Sperl und Klaus Nadizar von der „Golfrevue" sowie Michel Payer von „GolfExtra".

Große Hilfe wurde mir zuteil von Isabelle Hild, Michèle Karbassioun und Alexander Maculan, die mir mit großer Geduld zahlreiche Dokumente und Bildmaterial zur Verfügung stellten. Zuallerletzt bedanke ich mich bei Margret Ostermann, deren „networking" von größtem Wert war.

DOROTHEUM

SEIT 1707

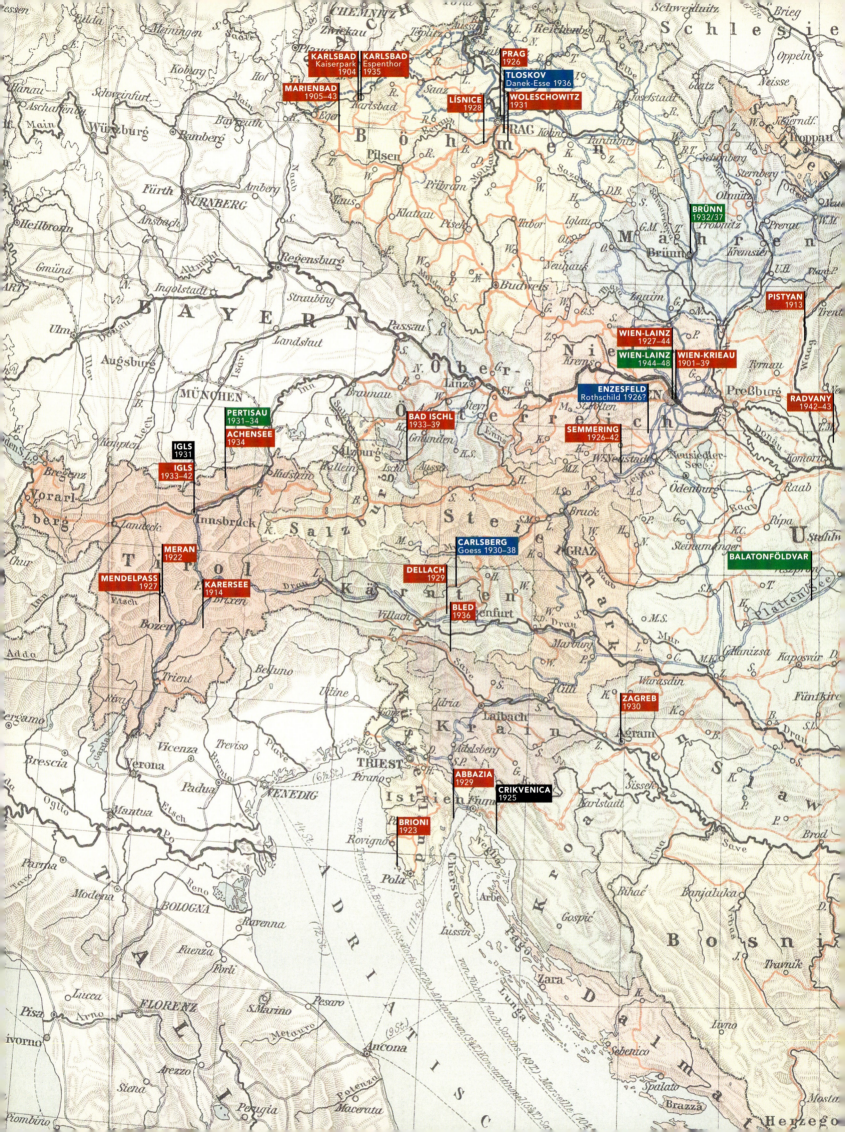

KARLSBAD
Kaiserpark
1904

KARLSBAD
Espenthor
1935

PRAG
1926

TLOSKOV
Danek-Esse 1936

MARIENBAD
1905–43

LÍSNICE
1928

WOLESCHOWITZ
1931

BRÜNN
1932/37

PISTYAN
1913

WIEN-LAINZ
1927–44

WIEN-LAINZ
1944–48

WIEN-KRIEAU
1901–39

PERTISAU
1931–34

ENZESFELD
Rothschild 1926?

RADVANY
1942–43

ACHENSEE
1934

BAD ISCHL
1933–39

SEMMERING
1926–42

IGLS
1931

IGLS
1933–42

MERAN
1922

CARLSBERG
Goess 1930–38

BALATONFÖLDVAR

MENDELPASS
1927

DELLACH
1929

KARERSEE
1914

BLED
1936

ZAGREB
1930

ABBAZIA
1929

CRIKVENICA
1925

BRIONI
1923

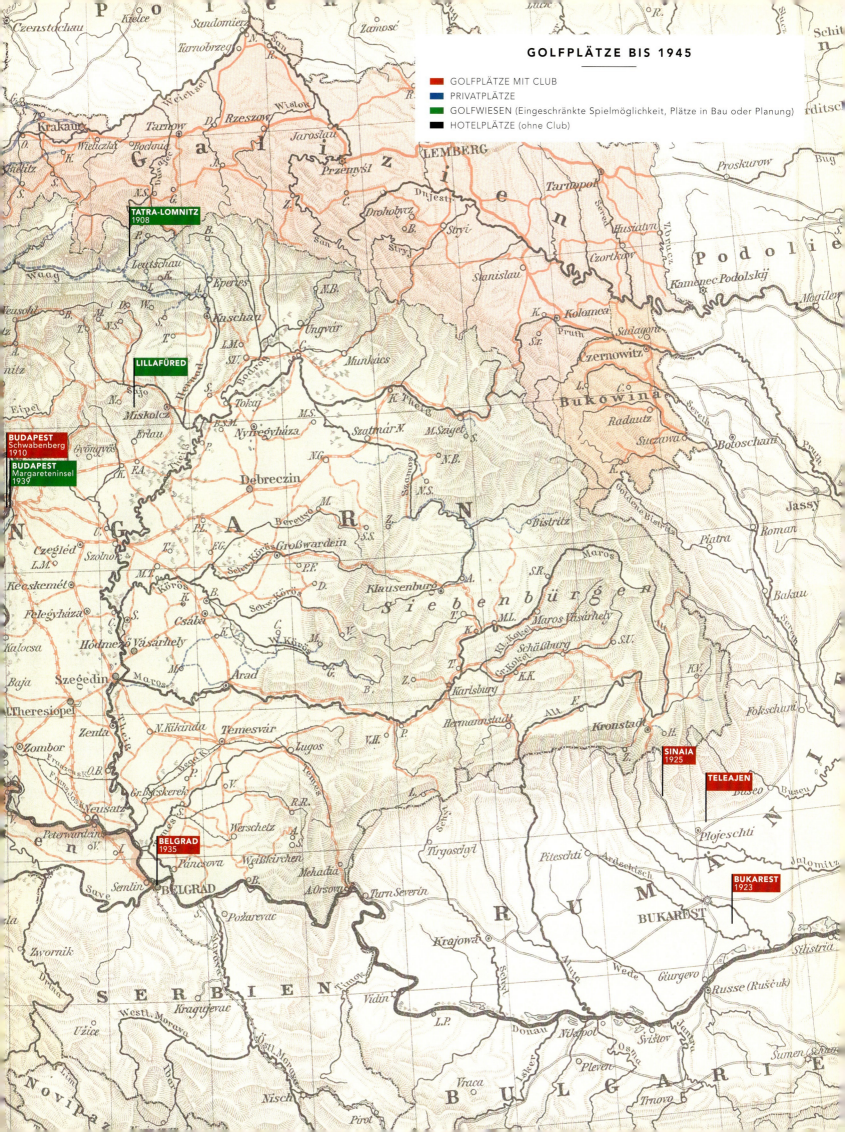

GOLFPLÄTZE BIS 1945

■ GOLFPLÄTZE MIT CLUB
■ PRIVATPLÄTZE
■ GOLFWIESEN (Eingeschränkte Spielmöglichkeit, Plätze in Bau oder Planung)
■ HOTELPLÄTZE (ohne Club)

TATRA-LOMNITZ
1908

LILLAFÜRED

BUDAPEST
Schwabenberg
1910

BUDAPEST
Margareteninsel
1939

BELGRAD
1935

SINAIA
1925

TELEAJEN

BUKAREST
1923

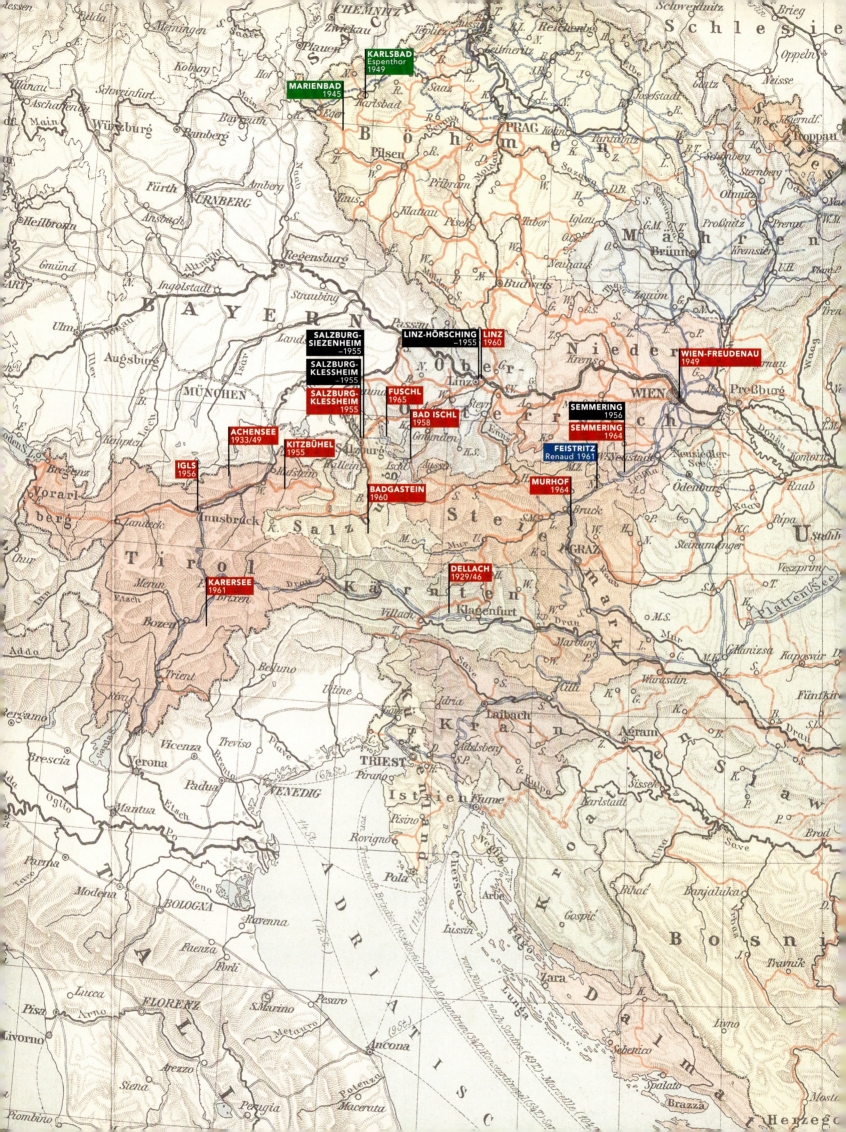

KARLSBAD
Espenthor
1949

MARIENBAD
1945

SALZBURG-
SIEZENHEIM
–1955

SALZBURG-
KLESSHEIM
–1955

SALZBURG-
KLESSHEIM
1955

LINZ-HÖRSCHING
–1955

LINZ
1960

WIEN-FREUDENAU
1949

FUSCHL
1965

BAD ISCHL
1958

SEMMERING
1956

SEMMERING
1964

ACHENSEE
1933/49

KITZBÜHEL
1955

FEISTRITZ
Renaud 1961

IGLS
1956

BADGASTEIN
1960

MURHOF
1964

KARERSEE
1961

DELLACH
1929/46